一统与制宜：
明朝藏区施政研究

邓前程　著◎

人民出版社

国家社科基金后期资助项目
出版说明

后期资助项目是国家社科基金设立的一类重要项目,旨在鼓励广大社科研究者潜心治学,扶持基础研究的优秀成果。它是经过严格评审,从接近完成的科研成果中遴选立项的。为扩大后期资助项目的影响,更好地推动学术发展,促进成果转化,全国哲学社会科学规划办公室按照"统一标识、统一版式、符合主题、封面各异"的总体要求,组织出版国家社科基金后期资助项目成果。

全国哲学社会科学规划办公室

序

时至当今，明朝藏区治理研究仍呈现两种状况：一是较之国内元、清两朝治藏研究而言，明朝藏区治理研究成果还不够丰富。虽有不少学者发表了颇有特色的论文，但尚未有明朝治藏政策方面的专著问世。二是国外不时有人大发议论。如范普拉赫在其所著《西藏的地位》一书中公然断言："明朝在中国建立之后，并没有把整个蒙古帝国接受过来，而且对西藏不感兴趣！"流亡藏人夏格巴的《西藏政治史》进而声称："明朝皇帝把西藏看成一个西方独立王国。"这般谬论虽早为国内外学者所痛加批驳，但这个现象业已深刻表明，明朝藏区问题研究具有特殊的现实性和紧迫性。邓前程新著《一统与制宜——明朝藏区施政研究》一书的出版，无疑是非常及时而必要的。

如何评价明朝汉藏关系，关键是要充分把握中央统治集团治藏政策的特点。为此，即必须与元、清治藏特点进行全方位的对比，还要对明朝自身不同时期在治藏问题上存在的诸多矛盾变化作出清晰的判断。作者认为，元明与明清交替，不仅标志着古代中央政权的又一次改朝换代，而更深层内涵是中原统治民族主体的换位与国内既有民族关系格局的打破。以汉族为统治民族主体的明朝，与蒙古族、满族为中原统治民族主体的元、清两朝，在治藏问题上面临着一个民族文化亲和力的差异，继蒙古族与藏族关系非常密切的元朝之后而诞生的明朝，在此问题上显然要被动一些。与此同时，明建立之初，即处于北方蒙古族势力的直接威胁之下，而中叶以后，沿海倭患严重，到后期又是东北女真崛起，且最终被其推翻。凡此种持续的严重政治、军事压力，导致明朝对藏治理将受到多方面的制约，不能不采取与元、清有别的、更加权宜的措施。作者把明朝治藏政策的产生与实施,纳入这个框架内,并在一个较长历史时期的动态过程中加以评析,自然就有了更广阔的视角和新的高度。

正是针对上述政治形势,作者认为元朝凭借强大的武力后盾,借助蒙藏民族间宗教文化上的特殊亲和力,在藏区建立起萨迦政权模式及推行驻军、清查户口、建驿站等举措,其施政范式具有明显的刚性特色。清朝治藏,其制度之完备,最终使自元以来藏区地方与中央政治关系趋于定型与强化。作者提出:明朝治藏政策不具有元之刚性,制度亦不如清之严密,而是依据自身实力和藏区社会与现实状况,采取了相对松弛的、颇具弹性的施政策略。应当说,作者的总结是客观、理性和有说服力的。

基于此,作者从政治控制的原则性与灵活性,以经济手段强化藏区施政,以及宗教文化政策等方面加以详尽阐释,不仅加深了对明朝统治者在处理汉藏、汉蒙及蒙藏关系时,在诸多制约因素之中,如何作出最优化选择的认识,而且留下了颇为珍贵的、对后世极富启迪的历史经验和教训。

历史实践表明,明朝治藏政策是成功的,"西陲宴然,终明世无番寇之患"。正是明朝对藏区近三百年的有效管理,促进了藏区心向中央的内驱力的进一步加强,导致清朝能够顺利地承接对藏区的主权,并尽快完成了治藏制度的调整与健全。明朝承前(元)启后(清)的中介作用是必须充分认识和高度评价的。

作者邓前程在四川大学历史文化学院攻读博士学位期间(2000—2003),即围绕明朝汉藏关系开展系列研究,发表了多篇较高质量的学术论文,本书只是一个阶段性的研究成果。希望他继续努力探讨,有更多论著问世。

冉光荣

2010 年 12 月 20 日

目　　录

— 1 —

内容提要

本书力图以历史唯物主义和辩证唯物主义为指导,并结合学科的特殊要求,运用历史学、民族学、政治社会学、宗教学的相关理论和概念,采取跨学科的方法,借助现存汉文史籍及整理翻译的藏文资料,并广泛吸取和参考国内外研究成果,通过对明朝藏区施政所面临的主客观形势,以及明朝治藏的政治、经济、宗教、文化政策与措施进行系统深入的研究,旨在对明朝藏区施政的有关问题作出相对合理的解读。

本书分五章:

第一章,以"传承与变革:制约明朝治藏政策调适的因素"为主题,着重探索明朝建立后,统治者确定治藏政策所无法超脱的主客观形势,尤其是探究在当时的边疆格局中,关系明政权稳固与否的外部因素是什么,从而揭示元明交替与中原统治民族换位后,新中央王朝接手藏区的统治与管理,有哪些便利因素,又有哪些不利条件,藏区的现实状况等诸多问题。期望通过对这些问题的系统考察与分析,对明朝特别是明初统治者该如何为治藏政策定调,有一个较为清楚的理性认识。

第二章,以"一体与制宜:明朝藏区机构设置和治藏策略"为题,主要讨论明朝藏区地方政权机构建设、对僧俗官员管理手段之异同等问题。从而揭示出明朝治藏的政治措施中,哪些是力图适应明帝国的整个政治框架,又有哪些兼顾到藏区的社会历史与现实状况,并为后文探讨其经济、宗教文化政策作必要的铺垫。

第三章,以"'嘉惠内附':明朝强化藏区施政的经济政策"为题,通过对"以茶驭番"的实质和"厚赏来使"的特殊经济含义的剖析,揭示出明朝为什么要以这样的方式来辅助其政治统治,其客观效果又如何。

第四章,以"'劝善化俗':明朝的藏区宗教文化政策"为题,通过对明朝帝国的宗教政策和对藏区宗教特殊政策的比较分析,以及在今青藏高原东缘地带实施汉文化教化等方面的研究,从而揭示出明朝作为中国封建社会后期的汉族中央王朝,一方面,对藏区"因俗以治",既是对藏区特殊政教格局的承认和尊重,又是要利用藏传佛教在藏地社会中特有的社会功能,为明朝之政治统治服务;另一方面,中国古代历朝统治者所奉行的民族融合,并以之实现思想上"大一统"的本质未变,明朝在今甘、青、川等藏区的儒学教化措施,根本目标就在于此。但我们在评判这段历史时绝不能否认其积极的客观效果。

第五章,以"承前启后:明朝治藏的历史地位述论"为题,通过对元、明、清三朝藏区施政的一些重大问题的比较研究,认为明朝治藏是依据藏区地方社会的历史与现实状况,以及自身实力与北部边疆地区之民族格局,因地制宜地采取了相对缓和且颇具弹性的施政策略。就其实施效果而言,不失为当时历史条件下的一种现实而有效的施政模式,具有承前启后的历史作用。

Abstract

Guided by historical materialism and dialectical materialism, the present book tries to meet the special requirements of the subject and integrate the related theories and concepts of history, ethnology, political sociology, religion to conduct the study. It adopts interdisciplinary approach, and makes full use of the extant original Chinese literature and history documents, translated Tibetan documents and the academic research findings of the other scholars both at home and aboard. It attempts to make a relatively reasonable interpretation to the related problems about policies of the Ming Dynasty administration in the Tibetan areas through a thorough study on the subjective and objective situation of the Ming Dynasty during its governing Tibet and through a systematic research on its political, economic, religious, and cultural measures and policies during its administrating Tibet.

This book contains five chapters.

Chapter One is on the below subject: "Inheritance and Reform: Factors Restricting Adapting Policies of the Ming Dynasty in Its Governing Tibetan Areas". It focuses on the objective and subjective situation the rulers had to face but could not change in their making administration policies after the Ming Dynasty was founded. It explores the external factors affecting the political stability at that time and the situation in borderland, thus to reveal such problems as the following: after the Yuan Dynasty was replaced by the Ming Dynasty and the rulers of Central China Kingdom were changed, what favourable and adverse factors conditions and real conditions of the Tibetan areas the new rulers faced? It hopes to make a clearer and rational understanding on how the rulers make their administration policies in the Tibetan areas through systematic investigation and analysis on all these problems.

Chapter Two is on the below subject: "Principle and Flexibility: the Institute Construction of the Ming Dynasty in the Tibetan areas and the Strategies of Governing the Tibetan areas in the Ming Dynasty". It discusses such problems as the institute construction of local state power, the similarities and differences of managing measures to the Buddhist priests and laymen officers. It thus explores the political measures of the Ming Dynasty in its governing the Tibetan areas to understand which ones of the measures are in agreement with the political framework all over the Ming Empire and which ones are from the consideration of the Tibetan society and history and real circumstances. It paves the way to the analysis of the economic, religious and cultural policies in the following chapter.

Chapter Three is on the below subject: "Praising, Rewarding and Attracting to be Attached: the Economic Policies of the Ming Dynasty in Enforcing its Governing in the Tibetan Areas". It analyses the essence of "controlling the barbarian by tea" and the special economic meaning of "generously rewarding to emissary", and revels why the Ming Dynasty adopted such a measure to enforce its domination and what the objective results are.

Chapter Four is on the below subject: "Advocating Doing the Good and Perfecting the Customs: Religious and Cultural Policies of the Ming Dynasty in its Governing Tibetan Areas". It compares different religious policies the Ming Empire employed in the whole empire and in the Tibetan areas, and the research of Chinese cultural measures in the border of the Tibetan areas. It reveals the Ming dynasty as a central dynasty of the Han nationality in the last period of feudal society of China, On the one hand, governed the Tibetan areas according to the local customs, which not only acknowledged and respected the special local patterns of politics and religion, but also used the unique social function of Tibetan Buddhism in Tibet to help its government. On the other hand, the rulers of different ancient China's dynasties pursed an ethnic assimilation policy, and the essence of the policy to realize "great unification" remained unchanged. The fundamental objective of the Ming Dynasty's implementing Confucian enlightenment in the Tibetan areas of such places as the present-day Gansu, Qinghai, Sichuan and so on lied here. While valuing this period of historical time, we should never deny its objective positive effects.

Chapter Five is on the below subject: "Inheriting the Past and Forging Ahead into the Future: on the Historic Position of the Ming Dynasty in its Governing the Tibetan Areas". By comparing some major issues the Yuan, Ming and Qing Dynasties dealt with, it holds that the policies the Ming Dynasty employed were relatively moderate and flexible. The Ming Dynasty governed Tibet according to the historical and real conditions of Tibetan society, its own power, the ethnic situation of northern border area.

As far as the effect of administration is concerned, it is obviously a kind of realistic and effective administration pattern under such a historical condition, and it has played the role of inheriting the past and forging ahead into the future.

绪　论

一　选题缘由及研究现状

现今分布于西藏藏族自治区和青海省大部及甘肃省南部、四川省西部、云南省西北部等地的藏族,①不仅具有悠久的历史和灿烂的文化,而且很早就融入到中华民族的大家庭之中。早在统一的藏民族共同体形成前后,这些地区内的各氏族部落就与汉族及中国西部的其他民族有着密切的经济、文化交流。唐宋时期,无论是藏区统一的奴隶制政权,还是割据自雄的封建地方势力,均与中原王朝之间保持着相对融洽的关系。唐蕃间以联姻为基础的"甥舅"盟誓与频繁的使臣往来,②唃厮啰对宋朝

---

① 今天我们常说的藏族地区,由于地缘关系和民族认同等方面的原因,如卫藏与康区和安多藏区,它们彼此之间有一定联系和文化共性,存在着互相影响关系。但需要说明的是,藏族的这种地域分布和行政上的分隶关系,是与藏民族这一稳定共同体的形成历史,以及她与中原中央王朝之关系决定的。在民族地域分布上,吐蕃王朝的强势东扩及藏传佛教熏陶,青藏高原东缘地区的原著民或融入藏民族之中,或分化组合成新的民族,从而使该地域内形成藏族与其他民族杂居态势。而在行政上,仅从吐蕃纳入中原中央王朝统治之后,元、明、清三朝均在这片地域内分别设治实施管理。如明承元制,藏区行政隶属关系是:今西藏自治区,为乌思藏行都司和俄力思元帅府的全部、朵甘行都司的部分辖地;今甘、青藏区,即《明史》上的"西番诸卫",这一地区分水明之陕西都司和陕西行都司;今四川藏区,明之军政设置及隶属尤其复杂,有属四川布、都司者,有属成都府者,亦有属朵甘行都司者,而川西南藏区及迪庆藏族自治州,一同为木氏土司的势力范围,隶云南行都司。后文中的"藏区",即是从上述意义上使用的。

② 吐蕃王朝时期,唐蕃间的"和盟"或"会盟"达八次之多,尤其是在盟文中屡次重申唐朝皇室与吐蕃赞普"代代为婚姻,固结邻好,安危同体,甥舅之国,将二百年"。(参见《旧唐书》卷196,列

的归附,①即是明证。然而,西藏真正意义上被纳入中原王朝的统治之下,并由中央政权进行有效的统治与管理是在 13 世纪蒙元政权建立之后。自此,中国古代中央王朝虽经历了元、明、清三朝的改朝换代和统治民族主体的换位,但是,无论哪一个朝代也不论哪一个民族的统治者执掌中原中央王朝大权,均在藏区地方有效地行使了主权。这是任何承认历史、尊重事实的势力或群体,皆难以否认的客观事实。②

当然,就元、明、清三朝治藏之方式与方法,或者说所确立的施政策略来看,显然是有其差异的。在一定程度上讲,元朝治藏是凭借其强大的武力后盾,并借助蒙藏民族之间宗教文化上的亲和关系,在乌思藏建立起萨迦地方政权模式,驻军、清查户口、建驿站等诸种举措,其施政模式具有明显的刚性色彩。清朝治藏制度体系的最终确立,虽然经历了不断调整终致健全的曲折历程,③但是,无可否认的是,其制度之完备,不仅使自元以来藏区地方与中央的关系达到最高水平,并使这种关系在政治制度上最终趋于定型和强化,而且个别措施具有超时代的意义。比较而言,明朝的治藏举措则明显不具有元之刚性,亦无清之严密,而是依据藏区地方的历史与社会现实,以及明朝自身实力与北部边疆地区之民族格局,采取了相对缓和且颇具弹性的施政策略。

正是因为明朝对藏区采取了有别于元、清的较为柔和的弹性施政模式,因而人们对于明朝治藏模式之表象与实质的解读或评判,不仅在学人中见仁见智,而且更为严重的是,国内外分裂势力与敌对势力为此否认明朝拥有

传 146,"吐蕃",中华书局标点本,(1975 年版)。另有学者对这一时期唐蕃间的使臣往来作过统计,共有 209 次。其中,蕃使往唐 180 余次,唐使往蕃 100 余次。即从贞观八年(643),吐蕃首次遣使入唐到 842 年吐蕃王朝亡这 208 年中,唐蕃之间差不多平均每八个月就有一次使臣往来。交往之频繁,可谓史所少见。参见谭立人、周源孙:《唐蕃交聘表》,载《中国藏学》,1990 年第 2、3 期。

① 唃厮啰是北宋时期居住在今青海、甘肃一带的吐蕃人建立的一个地方割据政权。该政权为抵御西夏,与宋结好,其首领虽沿袭吐蕃王朝时期的称号为赞普,但一直接受宋朝封给的郡王、节度使、大将军等爵号。

② 尽管国内外一些不怀好意者或分裂势力,肆意歪曲事实,否认这段历史的真实性,但无一不是极为站不住脚的。参见王贵、喜饶尼玛、唐家卫:《西藏历史地位辨》,民族出版社,2003 年版,第 201—202 页。

③ 苏发祥:《清代治藏政策研究》,民族出版社,2001 年版,第 201—202 页。

藏区主权的事实。如范普拉赫在《西藏的地位》(*The Status of Tibet*)中写道:"明朝在中国建立后,并没有把整个蒙古帝国接受过来,而且对西藏不感兴趣!"①曾担任英国驻西藏商务代理(Trade Agent)多年的理查逊(H. E. Richardson)也说:"明朝差不多立刻和西藏佛教徒建立了联系,迎请各教派的著名喇嘛到中国。但是,尽管喇嘛的影响是重要的,当时的西藏却不是由他们统治。统治者是世俗王子,先是帕木竹,大约1481年以后是仁邦,而从大约1565年起则是藏王子或藏王,没有任何证据说明他们中的任何一人曾经有服从明朝皇帝的行为,甚至连最形式的附属关系也没有。"②流亡藏人夏格巴在他的书中也说:"明朝的中国皇帝","没有从蒙古人那里继承对西藏的权力","对西藏很少有兴趣",并强调"在绛曲坚赞时(1302—1364)西藏已经从蒙古人手里赢得了独立",还说什么"明朝皇帝把西藏看成一个西方独立的王国","仅仅靠供施关系谋求藏汉两国和睦相处"。③ 即使研究藏史以严谨著称的意大利藏学家杜齐先生,虽然一方面明确地指出:明朝"从来不认为他们(即帕竹政权首领,笔者注)是西藏的国王";但另一方面又说:"明朝对之直接有兴趣的唯一藏族地区是朵甘,即西藏最东部,正扼中国的门户,考虑到近边和保证安宁,明人不得不注意这个地区。"④

对于明朝藏区施政这一段历史或其中个别历史事件的评述,学界有不同的看法和见解,本属正常之事。但其间若有人抱有太多的偏见,甚至是怀有不可告人的政治用心来虚构论据并加以评判,这就远远背离了解读历史应有的基本准则。为此,国内学者诸如邓锐龄、王忠、喜饶尼玛、唐家卫、尹伟先等先生,在他们的有关论著中用无可争辩的事实,对于那些歪曲事实真相者给予了有力的抨击,并对被歪曲的历史事实进行了澄清。然而,对明朝治藏史上的一些有争议的或事关是非的问题,上述学人们虽已付出了辛劳

① 王贵、喜饶尼玛、唐家卫:《西藏历史地位辨》,民族出版社,2003年版,第78页。
② H. E, Richardson, *A Short History of Tibet*, New York, 1962, p. 36.
③ W. D. Shakabpa *Tibet:A political history*, New Haven and London, Yale university press, 1967, p. 68.
④ [意]杜齐:《西藏中世纪史》,李有义、邓锐龄译,中国社会科学院民族研究所民族史室民族学室编,1980年油印本,第44—45页。

并发表了接近历史事实真相的真知灼见,但要进一步对这些问题作出全面而系统的更科学、更具雄辩力的解答,还有许多研究工作在等待着我们。比如在接触明朝藏区施政史时,必须首先回答的问题是明帝国的边疆民族总政策是什么,治藏政策又是什么,两者有何关联。对于诸如此类问题的追问,以不同的视角所得结论必有差异。事实上,若将明朝的治藏策略置于其帝国的边疆民族政策体系中加以考察,并寻求其之所以如此的原因,就不难看到:在明朝边疆民族政策的体系中,藏区因其独特的历史文化传统、政治格局和战略地位被予以特殊的关注,治藏政策是其边疆总民族政策中十分重要的一环。而且即便是在明朝的治藏政策与管理措施中,对于藏族相对聚居区内的不同区域,在其藏政治策中所体现的施政力度,无疑是有轻重缓急之别的。从这个角度上讲,所谓"对西藏没有继承主权"论或对某些区域"不感兴趣"论,实际上是根本未洞察明朝统治者确定其治藏策略之用意与战略构想。这是笔者专注此论题的出发点之一。

其次,至明代,无论是集权政治体制,还是对民族地区(尤其是南部、西南)管理的土司制,其制度或措施之完备,可以说是空前的。而明朝建立后,鉴于吐蕃之乱唐与元朝治藏之失,以及现实的北部、西北部边疆民族格局,明朝在藏区治策的寻求和最终定调问题上,经历了一个不断调试与完善的过程,而且每一措施的制定与具体实践都比较谨慎,最后形成所谓:"限制边茶以制之,崇重喇嘛以化之,建立土司以羁之,厚予赏赐以诱之"的治藏策略。① 即有学者概括为"分封"、"朝贡"和"优予贡利"的三级连环式体系。② 但若仅从表象看,很容易让人感到明朝对藏区的施政缺乏力度,甚至与元朝相比似乎是有所退步;与清朝筹藏相较,则显出姑息迁就有余,控制严重不足。③ 能否简单而武断地下此结论?恐怕很值得商榷。这就需要我们对明朝的治藏政策及相关措施出台的背景,以及各项措施之间的关系等问题,进行全面梳理和系统研究,以便作出更能令人信服的解答。

---

① 任乃强:《康藏史地大纲》,西藏古籍出版社,2000 年版,第 76 页。
② 石硕:《西藏文明东向发展史》,四川人民出版社,1994 年版,第 266 页。
③ 车明怀、李学琴:《天朝筹藏录》,西藏人民出版社,1996 年版,第 9 页。

由此可见,对于明朝治藏这一论题,表面上它是一个老题目,但就其间一些问题的深层次探索而言,这无疑又是一个非常值得进一步挖掘的新课题。

自20世纪30年代至新中国成立,国内外学界如于道泉、刘立千、韩儒林、任乃强、妙舟、杜齐(意)等学者,就开始关注此课题并有不少成果面世。不言而喻,这些前辈的论著及其成果,对于认识明朝治藏的历史地位,具有筚路蓝缕的开创之功与奠基之力。然而,或由于资料限制,特别是受藏文史料发现、刊布及被学术界认知程度的限制;或囿于早期研究者立场、方法、研究目的差异及所处时代环境、客观条件的限制,其间或有不准确甚至错误之处。

新中国成立后,又有邓锐龄、王森、王辅仁、黄玉生、牙含章、王忠、刘忠、陈庆英、顾祖成、石硕、陈楠、张云、尹伟先、史伯龄(美)、佐藤长(日)等学者对明朝治藏史进行了长期而持续的关注,并发表了诸如《西藏地方与中央政府关系史》(黄玉生,1995)、《明清治藏史要》(顾祖成,1999)、《明代藏族史研究》(尹伟先,2000)、《西藏通史》(陈庆英,2003)、《元以来西藏地方与中央政府关系研究》(邓锐龄、陈庆英、张云、祝启源,2005)等一批颇具功力且有一定深度的论著。但若换个角度看问题,这些学者已发表之成果,也还存在着若干美中不足,并很有必要进一步探讨与订正之处。比如部分研究成果,或者局限于微观视角的专题研究,少有将明朝治藏政策及相关措施的出台,置于明朝所面临的国内民族关系格局、周边形势等时代背景中考察,并对之作纵横向比较研究,因而难免会造成:要么对明朝治藏政策及措施与客观效果的积极评价不够;要么是重于宏观性的论述,往往流于概略而缺少对具体环节做进一步的厘清或更深入、细致之论证。这些研究工作的些微不足,于学理于政治,难免存在遗珠之憾。

概言之,国内外学界对明朝藏区施政的研究和总结,论著虽不算少,但是全面而系统研究这段历史的专著,就笔者视野所及尚未发现。就研究质量来看,有不少尚待深入研究的地方。同时,研究明朝藏区施政时所出现的那种"百花齐放"的局面,表面上于学理是好事,但事关历史是非的原则问题时,若有太多不同的认识和结论,定会造成大谬。海内外的那一些分裂势力或不怀好意者,之所以能有肆意歪曲或否认明朝拥有藏区主权之事实的空隙可钻,即是证明。因此,无论从学术上,还是从现实意义而言,都有必要对明朝藏区施政治策进行重新审视和评判。这是笔者专注该论题的初衷。

二 资料来源及研究思路

在史料的选取方面,著者依托者主要有两种:汉文文献资料和藏文文献资料。关于汉文文献资料,主要有:《明史》、《明实录》、《明会典》、地方志和明人的私家笔记著述,以及《清史稿》、《清实录》的相关记载。而在藏文文献资料使用上,限于语言障碍,著者唯能阅读已整理翻译的资料,如佛教史、人物传记、世系及诸侯志等。自20世纪80年代以来,一些研究机构和学人先后整理、翻译出版了汉、藏文献资料选编,如《元以来西藏地方与中央政府关系档案史料汇编》、《西藏地方是中国不可分割的一部分》(史料选)、《明实录藏族史料》、《清实录藏族史料》、《藏族史料集》、《中国西藏及甘青川滇藏区方志汇编》等,这给研究者查阅资料带来很大方便。① 特别是在其中一些文献资料"选编"中,还载录了部分保存尚好的早期诏令封文,虽数量十分有限,但弥足珍贵。此外,著者还参考了部分西文文献资料。这部分文献为明末葡萄牙耶稣会士留下的一些书信,数量不多,使用时需做取舍辨别。

如前所述,本书是一个"老题目",国内外专家学者对明朝藏区施政及相关问题的研究已做了大量工作,正是有这些前辈和同道的辛勤耕耘,为本书的完成提供了诸多启迪和搭建了一个视野广阔的参照平台。②

---

① 使用这些文献史料时,还需注意如下问题:1.《明史》、《明实录》等,固然是研究明朝治藏史的基本史料,但两书论及藏区僧俗首领朝贡较详,其他较为简略;而私家著述,大多以记载藏传佛教僧人在京城的佛事活动为主;2. 整理翻译的藏文文献资料,现能见到的有数十种,但这些文献中充满宗教色彩,其可靠性、真实性有待鉴别;3. 在汉、藏文献资料"选编"中,可能是排版、印刷等方面的原因,这些出版物中尚存文字错漏,使用时还需核对原文。

② 关于此,凡著者在书中直接引用者,已在注释中标明;参考者,已在书末"参考文献"中列出。故在此不赘。

本书力图以历史唯物主义和辩证唯物主义为指导,并结合学科的特殊要求,运用历史学、民族学、政治社会学、宗教学的相关理论和概念,采取科际结合的方法,期望在借鉴、吸取前人既有研究成果的基础上,旨在对明朝藏区施政的有关问题作出相对合理的解读。在一些具体问题的探讨中,著者又是基于如下认识:

藏族作为一个具有悠久历史文化的稳定民族共同体,很早就融入到中华民族这一大家庭之中,并与其他各兄弟民族之间形成"你中有我,我中有你"的交融之势,从而铸就了独具特色的中华文明。但是,也不可因之而否认农耕文明与游牧文明间,事实上还存在着较为明显的差异。从这个角度上看,以汉族为统治民族主体的明朝与以蒙古族、满族为中央统治民族主体的元朝、清朝,在治藏问题上还面临着一个民族文化是否相近而产生的亲和力大小的问题。[①] 元、清两朝为此得到的便利,显然较明朝多。同时,就综合国力而言,明朝有逊于元,整体上也大不如清。加之,北部边疆的蒙古问题,有明之世良策无多;东南沿海的"倭寇"之害,自嘉靖后日趋严重;东北女真,到明后期,时有取明而代之之患。诸如此类问题决定了明朝治藏政策的确定要受到较多因素的约束,这也势必造成明朝当局在对藏施政策略的调整、健全与完善乃至实施过程中,必须周全地顾及与之相关的各种牵制力量。

至于说明朝对藏施政策略是刚性色彩强一点好,抑或柔和一些更为有利,似乎并不是我们所要着力考察的关键问题,而需要我们更为关注的是考察明朝治藏策略的出台是否符合其自身实力和适应藏区形势,或者按通行的说法,在一种约束机制下求得的结果是否最优化。如果给予否定的答案,显然我们难以解释如下事实:一是"西陲宴然,终明世无番寇之患";[②]二是明代不仅是藏族社会历史发展中承前(元)启后(清)的一个关键时期,也是藏族地区与中央的关系进一步和谐、稳定发展的时期。[③] 如是等等启鉴我

---

① 邓前程、高振华:《论和硕特蒙古扮演西藏归清纽带角色的历史必然性》,《西南民族大学报》,2007 年第 10 期。

② (清)张廷玉等:《明史》卷 331,"西域三",中华书局标点本,1974 年版。

③ 伊伟先:《明代藏族史研究》,"序",民族出版社,2000 年版,第 1 页。

们，研究明王朝治藏问题时需要考虑以下几点：

第一，考察明朝建立后，其自身实力和整个民族关系格局，在多大程度上影响并制约着明朝边疆民族政策与战略之制定和实践。

第二，在明朝边疆民族政策体系中，藏区被置于何种地位。历史上，分布于不同区域内的藏族，因与汉民族及其他少数民族交往的频度不一，藏民族政治、经济及文化等方面又呈现多元性特征，以及这些地区归附中原政权的先后和战略地位轻重的不同等。明朝制定治藏政策时是否顾及到这些事实，并有相应的动作。

第三，伴随明朝的综合国力、内部各民族区域的社会状况、周边形势等方面的变化。明朝治藏政策是否顺应或者说受制于变化的主客观环境。另外，明朝所定下的治藏模式及其客观效果之成败得失，到底为我们提供了什么样的历史启迪，如此等等。

然而，尽管上述问题并不新鲜，但要作出切合历史实际而深入系统的研究，还需更进一步审视和定位以下问题：

其一，明朝藏区施政的历史地位。就元、明、清三朝而言，元朝完成了整个藏族分布区对中央王朝的归附，并对之进行了有效的统治和管理；清朝建立起了较为完备的治藏制度体系。但是，如果没有明朝对藏区统治与管理近三百年的承前（元）启后（清），促进藏区心向中央的内驱力的进一步加强，就无法解释为什么明清政权交替后，清王朝能够顺利地承接对藏主权，并很快着手解决治藏的制度调整与健全问题。仅此而言，就应对明朝治藏这一段历史给予积极的评价。

其二，元明政权更替，不仅仅是中央王朝的又一次改名换姓，而应该注意到，最具影响的是，国内民族关系格局中统治民族主体的换位。作为汉族为主体的中央王朝统治者，以有限的国力，在处理汉蒙、汉藏及蒙藏关系时，无疑有诸多受约束因素。但其结果是，"北拒"蒙古，稳固了政权；南抚诸番，在相当长的一段时期内隔断了蒙藏联合，有效地维护了藏区主权。就这一基本事实而言，明朝治藏所表现出的举措之有序，步伐之稳，可谓比较理智。同时，从客观效果来看：（1）藏地社会实现了基本稳定与发展，明朝又有效地行使了主权；（2）明朝之北患，因藏区宗教势力搭桥而得到最终缓解;其政权能延续近三百年之久,亦与明朝较好地解决藏区问题有关。

　　基于此,再回过头来审查明朝治藏模式确立的背景以及各项政策和举措,必然会更加客观、理性。那么,在评判元、明、清三朝藏区施政时,各朝之策略是刚性色彩多一点好,还是柔性色彩多一点为宜? 很明显,着力之处是评估其政策的实际成效,而不是表现形式上的东西。

　　其三,明朝对藏施政的各种制度既有历史传承,也有适时的变革。而且在明帝国的边疆政策体系中,不仅治藏政策与其他民族地区政策有差别,即便是在藏族分布区内的不同区域所采用的治理手段、方式也是不一样的。如果不对之纵横比较,探究其内在联系、各自之特点,既无助于我们观察它们的实际效果,也无法对明朝的这些举措作公正的评价。比如:

　　(1)生硬地套用元朝治藏的强制性的特点和明朝在南方民族地区推行的完备土司制,来评判对藏政策,其可比度之高低值得讨论。

　　(2)明朝对藏区的经济和宗教文化政策,是其治藏政策的有机组成部分,不论是"以茶驭番"、"厚赏来使",还是强调藏区宗教的世俗功能和汉文化渗透等,无一不是为其政治统治服务,强化明中央与藏区地方的政治隶属关系。对诸如此类的问题,我们不应武断地给予是与否的结论,否则,势必将影响对明朝治藏得失之正确评价。

　　基于上述思路和见解,本书共分五章解答有关问题。

　　第一章,以"传承与变革:制约明朝治藏政策调适的因素"为主题,着重探索明朝建立后,统治者确定治藏政策所无法超脱的主客观形势,尤其是探究当时的边疆格局中,关系明政权稳固与否的外部因素是什么,从而揭示元明交替与中原统治民族换位后,新中央王朝接手藏区的统治与管理,有哪些便利因素,又有哪些不利条件,藏区的现实状况等诸多问题。期望通过对这些问题的系统考察与分析,对明朝特别是明初统治者该如何为治藏政策定调,有一个较为清楚的理性认识。

　　第二章,以"一体与制宜:明朝藏区机构设置和治藏策略"为题,主要讨论明朝藏区地方政权机构建设、对僧俗官员管理手段之异同等问题。从而揭示出明朝治藏的政治措施中,哪些是力图适应明帝国的整个政治框架,又有哪些兼顾到藏区的社会历史与现实状况,并为后文检讨其经济、宗教文化政策作必要的铺垫。

第三章，以"'嘉惠内附'：明朝强化藏区施政的经济政策"为题，通过对"以茶驭番"的实质和"厚赏来使"的特殊经济含义的剖析，揭示出明朝为什么要以这样的方式来辅助其政治统治，其客观效果又如何。

第四章，以"'劝善化俗'：明朝藏区的宗教文化政策"为题，通过对明朝帝国的宗教政策和对藏区宗教特殊政策的比较分析，以及在今青藏高原东缘地带的汉文化举措等方面的研究，从而揭示出明朝作为中国封建社会后期的汉族中央王朝，一方面，对藏区"因俗以治"，表面上是对藏区特殊政教格局的承认和尊重，但其实质是要利用藏传佛教在藏地社会中特有的社会功能，为明朝之政治统治服务；另一方面，中国古代历朝统治者所奉行的民族同化，并以之实现思想上"大一统"的本质未变，明朝在今甘青川等藏区的儒学教化措施，根本目标就在于此。但我们在评判这段历史时又绝不能因此否认其积极的客观效果。

第五章，以"承前启后：明朝治藏的历史地位述论"为题，通过对元、明、清三朝藏区施政的一些重大问题的比较研究，认为明朝治藏是依据藏区地方社会的历史与现实状况，以及自身实力与北部边疆地区之民族格局，因地制宜地采取了相对缓和且颇具弹性的施政策略。就其实施效果而言，不失为当时历史条件下的一种现实而有效的施政模式，具有承前启后的历史作用。

当然，笔者对上述问题，只能说是尽己所能作一些尝试性的探索。即是如此，亦是建立在前人今人的研究基础之上的。在此谨对这些在探索明朝治藏史道路上辛勤耕耘的前辈和同道们致以崇高的敬意和深深的谢意！

第一章　传承与变革:制约明朝
治藏政策调适的因素

与明朝中央高度集权政治体制的最终确立过程一样,明朝治边特别是治藏政策的制定,也经历了一个制度的因循、创新与完善的不断调适过程。它肇始于洪武备于永乐,之后间有小变。① 即经过洪武年间的广泛招谕、安抚等策略的实践,以及在此基础上对藏区地方行政体制的构建,从而基本完成了中央王朝政权交替后藏区统治权的传承,使藏区完全纳入明中央王朝的地方统治体系之中;后又经过永乐时期"多封众建"和"以教固政"治藏方略的确立,以及一系列配套措施的制定、实施,最终奠定了明朝治藏制度体系的基调。② 相比而言,明朝加强中央集权政治之举措显得刚性十足,而藏区施政之策则柔性有余。原因何在,笔者认为,只有对元明交替后制约和影响明朝统治者确定治藏政策的各种要素进行梳理和分析,方能全面而准确地回答这一问题。

第一节　元末明初藏区地方豪势变局与
明朝治藏方式的选择

元末明初,自藏传佛教"后弘期"以来所形成的藏区封建割据世俗势力

---

① 尹伟先:《明代藏族史研究》,民族出版社,2000 年版,第 205 页;刘忠:《论明朝西藏归属与领土制的演变》,载《历史研究》,1994 年第 5 期。
② 邓前程:《论明初中央政府治藏政策的调适与定型》,载《思想战线》,2002 年第 6 期。

与各宗教派别相结合的地方实力集团,不仅没有因元王朝倚重萨迦而消沉,相反,随着元朝政权日暮西山,对乌思藏地区控制的减弱而日渐活跃。各派之间由于占有土地、草场、水源及人口、财产利益分割不均等错综复杂的矛盾,以及教派中对显密教法重视程度与师徒传承上的差异,更加剧了割据势力之间的争斗,酿成了许多规模或大或小的冲突与战乱。在这些弱肉强食的争战中,谁也没有消灭对方,进而统一乌思藏的实力。这些地方势力已形成豪酋蜂起、据地自擅的局面。① 面对如此众多而又互无隶属的地方割据势力,②明朝对藏如何施政,无疑深受此影响。即是说,明朝在完成藏区主权承接后,如何安抚各派力量,进而有效地治理藏区,这是摆在明统治者面前一个有待慎重思考而又亟待解决的问题。

一 萨迦势力的式微

蒙古统治者之所以征服藏区不久就选定依靠萨迦,并以之作为治理乌思藏的"代理人",固然有其客观因素:一是蒙古族作为北方游牧民族,凭铁蹄可以一时踏平华夏,但要实现对以汉族为主体的人口众多的中原地区的统治,其自身实力明显不足;二是藏区恶劣的自然地理环境,蒙古军队的有限,加之难于适应高寒少氧且多变的雪域特殊气候,单靠武力必然是难以制胜,即或克之亦难守之。但是,元初萨迦较之乌思藏其他地方势力所凸显出的优势,以及该派领袖与蒙古贵族间的友好关系,应该是一个非常重要的原因。关于这一点,下述事实中可知。

其一,"萨迦班智达,学富五明"。元太宗八年(1236),蒙古汗窝阔台次子阔端攻占成都,并收到"招谕秦、巩等二十余州,皆降"的捷报。③ 再三年,

---

① 他们中既有盘踞后藏,在整个藏区尚存余威的萨迦款氏家族;亦有后来居上,在前藏势力强大的帕竹朗氏家族;并有力量相对弱小,但能自存的呈插花状分布于藏区的地方力量,如霞鲁的阶氏家族、蔡公塘的噶举派雪尔家族、索绒河谷止贡噶举与交饶氏相结合的止贡巴、堆隆楚布寺的噶玛噶举势力、达垄噶举力量等。在安多、康区,不仅萨迦势力的余威尚存,而且噶玛噶举派威望甚高,但它们均未形成一个能统一该地区,并凌驾于各地方力量之上的强大实力派。

② 元朝所封乌思藏十三万户,基本上一个万户即有一个家族势力支撑,一般所说的藏区政教合一,业已呈现出一个万户即一个家族,亦即一个政教合一的割据实体。

③ (明)宋濂:《元史》卷2,"本纪第二·太宗",中华书局标点本,1976年版。

阔端派部将多达拉波率师取道青海，直插藏北，并烧毁 1056 年兴建的热振寺和 1021 年建立的杰拉康寺，斩杀 500 余僧俗人众。除此之外，蒙古军队既未再开杀戒，又未长时驻守。① 据说"被破坏的寺院都是藏传佛教噶当派的寺院"，而且之后"只有噶当派没有受到蒙古统治者的布施，也没有蒙古王公做它的后盾，可是萨迦派和噶举派的一些支系都有蒙古统治阶级做它们的靠山"②。这肯定不仅仅是一种巧合，说明"当时西藏各教派对蒙古入主持有不同意见，而蒙古对西藏佛教各教派的态度也有所偏向"③。事实上，多达拉波进藏后发现"东到贡波，西至尼泊尔，南达闷域"的整个地区，皆是由各个地方势力所割据，彼此又不相统属，且各教派势力亦彼此交错。故认为单靠武力难以为治，即或一时征服，于元朝对西藏的控制也毫无意义。为此，多达拉波在向阔端汇报西藏形势时说："惟噶丹派寺庙最多，达隆（即达隆噶举）法王最有德行；止贡巴（即止贡噶举）京俄大师具有大法力；萨迦派班智达，学富五明"④，并建议利用当地威望最高的宗教领袖协助蒙古进行统治。后来事实表明，阔端接受了这一建议。他在给多达拉波的回函中说："今世间的力量和威望没有能超过成吉思汗的，对来世有益的教法，这最为要紧，因此应迎请萨迦班智达。"⑤于是便有 1247 年萨班与阔端的"凉州相会"。

如果说后来萨班治好阔端顽疾，两人之间的私人感情得到进一步交流与升华，具有一定的偶然性的话，那么，以下一些事实决定了阔端选择萨迦，而不是其他教派的领袖人物，确实具有其历史的必然性。

首先，阔端所孜孜寻求的领袖人物，首要条件是该领袖所属教派在藏区

---

① 五世达赖认为，多达拉波帅师入藏而未久留，是因这支蒙古军入藏原本只有试探之意，所以，次年就退出西藏。参见五世达赖：《西藏王臣记》，郭和卿译，民族出版社，1983 年版，第 88 页。
② 王辅仁、陈庆英：《蒙藏民族关系史略》，中国社会科学出版社，1985 年版，第 17 页。
③ 王启龙：《藏传佛教在元代政治中的作用与影响》，载《西藏研究》，2001 年第 4 期。
④ 五世达赖：《西藏王臣记》，郭和卿译，民族出版社，1983 年版，第 88—89 页；另据刘立千译：《续藏史鉴》，第 11—12 页载："现今藏土，惟迦（噶）当巴丛林最多，达垅巴法王最有德行，止贡巴京俄大师最具大法力，萨嘉（迦）班哲达，学富五明，请我设法迎之"。
⑤ 恰白·次旦平措等：《西藏通史》，陈庆英等译，西藏社会科学院等联合出版，1996 年版，第 316 页。

有代表性,而领袖自身又具备威慑全藏之"法力",并集政教大权于一身。当时的乌思藏地区,论宗教影响力,萨迦派只能是较大者之一,但萨迦派领袖萨班之学识与宗教修养较之其他教派首领,其优势较为明显。

其次,纳入阔端视野的另一重要条件是,这个人所属地方集团必须在乌思具有较强实力,又对蒙古统治者的征服不说顺服,至少不敢公开表示敌意。就当时之现实而言,能适合该条件者,萨班还是人选之一。论宗教之影响力无疑当数噶当派,但该派有一个在阔端等看来致命的弱点,那就是对世俗政治过于超脱。显然,委政于噶当派,不合时宜。止贡派实力虽强,但在多达拉波率师入藏时,遭遇抵抗的不仅有此派,而且当蒙古统治者准备迎请止贡寺京俄札巴迥乃商议西藏之未来时,其领袖札巴迥乃也并不配合。①因而,选止贡派之领袖代为掌政,其忠诚度值得考虑。

此外,基于对藏蒙臣属关系能否长久稳固问题的考虑,蒙古统治者在挑选这一人选时,还得顾及该人选的后继者问题。藏传佛教各派的传承方式,大致可分为师徒传承和家族血脉相传两种。萨迦派以款氏家族血脉相传来确定继承人的办法,在当时蒙古统治者看来,更便于蒙古对藏施政。因为宗教与世俗权力高度集中于某一家族,更能保持臣属关系的延续性。②

基于上述诸种因素的考虑,萨迦派及其领袖便成为蒙古统治者在当时情况之下的最佳选择。后来的事实也证明,如果没有由萨班出马的"凉州相会",并就乌思藏、阿里的归属问题达成协议,而且说服藏区其他实力集团接受这一协议,元朝中央政府对西藏地方行政管理的基础,可能没

---

① 王献军:《西藏政教合一制度研究》,兰州大学出版社,2004年版,第35页。
② 在西藏历史上,宗教与政治、经济紧密结合,并直接关系着某一家族的命运者,无疑当推萨迦派所属的款氏家族。相传承传自赤松德赞之大臣伯波迦的款氏家族,它既是当地颇具实力的世俗贵族、领主,又在宗教拥有一流的大师,自成一派。为了牢固地将政教两方面的权力掌控在款氏家族内,其家族内有明确的分工:兄出家为僧,以掌教权;弟则娶妻生子以续香火,并控世俗权。更为重要的是,该派所属主要寺院的住持权例由伯侄承传。与其大体同时采取此法的是帕竹朗氏家族。而噶玛噶举派则与之不同,它从来没有依托任何一个固定的施主家族做后盾。这一方面,对其发展带来一定的困难,因为它无足够的世俗力量与其他教派争夺地盘,以扩大势力。但另一方面,该派也因此与世无争,专注其宗教方面的造化。这就使得元中期至明初,元明统治者不能不重视其存在。当然,萨迦模式,后来还是被藏区各地方势力为谋求生存,并壮大自身力量而较广泛模仿。

有如此容易地奠定。从此角度讲,选择萨迦使阔端及后继者达到了预期目标。

其二,八思巴的机敏与睿智。关于八思巴其人其事的详细研究,史家多有论述,①在此不赘。值得一提的是,八思巴不仅继承了其叔父萨班与蒙古统治者所结成的良好关系,而且使萨迦与元室的臣属关系也大大加强了。在忽必烈称汗后,八思巴本人被封帝师,授职宣政院,掌管全国佛教事务和协助元中央管理藏区。同时萨迦被钦定乌思藏十三万户之首,拥有"军民通摄"之权。

当然,蒙古统治者确立萨迦作为治藏代理人的过程,并非一帆风顺。1251年,阔端和萨班相继病逝于凉州,同年蒙哥即位于库腾敖拉,萨迦派在乌思藏的领袖地位发生动摇。这给乌思藏其他僧俗首领提供了一个与萨迦派竞争权力的绝佳时机。甚至在乌思藏、康区地方势力中,有人乘机提出不愿再履行向蒙古统治者交纳贡赋的义务,以致有1252年在忽必烈南征大理时,取道吐蕃,派兵入康,以武力再次降服藏区。同时,由于蒙古王室的争权夺利而形成诸多集团,这些集团又分别在藏区培植力量,这恰好迎合了藏区地方势力向外寻求保护的需要。自1239年始,萨迦、帕木竹巴、止贡、蔡巴、达垅、雅桑等教派均派人到蒙古地方去。萨迦派向窝阔台表示归顺,帕竹和雅桑投靠旭烈兀,止贡和藏古塘两派向忽必烈投诚,达垅向阿里不哥靠拢。在这场争宠的斗争中,八思巴的机敏与睿智,无疑起了非常重要的作用。一个明显的例证是,与年长、威望甚高的噶玛噶举领袖噶玛拨希相比,年轻的八思巴之人品学识、政治敏锐性,更能抓住蒙古统治者的心。如果说噶玛巴因其在蒙古王室兵戎相见中,投错主子而命运多舛,很明显,八思巴则充分利用与忽必烈的亲近,向其阐释佛法、追述祖德、讲述历史时,乘机利用古代吐蕃、西夏诸地君王崇信藏传佛教的历史传统来影响、启发忽必烈,使元蒙统治者从当前政治的需要而利用藏传佛教转变为崇信藏传佛教,认识到仿照帝王崇佛的古制对安邦定国的迫切

---

① 李延恺:《藏族杰出的历史人物八思巴》,载《西藏历史研究论文选》,西藏人民出版社,1984年版,第171—182页;陈庆英:《雪域圣僧:八思巴传》,中国藏学出版社,2002年版。

性和重要性,从而巧妙地赢得了忽必烈的完全信任,①使萨迦派在向蒙古最高统治者争宠中独领风骚。

经过萨班、八思巴叔侄的努力,萨迦地方势力与元朝最高统治者建立起牢不可破的紧密联系。其主要标志可以从以下几个时段看出:

1.1260 年忽必烈即大汗位以后,八思巴立即受到封赏。《拔思发行状》说:"庚申(1260),师年二十二岁。世祖皇帝登基,建元中统,尊为国师,授以玉印,任中原法主,统天下教门。"②

2.1264 年,忽必烈迁都北京,着手元中央政权机构的建设。其中,包括掌管全国佛教及吐蕃地方事务的总制院,八思巴以国师身份主政总制院。③

3.1269 年,八思巴奉诏制成蒙古新字,世祖忽必烈颁示天下,以为国字。次年,将八思巴的封号从"国师"迁至"帝师",其位尊宠至极。史载:"庚午(1270),师三十一岁,时至元七年,诏制大元国字,师独运摹画,作成称旨,即颁行朝省郡县遵用,迄为一代典章,升号帝师、大宝法王,更赐玉印,统领诸国释教。"④

4.1280 年八思巴逝世,忽必烈又一次赐给封号"皇天之下,一人之上,开教宣文辅治,大圣至德,普觉真智,佑国如意,大宝法王,西天佛子,大元帝师板的达巴思八八合失"。⑤

---

① 关于八思巴的睿智及其深得忽必烈信任的事实,除藏文史籍大肆渲染外,汉文亦有记载:他跟随并师从伯父萨班,"从之受业,甫七岁诵数十万言,通贯大义。少长,学富五明,研几三藏。年十五,谒世祖于潜邸,与语大悦。躬率太子以下从受戒法,尊礼殊异"。参见(明)明河:《补续高僧传》卷1,"帝师发思八传",载《续修四库全书》,第 1283 册,子部,"宗教类"。
② (元)王磐:《拔思发行状》,见《大正大藏经》卷49,第 707 页。
③ 对此,《元史》中明确说:"至元初,立总制院而领之以国师。"参见《元史》卷87,"百官三","宣政院"。
④ (元)王磐:《八思巴行状》,见《大正大藏经》卷49,第 707 页。
⑤ 陶宗仪:《南村辍耕录》,中华书局,1980 年版,第 154 页。对八思巴死后追赠封号,各书所载文字表述不尽相同,但含义一致。《元史》卷 202,传 89,"释老"上载:"皇天之下一人之上,[开教]宣文辅治大圣至德普觉真智佑国如意大宝法王,西天佛子,大元帝师";《百丈清规》上载:"皇天之下,一人之上,开教宣文辅治大圣至德普觉真智佑国如意大宝法王,西天佛子,大元帝师";《拔思发行状》上载:"皇天之下,一人之上,开教宣文辅治,大圣至德,普觉真智,佑国如意,大宝法王,西天佛子,大元帝师,班弥但拔思发帝师。"

至元二十五年（1288），总制院使桑哥还嫌其位不尊，①以"总制院统西番诸宣慰司，军民财榖，事体甚重，宜以崇异之"为由，奏改为宣政院。宣政之名，源于唐时吐蕃来朝见于宣政殿故。宣政院成立后，仍命桑哥以开府仪同三司、尚书右丞相兼宣政院使，领功德使司事。此时的宣政院，可谓位崇权重，"秩从一品，用三台银印"，②"院使位居第二者必以僧为之，出帝师辟举，而总其政于内外者，帅臣以下，亦必僧俗并用，而军民通摄"③。

自八思巴封帝师始，有元之世，历代皇帝皆有帝师，共计十三位帝师和一位摄帝师，除了一两个人的身份尚未明了外，其余多属萨迦款氏家族，或与款氏家族关系密切者。④而且，忽必烈开创的以帝师八思巴兼作皇室宗教导师与朝廷高级幕僚双重角色之法，被嗣后诸君仿效。帝师对元朝中央与藏地政治的巨大影响，可从其肩负之职责中清楚地得到体现。

第一，作为皇帝及其宗室的宗教老师，他必须履行圣职，不时为帝王、后妃、皇室人员传法授戒、举行法会，并逢新年之际，撰写颇具宗教色彩的诗体祝辞向皇室贺新年。

第二，统领天下僧尼，主管佛教事务，并负责弘扬佛法。

第三，协助皇帝治理藏区。

以帝师作皇室宗教导师与朝廷高级幕僚的这种特殊角色，不仅为其生前带来其他难以企及之崇高地位，而且身后享有特别之尊荣，所谓"皇天之下，一人之上"。⑤在处理藏区事务过程中，帝师虽是皇帝助手，但他所拥有

---

①　桑哥何许人也？《元史》卷205，"奸臣"传中说："桑哥，胆巴国师之弟子也。能通诸国言语，故尝为西蕃译史。为人狡黠豪横，好言财利事，世祖喜之。及后贵幸，乃讳言师事胆巴而背之。至元中，擢为总制院使。总制者，掌浮图氏之教，兼治吐蕃之事。"又《汉藏史集》"桑哥臣相的故事"上说："在有福德的薛皇帝之时，有大臣名桑哥者，系出身于噶玛洛部落的青年。通蒙古、汉、畏兀儿、吐蕃等多种语言，初任译吏。先在朵思麻汉藏交界之地拜见了上师八思巴，请求为上师效力，故上师命其为自己的译吏。以后，当他任速古儿赤之职时，因其见识广博，得上师喜爱，多次遣往皇帝驾前奏事，皇帝亦以此人之学识和功德，将他从上师处取来。他历任各级官职，俱能胜任。"（汉译本，西藏人民出版社，1999年版，第158页）可知，桑哥其人聪明能干，为此既得八思巴赏识，又受元世祖忽必烈器重，位居显赫，但也干了不少坏事，终致被处死。
②　《元史》卷205，"传92"，"奸臣"。
③　《元史》卷87，"百官志三"。
④　王森：《西藏佛教发展史略》，中国社会科学出版社，1997年版，第76—81页。
⑤　《元史》卷202，"传89"，"释老"。

话语权之中,没有任何朝廷可与抗衡。如在重要的人事任免权问题上,中央之"宣政院,其为使位居第二者,必以僧为之,出帝师所辟举";乌思藏地方之最高行政长官本钦,例由帝师提请皇帝任命。十三万户与三却喀(即藏地三区)长官,也是"按照皇帝与上师商议决定而任命"。① 就此而言,所谓帝师之法旨与皇帝圣旨并行西土,②并非言过其实。

帝师虽名为元廷官职,但拥有其他诸王、百官无可比拟之特权。在百官上朝排班列队时,在皇帝座位边上特为帝师设专座。有元百年间,朝廷对于帝师的礼敬和尊信"无所不用其至,虽帝后妃主,皆因受戒而为之膜拜","而帝师之盛,尤不可与古昔同"。③ 又比如:"帝师至京师,有旨朝臣一品以下,皆乘白马郊迎。大臣俯伏进觞,帝师不为动。"④帝师出行,皇帝往往派大臣迎送,甚至借用皇帝的半副法驾仪仗,计一千二百五十人,为帝师开路导行。⑤ 帝师不仅生前享受尊崇,身后亦礼遇甚隆。如首任帝师八思巴去世后,朝廷不仅为之加赠封号,在京城为之修筑真身舍利塔,而且还下诏:"各郡建帝师八思巴殿,其制视孔子庙有加","绘帝师八思巴像十一,颁各行省,俾塑祀之。"⑥

而且,帝师所属萨迦派的款氏家族成员,也因此备受元廷宠爱并被委以重任。自释迦桑波任萨迦本钦始,乌思藏地方最高行政长官本钦一职例由萨迦款氏家族成员出任。⑦ 1268 年,元朝在乌思藏划分十三万户。形式上

---

① 达仓·班觉桑布:《汉藏史集》,陈庆英等译,四川民族出版社,1986 年版,第 171 页。关于十三万户是谁委任的,学界有不同的看法。意大利藏学家杜齐认为,各万户如帕竹一样是有所在地区的寺庙住持自行叙用;藏文献如《萨迦世系史》等认为是萨迦本钦任命的。实际上,这些说法都不恰当。有元一代西藏地方官上自宣慰使都元帅,下到招讨的任免,必须经由宣政院或帝师推荐,镇西武靖王只能推举宣慰使以下的官员。而且,这些被荐举的候选僧俗官,概由元中央政府任免、奖罚。可见,十三万户的任免权在元廷,而且各万户一经任命必持朝廷的敕印,方为有效。有关此问题的详尽论述,可参见沈卫荣:《元代乌斯藏十三万户行政体制研究》(一),载《西藏研究》,1988 年第 1 期。

② 《元史》卷 202,"传 89","释老"。

③ 《元史》卷 202,"传 89","释老"。

④ 《元史》卷 183,"传 70","字术鲁翀"。

⑤ 《元史》卷 27,"本纪 27","英宗一"。

⑥ 《元史》卷 28,"本纪 28","英宗二";卷 29,"本纪 29","泰定帝一"。

⑦ 自释迦桑波(shvakya bzang po)至阿木噶(a mo gha),有元一代萨迦地方政权共计二十六人出任二十九任本钦。其中,一些本钦还任宣政院职务。参见张云:《元朝中央政府治藏制度研究》,黑龙江教育出版社,2003 年版,第 12—13 页。

萨迦本钦释迦桑波是乌思藏十三万户长之一,但实际上,萨迦万户长角色之特别,职权之重,又是其他十二万户无法相比的。若按元制,乌思藏地方政权建置中,万户是低于宣慰使司都元帅府的行政机构,但在行政过程中,例由萨迦万户长兼作宣慰司都元帅府的长官,其头衔冠以"乌思藏三路军民万户"。这就充分说明,元王朝的用意是:一方面,拔高萨迦地方势力在乌思藏的地位;另一方面,让萨迦充当元朝治藏的代理人,使之"军民通摄",既管军事,又兼理民政。

由此可见,在元朝治藏政制设计中,业已形成帝师节制中央一级的治藏机构宣政院,而帝师又多出自萨迦款氏家族;乌思藏地方之最高行政长官本钦一职,也例由萨迦款氏家族成员担任。这致使萨迦款氏家族及其宗教派别,几成帝师和本钦之孵化器。萨迦派与其他各宗教派别的地位之尊卑高下,不言而喻。

但是,萨迦派上下并未因有元朝的大力扶持而励精图治,壮大自己的权势与地位。本来元朝倚重萨迦并以之代为管理乌思藏的做法,必须有两个方面的前提作为保障:一是元王朝中央力量的持续强大,并对萨迦之信任持久不衰;二是萨迦地方势力既有宗教上持续的号召力,又能不断壮大自身的世俗力量,并有远远超出其他地方豪酋的实力。然而,这仅是今天的一种假设而已。事实上,就前一假设而言,至元朝中期后,阶级矛盾和民族矛盾日趋尖锐,各地农民起义不断,元朝国力日益减弱,自顾不暇,并有看重噶玛巴之势,因而萨迦之靠山渐次消失。帕竹取代萨迦,并得元顺帝的认可,即一明证。[①] 就后一设想而言,亦不符合历史事实。原因如下:

其一,萨迦领袖人物一代不如一代。如果说萨班与八思巴的个人学识、品行及政治敏锐力,尚能既获得元最高统治者赏识,又能整合萨迦内部力量,并能召令乌思藏地方,那么,之后的历任领袖明显存在着个人能力及影

---

① 与1290年元廷出兵乌思藏护卫萨迦地方政权的宏大气势相比,对于1354年绛曲以平乱的名义击败萨迦地方政权,并占领萨迦寺的事实,元廷则是那样的无奈,只好顺势认之,封绛曲为大司徒。两相对照,真可谓"三十年河东,三十年河西"。

响力的严重不足。①

其二,萨迦派宗教上的退化。应该说,蒙古统治者之所以最初就选中萨迦派,一个至关重要的理由是,看重萨迦派及其领袖人物在乌思藏等藏区的宗教威望。但是,萨迦派在政治上得势后,"其弟子之号司空、司徒、国公,佩金玉印章者前后相望"。② 其高僧门徒在中央和地方机构中多居要津,权势日隆,除个别几位还能在宗教史上留名外,大多不遵守宗教戒律,出家与不出家的分别已不严格。从乌思藏至内地,一些僧贵僧官,高居世俗之上,"恃宠恣睢,气焰熏灼,作奸发冢,欧辱公卿,列帝皆优容之"③,致使其"延于四方,危害不可胜言"④。具体表现有三:

1. 少数僧人目无法纪,影响社会治安,甚至胆敢挑战国家法度。对此有人上疏说:"照得各处僧道衙门所设书吏、贴书、祗侯曳刺人等俱无定额,多系无赖泼皮过经日断之人,不惟影占户役,僧道被扰多端。各衙门已行革罢,切恐又于路府州县营求勾当,侵渔百姓,非理生事"⑤,甚至殴打留守和王妃。如此状况,泰定二年(1325)西台御史李昌所见所闻,可见一斑。"尝经平凉府、静、会、定西等州,见西番僧佩金字圆符,络绎道途,驰骑累百,传舍至不能容,则假馆民舍,因迫逐男子,奸污女妇。奉元一路,自正月至七月,往返者百八十五次,用马至八百四十余匹,较之诸王、行省之使,十多六七。驿户无所控诉,台察莫得谁何。"⑥他们还以"修密"为借口,强取民间处女;以"修法"为由,挖取活人心肝作"供品",剥取人皮做佛像座垫,用少女的腿骨作"法号"等。对于萨迦派僧人这些不法行为,元廷大多"知而不问",予以迁就。与之形成鲜明对比的是,下令

---

① 萨迦派自款·衮却杰布创立后,其壮大历经四代五祖,即衮却杰布之子衮噶宁布(1092—1158)、衮噶宁布之子索南孜摩(1412—1182)、扎巴坚赞(1147—1216)及萨班和八思巴叔侄。其中,尤以萨班和八思巴叔侄二人在宗教与政治影响较大,之后之各代领袖无出其右者。何以致此,非常关键的原因在于萨迦派自创始之时,它的血统与教统继承道路影响它成为如噶当派那样戒行谨严的教派,特别是在政治上得势,不少人沦为追名逐利之徒。参见吴均:《吴均藏学论文集》,中国藏学出版社,2007年版,第216、219页。

② 《元史》卷202,"传89","释老"。

③ 任乃强:《康藏史地大纲》,西藏古籍出版社,2000年版,第57页。

④ 《元史》卷202,"传89","释老"。

⑤ 《元典章》卷33,"释道僧道教门清规"条。

⑥ 《元史》卷202,"传89","释老"。

"骂西僧者,截其舌;殴西僧者,断其手"。① 这种无原则的"溺爱"与迁就,致使萨迦派中的不法僧人,更加有恃无恐,气焰之熏灼,延于四方。

2.贪图财货,巧夺民资。如第一个任江南释教总统的八思巴之弟子杨琏真加②,在杭州"发掘故宋赵氏诸陵之在钱塘、绍兴者及大臣冢墓凡一百一所;戕杀平民四人;受人献美女宝物无算"。后获罪被籍没,所"攘夺盗取财物,计金一千七百两、银六千八百两、玉带九、玉器大小百一十有一、杂宝贝百五十有二、大珠五十两、钞一十一万六千二百锭、田二万三千亩;私庇平民不输公赋者二万三千户。他所藏匿未露者不论也"。③ 其他僧侣亦是"贪利无已,营结近侍,欺昧奏请,布施莽斋,所需非一,岁费千万,较之大德,不知几倍……至或取空名宣敕以为布施,而任其人,可为滥矣"。④ 如此等等,以致时人惊叹:"国家经费,三分为率,僧居二焉"⑤,"今国家财赋,半入西番"。⑥ 如此"骄纵日久,教法浸坏"。⑦ 这不仅极大地损害了萨迦派在藏区僧俗民众中的形象,而且亦正是这种过度放纵物欲,既造成萨迦派内部"不和",又促使其教派走向自身的衰败。⑧

3.萨迦因内讧而实力严重削弱。致使萨迦地方势力衰微的因素,虽有内外因之别,但在很大程度上讲,其主要原因还不是来自外来的压力,而是根源于其内部矛盾。这种矛盾不仅表现于法主和本钦之间,亦显露无遗地体现在萨迦的核心力量款氏家族内部。事实上,即便是威望甚高的八思巴,在其晚年就曾与萨迦本钦贡噶桑布之间产生不可调和的矛盾,以至于朝廷不得不派桑哥帅师入藏平乱。但是,这种动用武力的办法,只能平息表面矛

---

① (明)于慎行:《谷山笔尘》卷17,中华书局,1997年版,第200页。

② 元朝在地方设置的最高僧政机构是总统所,或者总摄所。因而,史书上有称杨琏真加江南总统的,亦有称之为江南总摄的。该机构的一重要职责是受理僧人的诉讼问题。

③ 《元史》卷202,"传89","释老"。

④ 《元史》卷202,"传89","释老"。

⑤ 《历代名臣奏议》纲一目二十,"僧道"。

⑥ 《时政书》卷2,"归田类稿"。

⑦ 任乃强:《康藏史地大纲》,第57页。

⑧ 加拿大学者戈伦夫对此评价说:"蒙古人给予萨迦派僧人大量的财富和权力",其结果"导致了内部(萨迦)的不和"。而这种"不和"事实上削减萨迦派在藏地的实力,加速了该派的衰落。参见《现代西藏的诞生》,武昆明等译,中国藏学出版社,1990年版,第52页。

盾,避免事态的进一步恶化,而于消除问题的根源无补。特别是款氏家族内部嫡庶间围绕政教最高权力的争夺,愈演愈烈。按款氏家族继嗣的传承之法,如有数子则幼子娶妻生子以繁衍后代,其他儿子为僧。这一惯例的直接后果是萨迦款氏家族男丁稀少的状况时有出现。① 如在恰那多吉的遗腹子达玛巴拉时期,达玛巴拉虽同时娶二妻,但男丁早逝,萨迦款氏家族即面临绝嗣。为寻求权宜之法,元廷应萨迦之请,特赦被流放的达尼钦波并让其返藏。② 据说达尼钦波先后娶妻七人,产子十三,款氏家族的男丁为之兴旺空前。然而,这种兴旺又为萨迦内部矛盾的加剧埋藏着火种。达尼钦波去世后,众子为争夺权力,使萨迦内部矛盾异常尖锐并表面化。最后在第八位帝师贡噶洛追坚赞的调停下,众兄弟分裂为细脱、拉康、仁钦岗和都却四个拉章。③ 各拉章之间无所统属,这就使得统一的萨迦大家庭被一分为四,政出多头。而且,各拉章皆忙于尽力扩展自己的势力、积聚财富,彼此明争暗斗,相互间积怨愈来愈深。然而萨迦本钦不仅未能公正裁决,消弭矛盾,反而参与其中。这些无一不使萨迦势力大大削弱,元气大伤。

当元朝实力方强并倚重萨迦之时,乌思藏其他十二万户只好屈服萨迦本钦,首任本钦释迦桑布征调十三万户人力修建萨迦大殿,即可佐证。但是,必须看到乌思藏十三万户,原来都是各自为政、互不统属的一方霸主,元朝抬高萨迦的地位,使它成为十三万户之首,但其他十二个万户对此并非没有自己的盘算,只是迫于形势,才勉强承认了这一既成事实。一旦元朝对萨迦派的支持力度稍微减弱,或者他们之间的利害冲突变得无可缓和时,其他万户对萨迦就远不是那么恭顺了。1290 年的"止贡之乱",④以清楚的历史事实表明,如果没有元朝中央政府的支持和保护,仅凭萨迦派的实力是不可

① 陈庆英:《雪域圣僧:八思巴传》,中国藏学出版社,2002 年版,第 141 页。
② 达尼钦波乃达玛巴拉之堂兄,但非嫡出(其母为侍女)。八思巴去世后,为确保恰那多吉家系之地位不受威胁,达玛巴拉奏请忽必烈以达尼钦波非款氏家族正统血脉为由,将其流放江南。
③ 达尼钦波身后,萨迦款氏家族的内部矛盾尖锐状况和众兄弟分裂,陈庆英先生进行了系统的梳理和深入分析。参见陈庆英:《元朝在西藏所封的白兰王》,载《西藏研究》,1983 年第 4 期。
④ 刘立千:《续藏史鉴》,华西大学华西边疆研究所 1945 年印,第 29 页。关于"止贡之乱",其基本情况是,至元二十七年(1290)噶举派的止贡万户长因不服萨迦管辖,发动对萨迦的战争。萨迦本钦在驻藏蒙古军的协助下,击溃叛军,并焚毁止贡寺。

能统治藏区三却喀,就是对乌思藏十三万户亦难以调动。然而,萨迦并没有充分意识到这样的现实危机,不仅未能利用元朝的宠幸借此发展自己的力量,相反,到后期发生了严重的内部分裂。同时,由于宗教首领和官员数量冗大,百姓的税赋和乌拉徭役负担不堪其累,群众怨声载道。而乌思藏的一些地方派别也带着各自的盘算跻身于各拉章之间的纷争中,接纳亲信,打击异己,谋求私利,使原本隐含不安定因素的乌思藏地区愈加动荡,萨迦的名声与威望江河日下,并随着帕竹的崛起,加速了萨迦的最终没落。甚至可以认为,1354 年绛曲之能击败萨迦,号令乌思藏,究其原因与其说是绛曲所代表的帕竹力量太强大,不如说是萨迦自己在不断为自身挖掘墓地。

萨迦的衰微,其影响不只在于乌思藏地区某一地方实力派的消沉,而更深层的内涵在于元初以来所形成乌思藏地方政权模式被击破。这样,明朝接替元朝后不仅不能依靠萨迦代理治藏,继承前代治藏的现成模式,相反,还得重新审视乌思藏等藏区现状,同时不得不顾及萨迦之余威。

二 帕竹势力的跛足发展

应该说,元朝末年随着萨迦势力的衰微,不仅为帕竹政权的兴起营造了良好的时机,同时也为新兴帕竹势力获取元廷支持提供了重要的机遇。但是,在帕竹势力的壮大过程中,宗教影响与世俗力量的发展却并不同步,明显地表现出了世俗力量的强大与宗教影响力的微不足道。这在当时乌思藏地方宗教影响力日渐扩大、世俗政治必须强烈依赖宗教权威的现实中,使得帕竹的进一步发展受到极大的制约,甚至帕竹领袖不时地处在强大的世俗力量与相对弱小的宗教影响之尴尬境况中。

帕木竹既是一个教派名称,又是乌思藏一地方政权名称。最初仅为一地名,在今泽当境内。因达波拉结的弟子多吉杰波于 1158 年在帕竹建一小庙(即后来之丹萨替寺),故后人称多吉杰波为帕木竹巴,噶举派的这一分支教派,因此而得名。但是,帕竹的早期领袖并不出身于郎氏家族,[1]直到 1208

---

① 前期可考者,分别是蔡巴、止贡巴,见王森:《西藏佛教发展史略》,中国社会科学出版社,1997 年版,第 143 页。

年,札巴迥乃(1175—1255)升任丹萨替寺座主(又称京俄),自此该寺之座主职位由郎氏家族兄弟叔侄相承袭,遂有郎氏家族与帕竹教派相结合的历史。

在元朝所封乌思藏地方十三万户中,帕竹虽占有一席之地,但最初任命的万户长(喇嘛堪本)并非出自郎氏家族,而是由该族举荐外族人担任万户长一职。加之早期万户长大多才能平庸,于帕竹势力的发展无多建树,故虽与蒙哥结好,但并不为之看重,封地甚微,所以有史书就说:帕竹"虽然名叫万户,却连半个万户的地盘也没有。"①而且,这些万户长,大多贪恋酒色,在宗教上影响极坏。②

至帕竹第八任万户长札巴仁钦时,帕竹之颓势局面才得到较大程度的扭转。他集帕竹政教大权于一身,启帕竹政教合一之先河,以丹萨替寺京俄兼万户长,后人称之曰喇本。他在位十余年,政绩出色:"以财物赎回了须嘉·峨杜温侠、大长官勒巴伯、阿阇黎阿扎惹、大长官阿伦等萨迦派诸人所失去的垛烘、嘉塘、默喀、萨囵、季穷、萨惹脱塘、顶松、玉生、扪喀等庄园",③收复了"止贡之乱"中帕竹丧失的土地与属民。为此降曲坚赞在其遗教中对扎巴仁钦给予了很高的评价,说:"乃东兴家立业之基,凡列举之庄园,均系希瓦协巴以财物赎回之家产,故其恩德匪浅。今每二十二日举办之祭祀,我内府官员眷属及黎民众庶皆应视为酬恩大事。"④当然,帕竹势力的飞跃发展,毫无疑问是以1349年大司徒绛典坚赞上台执政为标志的。他执政的第五年(1353),即派遣仲钦·希饶扎西带着四蹄齐全的狮子皮等贡品进京朝拜元顺帝,获得大司徒的官职,钦定世执乌思藏地方政权的诏册和印信,从而开始了他在位大展宏图的时代。绛曲振兴帕竹的主要作为,伊伟先博士在《明代藏族史研究》中有深入的论述,⑤但有以下几方面的事迹仍需重申。

---

① 大司徒绛曲坚赞:《朗氏家族史》,阿旺、余万治译,西藏人民出版社,1989年版,第78页。
② 王献军:《帕木竹巴政权的前身——帕木竹巴万户》,载《西藏研究》,1990年第2期。
③ 王献军:《帕木竹巴政权的前身——帕木竹巴万户》。
④ 五世达赖:《西藏王臣记》,刘立千译,民族出版社,2000年版,第85页。希瓦协巴即扎巴仁钦之别名。
⑤ 尹伟先:《明代藏族史研究》,民族出版社,2000年版。

其一,开疆略土,拓展势力。经绛曲多年的苦心经营,锐意开拓,至(1349)已先后击败前藏雅桑、止贡和蔡巴,并兼有其领地,至此,前藏地方势力再没有能与帕竹抗衡的了。五年后,他又打败萨迦,后藏除拉堆绛、拉堆洛二万户外,似均受其控制。正如《西藏王臣记》所载,从此,"直达极西边区,无不听命,全部归附于拔住(即帕竹)派统治权威之下,并且所有西部边境的诸小王,也都依照方俗贡献财物和缴纳赋税。"① 至于帕竹的势力是否渗透到多康等藏区,目前尚未有确凿的材料加以论证,但有两条史料可以窥见一斑。一是"在多麦管理地方的巴西·日布巴是座主(帕竹多吉杰波)的门生;地方首领觉塞是京俄(扎巴迥乃)的弟子;地方首领多吉旺秋是丹萨替寺已故座主(京俄扎巴仁钦)的门徒;地方首领扎毛是我们的弟子"。② 这表明帕竹派与该地区宗教上有联系;二是洪武五年,河州卫向明廷建言:"乌思藏帕木竹巴故元灌顶国师章阳沙加(第二代悉释迦坚赞),人所信服。今朵甘赏竺监藏与管兀儿相仇杀,朝廷若以章阳沙加招抚之,则朵甘必内附矣。"③ 这反映出帕竹在多康等藏区有很大的政治影响。

其二,与民休息,发展经济。鉴于乌思藏连年动荡,经济凋敝,人民生活艰难的现实,为振兴帕竹辖区的经济,绛曲采取诸多有针对性的措施。如减轻赋役,将"土地平均分配给农民,规定了收获的六分之一为赋税"。④ 又如大力推行溪卡式的庄园制组织和管理生产。从此,封建庄园便成为占统治地位的社会经济制度,极大地促进了辖区经济的发展。

绛曲还进行了行政管理制度的改革。如以"宗"代替元时的十三万户制,各宗设有宗本,实行三年一换的流官制,宗本由第悉委任,直接对第悉负责,促进了藏区地方集权。⑤ 此外,绛曲还修订法律,"根据往昔西藏法王所

---

① 五世达赖:《西藏王臣记》,郭和卿译,民族出版社,1983 年版,第130—131 页。
② 阿旺、余万治:《事实胜于雄辩——评夏格巴对元末西藏历史的歪曲》,载《青海民族学院学报》,1987 年第 2 期。
③ 《明太祖实录》卷 75,"洪武五年四月丁酉"条。
④ 夏格巴:《西藏政治史》,李有义译,油印本。
⑤ "宗"的本义是堡垒、要塞、山庄、城堡之意。所以,在有些文献中就直接将"宗"译为"寨"。其地位大体相当于县,至今藏语文中有把县称做"rdzong"的。帕竹政权初期,各宗的宗本是轮换担任,但随各地方势力的崛起,宗逐渐由各地方实力派控制,宗本也就由轮换制变为世袭制了。

制定的十善法戒,制立一种必须惩强扶弱,洞鉴真伪,分清皂白的法规",①确保社会的安定、有序。

总之,经过绛曲的锐意进取,帕竹地方势力在这一时期得到快速的发展,其实力与影响力"已经达到十三万户谁也不能与它相比的程度,……可以小看萨迦,可以凌驾于萨迦之上"。② 之后,帕竹第悉释迦坚赞(即《明史》上的章阳沙加)、扎巴绛曲、索南扎巴、扎巴坚赞等均能恪守绛曲遗训,把绛曲的未竟之业推向到巅峰状态。

但是,绛曲坚赞建立的帕竹地方政权,尽管维持了七八十年的辉煌,但同时亦埋下了衰败的隐患。如绛曲坚赞所订立的行政管理制度中,一项十分重要的措施是以流官的"宗"代替萨迦政权的"万户"制,其积极作用如前所述。宗本是由那些在帕竹万户崛起过程中,绛曲手下最可靠的支持者和最忠诚、功勋卓越的属下担任。与此同时,绛曲坚赞还对有功的家臣实行封赐溪卡的制度,如曾经为帕竹政权立下汗马功劳的喜饶扎西就被赐予了查噶溪卡。③ 而这种封赐的溪卡,实际上是一种世袭的领地,类似于汉族地区曾经盛行过的采邑制。这无疑又在乌思藏造就了一批至少暂时衷心拥护帕竹政权的新贵族,在很大程度上替代了那些和帕竹作对的旧贵族。之所以如此,可能隐含了这样的事实:绛曲坚赞一方面要尽力培育忠诚于帕竹政权的势力,尽可能化敌为友,以便巩固崛起时间不长的帕竹政权,求得其势力范围内的暂时安宁;另一方面,绛曲之所以如此运作,也是形势所迫,即对乌思藏由来已久地方割据格局这样一种传统政治模式的屈就与默认。而这种屈就与默认又恰恰在为帕竹孕育新的对立力量、分裂势力,帕竹中兴之主绛曲坚赞虽规定了辖地内各宗本须三年一换,但不久就变成终身制,随之又变为世袭制。这些有各自封地的世袭新贵,即或在帕竹势力强盛时期也并没有放松寻求机会扩展各自的实力。

此外,亦须看到在当时藏区各豪酋彼此倾轧的现实环境中,他们为了自己的利益而内结外联,即便是宗教派别有渊源关系的地方力量,每逢事关自

---

① 五世达赖:《西藏王臣记》,郭和卿译,民族出版社,1983 年版,第 131 页。
② 恰白·次旦平措等:《西藏通史》,陈庆英等译,西藏古籍出版社,1996 年版,第 407 页。
③ 班钦·索南查巴:《新红史》,黄颢译,西藏人民出版社,1984 年版,第 86—87 页。

身发展命运的关头,宗教上的同源便显得苍白无力。如:"止贡巴和帕竹两派之间自诞生以来存在着的精神的联系因各自怀有世俗的野心破裂了,宗派上的一致性因止贡、雅桑二万户的勾结陷于解体了"。① 这样的事例,对绛曲坚赞触动无疑是深刻的。绛曲分封功臣的做法,在这些勋贵羽毛尚未丰满之时,应该说是起到了护卫帕竹政权的屏蔽功用。然而,事态的发展最终有悖于绛曲的初衷,随着这些新贵的壮大,彼此力量的消长,"从这里又终于扎下帕竹霸权迅速败落的根子"。② 试图摆脱帕竹控制者有之,觊觎乌思藏地区统治权并取帕竹政权而代之者,亦有之。明代乌思藏仁蚌、藏巴汉政权的交替,即是铁证。并且,即便在帕竹政权的鼎盛时期,亦未能消灭所有对手,更不要说建立起一个统一乌思藏的地方政权了。因而,撇开帕竹派在藏区微弱的宗教感召力不论,就帕竹势力的实力而言,由帕竹政权承担起犹如萨迦之于元朝充作乌思藏地区代言人的设想,显然不具备可能性与现实性。

与帕竹政权崛起后发展壮大的世俗力量相比,帕竹派在藏区宗教上的号召力明显不够,其宗教威望远不如噶玛噶举派,亦不如萨迦派,甚至还不如像噶丹派这样的于世俗政治兴趣不大的派别。原因主要有:形成较有影响力的派别的历史不长,1239 年,多达拉波入藏并向阔端汇报乌思藏地区可以左右时局的几大教派时,就未提涉此派,即为有力的证据。同时,元朝统治者信仰藏传佛教、过分偏袒萨迦派的做法,致使藏区相当一部分僧众热衷政治,极度贪恋世俗利益。在此态势下,一方面,各地方势力为求生存,摆脱来自萨迦的压制,更多地关心的往往是寻求世俗力量的保护,并谋求发展自己的实力,无暇顾及宗教本身的变革。另一方面,元代中后期以来,藏区宗教徒极端的世俗化,他们之所作所为大多远离宗教规范,在此种氛围中,客观上亦十分不利于宗教的正常发展。帕竹早期领袖的作为,即可佐证。有鉴于此,绛曲坚赞在创立帕竹政权后,便进行宗教方面的整顿工作。他对

---

① [意]杜齐:《西藏中世纪史》,李有义、邓锐龄译,中国社会科学院民族研究所民族史室民族学室编,1980 年油印本,第 37 页。

② [意]杜齐:《西藏中世纪史》,李有义、邓锐龄译,中国社会科学院民族研究所民族史室民族学室编,1980 年油印本,第 39 页。

自身的表率要求以及所采取的相关措施,可谓煞费苦心。这表现在:

其一,绛曲坚赞自己一直保持做万户长时的清正廉洁,以身垂范。史载"司徒本人戒酒和严守过午不食等出家戒规",①并要求僧人们严守教规教律,"王城三围,内围俱守净戒,禁醇酒妇人,外围依十善律,悉守王法"。② 同时,为了重振帕竹噶举之宗教风气,他继1351年修建主要讲授显教理论的泽当大寺后,又扩建了从前的重密宗修持的丹萨替寺,庄严佛像,缮写金字《甘珠尔》,还邀请各派著名僧人到泽当寺讲经,并亲自聆听了布顿大师等高僧的讲授。这一举动,壮大了帕竹噶举的声势和威望,并借助于宗教之声威,既巩固了自己的统治又扩大了帕竹的影响。这对一个初创的政教合一政权来讲不能不说是至为重要的。

其二,对帕竹政教权力继承问题的构想。绛曲坚赞在其"遗教"中,首先对帕木竹巴政权创立的辉煌历史进行了全面的回顾和系统而深入的总结,同时也对其继任者应该如何行政作出安排。训诫后人:帕竹第悉、丹萨替寺之京俄、泽当的座主,首先必须出自郎氏家族,且均必须具备宗教德行。特别是对帕竹政权的最高行政首脑,在宗教方面提出了明确的要求:年轻时出家、学通显密经论、严守戒律、没有酒色过失、学识渊博、摈弃各种弃逸行为。后来的事实表明,帕竹的继任者大多能秉承"遗教"行事,帕竹第悉从绛曲坚赞至第五任扎巴坚赞,均是出家人,并模范遵守宗教戒律。如第三任第悉扎巴绛曲,十九岁继任第悉,时人尊称曰"却希巴",直译为四法者,言其能信守四条规矩之人,一不饮酒,二不看女人,三不贪婪,四不遨游。③ 同时,"遗教"还对那些不属于朗氏家族后裔而担任帕竹政权侍从官的人,亦提出了宗教上的要求。例如,选择帕竹政权的内务管家,其先决条件是:一出过家,二无酒色记录,其次才看他能否忠心效劳于帕竹政权。

由于绛曲坚赞本人率先垂范及其后继者们恪守遗训,帕竹派在藏区的宗教声望日渐提高。两个例子可以说明:一是帕竹派的主寺丹萨替寺,其座

---

① 五世达赖:《西藏王臣记》,郭和卿译,民族出版社,1983年版,第134页。
② 五世达赖:《西藏王臣记》,郭和卿译,民族出版社,1983年版,第135页。
③ 王森:《西藏佛教发展史略》,中国社会科学出版社,1997年版,第297页。

主京俄对帕竹政权的关键作用。"自从绛曲坚赞开创王朝以来,这寺院正好是朗氏的修道院,也就是国教中心,从而该寺院的座主成为一家中最优秀的人物,实际上他的一言一行可以左右王位的继承。"①二是自(1373)起,帕竹创办乃东法会。在当时宗教氛围浓厚的藏区,帕竹创办法会的意义是重大的,正如有学者指出:"曲弥法会充分表现了萨迦派的兴盛和萨迦政权的强大,成为萨迦巴政权最高标志。同样,乃东法会作为帕竹政权的最高标志,其规模也是盛况空前的,显示了帕竹噶举派和帕竹政权在当时乌思藏的显赫地位和雄厚实力。"②

但是,应充分认识到,即便是在帕竹政权的鼎盛时期,乌思藏"宗教势力分布的地图,不管帕木竹巴势力发展多么大,本身几乎没有发生大的变化。帕木竹巴的统一,可以看做是在世俗方面加强了统治,谈不上宗教组织的内部统治"。③ 或者更明确地说,帕竹派宗教声威在某种程度上与其雄厚的世俗力量陪衬有关。关于此,可从下述事实侧面反映出。

一是当时一些安多、康区藏族僧人想进一步深造,例赴卫藏游学,遍访高僧。从史籍记载看,向帕竹派求学的僧人并不多。如格鲁派的创始人宗喀巴,其求学道路上主要受教于噶丹派和萨迦派,前者给予了宗喀巴显教方面的系统知识,后者则是宗喀巴密教方面的导师。通过这一事实至少可以作出两种判断:第一,帕竹派中当时在藏区有威望并有较高宗教造诣之高僧大德并未产生。第二,萨迦虽政治上失势,但其宗教上的声誉仍然在如帕竹这样的政治"暴发户"之上。换言之,帕竹派因强大的帕竹政权而名扬,但在当时藏区僧俗人众心目中,帕竹之宗教上的号召力仍然没有超过其他大的教派。世俗力量与宗教影响的发展呈现出一种极大的不对称性。

二是竭力扶持格鲁派。从格鲁派的创立、成长及其壮大历程看,该派发展的前期之所以较为顺畅,是与朗氏家族及其帕竹政权的扶持和资助分不开的。虽然,宗喀巴的宗教改革在一定程度上迎合了帕竹政权统治者提倡

---

① [日]佐藤长:《元末明初西藏的形势》,载邓锐龄:《邓锐龄藏族史论文译文集》,中国藏学出版社,2004 年版,第 1070—1071 页。

② 尹伟先:《明代藏族史研究》,民族出版社,2000 年版,第 34 页。

③ [日]佐藤长:《元末明初西藏的形势》,载邓锐龄:《邓锐龄藏族史论文译文集》,第 997 页。

整顿宗教、严格戒规的政治需要，也顺应了藏区僧俗大众对现有宗教状况不满，迫切希望重振宗教风气的潮流。但也不可否认，朗氏家族帕竹集团还有借助宗喀巴的宗教声誉为其地方政权服务之目的。第一，当宗喀巴致力于宗教改革，声誉日隆之时，也正是朗氏家族及其帕竹政权统治乌思藏之权势鼎盛之时。但就藏传佛教各派的宗教影响力而言，帕竹噶举派在一定程度上可以说还是一个世俗势力强大而宗教方面已走下坡路的政教合一的教派。帕竹政权统治者也意识到了自己教派在藏区影响力不够的实际，而单凭自己教派的内部改革尚不能在较短时期内改变藏区现存宗教格局。第二，要进一步巩固帕竹政权，提高在乌思藏的号召力，依赖帕竹教派的自身发展明显势单力薄，攀附已有影响的其他教派于传统于现实均不可能。因而，扶持一个有生命力的新派别，使之在一定程度上陪衬甚至服务于帕竹政权，便成了当时帕竹领导人最好的选择之一。① 当然，随着格鲁派的发展壮大，最终走向帕竹初衷之反面，这是后话了。②

三 结 语

在元末以来的乌思藏地方政局中，萨迦和帕竹无疑是最具话语权的两个地方实力派。从其兴衰变化及其影响中可知，元明王朝交替后，新朝统治者欲求藏区得治，正视藏区特殊政教现实固然重要，但更为重要者还在于鉴前朝之教训，立有效之治策。

首先，元朝倚重萨迦，换来的并不是萨迦政权的壮大和乌思藏地方政治的稳定。相反，恰恰是这种过分的偏爱与迁就，导致萨迦政权在世俗、宗教

---

① 相较于藏传佛教"后弘期"以来形成的其他各政教合一地方割据势力而言，朗氏家族及其集团一直比较注重家世门第，并不时以知识作为门第装饰，同时又以戒律整饬自诩。宗喀巴整顿宗教、严格戒规的宗教改革，以及由此而在藏区社会上下所赢得的声誉，正好赐予帕竹政权统治者借势之良机。参见吴均：《藏传佛教面面观》，中国藏学出版社，2010 年版，第 97 页。

· ② 帕竹噶举派自丹萨替寺座主为朗氏家族把持后，便逐渐依附于这一地方势力。而帕竹领导人也深切体会到在乌思藏若没有宗教的强力支撑，其势力的发展备受制约，因而于其泽当寺中，不分教派异同遍请各路显教高僧前来讲经。当格鲁派兴盛后，帕竹教派为此大为失色。之后，帕木竹巴教派随着帕竹地方政权的衰败而消亡。关于帕竹地方政权的发迹、兴旺与衰败过程的系统深入研究，可参见王献军：《帕木竹巴政权的前身——帕木竹巴万户》，载《西藏研究》，1990 年第 2 期；《帕木竹巴政权对乌斯藏的统治——帕木竹巴政权研究之二》，载《西藏研究》，1991 年第 1 期。

两方面的加速衰微以及乌思藏社会的动荡。

第一，必须清醒地认识到，萨迦地方政权在元代之所以拥有有别于其他政教势力之政治和宗教地位，力量之源泉并非完全来自萨迦内部，在很大程度上是借助蒙古统治者扶持这样的外因。与之相应，萨迦的荣枯自然也就和元朝的兴衰紧密相连。自忽必烈之后，元朝迅速从兴盛的顶峰跌落下来，特别是随着元中期后统治力量的式微，萨迦派在乌思藏的声势地位也与之同步衰败。

在当时藏区封建制迅速发展，各地方势力与藏传佛教诸教派快速结合，很难形成乌思藏地方相对统一的现实背景下，人为地抬高某一势力，既不能服众，当然也就不可能由它来统帅乌思藏并实现该地区的持久稳定。实际情况正如杜齐先生所说："萨迦堪布既没有能够推行其统治及于全部大寺院，也没有能够控制较大部分的万户。各地经常发生叛离和摆脱其羁绊的尝试，不过在蒙古人的力量能顾及时，反抗者总遭到迅速的镇压，受到报复，……止贡寺的变乱就是一例……由于世俗权利，哪怕仅仅形式上集中在一个教派手中，这也孕育着不同意见；从来没有政治斗争不因神学上的仇恨的刺激和助长变得炽烈凶猛的。教派之间的对立使世俗利益间的距离日益增大，更难弥补，止贡反抗了萨迦，只是在武力压迫之下不得不屈服罢了。"①同时，萨迦仰仗元中央政府的抬举以及由此获得的十三万户之首的地位，总是力图干预其他教派的内部事务，以借此壮大自己，这又势必加剧乌思藏地区的动荡。

第二，萨迦派自萨班、八思巴之后，再没有可与这两者相提并论的优秀领袖人物，而且自萨迦派政治上得势后，并未因此强化宗教上的操守，进一步提高宗教声威，而是怠慢修持，无视戒律，甚至放纵物欲，贪名逐利。更没有借元中央政府这一强力后盾来加强内部团结以提升政治地位。相反，却

---

① ［意］杜齐：《西藏中世纪史》，李有义、邓锐龄译，中国社会科学院民族研究所民族史室民族学室编，1980年油印本，第28页。有元一代，元中央政府为扶持萨迦地方政权统治乌思藏，曾四度武力入藏，以平息敢于挑战萨迦地方政权权威的任何举动。因此，从这个角度上讲，亦可认为元朝治藏在相当程度上是凭借强大的武力为后盾的。

因内部的权利争夺而分裂,元气为之大伤。①

明王朝建立后,固然可以理所当然地承袭藏区主权,并对之进行施政。但是,明显的事实是,明朝若再次以萨迦派作为统治乌思藏地方的代理人,萨迦是远没有这样之能力的,并且如此前车之鉴,明代最高统治者不可能不三思。

其次,虽然帕竹的快速兴起、壮大,至元末明初,其势力之强盛,藏区的任何地方力量均难以单独与之抗衡。然而,据当时之格局看,要由帕竹来统一乌思藏,不仅帕竹远远没有如此之实力,而且帕竹的辉煌同样因内部的分化而难能持久。关于此,意大利藏学家杜齐先生就敏锐地观察到:"朗氏家族的威望在司徒(即绛曲坚赞)去世后没有保持了多久,他们的权力逐渐崩溃了,过去阻止出现一个强有力的中央政权的种种因素,现在同样地促成这个家庭的衰败。他们不再具有司徒的道德的高尚和政治才干的卓越,他们所扶植的贵族脱离开他们,教派之间继续进行无情的斗争,争夺世俗的权力,不断的掠夺和分裂把家族的联系扯松,这样一步一步导致帕竹政权的衰亡。"②同时,帕竹政权在其自身发展过程中,宗教与世俗力量的不平衡性与不对称性,必然使帕竹政权在藏区的号令力大打折扣。这样,明王朝靠帕竹承担起协助治理乌思藏的可能性是不存在的。

由此可见,就元、明、清三朝所面临的以乌思藏为代表的藏族地区之现实而言,其差异是明显的。元初有宗教与世俗力量强大的萨迦派,清初有宗教威望甚高,且有蒙古世俗力量强势支撑的格鲁派,而明朝并不拥有这种便利。

第二节 元明政权交替下的治藏制度变革之背景

洪武元军(1368),朱元璋定都南京,建元洪武,元顺帝"北遁"。这一重

---

① 元朝将卫藏地区划分为十三万户之前,萨迦与其他十二万户原本没有高下尊卑之别。它们各自为政,互不统属,各自管理其辖区属民。元朝因其统治的需要扶持萨迦,硬将萨迦提高到十三万户之首,其他十二万户于此能甘心吗?其道理不难理解。

② [意]杜齐:《西藏中世纪史》,李有义、邓锐龄译,中国社会科学院民族研究所民族史室民族学室编,1980年油印本,第42页。

大历史事件,体现的不仅仅是中原中央王朝的又一次改名换姓,而更具深层含义的是统治民族主体的换位,即以汉族代替蒙古族作为统治民族主体。这使元以来持续近百年的民族关系格局,因元朝统治者失去中央政权而被打乱,并对新生的明王朝如何处理民族关系,保卫与开发边疆,进而治理各族,以巩固边疆等问题产生了巨大的影响。这突出地表现在:蒙古族虽丧失中央统治权,但残元势力仍然盘踞北部边疆且力量强大,随时威胁明政权。明朝当局在寻求边疆治策问题上,为此必然对北部边疆投入更多的力量(尤其是军事力量的配备),这就事实上影响到明朝统治者对整个北部边疆民族关系的认识和相应治策的调整。同时,元朝统治者所建立治边制度体系,对于新生中央王朝——明朝来说,虽有可以承袭之处,但因统治民族主体和边疆民族关系格局的变化而必须有所创新。如此等等,无不体现在明朝藏区施政过程及与之有关问题的处理中。

一 北元等蒙古势力对明朝政权的严重威胁

在明朝政权建立后的一段时期内,国家的统一尚未完全实现,政权基础亦不甚牢固。南方有福建的陈友谅、广东的何真、四川的明夏政权等割据势力,北方有来自北部的残元势力,这些都对新政权随时构成威胁。因此,明朝统一全国的过程,实际上也就是南征北伐的过程。而在这一过程中,明廷又必须将主要军事力量投放在如何消灭"北元"的有生力量上。

明初的相关军事安排与部署,也正是紧扣这一现实的。至正二十七年(1367)九月,"平吴师还,论功行赏"。徐达等诸将入谢,朱元璋问曰:"公等还第,置酒为乐否? 对曰:荷主上恩德,皆置酒相庆。"朱元璋告诫道:"宁不欲置酒与诸将为一日之欢。但中原未平,非宴乐之时。公等不见张氏(即张士诚)所为乎,终日相与酣歌乐,今竟何如! 宜深戒之。"①于是,将士休整未及一月,便于同年十月二十一日组建起以徐达为征虏大将军、常遇春为副

---

① 《明太祖实录》卷20,《明实录》(台)中央研究院历史语言研究所校印本。后文凡及《明实录》,均属此版本,不再注明。

将军的北伐大军,率师二十五万,由淮入河,北取中原。① 对于北伐的战略部署乃至具体的进军路线,朱元璋与部将作了审慎的筹划,提出稳扎稳打,逐步推进的战略。此即:"先取山东,撤其屏蔽;旋师河南,断其羽翼;拔潼关而守之,据其户槛。天下形势,入我掌握。然后进兵元都,则彼势孤援绝,不战可克。"②明军倚仗周详的计划,徐达等将士用命,洪武元年秋便成功攻下大都,元朝亡而顺帝北遁。

实际上,明军的北伐并没有遇到蒙古军的强力抵抗。史载:"青、徐各郡,千里扶携;兖、豫诸司,百城分溃;东阿、茌平,小邑也而降;济南、汴梁,岩城也亦而降;马德、陈秉,汉人也而遁;忽林、脱目,元种也而亦遁。"③如此战势固然使明师损伤至轻,但另一方面,蒙古统治者以退为进,得以保留雄厚的武装力量。元顺帝"北出渔阳,旋舆大漠,整顿故都,不失旧物,元亡而实未始亡耳。于是忽答一军驻云州,王保保一军驻沈儿峪(今甘肃定西县北),纳哈出一军驻金山(今吉林省通辽东北),失喇罕一军驻西凉(今甘肃武威)"。其手下"引弓之士,不下百万众也,归附之部落,不下数千里也。资装铠仗,尚赖而用也,驼马牛羊,尚全而有也"。④ 可见,元朝皇室虽被赶出中原,但实力尚存,即所谓"元亡而实未始亡",并形成了新兴的明王朝与北元政权南北对峙的格局。而且,"汗(元顺帝)居应昌,常郁郁不乐,作歌曰:'失我大都兮,冬无宁处。失我上都兮,夏无以逃暑。惟予狂惑兮,招此大侮。堕坏先业兮,获罪二祖。死而加我恶谥兮,予妥欢贴睦尔奚辞以拒'。歌声甚哀,继之以泣,至今蒙兀人尚能按之"。⑤ 显示出以元顺帝为代表的蒙古贵族对于失去中原的不甘心以及恢复他们昔日旧业的强烈愿望。

同时,就当时明蒙双方的军事实力与各自所控制区域来看,以元顺帝为

---

① (清)张廷玉等:《明史》卷1,"太祖本纪",中华书局标点本,1974年版。
② (明)谷应泰:《明史纪事本末》卷8,"北伐中原",中华书局,1977年版。后文凡及《明史纪事本末》,均属此版本,不再注明。
③ 《明史纪事本末》卷8,"北伐中原"。
④ 《明史纪事本末》卷10,"故元遗兵";又据《明太祖实录》卷228载,以洪武二十五年(1392)为例,明朝全国卫所军队共有125万。而洪武初年的军队应低于此数,与元顺帝"不下百万众"的"引弓之士"大抵相当。
⑤ 屠寄:《蒙兀儿史记》卷17,"妥欢帖睦儿本纪"。

首的蒙古贵族重入中原也不是没有可能性。除漠北地区为顺帝本人所直接统治外,李思齐、张良弼、孔兴、脱列伯及河南王扩廓贴木儿等占据陕、甘及山西等地;也先不花、洪保保、刘益、高家奴及木华黎后裔纳哈出等盘踞辽东;梁王把匝剌瓦布密控制云南;天山南北则仍处在察哈台蒙古贵族的统治之下。正因如此,元顺帝在逃至上都开平后,即召集群臣,"询恢复之计",[①]并继续沿用元朝国号(史称北元),任命辽阳行省左丞相也先不花为中书左丞相,代替病逝的失列门,而以纳哈出为辽阳行省左丞相,并封扩廓贴木儿为齐王(寻升中书右丞相),封左丞相也速为梁王。同时,元顺帝下诏向其藩国高丽征兵,并令皇太子爱猷识里达腊率兵屯守红罗山(今小凌河上游),与大宁、辽东互为犄角,连结上都,势成一道防线,希图保住北方进而重新入主中原。这使明廷北境的防御,在建国初期即面临着重大的考验。

此外,就明朝整个北部边疆的民族分布地域和势力而言,毫无疑问蒙古族分布最广、势力最大,在民族关系中的影响也最为广泛,甚至达到蒙古安而北方稳的地步。因此,北疆乃明朝战略防御的重点,其政策、措施之成败,事实上已到关系到明朝江山的安危。为此,明初统治者不得不采取相应措施,以彻底解除或缓解来自北元蒙古势力的威胁。

第一,调集主要军事力量,以消灭北元的有生力量。明朝与蒙古的军事冲突几与明朝相始终,但双方在各阶段的战争态势、目标和策略有所不同。[②] 概言之,洪武至永乐时期,双方主要为争夺全国统治权而战。这一阶段,明军处于攻势,战略重点是以消灭蒙古实力为主。1368—1391 年间,明朝采取了三个阶段的攻坚行动,对双方力量的消长和形势发展起了至关重要的作用。其中,以下几次军事行动及重大历史事件,促使明蒙双方力量发生显著变化。

1. 经过沈儿峪和应昌二役,明朝基本稳定了边塞局势。

2. 洪武五年(1372),明军的北伐与八年、十一年,元将王保保,北元主

---

① 刘佶:《北巡私记》,台湾广文书局,1972 年版,第 4 页。

② 杨建新主编:《西北民族关系史》,民族出版社,1990 年版,第 386—394 页;马大正主编:《中国边疆经略史》,中州古籍出版社,2000 年版,第 222—223 页。

爱猷识理达腊相继死去,北元因之实力大减、政局急剧恶化。

3. 洪武十四年(1381)云南梁王的自杀与二十年(1387)东北纳哈出降明。至此,北元名义虽存,但已无昔日之声威,其实力亦难以再次组织起对明朝的反攻。特别是自顺帝之后,宫廷内为争夺汗位而互相残杀之势愈演愈烈,致使"自脱古思贴木儿后,部帅纷拏,五传至坤贴木儿,咸被弑,不复知帝号"。① 北元随着脱古思贴木儿被杀,蒙古可汗的权威已被极大削弱。蒙古逐渐分割形成鞑靼、瓦剌、兀良哈三大部,彼此互不统属,进入割据势力间为争夺全蒙统治权而互相攻杀的历史时期。永乐年间,随着鞑靼与瓦剌两部势力的强大,不时进犯明边塞,成祖于永乐十、十四、二十、二十一和二十二年五次师师"亲征漠北",明廷虽未能彻底消灭并统一漠北,但已极大地缓解了蒙古贵族的压力。

第二,倾力构筑北疆防御体系。经过洪武、永乐时期不断对蒙古有生力量的军事打击,残元势力得到一定程度的遏制。但是,蒙古军队并没有丧失抵抗能力,一次战争尚可使明军"伤生数万"。② 而且,从整个战局看,明朝占据漠南草原后,以南方步兵为主、骑兵为数甚少的明军主力,再进入漠北作战已十分困难。③ 这种局面也使明最高统治者逐渐认识到,仅仅依靠明朝军事力量的武力打击,难以彻底消除蒙古势力的威胁。特别是洪武五年(1372)正月,明军分三路大军"清沙漠"失败之惨,以徐达、李文忠、冯胜为首的三路军班师回朝时,"赏罚俱不行"。④ 显示以明朝自身实力,欲单靠武

---

① 《明史》卷327,"传215","鞑靼"。所谓"五传至坤贴木儿"是从妥欢贴睦尔下传算起。即爱猷识理达腊、脱古思贴木儿、恩克卓里克图、额勒伯克、坤贴木儿。这五帝皆因内斗不仅执政时间短,且无一人善终。

② 《明太祖实录》卷253,"洪武三十年六月庚寅"条。

③ 太祖时数次北征,以期"剪除余寇"(《明史纪事本末》卷9,"略定秦晋"),终不可得。其中,一个非常重要的原因是明军以步兵为主,骑兵数量少,对善骑的蒙古军无可奈何。关于此,明太祖就有非常清醒的认识,如在给晋王、燕王的敕谕说:"我朝自辽东至于甘肃,东西六千余里,可战之马仅得十万,京师、河南、山东三处马虽有之,若欲赴战,猝难收集。苟事势警急,北平口外悉数余不过二万,若逢十万之骑,虽古名将,亦难于野战,……算我马数如是,纵有步军,但可夹马以助声势,若欲追北擒寇,则不能矣"。参见《明太祖实录》卷253,"洪武三十年六月壬子"条。

④ (明)谈迁:《国榷》卷5,中华书局标点本,1988年版。后文凡及《国榷》,均属此版本,不再注明。

力一劳永逸地解决残元势力,已力不从心,只好放弃统一整个蒙古草原的打算。因之,明廷对残元的战略进行较大调整,由积极的进攻转向防御,即所谓"御边之道,固当示以威武,尤必守以持重。来则御之,去则勿追,斯为上策",①实行由单纯的军事打击改取以"固守疆圉",并着手筹建北方防御体系。自此以后,明朝诸帝都将北疆的军力布置,边防建设放在头等重要的地位。

1. 由"诸子守边"至"天子守边"。早在洪武三年(1370),朱元璋在分封秦、晋、燕、吴、楚等十王时就说:"天下之大,必建藩屏,上卫国家,下安生民,今诸子既长,宜各有爵封,分镇诸国",以"为久安长治之计"。②诸王就藩最早的是洪武十一年(1378),秦王就藩西安,晋王就藩太原,十三年(1380),燕王"之国北平"。③以后随着诸王年龄的增长,纷纷就藩各地,分列在各个军事重地。为配合明朝重点防御蒙古势力这一战略重心,在东北至西北的漫长防线上,择其要津封了九个"藩国"。"此九王者,皆塞王也,莫不傅险哨,控要害。佐以元侯宿将,权崇制命,势匹抚军,肃清沙漠,垒帐相望"。④诸子守边政策,表明了太祖守土的决心和对加强北部边防的高度重视。

朱棣"靖难之役"继位后,并于永乐十九年(1421)正式迁都北京,"天子自将待边"。⑤修筑从宣府以西至山西偏关的长城,对原有城墙加厚加高;建陵于近边塞之昌平,皇帝巡边,甚至统军亲征漠北,誓与疆土共存亡。此策略一直持续至正统十四年(1449)的"土木堡之变"。嗣后诸君虽不敢轻易巡边,但明朝对北部边疆的防御,始终未敢松懈。

2. 广建军事卫所,练兵屯田以固守封疆。《明史·兵志》说:"明以武

---

①　《明太祖实录》卷78,"洪武六年春正月壬子"条。

②　《明史纪事本末》卷14,"开国规模"。

③　《明史》卷2,"本纪第二","太祖二"。

④　据《名山藏》卷36,"分藩记"载,这九国是:在北平有燕王,在广宁(辽宁北镇县)有辽王,在大宁(河北平泉县)有宁王,在宣府(河北宣化县)有谷王,在大同有代王,在太原有晋王,在宁夏有庆王,在西安有秦王,在甘州(甘肃张掖县)有肃王。他们均是"据名藩,控要塞,以分制海内"的藩王。

⑤　(明)方孔炤:《全边略记》卷3,北平图书馆刊本。

功定天下,革元旧制,自京师达于郡县,皆立卫所。外统之都司,内统于五军都督府"。① 又载:"天下既定,度要害地,系一郡者设所,连郡者设卫。大率五千六百人为卫,千一百二十人为千户所,百十有二人为百户所"。② 大致从东北至西北的漫长防线上,明朝建立了军事卫所。驻卫所将士的基本任务是,"无事之时,正宜往彼练习军士,修葺城池,严为备守"。③

第三,与此相应,明朝试图从战略上将藏区为代表的西北地区打造成为与蒙古对抗的稳定后方。为此,明朝自太祖始即有步骤地采取了"攘虏绥番"的策略。④

1. 广行招谕,尽量减少与包括藏族在内的西北民族的武力对抗。早在洪武三年(1370)明军击溃扩廓帖木儿之师,元朝在西北的优势不复存在,但明廷并没有因此对未归附西北少数民族地区采取军事打击,而是广泛招谕,力图藏区主权的承接以"不劳师旅之征"的和平方式实现。这从明军还在与元豫王军队拼杀之时,明太祖朱元璋的有关决策可知,如迫不及待地遣使藏区宣布中原易主,争取藏族各部尽快归降。同年五月,征西将军邓愈攻下河州,西北局势有利于明,元吐蕃等处宣慰使何锁南普、镇西武靖王卜纳剌等相继投诚。接着,邓愈率兵占领循化、贵德等地,明廷基本清除了中原政权与卫藏地区联系的障碍。

2. 效汉武"隔羌胡之交,断匈奴右臂"之法,当明军占据河西后,即创建河、湟、洮、岷等重镇,派兵驻守,"以北拒蒙古,南捍诸番,俾不得相合",⑤竭力阻断蒙古与西北诸少数民族,特别是与藏族的联系。同时,明朝又在这些地区的地方政权机构建设上,打破传统管理体制,废州县而立军卫,实行军民合一统治。

不仅如此,明朝还对甘、青、新连接地带给予充分重视,认为这些地区是"紧关要地",退居塞北之蒙古借此可南下青海,东攻洮、河,危及松、茂、打

---

① 《明史》卷89,"志56","兵一"。
② 《明史》卷90,"志66","兵二·卫所"。
③ 《明太祖实录》卷78,"洪武六年正月壬子"条。
④ 《明神宗实录》卷188,"万历十五年七月辛卯"条。
⑤ 《明史》卷330,"西域二·西番诸卫"。

箭炉等地。所以,当局从洪武七年(1374)至三十年(1397),先后置安定、阿端、曲先、罕东塞外四卫。一则,安抚归顺蒙古;二则,防范残元联合西北民族进犯甘、青。

明朝迁元镇西武靖王于南京,优礼款待,以及着意汉藏茶马贸易与严禁私茶入番等举措,亦在一定程度上寓有这样的用意,即分化瓦解蒙古的力量,割断蒙古与西北诸少数民族的联系,防止蒙番联合虎视中原政权。

二　元明交替与中原统治民族主体换位形势下治藏政策的趋向

经过元朝近百年的统治,中国统一多民族国家的历史演进迈入一个具有里程碑意义的阶段。这充分体现在:元朝不仅是中国历史上第一个由少数民族建立的全国性统一政权,更重要的是自此"中国古代疆域的三大板块最终实现了全国性的统一,广大藏区正式纳入中原王朝的直接管理体系之中"。[①] 而且,元明交替后,"西藏在元代业已发生的向中原的利益倾斜和对中原政权的政治依赖机制自然不可能随元朝灭亡而消失,所以元朝灭亡后,西藏在这种机制的驱使下很快便主动地投入了取代元朝的另一个新兴中原王朝——明朝的治下"。[②] 明朝最高统者理所当然要充分利用这笔历史财富。所谓明朝治藏,"故踵元制",即指此也。但是,时过境迁,形势迥异,特别元明二代,中原统治民族主体的不同,故有的统治经验以及相异的民族文化背景决定了明初统治者必然重新审视蒙元治藏的成败得失,进行制度创新。所谓明朝治藏,其措施"有所损益",即是如此。

(一)蒙藏民族的亲和关系与元朝治藏之得失

为什么相继征服过印度的阿拉伯人、土耳其人、鞑靼人和莫卧儿人,当他们征服印度后皆无一例外地反被印度文明同化? 在回答这一问题时,马克思十分精辟地说:"野蛮的征服者,按照一条永恒的历史规律,本身被他

---

① 顾祖成:《明清治藏史要》,西藏人民出版社、齐鲁书社,1999 年版,第 14—15 页。
② 石硕:《西藏文明东向发展史》,四川人民出版社,1994 年版,第 473 页。

们所征服的臣民的较高文明所征服。"①以这条历史"规律"来衡量中国历史上的民族关系，事实依然如此。满族对中原的征服，其自身文明的丧失，就是最典型的例证。同样，蒙古人对中原及其他文明程度较高民族的征服，亦伴随着自身文明在程度上或深或浅地被征服。

相比之下，非常明显的事实是，以儒家学说为代表的汉文化和以藏传佛教为特色的藏文明对蒙古文化的征服，前者要比后者艰难得多。与历史上其他草原游牧民族的"汉化"历程相较，蒙古人则显得态度犹豫而步履蹒跚。这种现象早在成吉思汗时期就表现得十分突出。据《元史》"哈剌亦哈赤北鲁传"和"塔塔统阿传"记载，这两位畏兀儿学者不是被聘为蒙古王子之师，即受到蒙古可汗的重用。特别是，塔塔统阿"教太子诸王以畏兀儿字书国言"，②这实际上是在借用畏兀儿字母来制定蒙古文字。而对"有城郭之可守，墟市之可利，田土之可耕，赋税之可纳"的中原农耕文明，熟稔弯弓射雕的成吉思汗却表现出那样的陌生和冷漠。

1. 在攻下金中都后，成吉思汗对这座历史久远的古城似乎视而不见，相反，十分留恋他在漠北的游牧宫帐——"斡儿朵"。又据《蒙古秘史》载：其重臣、义弟、大断事官失吉忽秃忽，恳请成吉思汗"将那用泥土作墙的许多城子，赏给我些"。而成吉思汗则说："假如有一天我的子嗣和臣民都住进了用泥土建造的房城，那就是我所建立的蒙古要灭亡的时候了。"③

2. 成吉思汗的对外征战，以西进为重点。在征服金国后，即把经营汉地的军政大权交给木华黎全权处置，④自己则率诸子，以其主要兵力西征。诸皇子的分封，亦有以西方为重的倾向。⑤

3. 对于已占领的汉地，则以"西域法"或"蒙古法"加以治理。如圈占

---

① ［德］马克思：《不列颠在印度统治的未来结果》（1853 年 7 月 22 日），《马克思恩格斯选集》第 1 卷，人民出版社，1995 年版，第 768 页。

② （明）宋濂等：《元史》卷 124，"传 11"，中华书局标点本，1976 年版。后文凡及《元史》，均属此版本，不再注明。

③ 道润梯步：《蒙古秘史》（汉文本）卷 9，内蒙古人民出版社，1979 年版。

④ 《元史》卷 119，"传 6"，"木华黎"。

⑤ 长子术赤封西北亚及南俄，次子察哈台封西亚，三子窝阔台封中亚，幼子拖雷依照由末子继承财产和任家督的传统封于蒙古本土。本土以东之地，则封给诸弟。

农田为牧场,征民以重差役,甚至掠为奴。① 为此,虽有耶律楚材等大臣的反对,但似乎没有什么作用。这一方面说明,耶氏虽受成吉思汗的器重,但吸引成吉思汗的是耶氏的"杂学"功夫,而非耶氏深厚的儒学功底;另一方面,以具有游牧文化特色之法律治理汉区,在成吉思汗看来不仅更为熟悉、方便,而且也没有什么不妥。

成吉思汗的后继者们,大多秉承先祖遗愿,远离中土,对汉文化少有兴趣。这种情况,至忽必烈时代方有一定程度的改变。据载,忽必烈做皇子时,即在其"潜邸"延聘四方文学之士,"问以治道"。② 为此,在忽必烈身边迅速集结了诸如许衡、郝经等这样一批儒生士大夫。这些谋士们,无不痛陈积弊,劝其推行"汉法"。如至元元年(1264),徐世隆向忽必烈进言:"陛下帝中国,当行中国事。"③三年(1266)许衡条陈《时事五事》疏:"北方奄有中夏,必行汉法,可以长久。故后魏、辽、金历年最多,昭昭可见",由是论之,"国家当行汉法无疑也"。④ 正是在儒生们的反复劝导,忽必烈才勉强改革旧俗,推行汉制。即使忽必烈的这种羞羞答答的汉法改制,也引起了守旧势力的强烈不满。有人责问他:"本朝旧俗与汉法异,今留汉地,建都邑城郭,仪文制度,遵用汉法,其故如何?"⑤虽然,元朝嗣后诸君为了巩固其统治,在具体的施政实践中无不或多或少地采用汉制。但是,元王朝统治者在强势的汉文化面前,总是非常不情愿地吸收、采纳汉文化。⑥ 即或采纳,其用意也更多地表现出是以之作为更好地统治中原的一种手段。

相反,在对待藏文化的态度上,如果说在定鼎中原之前其旨意是要以之笼络藏区僧俗首领,以便用较少的代价征服藏区,那么自忽必烈始,蒙元最

---

① 冯天瑜:《中华文化史》,上海人民出版社,1990 年版,第 27 页。

② 《元史》卷 4,"本纪第四","世祖一"。

③ 《元史》卷 160,"列传 47","徐世隆"。

④ 《元文类》卷 13,影印文渊阁四库全书,台湾商务印书馆,1983 年版。

⑤ 《元史》卷 125,"列传 12","高智耀"。

⑥ 瑞士学者 U. 冯·施伦德尔认为,之所以出现如此情况,一个非常重要的原因在于"蒙古人建立元朝后意识到他们不能接受深入中国各种社会制度中的道教和儒教,因为这两者都轻视非汉族的文化,并把这些文化看作是野蛮和低级的"。铸就汉族文化的儒家学说,不能说没有这种趋向。参见 U. 冯·施伦德尔:《元明时期内地的藏传佛教金铜佛像创作》,载《国外藏学研究译文集》(15),西藏人民出版社,2001 年版,第 247 页。

高层掌权者则表现出对藏文化的主动接纳,甚至在一定程度上融入其中。突出的事例有二:

1. 早在多达那波帅师入藏并进行短暂军事征服之后,蒙古王族主要势力均与藏区各主要宗教派别结成供施关系,并有之后阔端与萨班的"凉州相会"。

2. 自忽必烈继位并迁都北京后,元朝皇帝皆先后接受了帝师的灌顶受戒,皈依藏传佛教,且这一状况持续有元之世,甚有愈演愈烈之势。

何以如此,问题的根源显然并不是中原文化与藏文明本身孰优孰劣。为什么蒙元统治者在面对两个均高于自身文化传统的异族文明时,其态度迥异？关键的原因还不在于其征服过程中,汉区势力(以南宋为代表)对之的强力抵抗;藏区地方势力对之的相对驯服。而在于藏族文明与北方游牧文化本身异常密切的亲缘关系:即两者在种族与血统上,有亲缘联系;两者同属北方游牧文化圈,经济文化类型极其相似。① 正是由于蒙藏两族在种族与文化类型等方面存在着亲缘性,决定了两者在民族宗教方面的通融性。② 因为藏传佛教在本土化过程中,吸收了西藏本土早期宗教苯教的原始成分,这与流行于蒙古草原的萨满教有相通之处。③ 因而,当蒙古贵族在初次接触到藏传佛教时,即有似曾相识之感。同时,随着对藏区统治程度的

---

① 石硕:《西藏文明东向发展史》,四川人民出版社,1994 年版,第482—493 页。蒙藏两族在文化类型上有相融性,应该说没有异议。但说在种族与血统上有亲缘性联系,学界尚存争议。

② 邓锐龄:《元明两代中央与西藏地方的关系》,中国藏学出版社,1989 年版,第31 页;常霞青:《论西藏苯教的类属》,载《藏史论文集》,四川民族出版社,1988 年版,第198—199 页。

③ 从宗教发展史看,世界不同地域的原始宗教主要是以自然崇拜、图腾崇拜、祖先崇拜等多神崇拜为对象,并以各种形式的巫术仪式来表达对神的敬畏。在这些仪式中,巫师扮演着甚为关键的角色,被视同人类社会与超自然世界的中介,如祭祀、占卜、驱鬼、治病等,从而使神战胜恶魔。特别是在我国北方一些少数民族所信奉的原始宗教中,其名称就以这些人、神之间的传媒者来称呼,如满族的"萨满"、蒙古族的"孛额"、藏族的"苯波"等。经过佛教前、后弘期而最终成型的藏传佛教,与藏地原有的苯教相比,虽已脱胎换骨,但仍保留了一些原始宗教的痕迹。其中,密宗之咒术,就明显来源于苯教,与萨满教之巫术十分接近。正因为藏传佛教所具有的这些原始宗教成分,所以蒙古统治者在初次接触到它时,既感到亲近,又有一种敬畏感。为此,有学者就说:"萨班第一次在阔端前面显示了新宗教的仪式和难解的咒文,实际上阔端的善待佛教不过是对于从这些咒术里召来了他觉得可怕的神秘力量的敬畏的结果"([意]杜齐:《西藏中世纪史》,第14 页);"萨迦主持们对轻信的蒙古皇帝确实享有很高的威望,这威望来源于蒙古皇室虔信他们用魔术密法完全统治着这个充满着神秘力量的世界"(同上,第26—27 页)。杜氏的这些看法,或许还是有道理的。

加深,对藏文化的不断了解而深感对藏传佛教本身的需要。这就使蒙古统治者在充分利用藏传佛教为其征服藏区和统治藏区的政治服务的过程中,自觉或不自觉地接纳了藏传佛教。

　　蒙元最高统治者对藏族宗教文明吸收与采用,或者说藏族文明对蒙古征服者的反征服,其意义的内涵远不只是较高文明对"野蛮征服者"的征服。而更具深远含义之影响,则表现在蒙古对藏区的统治过程中,因为藏区教派势力与元朝统治集团之间以藏传佛教为纽带的非常特殊而又微妙的宗教联系,不仅使元朝统治者同藏区地方势力在政治上更加紧密,而且使这种宗教联系成为两者间的核心关系。并且,这种宗教文化上的亲和关系,使蒙元统治者和藏区僧众均获得了巨大的好处。"从元朝统治集团的角度来说,由于他们最终皈依和信仰了藏传佛教,这使得他们在统治和管理西藏过程中对西藏教派势力的政治利用不仅更为有效,而且也更加巩固,从而大大强化了他们与西藏教派势力之间的政治隶属关系。在元代,元朝统治集团始终将西藏教派势力(特别是萨迦派势力)作为在西藏的代理人,通过对他们的有效操纵和控制来实施对西藏的统治和管理。元朝统治者所以对西藏采取这种便利的统治方式,与他们同西藏教派势力之间建立的特殊宗教联系是分不开的。"同样,西藏各教派势力均因此获得优厚待遇,如政治上的特权,经济上的优待和宗教上的利益。①

　　当然,元朝治藏宠爱萨迦,过分宽宥宗教势力的做法,不仅没有促进藏区宗教文化向高层次发展,反而加速其宗教自身的退化,并造成各派"互争外势,故真学笃行之士日渐减少……显密教法衰微甚矣,除少数大德外,几不知戒律为何事,寺院僧侣,尽同俗装,不知三衣条纹如何裁制",这样一种藏传佛教发展史上非常浮躁的状况。② 这是后继统治者不得不审慎思考的问题。

　　(二)元朝治藏留给明王朝的政治"遗产"

　　元朝的近百年治藏,其时代意义既表现在使藏区自此完整地纳入到中

　　① 石硕:《西藏教派势力与元朝统治集团的宗教关系》,载《藏学论丛》(五),西藏人民出版社,1993 年版。
　　② 王献军:《帕木竹巴政权的前身——帕木竹巴万户》,载《西藏研究》,1990 年第 2 期。

央王朝的统治下,促使中华民族多元一体的民族格局的形成迈出了具有实质意义的一步,而且也体现在使藏区地方自此形成了一种心向中原的内驱力和归附中央政府的传统。正因为有了这种内驱力和内向传统,使中原中央王朝交替后新生的明王朝很快便可顺利地承袭元朝对藏区的主权。以下事例,即为明证。

其一,关于萨迦的最终权力与地位问题。

从某种意义上讲,元朝对乌思藏寓政于教的统治和管理主要是通过并依靠萨迦地方势力而实现的。这不仅提高了萨迦派的宗教地位,而且萨迦派在政治上因之得到大力扶持,从而在乌思藏境内建立起政教合一的萨迦地方政权。有元一代,萨迦派中有许多人被封为国师、国公、司徒、司空,甚至尚公主、封王。萨迦虽权位尊荣,但是,萨迦的权势来源于元中央政府的强力支持,其所掌管的乌思藏地区也只是元王朝广阔版图的一部分。

关于此问题,我们可从元朝在藏区的行政举措中得到证实。《元史》上说:"元起朔方,固已崇尚释教。及得西域,世祖以其地广而险远,民犷而好斗,思有以因其俗而柔其人,乃郡县土番之地,设官分职,而领之于帝师。乃立宣政院,其为使位居第二者,必以僧为之,出帝师所辟举,而总其政于内外者,帅臣以下,亦必僧俗并用,而军民通摄。于是帝师之命,与诏敕并行于西土。百年之间,朝廷所以敬礼而尊信之者,无所不用其至。"①可见,"郡县土番"与"僧俗并用",是元朝管理藏区的基本手段,即将宗教事务与世俗政治纳入统一的行政和职官体系之中。而且,从元朝在藏区地方的行政建设举措看,亦充分展示这样一些事实:如名声显赫的帝师这一角色,实际上扮演着特殊的双重身份:宗教上,他是元朝皇帝的导师;但在行政隶属关系上,他仅是元朝皇帝的众多臣属之一员,即治藏的助手。虽有帝师法旨与皇帝圣旨并行西土之说,但在这里,法旨与圣旨之权威性是不可等同的。这清楚地表现在,日常在向藏地发号施令时,其文告的发布格式,多数情况下是以"奉皇帝圣

---

① 《元史》卷202,"传89","释老"。

旨,×××帝师法旨"这样的形式出现的。① 这就有力地说明,"帝师所颁布的命令都是以他们的权力所凭依的最高皇权的名义发出的。"②换言之,帝师的权力无论多大,也是皇帝赋予的;"我们应该永远记住,尽管帝师备受尊崇,但只是住在宫里的一名皇帝官员而已";③他所掌管的宣政院,也仅是元朝中枢机构之一。④ 因而,帝师之权位又是受到元皇帝所代表的中央政府的限制的。比如:对萨迦本钦任命帝师仅有建议和推荐权,最后裁决权在元朝皇帝。藏文史籍有:十三万户与三却喀长官"是按照皇帝与上师商议决定而任命"。⑤ 如仅从"商议"字面意义上看,帝师对于本钦与十三万户任免,有至关重要的作用。但须清醒地看到,"皇帝与上师商议"中,两者的权力并不对等,"决定而任命"谁,关键还得看谁更为元皇帝所熟知和赏识。不然就难以解读如此事例,即使亲如帝师之母舅,帝师亦不敢越过皇帝不请而封。⑥

---

① 《西藏地方是中国不可分割的一部分》,西藏人民出版社,1986 年版,第 61—68 页。关于圣旨和帝师法旨的关系,《元史》上有:"帝师之命与诏敕并行于西土。百年之间,朝廷所以敬礼而尊信之者,无所不用其至"这样的记载(卷 202,"释老"传)。据此,有学者认为所谓"帝师之命与诏敕并行于西土",即表明有元一代"奉皇帝圣旨,×××帝师法旨"是帝师法旨发布的固定格式(参见陆连ச:《元代十一篇藏文帝师法旨》,孟庆芬译,载《藏文史料译文集》,中国社会科学院民族研究所历史室和西藏自治区历史档案馆联合铅印,1985 年版)。而实际情况并非完全如此,有些法旨是由帝师单独颁布的。参见陈庆英:《夏鲁的元朝帝师法旨》,载《西藏民族学院学报》(社科版),1988 年第 4 期和 1989 年第 1 期。

② [意]杜齐:《西藏中世纪史》,李有义、邓锐龄译,中国社会科学院民族研究所民族史室民族学室编,1980 年油印本,第 25 页。

③ [意]伯戴克:《藏传佛教萨迦派的兴亡》(一),王启龙译,载《国外藏学研究译文集》(第十五辑),西藏人民出版社,2001 年版,第 39 页。

④ 元朝中枢机关分为四大块,除宣政院外,御史台主管全国监察事务;枢密院主管全国军事;中书省掌全国各行省的行政事务以及中央的行政事务,为中枢机关中权势最重者。元中书省权力之大,史载"诸大小机务必由中书,惟枢密院、御史台、徽政、宣政诸院许自言所职,其余不由中书而辄上闻,既上闻而又不由中书径下所司行之者,以违制论"。参见《元史》卷 102,"志 50","刑法一"。

⑤ 达仓宗巴·班觉桑布:《汉藏史集》,陈庆英译,中国藏学出版社,1987 年版,第 171 页。实际上,元朝中央的四大机关的人事进退,依制皆可"自选官"。所以,即便是"按照皇帝与上师商议决定而任命"而决定十三万户与三却喀长官,也只是在按元制办事。参见《元史》卷 21,"成宗本纪"。

⑥ 史载,帝师答剌麻吉塔"朝见蒙古完泽笃皇帝(应是忽必烈薛禅皇帝)时,向皇帝奏请说:'在吐蕃乌思藏,有我的舅舅夏鲁万户家,请下诏褒封'。皇帝说:'既是上师的舅舅,也就与我的舅舅一般,应当特别照应'。赐给夏鲁家世代掌管万户的诏书"。其中,所说"蒙古完泽笃皇帝",应是忽必烈薛禅皇帝之误。参见达仓宗巴·班觉桑布:《汉藏史集》,陈庆英译,中国藏学出版社,1987 年版,第 231 页。

　　又比如,帝师的承替及其命运问题之决定权在元朝皇帝。从有元一代看,帝师几为萨迦款氏家族所垄断,但这并不能由此断定萨迦派或款氏家族有帝师的承袭决定权。因为"住持们(即帝师,笔者注)并不是国王或王公,而是官员,每次都必须经过皇帝下诏颁赐印信加以任命的官员",①因而虽贵为帝师,但他又只是元帝国的官员,自然也就没指定继承人的权力。这从下述事例可见,至正二十四年(1287),帝师达玛巴拉卒,按继承习惯应由达尼钦波承袭。当时达尼钦波已谪贬潮州,"世祖不许承袭",②致使乌思藏地方将近十八年之久未立帝师,由霞巴降仰代摄其位。直至元成宗即位,经乌思藏僧俗再三请求,大德九年(1305),达尼钦波始得立为帝师。所以,关于帝师之承袭,意大利学者伯戴克先生敏锐地看到,它仅是元中央王朝的"一种政治行为",而不是其他。"从八思巴到最末一位帝师,都是年轻时期被委任为帝师的,有时甚至十分幼小。这一点表明,帝师的候选者在宗教上和心理上的成熟,不是一个必要的要素,也不必是他们先世师父的转世。而且,如此的委任,应该是限制严格的一种政治行为。"③

　　一些藏族文献上说,元世祖忽必烈以乌思藏地区十三万户之税赋赐给八思巴作灌顶之"布施"。这种说法是不准确的。忽必烈即位后,尊封八思巴为帝师,让其掌管管理全国佛教和西藏事务的中央机构总制院,其权力不可谓不大。但这并没有改变他作为朝廷官员的身份,更没有将乌思藏作为封地赐给八思巴。④ 与元朝其他行政区域一样,之初乌思藏等地为阔端的份地,所以此地的经营由阔端负责。忽必烈即位照蒙古惯例,将乌思藏作为宗王封地,封予七子奥鲁赤(即西平王)。奥鲁赤死后,其子铁木儿不花袭承(后为搠思班)。当然宗王对其封地只有食邑的权力,真正管理乌思藏地

---

　　① ［意］杜齐:《西藏中世纪史》,李有义、邓锐龄译,中国社会科学院民族研究所民族史室民族学室编,1980 年油印本,第 24 页。

　　② 转引自王忠:《中央政府管理西藏地方的制度的发展》,载《历史研究》,1959 年第 5 期。

　　③ ［意］伯戴克:《元代西藏史研究》,张云译,云南人民出版社,2002 年版,第 40 页。

　　④ 有关该问题的可参见沈卫荣:《元代乌思藏十三万户行政体制研究》(一),载《西藏研究》,1988 年第 1 期;吴健礼:《浅析"忽必烈恣对八思巴奉献三个却喀"和"施主与福田"之说》,载《西藏研究》,2000 年第 1 期;王继光:《18 世纪中国第一部安多藏区史——〈明史·西番诸卫传〉的现代诠释》,载《中国藏学》,2006 年第 4 期。

方事务的是元中央机构宣政院。因此,对元代吐蕃事务的处理,镇西武靖王系有较大的话语权。①

另外,萨迦本钦虽有十三万户之上的宣慰使司都元帅首脑之名,也有"军民通摄"之权。但是,萨迦之权势并非源于其实力,而是仰仗元朝中央的扶持,这本身就隐含了诸多变数。同时,元朝倚重萨迦,但并没有因此否定乌思藏其他地方势力的权益,在较大程度上是一同优渥。十三万户之长官本身就是元廷之命官,也是元朝治藏的一种管理手段。

由此可见,帝师与萨迦本钦的权威之强弱,起决定作用者乃元中央王朝的力量的变化态势,以及元中央当局对帝师与萨迦本钦的态度。② 对此,东嘎·洛桑赤列教授作了更精辟的论述:"萨迦派的宗教上层人士为了巩固和发展自己的势力,以元朝的政治力量为靠山,而元朝为了加强统治西藏地方的政治力量,需要利用当时在西藏社会上有较大名声的萨迦派的上层人士,在这两方面的利益结合的情况下,萨迦派才能够成为西藏政教双方的领主"。③

其二,帕竹政权归附中原中央政权的传统。

元朝对藏区的有效统治和管理,并在藏区形成了中央王朝的巨大权威。元廷赐封给藏区僧俗首领的名号、职衔和领地,一直为各地方势力所承认与重视,并被视为法律依据。而且这种权威在很大程度上并不因元朝实力的沉浮而变化,即使元王朝灭亡,代之而起的新王朝同样继承了这种威望。因而,在这里中央政权无论为谁,似乎已成了代表权威的一种传统符号。甚至可以这样认为,这种传统已在很大程度上被藏地僧俗"内化",正如希尔斯在论及一种传统对人们的影响时指出,"遵从这些传统规则是人心所愿,而

---

① 达仓宗巴·班觉桑布:《汉藏史集》,陈庆英译,中国藏学出版社,1987年版,第161—162页。
② 关于前者,到元后期,元统治者事实上已对来自藏地其他势力对萨迦政权的威胁,因内外交困,即便意欲干预,亦力不从心;于后者,正如王献军所说:元文宗、宁宗时,更器重噶玛巴活佛,萨迦派的原有领袖身份为之黯然失色,并导致萨迦政权动摇。参见王献军:《帕木竹巴政权的前身——帕木竹巴万户》,载《西藏研究》,1990年第2期。
③ 东嘎·洛桑赤列:《论西藏政教合一制度》,陈庆英译,中国藏学出版社,2001年版,第39页。

不是强制性的"。而"违抗变化的强制律令,则是一种严重得多的离经叛道"。① 事实上,自元朝在藏区充分行使权力之后,各地方的教派、寺庙和世俗贵族均争相寻求中央政府封授职位、名号和领地,且一再亲自或派人进京请封,以便获得中央王朝的追认或颁赐新的封诰,并以之为荣、视之为合法。萨迦政权在其运转过程中的许多事例,可以说明之。本书试图以元末新兴的帕竹政权与各地方势力较量中的一些事实,再次证明之。

第一,帕竹政权建立以前,绛曲坚赞在与乌思藏各地方势力的角逐过程中,关键时刻总是将争取元朝的承认和册封作为战略重心。特别是到至正九年(1349),绛曲先后击败雅桑、蔡巴等前藏地方割据力量,帕竹的实力与绛曲的个人影响力均达到前所未有的高度。是时,要实现对乌思藏地区的进一步控制,元廷扶持的萨迦政权是其最大的障碍。萨迦倚仗元廷乌思藏地方政权代理人的身份及元初帝师八思巴之余威,扶弱抑强,千方百计阻止帕竹的发展。但是,至第八任帝师贡噶洛追坚赞在任时,萨迦派因内部矛盾一分为四,且各拉章相互诋毁,极大地损伤了萨迦政权的元气。加之元朝实力的衰减,以及对萨迦的冷漠,萨迦之地位深受动摇。绛曲坚赞乘势帅师进入后藏,并于元至正十四年(1354)包围萨迦寺,萨迦本钦兵败被擒,四百余人遭杀。"萨迦累为元代帝师,积存玉帛甚富,悉夺之而迁于卫部",萨迦王朝至此崩溃。② 而此时,绛曲坚赞并没有因自身力量的强大而忽视中央政权的权威。显著的事例如:绛曲坚赞对于帝师贡噶洛追坚赞及罗本索南罗朱亚桑万户长、蔡巴万户长等以用兵毁灭萨迦寺,并以排挤其他万户长的罪名,多次诬告绛曲。但绛曲坚赞对于这样的诬告,并没仗势妄为,而是"经过多次上诉于元帝(顺帝)座前,并为了澄清元帝的疑虑,特派仲钦·希饶扎西随带四爪俱全的白狮子皮为主的许多礼品,来到元帝座前",期望求得元顺帝的理解与原谅。正因为绛曲的如此态度与举动,"结果如愿以偿,获得元帝的加封,以及对世世代代都有好处的袭爵和嘉勉的上谕"。③ 绛曲本

① [美]希尔斯:《论传统》,傅铿、吕东译,上海人民出版社,1991年版,第5页。
② 牙含章:《达赖喇嘛传》,人民出版社,1984年版,第11页。
③ 五世达赖:《西藏王臣记》,郭和卿译,民族出版社,1983年版,第130页。

人及所代表的帕竹地方力量,至此才获得元中央政府的权威认可。①

第二,维护元中央王朝的政治权威,借此以增强帕竹在乌思藏的号召力和威慑力。绛曲坚赞通过自己的努力,获得了元中央的认可与加封,显著的标志是元至正十七年(1357),元顺帝派员入藏封其为"大司徒"。这一封授无论是对发展中的帕竹,还是对绛曲个人的命运,都具有非同寻常之意义。一方面,帕竹在卫藏大部分地区的政治、军事统治地位更加稳固;另一方面,绛曲不仅是帕竹地方实力集团的掌舵人"第悉",而且是朝廷命官"大司徒"。因而,他可以充分利用这一合法身份,既稳固帕竹势力,并借此寻机发展壮大,又名正言顺地在乌思藏主持正义,以争取元中央的更加信任。其突出的事例有:

1. 在一次与止贡派贡巴仁的争辩中,当止贡巴认为"蒙古法律苛严"时,绛曲不是迎合而是义正辞严地加以驳斥:"假若蒙古法律不严峻,丹玛你和勒竹巴与我二人有何差别? 蒙古法律严峻难道不好吗? 由于蒙哥皇帝的恩泽和法令,才有你们止贡人的名号和教法;仰仗薛禅皇帝的恩泽和法令,才有萨迦派和蔡巴的权势和教法;仰赖旭烈兀的恩泽,才有帕木竹巴的政权和安定。"②理直气壮地维护元中央的法律权威。

2. 由于萨迦政权是元中央治藏的助手,在萨迦内部出现纷争时,绛曲坚赞摈弃萨迦本钦及其盟友曾对他的攻击和羞辱,甘愿充当调停人,维护本钦的权威。如以本钦旺秋尊追(旺尊)为首的拉康拉章为一派和以本钦杰瓦尚波为首的其他三个拉章为一派,两派互相争斗,结果后者败北。属拉康的帝师贡噶洛追坚赞的两个儿子逮捕并囚禁了杰瓦尚波。此时,绛曲站出来批驳道:本钦杰瓦尚波"是官秩一品的官员,是永洛大夫尚木衮院使,若

① 元廷对绛曲坚赞的这次封授,美国学者伦纳德·W.J.德尔·凯普有这样的看法:"由于大司徒得到元朝正式授予他的这一封爵,他在止贡、嘉玛、萨迦诸派中的重要敌对者的再次反对他的气焰没有能保持到1358年年初,这表明元朝承认他的地位的这一戏剧性变化使得他能控制当时西藏的政治格局"。同时亦应看到元朝败亡在即,"必然只有很少的选择余地,只能像一个共谋者那样接受大司徒的胜利,这大部分是由于它自身已被许多暴动搅乱,只能直接容纳既成事实"。事实亦的确如此。参见伦纳德·W.J.德尔·凯普:《大司徒绛曲坚赞的生平和政治活动》,《国外藏学研究译文集》(14),西藏人民出版社,1998年版,第218、219页。
② 大司徒绛曲坚赞:《朗氏家族史》,阿旺、余万治译,西藏人民出版社,1989年版,第142—143页。

废黜,若杀头,皇帝才有权"。"对喇嘛(帝师)之二子,我能捕则捕,落到手上就杀。我是来营救本钦和帮助实施法律的。"①绛曲之所以如此,其用意是要表明他对元中央政府及其在西藏的代理人萨迦喇嘛的尊敬。

3. 绛曲本人十分敬重元朝皇帝。如他在世时,不时在拉萨筹办"祝愿皇帝父子长寿的佛事",以报答元廷的优遇之恩。而且,在遗嘱中反复告诫后人:"过去均受东方皇帝关怀(帕竹),若继续关怀,则应当遵守皇帝的法令,迎送和承待宣旨钦差。"②后来的历史证明,绛曲的继任者们确实遵循其遗愿,元明交替后率先遣使归附明中央,并以其在藏区巨大的影响力协助明朝规劝朵甘内附。

其三,元朝对藏区各实力集团的"恩威并施"及影响。

自藏传佛教"后弘期"后,藏区地方封建割据势力和佛教教派势力之间常常密切联合。"宗教掌握人心到如此程度,贵族不得不披上僧侣的外衣来追求自己的新威望";另一方面,宗教领袖也"要求掌握世俗和宗教的双重权力,既把寺院精舍变为堡垒和王宫,又集政权和教权于一身"。③萨迦、帕竹噶举分别与款氏家族、朗氏家族相结合,就是明显的例子。藏区社会逐步迈入政教合一(或政教联盟)的轨道,并由此引起藏区社会多方面的变化。其中最明显、且对以后历史进程影响最大者,乃是世俗政治力量的日益弱化,宗教号召力的不断增强,甚至教权凌驾于政权之上。④

藏区世俗力量弱化的一个最显著的变化是,武士阶级势力衰退。⑤ 加之强大的吐蕃政权瓦解后,藏区军事制度仍承传吐蕃军事制度之遗风,不论

---

① 大司徒绛曲坚赞:《朗氏家族史》,阿旺、余万治泽,西藏人民出版社,1989 年版,第 177 页。

② 大司徒绛曲坚赞:《朗氏家族史》,阿旺、余万治泽,西藏人民出版社,1989 年版,第 89 页。

③ [意]杜齐:《西藏中世纪史》,李有义、邓锐龄译,中国社会科学院民族研究所民族史室民族学室编,1980 年油印本,第 5 页。

④ 具体情况是,自 13 世纪以来,乌思藏的任何地方政权无不依赖某一教派而存在。萨迦政权之于萨迦派,帕竹政权之于帕竹噶举派,仁蚌巴政权之于止贡噶举派,藏巴汗政权之于噶玛噶举派,十七世纪中叶后的地方政权之于格鲁派等。这些地方政权如没有某一教派的支撑,是难以维持的。而且,还可能发生如八思巴与本钦贡噶桑布有矛盾,后者被忽必烈处死这样的结局。由此可见,在政教合一体制之下,世俗政治反居从属地位。此与汉地宗教与世俗政治的关系,是完全不同的。

⑤ [日]矢崎正见:《西藏佛教史考》,石硕、张建世译,西藏人民出版社,1990 年版,第 123 页。

是骑兵或步兵，平时都是且耕且牧的百姓，一般不作任何军事训练，所谓兵差即不过世代承袭而已；一旦遇有战事，按兵差征调兵马，临时组军，其战斗力之弱可想而知。[①] 如此，由于世俗政治结构之弱化，更加重了世俗军事制度的先天不足。更为甚者，藏传佛教本能地排斥武力，这与深恐自己力量被缩小的藏区各政教合一地方势力有不谋而合之处，于是进一步促使武装力量的退化。它引起的结果是多方面的，比如：

第一，藏区很难形成相对的统一。各地方势力各自为政，彼此之间又存在各种矛盾，由于世俗政治的弱化，形成一个强有力的地方实力派并由它来独自承担完成乌思藏统一的重任已不大可能。而各宗教派别自身的凝聚作用又相对有限，由宗教的号召力来统一乌思藏地区的假设，因各地方豪酋为争夺世俗利益而变得无实现之可能。

第二，藏区各派势力为在彼此的争斗中，削弱对方壮大自己，最便捷的渠道，也是最佳的选择是寻求外来力量，特别是中原中央政府作为靠山。[②]

第三，一旦遇有外来入侵，自我保护的能力极端脆弱。关于此，明末清初蒙古的入犯，以及廓尔喀的入侵，表现得尤为明显。

藏区社会的如此变化，使其各地方势力，一方面极其需要中原中央政治力量的庇护；另一方面，又十分惧怕外来军事威胁。因而，就当时的情况而言，从某种角度上讲，强大的元中央王朝的军事力量，既是藏地各实力集团争相依靠的力量，但同时又是使这些实力派倍感畏惧的威慑力量。

如前文所述，元王朝治理藏区，凭借传统的蒙藏文化联系，以藏传佛教作为与之联络的纽带，固然使其对藏施政有诸多方便。但是，元朝当局也并未因此放弃军事手段。这在元朝初年表现的尤为明显，当时元廷对于来自

---

① 吕秋文：《西藏地方与中央政治隶属关系促成之因》，载《中国藏学》，1998 年第 1 期。
② 其事实如：1. 萨迦、帕竹原本分别发迹于后藏、前藏，如没有元中央政府的扶持，它们要称雄于卫藏是不可能的；2. 在明朝建立之初，藏地各地方豪势纷纷遣使附明以争取支持；3. 清初格鲁派与藏巴汗政权为争夺统治权而发升冲突，双方皆试图寻求蒙古力量的帮助，并与之结盟；卫藏战争中，争战双方自始就以获取清廷的支持为战略重心，而且将最后裁决权交给清廷，如此等等。与之相反，明代曾一度掌控乌思藏地方局势的仁蚌巴和藏巴汗政权，之所以短命，一个非常重要的原因是没有得到明中央政府的认可和支持。参见尹伟先：《明代藏族史研究》，民族出版社，2000 年版，第 164 页。

藏地的各种反抗力量,常以军事上的威胁来镇服之。

　　早在蒙古统治者与藏区宗教领袖相接触并建立联系之前,为达到征服藏区之目的,首先想到的是诉诸武力。阔端派多达拉波帅师入藏的军事征服,即是典型例证。在某种意义上可以认为,多达拉波武力入藏,在藏区的影响远远超过了这一事件的本身含义。各地方势力集团看到蒙古军初入乌思藏后所显示的不可抗拒之威势,纷纷遣使向各蒙古王子表示归顺并建立依靠关系。① 甚至可以说,正是这种"威势"促使了萨班不顾年高,率二侄到凉州觐见阔端,促成蒙藏协定的达成,以及藏区臣属蒙古这一具有重大历史意义的历史转折的快速实现。

　　就阔端1244年给萨班的邀请信之措辞而言,本身即显示浓厚"恩威并施"色彩。一方面,"赏赐给你的物品有:白银五大锭,镶缀有六千二百粒珍珠的珍珠袈裟,硫磺色锦缎长坎肩,靴子(连用袜子)环纹缎缝制的一双、团锦缎缝制的一双,五色锦缎二十匹。着多尔斯衮和本觉达尔玛二人赍送"。另一方面,"若是你以年迈为借口(不来),那么以前释迦牟尼为利益众生做出的施舍牺牲又有多少?(对比之下)你岂不是违反了你学法时誓愿? 你难道不惧怕我依边地的法律派遣大军前来追究会给无数众生带来损害吗?""故此,你若为佛教及众生着想,请快前来,我将使你管领西方之僧众"。很明显,"邀请信"之内容,表面上是"我为报答父母及天地之恩,需要一位能指示道路取舍之上师,在选择时选中了你"②,给人的感觉是尊崇萨班高深之宗教造诣。但行文使用"选中了你",本身就表明蒙古当权者并没有视萨班与自己于平等地位,而是自己高高在上。紧接着后述的口气则完全是一种命令,并声称"遣大军前来",即以武力堵住萨班之退路。如此之下,萨班除依约而去以外别无选择。关于此,即使是国外藏学家杜齐先生也看得非常清楚,"无论如何,萨班此行并不是为了传播佛教,他是服从阔端

---

　　① 据载,多达拉波部入藏后,虽遇个别势力抵抗,但很快"兵威所及,全藏慑服"(刘立千:《续藏史鉴》,华西大学华西边疆研究所1945年印,第11页)。这里所谓的"全藏慑服",体现在:一是对蒙古的反抗很快平息;二是各地方势力纷纷投靠各蒙古王子。

　　② 《西藏地方是中国不可分割的一部分》,西藏人民出版社,1982年版,第40页。

的命令,为了避免最坏的结局而去的"。① 后来的事实表明,萨班赴凉州会,蒙古统治者亦兑现了抬高与扶持萨迦的承诺。但与此同时,萨班在与阔端的接触中,也深感蒙古力量之强大,藏区僧众唯有臣属之,则既可保证佛教利益,又可使各僧俗地方势力维持既有权势。所以他在"致蕃人书"中反复晓喻乌思藏归附蒙古的唯一性和必要性,些许的反抗不仅于事无补,反而"最终必遭毁灭"。②

事态的发展亦显示,阔端的恩威并施之"邀请信"及其"凉州会",的确起到"在阔端手里,蒙古第一次有实效地占有了西藏"之效果。③ 之后,1252年忽必烈派兵征康、1271年桑哥率军入藏平息以本钦贡噶桑布为首的敢于挑战八思巴权威的叛乱与1290年元廷派兵帮助萨迦政权平息"止贡寺之乱",特别是自桑哥平贡噶桑布之乱后,元朝派军队常驻西藏。④ 这些事件无疑是蒙元统治者武力的再次展示。因而,对于是时藏地各实力集团而言,臣服中央王朝的统治既可有一个安全依靠,又可凭此壮大自己,以击败对手。反之,其后果是不言而喻的。

同样,即使在元廷钦定藏传佛教为国教之后,学界较普遍的看法是当权者此时更加重视两者间的宗教维系,淡出武力的威势。但实际情况是元朝为了维护与巩固对藏区的统治权,仍然不时以武力作震慑藏区的手段。这

_____

① [意]杜齐:《西藏中世纪史》,李有义、邓锐龄译,中国社会科学院民族研究所民族史室民族学室编,第15页。杜齐先生还说:"西藏人在此危急之秋(蒙古征服),把希望寄托在萨迦寺住持萨班身上,萨班在全藏似享有最高的权威和最大的影响,所以授权萨班去同阔端进行交涉"(第14页)。而就当时的实际情况来看,萨迦派在乌思藏还没有杜氏所说的那么大的实力和号召力,而且萨班之去凉州完全是被蒙古当政者选中,不得已而为之。因而所谓西藏人"授权萨班去同阔端进行交涉"的看法,是不恰当的。另外,加拿大学者戈伦夫认为,阔端与萨班叔侄在凉州,"经过了几次强制性的谈判,西藏代表团同意承认蒙古人对西藏的宗主权,并按期朝贡"。这里所使用的"宗主权"一词是不妥的。事实上,当时萨班等西藏代表在与阔端谈判中,已完全承认蒙古人对西藏的统治权。参见戈伦夫:《现代西藏的诞生》,武昆明等译,中国藏学出版社,1990年版,第51页。

② 《西藏地方是中国不可分割的一部分》,"萨迦班智达致蕃人书",第41—44页。有学者认为,萨班规劝各僧俗地方势力归顺蒙古,既有鉴于后者军事力量的威势,也有借此让各僧俗地方势力承认萨迦的独尊地位和权力。从当时的事态看,这种看法是有道理的。参见顾邦文:《中世纪藏传佛教与蒙古统治者——兼论民族宗教与族的关系》,《上海社会学院学术季刊》,1996年第1期。

③ [意]杜齐:《西藏中世纪史》,李有义、邓锐龄译,中国社会科学院民族研究所民族史室民族学室编,第19页。

④ 达仓·班觉桑布:《汉藏史集》,陈庆英等译,四川民族出版社,1986年版,第181页。

从 1331 年，元文宗图帖睦尔派人召请第三世噶玛巴攘迥多吉的诏书中可以看出："依仗三宝护持的大福德，皇帝圣旨。赐攘迥多吉。因如来教法由北方诸帝王弘传之授记之法力，（北方诸帝）对佛陀教法生起胜解。此后，薛禅皇帝依止和尊奉众多高僧大德，使佛陀之教法在此方弘扬，显明一切。朕亦愿对佛法善为护持服事，闻得你听闻多广、功德殊胜，故派巩卜等人为金字使臣前来迎取你。如果你以其他借口推脱不来，岂不犯使信仰者灰心失望的过失，沾染不愿离弃自己富足处所之恶臭习气，毁坏广利他人之善愿，造下不为佛法着想的罪业，种下不顾有情众生痛苦之业障？又岂不会因为违背朕之法度大诏命使朕心中不乐而使佛法受到损害？……故此，望你为以朕为首的有情众生着想而尽快前来！到此之后，佛法之事业都将照你的心愿完成"。① 这封诏书从表面上看，元文宗诏诸三世噶玛巴是因崇其教，看重三世噶玛巴"听闻多广，功德殊胜，智慧超群"。实质上，元文宗执意笼络藏区宗教威望甚高的噶玛噶举，以便强化对藏统治，所以，"若尔借故不来"之后果是严重的，因为"朕心不乐"必遭"佛法受到损害"。② 其高高在上的教训口吻，与阔端之邀请萨班函如同一辙。

　　从上述事实可以看出，元王朝治理藏区，虽"尊崇其教"，自忽必烈封八思巴为国师、帝师，信奉藏传佛教以后，藏传佛教一直是元朝皇室的重要精神支柱，但并未因此而舍弃武力的功用。"恩威并施"，固然显现出封建统治者的残暴性。但是，元朝作为中央政府，在维护国家统一时以武力作为后盾，充分发挥国家的暴力职能，这本身又含有合理性。甚至可以说，正是因为元朝所代表的中央政府在行使藏区治权的过程中，适时地运用了国家暴

---

　　①　转引自西藏社会科学院、中央民族学院藏族研究所编：《中国西藏地方历史资料选辑》，西藏人民出版社，1986 年版，第 253—254 页。

　　②　可能是出于对忽必烈一系与噶玛噶举派之间，曾有过不愉快的经历而使攘迥多吉有不奉命之可能的担心，元文宗随即又命宣政院给萨迦等乌思藏各地僧俗首领下了另一道命令，要他们促成攘迥多吉尽快成行。诏令说："奉皇帝圣旨，谕令贡噶坚赞、德嘉沃都元帅、意希贝、贡噶多吉、绛曲坚赞等：命你等与奉旨前往迎请喇嘛噶玛巴的金字使臣巩卜等人一起，无论噶玛巴上师往于何处，你等均应协同使他尽快前来朝拜，如果怠惰误事，定将惩罚汝等"。参见西藏社会科学院、中央民族学院藏族研究所编：《中国西藏地方历史资料选辑》，西藏人民出版社，1986 年版，第 254—255 页。

力职能,对藏区各地方势力中心存异念者有较大的震慑作用,所以在元明政权交替后,明中央王朝所象征的巨大武力权威,仍然没有因元朝的灭亡而消失。这一点在元明政权交替过程中,明军既没有大规模入藏作战,藏区地方势力也没有进行真正的抵抗。乌思藏在从元改宗明朝时,顺理成章加以接受,几乎无任何阻力;只在接近中原的汉藏地区,由于少数忠于元室的蒙藏官员,意存观望,拒绝归顺,明廷动用有限的兵力,进行规模不大的战争。即有力例证。

三 明初诸帝之民族观与明朝治藏政策的调整

所谓"民族观",就是人们的世界观在民族和民族问题上的反映,以及处理民族问题的基本纲领和政策主张。它至少应包含三方面的内容:一是对民族的看法;二是对民族问题的看法;三是处理民族问题的基本纲领和政策。①

在中国历史上,不同历史时期的不同政治家、思想家或不同的利益集团,为了解决各自所面临的民族问题以维护其统治,呈现出不同的民族观。早在先秦时代就有所谓"族类"的划分。② 如东有夷、西有戎、南有蛮、北有狄的划分及其各自特征的描述,并经《史记》及之后的典籍沿袭下来,直到近代"民族"一词的出现。可见,中国古代历史上的民族观,在很大程度讲就是一般所说的"夷夏观"或"华夷观"。③

但是,这种严格夷夏之别的传统民族观,在中国两千多年的古代社会中,也不是一成不变的,而是具有明显的时代特色。即处于各个历史时期,因文化背景的不一样,属于各不同统治民族集团的民族观各有不同。而且,

---

① 罗树杰、徐杰舜:《民族理论和民族政策教程》,民族出版社,2005 年版,第 101 页。

② 《尚书》"尧典"有:"帝曰:咨佛哉,方命圮族"。《左传》有:"非我族类,其心必异"。

③ 以辨别夷、夏为特征的民族观,春秋战国时期可谓是一个变化的分水岭。之前,包括夏、商、周时代,夷与夏或华和夷之间并没有严格界线,两者可以互相转换。作为少数民族的夷、戎、蛮、狄,不仅散居四域,也错居杂处于中原。自春秋战国列国出现后,各民族间攻伐不止,夷夏关系空前紧张,从而形成了华夏族的民族观。其核心是严格夷夏间的区别,在思想固守"内诸夏而外夷狄",行动上要"严夷夏之防"。这一时期所形成的民族观,也被称为传统的民族观或"夷夏观",自秦汉一直沿延续到清末。

即便是同样一个统治民族集团在不同的历史阶段,国力强弱态势的不同,其民族观的表现形式也是变化的,或者说,他们所制定的民族政策,其重心也在不断地调整。

元明政权交替后,明朝最高统治者的民族观与其民族政策的制定有非常重要的联系,对他们的民族观的系统考察,无疑有助于我们观察明朝治藏政策之走向,并加深其治藏政策的认识。

(一)明初诸帝的华夷观与民族政策

明统治者的民族观虽烙有历史传承的明显痕迹,但又不失鲜明的时代特征。这种民族观毫无例外地受到所处时期边疆民族地区形势的制约,并深刻作用到民族政策的制定与实践中。

兹以明太祖朱元璋在政权的夺取、建立和巩固过程中的有关言论及举措为例,简要证明之。

第一,在夺取政权过程中,强调华夷之防。

1367年,朱元璋部将"平吴师还",通过北伐以夺取中原政权的议题便提上日程。在这一过程中,朱元璋在军事上作周密部署的同时,又积极笼络人心,以减少部帅北伐阻力。如在北伐檄文中,为向北方人民晓喻北伐的道理,使得"兵至,民人勿避"。将国内的少数民族一概称为"夷狄",说什么元蒙入主中原,不仅使人民"冠履倒置",更为严重的是"有司毒虐",造成"人心离叛"。即所谓"天下兵起,使我中国之民,死者肝脑涂地,生者骨肉不相保"。因此,朱元璋认为,北伐中原之重要使命,就是要"拯生民于涂炭,复汉官之威仪"。① 事实是否如朱元璋所述,姑且不论。但元朝最高统治者人为地将国人分成四个等级,不仅没有获得政权稳固,相反,正是由于这种极端的民族压迫政策,②导致了阶级矛盾与民族矛盾异常激化。应该说,此时朱元璋抓住国人的这一心理,提出了"驱逐胡虏,恢复中华,立纲陈纪,救济

---

① 《明史纪事本末》卷8,"北伐中原"。

② 有学者认为,元朝没有"内汉外夷"的意识,因而,在其所设定的民族等级制之下,不可能产生我们通常含义的"华夏"与"夷狄"对应的概念,其民族压迫的表现形式,亦有所不同。这是一种有意思的见解。参见张永国:《关于土司制度研究的几个问题》,载《贵州文史丛刊》,1986年第4期。

斯民"的口号,以解决民族矛盾的姿态争取北方汉族的支持,不能不说有一定的积极作用,并在汉族各阶层人民中颇具号召力。

当然,朱元璋的明辨华夷,首先是大汉族主义民族歧视思想的真实表露。但应看到,与其说此时朱元璋是在对传统的民族优劣观的再阐释,不如说是朱元璋审时度势地采用的一种策略或手段。即利用国人对元朝腐朽统治的不满心理,高举反元大旗,以便争取广大汉族特别是汉族知识分子的支持,并以此为契机宣扬明朝取代元朝的合理性和正当性。因此,当我们在探讨朱元璋执掌政权后所定立的民族政策之由时,不能以之作为重要的评判依据。

第二,由注重战时民族策略到重视现实民族问题的解决转变。

明朝建立后,并随着边疆少数民族的不断壮大,明统治者的民族观也因其中心任务的变化而改变。为了巩固政权,统治者已意识到无论是以单纯的军事手段,还是在意识形态上强调华夷之辨,均于解决现实的民族问题无补。因而,以其华夷观为代表的民族观,此时更多地表现在围绕如何缓和民族矛盾、化解民族危机,以巩固明政权的问题上。

1. 由华夷对立转变为华夷一家。明太祖朱元璋生于元末乱世,依靠农民起义起家而取天下。对元朝推行民族歧视和民族压迫政策而致社会矛盾激化,使元短命的历史教训,有深切感受。因此,在其获得天下之后,为求政权之稳固,朱元璋声言:"朕既为天下主,华夷无间,姓氏虽异,抚字如一"。[1]"四海内外,皆为赤子,所以广一视同仁之心。朕君主华夷,抚御之道,远迩无间"。[2] 这种消弭华夷差别,重视各民族和睦相处的思想态度,既是朱氏对前元教训的吸取,也是基于现实需求的考虑。

2. 华夷有别,制驭之道有异。洪武七年(1374)有御史进"平蛮六策",内有"立威"一目,朱元璋阅毕即谕之曰:"汝策甚善,立威之说亦有偏耳。夫中国之于蛮夷,在制驭之何如,盖蛮夷非威不畏,非惠不怀,然一于威则不能感其心,一于惠则不能慑其暴。威惠并行,此驭蛮夷之道也。古人有言:

---

① 《明太祖实录》卷53,"洪武三年六月丁丑"条。
② 《明太祖实录》卷134,"洪武十三年冬十月丁丑"条。

以怀德畏威为强"。这清楚地表明,朱元璋因其民族观中华贵夷贱,所以唯有"威德兼施"、"威惠并行",才是最好的为政之道,"治夷之道,以威德兼施,使其畏感,不如此不可也"。① 由此可知,朱元璋作为封建专制君主,其骨子里的华夷差别及其所作所为,也就不可能超越这样的事实:在我国古代,无论是哪朝哪代,无论是汉族还是少数民族建立的政权,都是把本民族与其他民族区分开来,以己族为尊,视他族为卑,他族为贱,仅程度不同而已。②

在明太祖朱元璋看来,夷民之落后,不知礼仪,改造之道:一则要以儒家学说同化之;二则"不许仍遵夷俗,或以为兵,使与吾中国之兵,部伍相错以牵制之;或以为民,使与吾中国之民,里甲相杂,以染化之"。③

这充分反映出,明太祖朱元璋作为汉族君王,其民族观中对传统民族文化的继承,但为了解决现实的民族问题,又不得不作相应的调整。朱元璋的这种现实的民族观,深刻地影响着嗣后诸君。如成祖朱棣亦称"华夷本一家","天之所覆,地之所载,皆朕赤子,岂有彼此"。④ 并一反视少数民族为"豺豹"的论点,说:"人性之善,蛮夷与中国无异",⑤"好善恶恶,人情所同,岂间于华夷"。⑥ 这种"华夷一家"的观念,即是对乃父的继承。

从明朝制度设计者太祖、成祖二帝有关"民族"问题的言论可见,出于稳固朱明统治和利于国家一统之需,他们的民族观中民族歧视的色彩相对淡薄,这也深刻地作用并体现在有明的民族政策上。⑦

1. "恩威并施",重在"恩抚"。"恩威并施"是我国历代君王的传统治边策略,明初诸帝虽没有跳出这一窠臼,但他们特别重视恩抚手段的设计与

---

① 《明太祖实录》卷149,"洪武十五年十月丙申"条。
② 卢勋等:《中华民族凝聚力的形成与发展》,民族出版社,2000年版,第358—359页。
③ (明)陈子龙等选辑:《明经世文编》卷48,"彭刘二公奏疏",中华书局影印本,1962年版。后文凡及《明经世文编》,均属此版本,不再注明。
④ 《明太宗实录》卷264,"永乐二十一年冬十月己巳"条。
⑤ 《明太宗实录》卷126,"永乐十年三月丙申"条。
⑥ 《明太宗实录》卷32,"永乐二年十一月庚戌"条。
⑦ 参见杨绍猷:《明朝的边疆政策及其得失》,杨先生把明廷的治边思想概括为三方面,即"守备为本"、"刚柔并济"、"以夷制夷"。载马大正主编:《中国古代边疆政策研究》,中国社会科学出版社,1990年版。

运用。即便是在对待残元蒙古问题上，明太祖虽然一方面竭尽明朝之武力，以便缓解其对明政权的威胁，同时也不忘招抚。如为了争取蒙古诸王贵族、官吏来归顺，对被俘者以殊礼相待。洪武三年（1370），俘获元主孙买的里八剌及其妃嫔等，送至南京，朱元璋待之为上宾，封其为"崇礼侯"，①并致书蒙古可汗爱猷识里达腊，"令取其子买的里八剌归"。洪武七年（1374），"太祖以故元太子流离沙漠，父子隔绝，未有后嗣，乃遣崇礼侯北归，以书谕之"，以示恩德。又洪武十一年（1378），爱猷识里达腊殂于沙漠，明太祖亲拟唁文，并遣使吊祭。② 这些举措之目的无非是为"敬其主则其臣悦"，③以示怀柔。为了怀柔蒙古诸部，明确提出凡"倾心来归，不分等类，验才委任，直北宗王、驸马、部落臣民能率职来朝，朕当换给印信，还其旧职"④。希冀以此熔化蒙古诸王、贵族、官吏对明政权的疑虑与戒心，促使其率众投向明朝。

又明成祖虽五出漠北，与蒙古军队苦战多年，但他也明确反对"穷兵黩武以事夷狄"⑤，主张"怀之以恩，待之以礼"⑥。太祖、成祖这种重在"恩抚"的策略，在明前期统一边疆的过程中就收到积极效果。显著的事例是，运用此策略处理北元为代表的蒙古问题，就很大程度上消除了一部分西北蒙古和色目人的恐惧与反抗心理，对分化北元势力起了非常重要的作用。许多故元将领不战而降，出现了"大军戡定者犹少，先声归附者更多"的局面。⑦在明初以何种方式来求取藏区地方势力的归附问题上，也正是因统治者成功地实践了"恩抚"策略，才使得元明交替后藏区政权的交接，基本上可以说是"不劳师旅之征"。

在处理民族关系、解决民族问题时，明朝政权开拓者们所倡导的重在"恩抚"策略，也为其后继者遵循。英宗就说："盖驭夷狄之道，抚绥为先，抚

---

① 《元史》卷47，"本纪47"，"顺帝十"。
② 《明史》卷327，"传215"，"鞑靼"。
③ 《明太祖实录》卷119，"洪武十一年六月壬子"条。
④ 《明太祖实录》卷55，"洪武三年八月丙子"条。
⑤ 《明太宗实录》卷24，"永乐元年十一月戊辰"条。
⑥ 《明太宗实录》卷68，"永乐五年六月癸卯"条。
⑦ 《明史纪事本末》卷8，"北伐中原"。

之不从，然后用兵。"①

2. "因俗以治"与"以夷治夷"。这一传统治边之策的基本内涵是"修其教，不易其俗；齐其政，不易其宜"②，核心是以全部或部分保留边疆民族地区传统的政治制度，保证民族上层享有世袭特权和对民族内部事务拥有有限度的自理权为基本内容的。当然，由于自然的地理条件的限制和中原王朝统治力量强弱的不同，历代中央王朝在实施这一策略时对同属其版图的边疆民族地区之不同区域，统治的宽严程度不一，而且即便是在同一时期，中央王朝对不同的民族地区控制的强度也是不等的。表现在有些民族地区享有较大程度的自治权，而另一些民族地区则受到相对严格的控制。

明朝统治者在处理边疆民族地区问题上，充分继承了传统的治边之策。如对藏区采取"因其习尚，用僧俗化导"之策，较为重视藏民族信教这一现实。同时，充分利用少数民族上层人士治夷的特殊作用，"不分等类，验才委任"③，并认为"推诚以待人，路人可使骨肉；以嫌猜而御物，骨肉终变为仇雠"④。故在明朝从中央到地方，无论文武，录用或委任了大批少数民族官员为其效力。对此明廷有官员不以为然。如洮州卫镇抚陈恭就对明成祖以大量蒙古官兵随驾亲征表示担心，建言道："侍卫防禁宜严，外夷异类之人，不宜置左右。玄宗几丧唐室，徽、钦几绝宋祚。夷狄之患，可为明鉴。"成祖当即晓喻："所言禁卫宜严，甚是。但天之生才何地无之，为君用人但当明其贤否，何必分别彼此？其人果贤则信任之，非贤虽至亲亦不可用。汉武帝用金日磾，唐太宗用阿史那杜尔，盖知其人之贤也。若玄宗宠任安禄山，致播迁之祸，政是不明知人；宋徽宗自是宠任小人，荒纵无度，以致夷狄之祸，岂因用夷狄之人致败。……近世胡元分别彼此，柄用蒙古鞑靼而外汉人、南人，以致灭亡，岂非明鉴。"⑤元朝用人"分别彼此"而灭亡的历史教训，固然

① 《明史》卷330，"西番诸卫"。
② 关于"因俗以治"，《礼记·王制》有："凡居民材，必因天地寒暖燥湿，广谷大川异制，民生其间者异俗，刚柔、轻重、迟速异齐，五味异和，器械异制，衣服异宜。修其教，不易其俗；齐其政，不易其宜。中国戎夷，五方之民，皆有性也，不可推移"。参见《礼记》，中华书局，1980年版。
③ 《明太祖实录》卷53，"洪武三年六月丁丑"条。
④ 《明太祖实录》卷60，"洪武四年春正月庚寅"条。
⑤ 《明太宗实录》卷134，"永乐十年十一月癸卯"条。

是促使明成祖体察统治民族应如何对待被统治民族才有利自己统治的重要外因,但他作为封建君王,能有这样不分族类,任人唯贤,"推诚以待人"的思想,又是非常难得的。

另外,在中华民族早期国家思想中,民族观与"天下"观又是密切相联的。自秦始皇统一六国后,国人就有"溥天之下,莫非王土;率土之滨,莫非王臣"的观念,视位于中原者为"天朝",其他为"四夷"。而"天朝"不仅辖"四夷",且有责任施"教化"于边远地区的"蛮夷",而最终造就一统天下。正因如此,使"天下"的地理概念变得非常模糊,这在一定程度上不仅使"中国"与"四夷"之边界不明,且在方位上也比较含混。通常凡属华夏传统文化圈之外者,即被视属"四夷"之列。于是便有了"夷夏之防"和"华夷之辨"。这即是相关文献中,时常看到在还没有形成近代主权国家概念前,所谓"外夷"、"外藩"等称谓是既指属国,又包括境内的边疆少数民族。如明神宗一面声称"番人也是朕之赤子,番人地方都是祖宗开拓的封疆"。[1] 但又对藏区僧俗违制私茶的行为,说什么"事属外夷,类从宽处"。[2] 又如雍正皇帝说:"夫中外者地所画之境也,上下者天所定之分也。我朝肇基东海之滨,统一诸国、君临天下,所承之统,尧舜以来中外一家之统也;所用之人,天下文武,中外一家之人也;所行之政,礼乐征伐,中外一家之政也。内而直隶各省臣民,外而蒙古极边诸部落以及海澨山陬,梯航纳贡,异域遐方,莫不尊亲奉以为主"。[3] 在这里,"中"即内地,而"外"即泛指除内地以外的地域。

也正是由于中国古代思想意识中的这种华夷观,与属国、朝贡国的混淆。一方面,我们在查看相关文献时,尤须辨别其所指是境内的边疆少数民族,还是指属国或朝贡国;另一方面,所谓"华夏"与"夷狄"(境内民族)之别,在传统的中国观中更多地表现出文化上的差异而非种族上的不同。因其理想的"天下"不仅地域无限,而且臣民不厌多。所以,这样的观念中不仅已"归化"之人属"中华"范围内,而且,"天下"还包括未"归化"之人。即

---

[1] 《明神宗实录》卷225,"万历十八年七月乙丑"条。
[2] 《明神宗实录》卷81,"万历六年十一月癸丑"条。
[3] 《清世宗实录》卷130,"雍正十一年四月己卯"条。

是说，凡已接受汉文化"教化"者，则被视为"天子"臣民；反之，属"化外之民"，如被称为"生番"、"蛮夷之属"等。但这两者之间并没有不可逾越的鸿沟，而是可以用文化转变的，即"用夏变夷"。这就是我们常见的所谓"有教无类"，通过"教化"使"生番"变"熟番"，成为"天朝臣民"，并最终实现"天下一统"的理想世界。

这种在处理邦国大政和民族问题时的大一统观，为历朝统治者所遵循。朱元璋等明朝最高当权者，也完全继承了这一思想。这从明朝建立后的有关言论和行动中可知，所谓"既为天下主"，那么，"天之所覆，地之所载者，皆朕赤子，岂有彼此"！① 即是说"天下"之臣民，不管是汉族还是其他少数民族，理所当然地是他朱家的"子民"。所以，天下臣民若驯服其统治，不仅理应"抚字如一"，而且"蒙古、诸色人等皆吾赤子，果有才能一体擢用"。②

对明朝最高统治者的民族观的辨析，使我们看到他们在处理边疆民族问题时，既有对历代治边思想的传承，更有其创新。而且这种创新又因主客观原因使其有自觉的一面，也有其不自觉的一面。

一是以布衣出身的明帝国奠基人朱元璋，身经百战获取天下，深知政权来之不易。又元明替换不单是朝代更替，更是统治民族主体替换，元朝亡国的教训使他体察到统治民族应如何对待被统治民族才有利于自己的统治之问题。所以，无论是在推翻元朝建立明朝的战争进程中，还是在统一边疆地区、对北元或对其他各族各部的征服中，每次行动之前，总是遣使招谕为先，唯在招降失败才临之以兵。

二是与明朝自身的政治、经济、军事力量的强弱，以及其民族格局、边疆形势有着密切的联系。这充分体现在有明之世，由于对蒙古各部尚缺乏有效的对策和实力，北部边患一直困扰着明朝当局。而且，自明中后期，东北有女真势力的壮大，渐有脱离明朝并取而代之之势。加之东南沿海日益严重的"倭患"。诸此皆深刻地影响着明朝诸帝的民族观，并制约着其边疆民族政策的最后确定。所谓"备边防御"，实际上反映出明王朝国力的有限。

---

① 《明太宗实录》卷264，"永乐二十一年十月己巳"条。
② 《明太祖实录》卷51，"洪武三年夏四月己未"条。

或者可以说,也正是因为明朝国力不足,不具备应付华夷之别所产生的后果,迫使其在处理边疆民族关系时迫切需要在"抚"字上做文章,并较多地利用"抚"字之功效。

(二)明初治藏政策之调整与其统治者对藏区熟知程度的关系

明朝治藏政策及其施政方式的最终确立,是随着对藏区了解的不断加深,并对建国之初的治藏政策经过修正、调适而成熟起来的。当然,这种了解是双向的,尽管经历了元朝对藏区近一个世纪的有效统治,业已形成了藏区地方政治上与经济上向中央王朝靠拢的历史传统,但是这种政治上的归向、经济上的依赖,取决于藏区地方僧俗实力派对中央统治权威的认同程度,而这种权威的认同又必须建立在前者对后者所熟知的基础上。事实上,藏区地方僧俗势力对新生明政权由认知、熟悉到可托付为依靠,经历了一段时间的考验。

如前所述,明朝建立之初,其本身的政治条件以及民族关系的背景与元代有较大的差异。因而,明统治者对元治藏的政治遗产有所继承,但又必须适时地作新的调整。元朝治藏在一定程度上可以借助与藏区宗教势力的特殊联系,实现互利,而这对于饱受儒家传统文化熏陶的汉族君王来说,却不具备此种条件。照搬元制,既非明统治者主观所愿,亦非客观现实所容。同时,藏区虽然自古以来就与中原形成了政治、经济、文化等多方面不可分割的联系,并自元朝开始成为中华帝国版图的一部分。但是,由于藏区所固有的文化传统与儒家文化圈之农业文明之间,事实上还存在较大的差异。[①]这就客观上造成以"布衣"皇帝明太祖为首的明初当权者对藏区的相对陌生,要有一定程度的了解尚需时日。洪武时期不断遣使入藏,这些使臣固然负有招谕之责,但也须注意到,明廷还有希冀从此渠道获取藏情的意图。[②]

其实,早在洪武二年(1369),明廷尚在西北与残元军事力量厮杀时,即通过当地藏族头领赵琦招谕各僧俗首领。但是,此时入藏门户的甘、青、川

---

① 童中心:《失衡的帝国——长期影响中国发展的历史问题》,贵州人民出版社,2001年版,第228—236页。

② 有学者据《明实录》统计,仅洪武年间赴藏地使臣,有名有事可考者11人。参见王继光:《明代中央政府赴藏地使者事辑》,载《西藏研究》,1986年第2期。

的许多地方仍在故元势力控制之下，尤其是镇守藏区的元宗室镇西武靖王卜纳剌仍驻甘青。因而，这次招谕收获甚微，"吐蕃未即归命"。对此明廷便派熟悉藏务，有与藏区僧俗首领打交道经验的故元陕西员外郎许允德入藏。① 同时，加大对西北元军的军事打击力度。软硬兼施之下，便有故元吐蕃宣慰使何锁南普等一大批吐蕃首领及元宗室、镇西武靖王卜纳剌的归降。这些藏区头面人物的归附，大大推动了乌思藏等藏区地方僧俗势力归顺明朝的进程，自是"朵甘、乌思藏等部来归者甚众"。②

　　洪武三年（1370），明廷又先后派出以汉僧克新和通事舍人巩哥锁南为首的两个使团，"往西域招谕吐蕃"。前者是明政府第一次派往藏地的僧人使节，其任务除招谕外，还负有"图其所过山川地形以归"的职责。③ 这一事实显示出明朝当局对藏情的了解还相当有限，所以要其使臣"图其所过山川地形"，以便明廷了解藏区地形。后者不仅是通晓汉藏语言的藏族人，而且是元脱思麻宣慰司降明官员，由他出使藏区，对宣谕明廷意旨，更有他人无可替代的作用。可以说，正是这二人使藏及许允德先期入藏招谕，明统治者才对藏情有了初步的认识。所以，当洪武五年（1372），河州卫奏请乌思藏帕竹首领释加坚赞"人所信服……今朵甘酋赏竺监藏与管兀儿构兵，若遣此僧抚谕，朵甘必内附"时，明廷迅速作出判断并认可了帕竹在乌思藏的实力，④对之封以显职。显然明廷此举意在借助对藏区实力派的封授，影响其他地方势力的内附。而这种措施，首先是建立在来自对藏区信息的掌握，然后对藏地各僧俗势力之实力比较的基础上。之后，明廷看到乌思藏"地广民稠，不立重镇治之，何以宣布恩威"，遂升朵甘、乌思藏卫为行都指挥使司，并"颁授银印，仍赐各官衣物"。⑤

---

　　① 在明代汉藏关系史上，许允德无疑是个有影响且作出了积极贡献的人物。但《明史》无传，其事迹仅见于《明史·西域传》的零星记载。今人王继光先生著文对之作了较详尽的考述。参见《明代汉藏友好使者——许允德事缉》，载《甘肃民族研究》，1986年第4期。
　　②《明太祖实录》卷116，"洪武十年十一月癸未"条。
　　③《明太祖实录》卷53，"洪武三年六月癸亥"条。
　　④ 明廷是否授命释加坚赞抚谕杂甘，史载阙如，但次年有赏竺监藏荐举当地头目二十余人任朵甘都司官职，想必与此有关。
　　⑤《明太祖实录》卷91，"洪武七年七月己卯"条。

甚至可以说,洪武时期对甘青川等缘边藏区与对乌思藏等藏区腹地差别施政,虽有对历史传统的继承,但这也与明廷不断派使入藏以及藏区贡使入朝的次数增多,明太祖对藏区熟知程度的加深而定立之治策。当然,洪武年间因其主客观原因所致,明廷对藏情未能充分知晓。突出地表现在:

1. 明廷对帕竹的初始封授,仅以释加坚赞为一般僧侣,而忽视了帕竹政权政教合一的现实。

2. 太祖对元摄帝师喃加巴藏卜,荐官辄授,封职较帕竹高,忽略了元末以来藏区地方势力已有较大消长变化的实际。

3. 在汉藏茶马贸易中,洪武朝过分强调银钱布帛作为中介的作用,而不知晓广大藏区商品经济不发达,藏民生活方式与汉区有异的事实。①

经过有明开国三十多年来与藏区各僧俗势力政治、经济、文化等方面的频繁交往,明朝统治者对藏区特殊的政教合一制度和宗教领袖在政治上的重要地位,逐渐有了更深入、全面的了解。这一背景无疑使成祖在调整治藏政策时,较之乃父显示出了相当程度的现实性和贴切性。据载,永乐曾有用兵乌思藏并独宠某一教派,仿元故制之意,后经哈立麻说服而放弃。② 哈立麻是否有如此影响成祖之能耐,姑且不论。但成祖敢于对乃父时期的治藏政策作大幅度调整,并最终确定了更为周密的治藏政策制度体系。这既与对洪武治藏经验教训的总结有关,也与对藏务的熟知有关。

1. 自永乐四年册封帕竹札巴坚赞为“阐化王”始,至永乐十三年封释加也失为“西天佛子大国师”止,短短的九年之内,以极高的效率完成了对藏区各宗教势力和教派领袖的分封,封授之规模与数量可与洪武封官相比,且提高了封授等级,形成了法王、教王、大国师、国师、禅师等品秩有序的僧官体系。这种僧官体系的确立,不仅是永乐对洪武治藏政策的修正、补充与完善,更为重要的是,它尤能适宜藏区现实政治格局,更具实效性。

2. 承认元以来乌思藏地区万户制作用微弱的现实,完善洪武以来藏区实施的行都武卫军政体制。永乐十一年、十四年设立牛儿宗寨、领思奔两行

---

① 伊伟先:《明代藏族史研究》,民族出版社,2000年版,第248—249页。
② 邓锐龄:《贤者喜宴明永乐时尚师哈立麻晋京纪事笺证》,载《中国藏学》,1992年第3期。

都司，分解帕竹势力；置必里卫，陇卜卫等于青藏交界处，有效地阻断蒙藏合流的可能性。

3. 恢复和重建藏区驿站。永乐五年、七年、十年督使修复藏区驿站，"自是道路毕通，使者往还数万里，无虞寇盗矣"。[1] 充分保证了朝廷政令在藏区的畅通有效。

四　结　语

对元明中央政权交替后，明朝当局所面临的边疆形势，以及作为中国历史上又一个以汉族为统治民族主体的中央王朝，在面对前朝治藏制度"遗产"时，辨别何者可以承袭，哪些必须调整，旨在更好地探讨与回答下述问题。

首先，元明交替与中原统治民族主体换位后，明朝之北部、西北部边疆形势异常严峻。北元虽退居漠北，但仍保持元朝帝号三十余年，而沿用元朝印玺、宣敕金牌及官制时间则更长，并不时挑起战事希图卷土重来。这自然成为新生明政权的心腹之患。明太祖、成祖时期，即以如何才能削弱残元势力为头等大事。一方面，在帝国的军事部署上，新王朝以北疆为防守重心，派驻重师以巡镇扼守，并加派诸王子中最具才略者分驻各要塞；另一方面，除动用主要的军事力量主动北上出击并沿北边要塞建军事卫所外，还采取扶此抑彼策略，使蒙古内部，特别是势力强大的瓦剌和鞑靼二部互相削弱。并对西北和西南地区的藏族，采取招抚与安辑的策略，以避免与蒙古结盟。这也是明朝开国之初的治边、治藏的基本政策方针。由此可见，明初的边疆形势，已很大程度地牵制着明王朝对边疆民族关系的处置，以及边疆民族政策的制定，并对有明之世的边疆政策取向产生了巨大影响。

此外，由于蒙古族与藏族特殊的文化联系，明朝的治藏政策必须处理两方面的关系：一是稳定和发展藏区，使之成为明朝在西北的安定后方；二是制度上与具体措施上，均必须有效地隔断蒙藏联系。正由于此，使得明朝的西北部边疆的民族关系隐含着诸多变数，也无疑令以汉族为统治民族主体

---

[1] 《明史》卷331，"传219"，"西域三"。

的明朝当局在处理汉藏关系时,面临着较之元朝更加艰巨的困难。

其次,元、明统治民族换位后,另一重要事实需明朝最高统治者正视,即元朝治藏可以借助北方游牧民族之间传统的种族与文化亲和关系,使其治藏更为便利、更为直接,而对于深受儒家文化和农业文明熏陶的汉族中央王朝最高统治者来说,在实施藏区统治时,并不具备这种先天的便捷条件。由此决定了明朝的治藏措施虽可"故踵元制",但又必须有所损益。

当然,元朝对藏区持续近百年的有效统治,也给明王朝留下了诸多"政治遗产"。一是藏区作为中华帝国版图的一部分,中央王朝对之的主权并不会因元王朝的灭亡而丧失;二是形成了藏区地方归附中央王朝的传统。藏区地方僧俗势力深深意识到,臣属中央王朝不仅可以获取巨大的政治、经济、宗教等利益,而且可以求得藏区的稳定与发展。反之,中央王朝的强大实力之威慑作用,也是有历史的前车之鉴的。从这一角度看,正因为有元王朝对藏区近百年的统治基础,所以明朝并不需要一个如元初那样的军事征服、打破旧政权而重新建设的过程,需要的只是一个接收、承认和改朝换代的过程。因此,如何制定有效的治藏政策,理所当然地依据自身实力和边疆民族关系的形势,进行不断的调整和变革。

最后,明朝将以何种方式和治策施政藏区,主观上讲,统治集团的民族观对之无疑有其重要的影响。明太祖及其继任者们,虽然继承了传统民族观的内容,但也据当时的现实需要,增添了不少新东西。其中,如对华夷的认识,虽没有否认华夷之别,但更强调"华夷一家"与通过汉文化改造夷狄,使之变为诸夏的观念。① 这反映出明初诸帝,鉴于历史上封建统治者过分强调民族间的分隔与民族歧视之教训,相对比较重视民族间的融洽,并在民族歧视方面较之历代汉族君王有程度轻重之不同。因此,这也在一定程度

---

① 一般来说,在对民族的认识和处理民族问题时,中国传统文化中的"民族观"存在着两种不同的,甚至对立的观点,即:视"夷狄"为禽兽和将将"夷狄"兼容并包,内中华而外"夷狄"和用夏变夷。当国内处于分裂或民族矛盾尖锐之时,当政者往往偏重视"夷狄"为禽兽的观点,强调"华夷之辨",主张对他们刑之以威,排斥甚至武力镇压;而当国内处于统一或民族矛盾相对缓和之时,为政者则更多利用兼容并包和用夏变夷之策,怀柔羁縻"四夷"。参见周伟洲:《儒家思想与中国传统民族观》,载《民族研究》,1995 年第 6 期。

上决定其治藏政策包容了相对较多的理性成分。同时，由于主客观条件决定，明朝的治藏政策，也必然经历一个制度的沿循、创立、创新与完善的过程，而这一过程又与明初统治集团对藏区了解程度的不断深化同步。

　　基于上述分析与思考，便于澄清学界研究和世人如何评判明朝治藏史的如是问题。一是明代诸帝强化专制主义中央集权的"积极进取"与治藏方略的"缓慢推进"问题；二是明朝治藏，推行一不驻军，二不直接派官，三不清查户口，更没有如汉区的赋役政策，而又靠什么来维持明中央政府对藏区地方的主权与行使治权的问题；三是如何看待元、明、清三朝对藏政策的制度差异与终明之世"西陲宴然……无番寇之患"问题。① 如此等等。

---

① 《明史》卷331，"传219"，"西域三"。

第二章　一体与制宜:明朝藏区机构设置和治藏策略

对明朝地方藏区政权建设的考察,本书之着力点主要是,梳理明朝在藏区建立什么形式的地方行政机构,以及如何有效维持这些机构的运转等问题。对这些问题的系统探讨,有助于认识和回答明朝是否在藏区行使了主权,以及施政有无坚实基础这些原则性问题。实际上,明朝藏区的地方政权建设呈现出两个鲜明的特点:一是因循元制与适时变革相结合;二是既使藏区地方政权建设不超越明帝国边疆政治体制的基本框架,同时又结合藏区实际作适当的调整。

第一节　一体多元的藏区地方政权建构

明朝藏区的地方政权建设是伴随着藏区各僧俗官员的归附而同步进行的。在行政机构的设置上,大体借鉴元朝在藏区创设三大行政区域进行统治的经验,①设立乌思藏指挥使司,管辖卫、藏、阿里地区;设立朵甘都指挥使司,管辖今昌都、玉树、果洛、甘孜及阿坝部分藏区;而今青海东南部、甘肃和四川阿坝部分藏区则分别隶属于陕西行都司、陕西都司和四川都司。其

---

① 元朝在藏区的行政设置分为三大块,即以乌思藏纳里速古鲁孙等三路宣慰司辖卫、藏、阿里;吐蕃等(全称"吐蕃等处定慰统司都之帅府",可简称为"吐蕃等处宣慰统司")宣慰使司辖今青海东南部、甘肃南部和四川阿坝藏区;吐蕃等路宣慰使司(全称"都元帅府")辖今西藏昌都和四川甘孜州一带。

中,于乌思藏和朵甘二都司之下,又设指挥使司、宣慰司、招讨司、万户府、千户所等行政机构。而这些行政机构的官员,例由中央政府任命的当地僧俗首领担任。

一 元明之际藏区各地归附明朝的历程

在明朝建立之初,朝廷为更进一步经略西北、西南边疆,即有接管元朝藏区统治的相应方案及实施步骤。就其时局而言,在经营藏区问题上,有两种因素需要明朝统治者慎重考虑:首先是对以乌思藏为主的各藏区现实政治状态了解和认识。其次是如何切断蒙藏联系,以便更为有效地孤立并集中军力打击北元蒙古有生力量。

洪武二年(1369),明军定陕西后,即派大将军徐达和邓愈率部西进,先后攻取陇右和熙河地区,迅速隔断蒙藏联络带。徐达和邓愈部在局势稳定后,随即派人持诏深入藏区腹地招谕当地政教首领,令其上缴前朝印信以换取新朝印信,以示对新朝的臣服。

关于此,《明实录》有完整的记载,洪武二年(1369)五月,明廷通过赵琦等地方首领遣使诏谕藏族僧俗领袖,诏书说:

"昔我帝王之治中国,以至德要道民用和睦,推及四夷,莫不安靖。向者胡人窃据华夏百有余年,冠履倒置,凡百有心,孰不兴愤。比岁以来,胡君失政,四方云扰,群雄纷争,生灵涂炭。朕乃命将率师悉平海内,臣民推戴为天下主,国号大明,建元洪武。式我前王之道,用康黎庶。唯尔吐蕃邦居西土,今中国一统,恐尚未闻,故兹诏示使者至吐蕃。"①

这道诏书主要是向吐蕃诸部通报信息:元明政权更替,明朝皇帝已成为"天下主"。同时暗示:藏区各僧俗应像服从元朝那样归附新朝。但是,当时元朝的残余势力还控制着部分藏族地区,并且在西北、西南战场明军与蒙古残部的决战局势胜负难测,所以,面对明朝的招谕,西番"酋长皆观望",②

---

① 《明太祖实录》卷42,"洪武二年五月甲午"条。
② 《明史》卷330,"传218","西域二·西番诸卫"。

"吐蕃未即归命"。① 应该说,洪武二年的这次招谕未能立即见效是情理中的事。因为那些手持原元朝皇帝封授凭证、诏书和印信的藏地僧俗首领对中原发生的新变动,在战局胜负尚不明朗时,为了自身的利益,必然心存疑虑,很难下定决心;而且,当时一些藏族首领虽然已从大都逃出的僧人那里听说了明朝取代元朝的消息,也接到明太祖的诏谕,但是其中还有少数西北吐蕃部落首领不仅不奉诏归附,甚至配合蒙古宗王反攻临洮、陇西。

有鉴于此,明廷在战略上作了进一步的调整:一方面,"复遣陕西省员外郎许允德往招谕之";②另一方面,于洪武三年(1370)春以"吐蕃之境未入版图",明太祖朱元璋为此推迟册封诸皇子为王,命徐达帅师展开大规模的军事行动,重兵打击扩廓帖木儿部,并诏天下:

"朕荷天地百神之佑,祖宗之灵,当群雄鼎沸之秋,奋起淮右,赖将帅宣力,创业江左。曩者,命大将军徐达统率诸将,以定中原。不二年间,海宇清肃,虏遁沙漠,大统既正,黎庶靖安。欲先论武功以行爵赏,缘吐蕃之境未入版图,今年春复命达等帅师再征,是以报功之典未及举行"。③

从这道诏令看,清楚地显示了明太祖朱元璋对取得藏区归附的决心,以及为实现对吐蕃主权继承的重视与迫切心情。

经过一年多的战争,明军击溃残元蒙古在西北的宗王和藏族首领的武装抵抗。洪武三年(1370)二月,徐达在甘肃定西大破北元军。五月,徐达率军攻四川,其副将邓愈率军攻取洮、岷等州,进克元朝吐蕃等处宣慰使司都元帅府(即脱思麻宣慰司)治所河州。此时,元顺帝于当年四月在应昌府去世,明军攻占应昌,北元残余势力大部被歼。趁获得这些胜利的时机,明太祖再命僧人克新等三人前往藏区招谕僧俗首领,并要求克新附带"图其所过山川地形以归"。④ 同年八月,又命通事舍人巩哥锁南等往西域招谕吐蕃。⑤ 显然,明廷的这些举动昭示着,若招谕不成,便付诸武力的用意。

---

① 《明太祖实录》卷42,"洪武二年五月甲午"条。
② 《明太祖实录》卷42,"洪武二年五月甲午"条。
③ 《明太祖实录》卷51,"洪武三年四月乙丑"条。
④ 《明太祖实录》卷53,"洪武三年六月癸亥"条。
⑤ 《明太祖实录》卷53,"洪武三年八月庚申"条。

明廷的这种招谕、安抚与军事打击并用的策略,很快就收到非常积极的效果。当时那些心存观望的蒙藏官员及藏族上层,见元朝大势已去,纷纷放弃幻想,响应明廷的招抚。洪武三年(1370)六月,"故元陕西行省吐蕃宣慰使何锁南普等,以元所授金银牌印宣敕诣左副副将军邓愈军门降,及镇西武靖王卜纳剌亦以吐蕃诸部来降。先是命陕西行省员外郎许允德招谕吐蕃十八族、大石门、铁城、洮州、岷州等处,至是何锁南普等来降"。①

何锁南普以元朝旧臣归命新君,并受到明廷封赏,在藏区不仅震动很大,而且起了很好的示范作用。之后,明廷还命他西行并以其亲身感受,晓喻尚未归命的藏区僧俗头面人物,由此在藏区腹地所产生的积极效果,是不言而喻的。②"河州以西朵甘、乌思藏等部来归者甚众",③"或以元时旧职投诚,或率所部归命"。④

其中,以下几个历史事件加快了藏区归附明朝的进程。

1. 面对明军取得的军事优势,元世祖忽必烈的第七子奥鲁赤之五世孙镇西武靖王卜纳剌,于洪武六年(1370)七月,"率吐蕃部众诣征虏左副副将军邓愈军门款附"。镇西武靖王作为元朝藏区法理上的所有者,他的亲自"款附",清楚地向藏区各故旧首领昭示元朝气数已尽,凡意存侥幸并认为元朝有可能重主天下者,必因此放弃幻想。而明太祖"念其元裔,甚恩遇之"。⑤ 将其家眷迁至南京,虽虚宠以显职,有加强控制之意。镇西武靖王的"款附"以及明廷对之的安置,向藏区其他各部传递了如是信息:藏区已不再是镇西武靖王的"份地",蒙古王室与藏区的领属关系已被割断;与此相应,藏区所有的故元官员唯一出路是投诚新朝,如此不仅不会受到惩处,

---

① 《明太祖实录》卷53,"洪武三年六月乙酉"条。
② 《明太祖文集》卷8,四库本,集部第162册。
③ 《明太祖实录》卷116,"洪武十年十一月癸未"条。《明史》卷330,"传218","西域二","西番诸卫"条中有"洪武二年,太祖定陕西,即遣官赍诏招谕,其酋长皆观望。复遣员外郎许允德招之,乃多听命"。一些学者据此夸大许允德的招谕之功,应该说是不妥的。就事实而言,当时之所以有"朵甘、乌思藏等部来归者甚众"的效果,如前文所述是招谕、安抚与军事打击等多方作用下的结果。
④ (清)《西宁府新志》卷24,"官师·土司",青海人民出版社,1988年版。
⑤ 《明太祖实录》卷83,"洪武六年七月戊辰"条。

相反会得到优待。

2. 洪武五年（1372）河州卫称："乌思藏帕木竹巴故元灌顶国师章阳沙加，人所信服。今朵甘赏竺监藏与管兀儿相仇杀，朝廷若以章阳沙加招抚之，则朵甘必内附矣"。明廷即时采纳了这一建议，"诏章阳沙加仍灌顶国师之号，遣使赐玉印及彩缎表里，俾居报恩寺化导其民"。① 此乃明朝建立后首次遣使入藏赐予敕印，标志着藏区世俗势力最大者顺服明朝。

3. 同年，元朝统治乌思藏的代理者，也是元朝封授的藏族出身的最高级别的官员，萨迦派内的故元摄帝师喃加巴藏卜等遣使进京朝觐，上缴故印。明廷不仅对喃加巴藏卜加官晋爵，封为"炽盛佛宝国师"，而且随行官员、领袖人物六十余人，悉依旧例，分别授以新职。明朝因此置乌思藏、朵甘卫指挥使司。② 虽然自元末以来萨迦派在藏区的影响力大为下降，在乌思藏地区最具实力者事实上已不是萨迦而是帕竹，但帝师这一职位设置近百年，其政治影响不可小视。因而，喃加巴藏卜以摄帝师的身份归命新朝，对藏区各地僧俗上层"归顺明朝所起的带头和宣抚作用是不可等闲视之的"。③

此外，洪武四年（1371），明军攻入四川，大夏政权幼主明昇降明，故元阶州、文州、茂州、松潘等地蒙藏官吏归降，明朝在这些地区沿袭元朝的土司制度，安抚归附士官。到洪武八年（1375），明廷"诏置俄力思（即元之纳里速古鲁孙元帅府）军民元帅府"。④ 藏区最边远地区被纳入明王朝的治下，标志着明王朝对藏区"恩威并施"，以抚为主的招谕策略的成功。自此，明王朝较为顺利地实现了元明政权交替形势下，藏区对中央王朝的归附。

由上述可见，与明朝实现中原中央政权的交替，进而统一全国的难易程度相比，应该说，明朝从元朝手中接过藏区的统治权要容易得多。明朝于藏区地方政权的交接，除在靠近内地的甘、青、川藏区有过短暂的战事外，而于广大的卫藏地区并没有动用武力。一方面，还在明军与各故元分裂势力厮

① 《明太祖实录》卷 73，"洪武五年四月丁酉"条。
② 《明太祖实录》卷 79，"洪武六年二月癸酉"条。
③ 顾祖成：《明清治藏史要》，西藏人民出版社、齐鲁书社，1999 年版，第 30 页。
④ 《明太祖实录》卷 96，"洪武八年正月庚午"条。

杀的过程中,即派官员四处招抚元朝在藏区的故旧官吏,允诺给他们换发明朝敕印、承认其故有地位,这一策略很快得到藏地僧俗首领的响应;另一方面,自洪武初年始,承认并利用元朝在藏区的一整套行政建置,或作形式上的改变,或据形势作调整,快速奠定变元朝的统治为明朝统治的政治基础。

二 明朝藏区地方政权机构的设置①

(一)乌思藏地方政权建设

明初,伴随着今西藏地区的僧俗首领应诏朝贡,明朝即在这里着手地方行政机构建设,这一工作持续到永乐年间。

在招谕、安抚与军事打击策略并施之下,乌思藏各地僧俗首领纷纷归附明朝,交旧印换新封。先后有故元摄帝师喃加巴藏卜、故元国公南哥思丹巴亦监藏等,于洪武五年(1373)十二月遣使入朝贡方物。是时吐蕃川藏部途中邀阻使者,掠其辎重,明廷命邓愈为征西将军,率兵讨伐,使乌思藏使臣平安到达京师。次年正月,乌思藏帕木竹巴灌顶国师章阳沙加所遣首领锁南藏卜也到达京师,携佛像、佛书和舍利进贡。此时,故元摄帝师喃加巴藏卜也率使团来朝。由于喃加巴藏卜于此前派出的使者在途中受阻,所以他几乎与前面提到的赴京使臣同时到达。喃加巴藏卜到京后,向中央政府荐举了故元国公南哥思丹八亦监藏等六十名首领,希望朝廷予以重用,并赐授一定的职名或封号。

明廷对这两批来自吐蕃本部而又具影响的首领之使团十分重视,不仅优礼相待,而且以此为契机进行藏区地方行政机构建设,任命相应官员。其中,诏设乌思藏卫指挥使司,管理卫藏;设朵甘卫指挥使司,管理今甘、青、川部分藏区。《明实录》中对该事件记载颇详:

洪武六年(1373)二月,"诏置乌思藏、朵甘卫指挥使司,宣慰司二、元帅

---

① 朵甘思南部的今德钦、中甸(香格里拉)等地,在明代隶属于云南布政使司。明朝于该地区的统治主要借助安抚和控制木氏土司来实现。对此问题,国内学者赵心愚(《纳西族与藏族关系史》,四川人民出版社,2004年版)、杨福泉(《纳西族与藏族历史关系研究》,民族出版社,2005年版)、冯智(《明代丽江木氏土司与西藏噶玛巴派关系述略》,载陈庆英:《藏族历史宗教研究》,中国藏学出版社,1996年版)等已有较系统深入的研究,本书从略。

府一、招讨司四、万户府十三、千户所四。以故元国公南哥思丹八亦监藏等为指挥同知、佥事、宣慰使同知、副使、元帅、招讨、万户等官凡六十人。以摄帝师喃加巴藏卜为炽盛佛宝国师。先是遣员外郎许允德使吐蕃，令各族酋长举故官至京授职，至是喃加巴藏卜以所举故元国公南哥思丹八亦监藏等来朝贡，乞授职名。省台臣言：'来朝者宜与官职，未来者宜勿与'。上曰：'吾以诚心待人，彼若不诚，曲在彼矣！况此人万里来朝，若俟其再请，岂不负远人归向之心'。遂皆授职名，赐衣帽、钞锭有差。仍遣诏谕朵甘、乌思藏等处曰：'我国家受天明命，统驭万方，恩抚善良，武威不服，凡在幅员之内，咸推一视之仁。近者摄帝师喃加巴藏卜以所举乌思藏、朵甘思地面故元国公、司徒、各宣慰司、招讨司、元帅府、万户、千户等官，自远来朝，陈请职名，以安各族。朕嘉其诚达天命，慕义来庭，不劳师旅之征，俱效职方之贡，宜从所请，以绥远人。以摄帝师喃加巴藏卜为炽盛佛宝国师，给赐玉印；南哥思丹八亦监藏等为朵甘、乌思藏武卫诸司等官，镇抚军民，皆给诰印。自今为官者务遵朝廷之法，抚安一方；为僧者务敦化导之诚，率民为善，以共乐太平'。初，玉人造赐喃加巴藏卜印既成以进，上观其玉未美，亟命工易之。其制兽纽涂金银印池。仍加赐喃加巴藏卜彩缎表里二十匹。未几，喃伽巴藏卜等辞归，命河州卫镇抚韩加里麻等持敕同至西番，招谕未附土酋"。①

明朝这一诏书的发布，标志明初在乌思藏的政权交接正式完成，并初步建立起一整套管理乌思藏等地的地方行政机构，以行使统治权。

至洪武七年(1374)三月，陕西行省员外郎许允德自朵甘、乌思藏返回内地，向朝廷汇报沿途见闻及卫藏地方社会政治经济状况，受到明廷的封赐。同年七月，明廷根据藏区的战略地位，在河州设置西安行都指挥使司，升河州卫指挥使司韦正为都指挥使，总辖河州、朵甘、乌思藏三卫，随即又升乌思藏、朵甘二卫为行都指挥使司。何以如此，明太祖特别下诏晓喻诸部：

"朕自布衣开创鸿业，荷天地眷佑，将士宣劳，不数年间，削平群雄，混一海宇。唯尔西番朵甘、乌思藏各族部属，闻我声教，委身纳款，已尝颁赏授职，建立武卫，俾安军民。迩使者还言，各官公勤乃职，军民乐业，朕甚嘉焉。

① 《明太祖实录》卷79，"洪武六年二月癸酉"条。

尚虑彼方地广民稠,不立重镇治之,何以宣布恩威。兹命立西安行都指挥使司于河州。其朵甘、乌思藏亦升行都指挥使司,颁授银印,仍赐各官衣物。呜呼!劝赏者,国家之大法;报效者,臣子所当为。宜体朕心,益遵纪律。"①

这份诏谕非常清楚地表明:明廷摈弃了以武力征战的传统思路,对藏区行和平招抚之策;随着明朝对卫藏统治的确立,以及对藏区认知程度的逐步深入,明太祖意识到藏"地广民稠",不立重镇难以适应形势的需要。不久之后,随着陕西行都司迁治甘州,它所节制的乌思藏、朵甘二行都指挥使司逐渐收归朝廷直接管理,这使乌思藏、朵甘二行都指挥使司的地位有所提高。

至于明朝对故元所辖纳里速古鲁孙元帅府地区的行政建制,比较普遍的说法是:洪武八年(1375)设立了俄力思军民元帅府,以替代元之纳里速古鲁孙元帅府。其依据是《明实录》和《明史》中,有这样大同小异的记载。前者载洪武八年(1375)正月初十日"诏置俄力思军民元帅府";②后者载"八年置俄力思军民元帅府"。③ 而顾祖成先生据有关材料考证,"俄力思军民元帅府的诏置似应为1373年",与乌思藏、朵甘卫设置时间相同。④

由此可见,明王朝在今西藏地区的行政机构的构建,大致在洪武初年已完成,之后仅作了一些个别的调整。从其机构设置可以看出以下特点:

第一,因循元制。以乌思藏都司辖卫藏地区,俄力思军民元帅府代替纳里速古鲁孙(阿里三围)元帅府。早在洪武四年(1371)明朝就在藏地建置

---

① 《明太祖实录》卷91,"洪武七年七月己卯"条。
② 《明太祖实录》卷96,"洪武八年正月庚午"条。
③ 《明史》卷331,"传219","西域三"。
④ 顾祖成:《明清治藏史要》,西藏人民出版社,1999年版,第36页。顾先生的主要依据是现存文献洪武六年(1373)二月"封俄力思军民元帅府诏书"。"诏书"上说"奉天承运皇帝圣旨:朕君天下,凡四方慕义来归者,皆待之以礼,授之以官。尔搠思公失监,久居西土,闻我声教,能委心效顺,保安境土,朕用嘉之。今设俄力思军民元帅府,命尔以元帅之职,尔尚思尽乃心,谨遵纪律,抚其部众,使疆土靖安,庶副朕委任之意。可怀远将军俄力思军民元帅府元帅宜令搠思公失监。准此"。目前尚未有其他材料来佐证,但这种时间记载上的差异,并不影响我们对明朝在今西藏最边远地区着力施政这一基本历史事实的判断。同时,按明初惯例,藏区政权建设的程序是:先招谕,朝贡次之,而后才是行政机构设置。所以,从这一角度看,明朝文献出现俄力思军民元帅府设置时间的不同记载,也是可以理解的。参见《元以来西藏地方与中央政府关系档案史料汇编》(1),中国藏学出版社,1993年版,第81页。

了乌思藏和朵甘二个卫,洪武七年(1374),又进一步升格为行都指挥使司,并受同年设于河州的西安行都司兼管,但西安行都司于洪武九年罢废。①上述二行都司自此实际上已由朝廷直接统辖。这二都司的建立,分别是对元代乌思藏、纳里速古鲁孙等三路宣慰使司都元帅府和吐蕃等路宣慰使司都元帅府辖区的继承。②

另外,洪武六年(1373)明朝在乌思藏设置了两个宣慰司、十三个万户府、一个元帅府、四个招讨司和四个千户府。这些机构虽未列名称,但不难看出,其中两个宣慰司应该是对元代两个宣慰使司都元帅府的保留,只是其原有地位已被乌思藏卫(行都司)和朵甘卫(行都司)所取代了。所设十三万户,可能就是沿用元代乌思藏十三万户之旧制。③ 而元帅府就是对元代的阿里(纳里速)所设元帅府的继承,惟在名称上做了更改,以"俄力思军民元帅府"代之。这样,明朝在今西藏地方的行政建设,是把帝国在边疆地区所施行的都司武卫制和元代已有的旧制结合起来了。

第二,适时调整。在卫藏地方行政设置上,虽然明初(特别洪武年间)较多承袭元朝旧制,但从整个地方行政管理来看,又与元朝有诸多不同之处。

首先,取缔了"掌浮图氏之教,兼治吐蕃之事"的宣政院,不再设置专理藏区事务的中央机构,相关事务由兵部和礼部等部门兼管。

其次,按照明帝国边疆地方行政机构的设置原则,设立行都武卫以辖卫藏。按制,明帝国的整个疆土分别隶属两个平行的管理系统:一是由承宣布政使司(直隶府、州)——府(直隶布政司的州)——县(府属州)构成的行政系统;二是由都指挥司(行都指挥司、直隶都督府的卫)——卫(直隶都指挥使司的守御千户所)——千户所构成的军事系统。大体来讲,属行政系

---

① 《明太祖实录》卷110,"洪武九年十二月癸酉"条。

② 元朝中央之宣政院,有一项重要职能就是代表中央政府管理吐蕃事务。"乌思藏、纳里速古鲁孙等三路宣慰使司都元帅府"即其下属机构;其职责是"军民通摄",既掌军事,又理民政。

③ 元朝在乌思藏地区所设十三万户,是蒙古统治者在征服并渐次牢固地统治乌思藏地区的过程中,因地制宜而逐步建立起来的地方行政单位。它是元朝管理乌思藏地区的整个行政体系中极为重要的环节。但有关它们的名称、地望,史载不一,有待进一步考证。

统的十三布政司和两直隶管辖内地;而于今东北、内蒙古、宁夏、新疆、青海、西藏等边疆地区,则以武职系统辖之。① 由此可见,布政司、府、州、县与都指挥司、卫、所一样,既是不同级别的地方行政机构,又是一种地理单位。②

设置都司、卫所以管辖乌思藏、朵甘等地,将藏族官员组成一个武职系统。显示明朝是将这些地区完全视同帝国的整个疆土的一部分,并纳入其边疆管理体系之中,因而在地方行政机构设置上,要体现大一统的政治格局,而没有例外。

乌思藏行都指挥使司范围内,明廷又遍设基层行政机构。其中职级在万户以上且可考者如下:③

1. 俺不罗行都司。设于洪武初年,但具体设置时间不详,辖地在今西藏浪卡子一带。"俺不罗"(yarvbrog)即羊卓,元代为思答笼剌万户封地,思答笼剌万户也称羊卓万户。④ 明初原设俺不罗卫,后升为俺不罗行都指挥使司。在明代文献中,常在其名前冠以"乌思藏"。现今布达拉宫还藏有明廷当年颁赐给俺不罗行都司的官印——"乌思藏俺不罗行都指挥使司印"。⑤ 可知,俺不罗行都司与乌思藏行都指挥使司之间,并非平行关系而是有隶属之别的。

2. 乌思藏宣慰司。此为元宣慰司乌思藏旧地,明因之。洪武六年

---

① 顾诚:《明帝国的疆土管理体制》,载《历史研究》,1989 年第 3 期。

② 在明帝国的疆域管理体系中,卫所之设置原则上是"度要害地,系一郡者设所,连郡者设卫……大小联比成军"(《明史》卷 90,志 66,"兵二·卫所"),很明显,卫所的基本职能是掌管军政。而实际上在边疆民族地区设置了为数不少的卫所,这些卫所被赋予了管理民政的职能。即所谓"番部、都指挥使司、卫指挥使司、万户府、千户所,皆因其俗以附寨番人,官其地,羁縻之而已"(《续通志》卷 136,"明官志下")。由是可知,明代的都指挥司、卫、所原本就有内外之别。因明朝之实力不济等原因,边疆地区的都指挥司、卫、所中有相当数量的羁縻性的。明王朝对这些地区实施间接统治,地区内部事务委托当地民族首领处理。

③ 关于乌思藏行都指挥使司之下的基层行政机构,在明代文献中除少数有较详细记载外,大多笼统而简略。如洪武六年(1373)二月,"诏置乌思藏、朵甘卫指挥使司,宣慰司二、元帅府一、招讨司四、万户府十三、千户所四"。但各政权机构的治所、辖地等具体情况,大部分在以后的文献中并无明确的交代。祝启源:《明代藏区行政建置史迹钩沉》,载《藏学研究论丛》(五),西藏人民出版社,1993 年版;伊伟先:《明代藏族史研究》,民族出版社,2000 年版。两著有较深入考证,笔者写作本节时参考了部分内容。

④ 王森:《西藏佛教发展史略》,中国社会科学出版社,1997 年版,第 235—238 页。

⑤ 欧朝贵、其美:《西藏历代藏印》,西藏人民出版社,1991 年版,第 20 页。

(1373)明廷"诏置乌思藏、朵甘卫指挥使司,宣慰司二"。乌思藏宣慰司就是其中之一,现布达拉宫藏有明廷当年颁赐的"乌思藏宣慰司分司印",即是明证。①

3. 牛儿宗寨行都司。牛儿宗,又称内邬宗或乃东宗。治所在今拉萨西南之堆龙德庆县境内。此宗原为帕竹家臣封地,其头领宗本喃葛监藏(即南喀桑波)随阐化王等于永乐十一年(1413)一同朝贡。明廷命设牛儿宗寨行都指挥使司,以喃葛监藏为行都指挥佥事。②成化十五年(1479),其行都指挥佥事班卓儿坚赞随辅教王、阐化王进京朝觐后,③明代文献中再未见有关记载。

4. 领思奔寨行都司。"领思奔寨"即仁蚌宗的异译,辖地在今西藏仁布。此地原为帕竹家臣封地。永乐十四年(1416),诏设领思奔寨行都指挥使,以原宗本喃葛加儿卜(即南喀杰波)为指挥佥事。④

5. 必力公瓦万户府。又称止贡哇,为元十三万户之一,《元史》称作"密儿军万户府",辖地在今西藏墨竹工卡县境。止贡与帕竹,原本属藏传佛教噶举派的不同支系,因争夺地盘,在元末两者激烈交锋,止贡实力被严重削弱,但尚能自存。所以,入明后承元制,仍封万户府,并于洪武十八年(1385)定秩为正四品。⑤

6. 帕木竹巴万户府。元十三万户之一,《元史》作伯木古鲁,辖地在今西藏乃东县泽当镇。帕竹在元中后期乌思藏各地方割据势力的争战中脱颖而出,取代萨迦。入明后备受明廷重视,洪武五年(1373)因河州卫荐举,朝廷遣使封其头领章阳沙加为灌顶国师,赐玉印。洪武八年(1375),诏置帕木竹巴万户府。⑥永乐四年(1406),明廷又封帕竹灌顶国师为阐化王。⑦

---

① 其印文为"乌思藏宣慰司分司印",印为钢印,高6.2厘米,边长8.4厘米。参见欧朝贵、其美:《西藏历代藏印》,西藏人民出版社,1991年版,第21页。
② 《明太宗实录》卷137,"永乐十一年二月己未"条。
③ 《明宪宗实录》卷196,"成化十五年闰十月庚戌"条。
④ 《明太宗实录》卷176,"永乐十四年五月庚申"条。
⑤ 《明太祖实录》卷170,"洪武十八年正月丁卯"条。
⑥ 《明太祖实录》卷73,"洪武五年四月丁酉"条;卷96,"洪武八年正月庚午"条。
⑦ 《明太宗实录》卷52,"永乐四年三月壬辰"条。

之后,帕木竹巴万户府的职能被阐化王所代,其万户府渐名实俱亡。

7. 仰思多万户府。设置年代欠详,据考证,其辖地在今西藏江孜一带。但在洪武十五年(1382)、洪武二十三年(1390)、永乐十一年(1413),有仰思多万户府万户或亲自或遣使朝贡的记载。① 足见,明初即设仰思多万户府无疑。

8. 巴者万户府。设置年代欠详,据考证,其辖地大致在今西藏昂仁以西。史载,该万户府于洪武十四年(1381)、十五年(1382),分别遣使朝贡。② 之后,再无相关记载。

9. 沙鲁万户府。设置年代不详,治所在今日喀则夏鲁。元十三万户之一,有的文献中又称之曰霞鲁。③ 明承元制,仍封设万户府。《明实录》中,有该万户府于洪武三十年(1397)正月,随乌思藏朝贡使团进京朝贡的记载。④ 之后,史载阙如。

10. 着由万户府。设置年代欠详,元之十三万户之一,别称札由瓦万户,治在今西藏隆子县境内。永乐七年(1409)二月,着由万户府万户随乌思藏朝贡使团进京朝贡⑤。

11. 加麻万户府。元十三万户之一。明承元制,于洪武十二年(1379)设加麻万户府,封端竹坚藏为信武将军加麻万户府万户,其诰敕还完好地保存在布达拉宫中。⑥ 治在今西藏墨竹工卡县甲马乡,可能是元时旧地。关于其辖地,史料记载不一。可以肯定的是,加麻家族辖地较广,有可能直达盆域,晚近地图上还可见加麻墀康(即加麻万户住地)。⑦

与元朝乌思藏十三万户相比,不难看出入明后这些地区基层政权已有较

---

① 分别见《明太祖实录》卷142,"洪武十五年二月丙寅"条;卷206,"洪武二十三年十二月庚辰"条;《明太宗实录》卷137,"永乐十一年二月己未"条。
② 《明太祖实录》卷140,"洪武十四年十二月乙卯"条;同上卷142,"洪武十五年二月乙丑"条。
③ 王森:《西藏佛教发展史略》,中国社会科学出版社,1997年版,第235—238页。
④ 《明太祖实录》卷249,"洪武三十年正月辛未"条。
⑤ 《明太宗实录》卷88,"永乐七年二月甲戌"条。
⑥ 宋伯胤:《明中央政府致西藏地方诰敕》,载中央民族学院藏族研究所编《藏学研究文集》,民族出版社,1985年版,第87页。
⑦ 王森:《西藏佛教发展史略》,中国社会科学出版社,1997年版,第242页。

大的变化。个中原因中,最主要的是因自元末以来,由于帕竹政权的强势扩张,卫藏地方豪酋不断分化组合,不少万户已是名存实亡。实际掌握着乌思藏、纳里速古鲁孙等三路宣慰使司权力的萨迦派,其政治实力大为萎缩,再加上元朝的败亡,因而元时乌思藏地区宣慰使司——十三万户的行政体制,明朝虽有因循,但单凭这一套行政体制建构,事实上已不能有效运转了。①

因此,明廷为了便于加强对这一地区的管辖,以适应新的形势发展的需要,只能打破旧制,顺势对其行政机构建制作了进一步的调整。其中,最引人注目的是增置行都司于卫藏地区。先是洪武中在介于卫、藏之间的原俺不罗(即羊卓)万户地方设置了俺不罗卫,并于洪武十八年(1385)再次将其升格为行都指挥使司。② 永乐时期,又分别在前后藏设置了另外二个行都司。一是永乐十一年(1413),在帕木竹巴的政治中心——山南的内邬宗设置了乌思藏卫牛儿宗寨行都指挥使司;二是永乐十四年(1416),又在帕竹政权属下仁蚌宗设置领思奔寨行都指挥使司。

明朝在藏区的行政管理至永乐时期有较大的变化:即由洪武年偏重军政建制向注重宗教势力的分封转变。明廷鉴于该地区宗教势力的特殊作用,在完善都司卫所设置的同时,实施诸王册封。从永乐四年(1406)册封乌思藏最具实力的帕竹第悉扎巴坚赞(《明史》作吉剌思巴监藏巴藏卜)为阐化王始,到永乐十一年(1413),分别封必力工瓦首领领真巴儿吉监藏和思达藏僧南渴烈思巴为阐教王和辅教王止,短短六七年,以极高效率完成了对乌思藏各宗教实力派的分封,且"诸王皆有分地"。显然,明朝在乌思藏地区是把都司卫所的设置和诸教王的分封相互结合起来,两者互为协调。前者旨在行政管理上与整个帝国的地方行政管理机制相适应,后者则是为了便于明中央对乌思藏这一特殊的地方进行有效统治和管理而采取的灵活措施。

同时,就明朝乌思藏地区的行政机构建制而言,不仅与元朝相较,即或与当时的其他藏区相比,也显粗略。

---

① 杜常顺先生认为:至明永乐时,卫藏地区的万户制便因名实不符被取消了。事实上,从现有文献记载看,还没有明廷正式下文这样的直接证据,来得出万户已"被取消"的结论。参见杜常顺:《略论明朝对西藏的施》,载《青海社会科学》,1992 年第 5 期。
② 《明太祖实录》卷 170,"洪武十八年正月壬午"条。

1. 从现存明代有关藏区的文献记载可以看出，关于乌思藏地区与朵甘部分地区一样，其行政机构的记述相当粗疏，往往只有数字记载，其地望、名称十分含混。其原因是多方面的，由此也引出研究者不同的推测。但有一点是可以肯定的，那就是与元、清二朝相比，明王朝对该地区的统治与管理更加注重粗线条的宏观把握，尤其是关注乌思藏地方僧俗领袖的作用，只要他们能管理好各自辖区，而国家主权不受损害，就不再细究如地望、名称这些似大非小的问题。

2. 虽然明中央政府为加强对乌思藏的地方行政管理，在形式上有一整套上自行都司下至百户所的行政机构，但在具体运作上，又并未拘泥于陈式。最为明显的例证是：查诸明代相关文献，自明正德后，乌思藏都司入贡以及朝廷封赐该地区行政官员的记录在逐步减少。但能否为此得出明朝在该地区的行政机构已瘫痪，朝廷又听任之呢？回答是否定的。透过这一现象，我们不难发现，正是由于乌思藏地方宗教势力的坐大，地方行政事务多为五王及寺院所包办代替的缘故。而明中央政府也逐渐认识到乌思藏地区僧俗并行，政教合一，只要僧人力量能安抚地方百姓，为朝廷效忠，行政建制之功能得以发挥，有利于乌思藏事权政务之统一，至于其形式如何，则可置而不论。①

第三，分势与平衡。鉴于元朝治藏宠爱萨迦之弊，明朝治藏不倚重任何一方，采取"分势杀力"的平衡措置。明初，乌思藏最大的地方实力派是帕木竹巴政权，前后藏的大半宗溪为该政权所有，但明朝似乎有意改变这一现实。在对乌思藏的行政建构时，更多表现出要分解其力量的倾向。

1. 明初在设置乌思藏卫及后来升格为行都指挥使司、俄力思军民元帅府后，②在帕竹势力强大的前藏地区又先后设置俺不罗、牛儿宗寨、领思奔三个行都司。这三个行都司与乌思藏行都司在级别上不可等同，是因从法理上

---

① 祝启源：《明代藏区行政建置史亦钩沉》，载《藏学研究论丛》（五），西藏人民出版社，1993年版，第234—235页。

② 有学者认为，明初"俄力思军民元帅府"之元帅为帕竹首领，并认为《明实录》三次言"俄力思军民元帅府"时，均与帕竹合言（巴者为帕竹的异译）就是这一事实的具体表现之一。是否如此，目前尚无有力证据佐证。参见房建昌：《明代西藏行政区划考》，载《西藏民族学院学报》（哲社版），2001年第4期。

讲,俺不罗、牛儿宗寨、领思奔三个行都司,应受乌思藏行都司的节制。有深意的是,牛儿宗寨、领思奔二行都司原本是绛曲坚赞时所封的二位家臣之势力范围,明廷此举所显示的是承认两者势力坐大的事实,并满足其为朝廷命官的愿望,但又不失分解帕竹力量的用意。这也就呼应了明廷在先前沿用元朝在卫藏十三万户的管理办法,仅封帕木竹巴为所封十三万户之一的事实。

2. 永乐时又在藏区分封五教王,而五教王原本就是既有辖地又有属民的地方实力集团。明廷如此分封,给人的表面印象是承认其世俗和宗教地位,但实质上是要他们在各自的影响范围内抚治人民,变相地担负起一级地方管理机构的职责。虽然他们均可获得朝廷给予的优待,但其地位远在三法王之下,分化、牵制帕竹政权的意图显露无遗。

由此可见,明王朝对今西藏地区的行政设置,是将明帝国边疆政权建设的一统原则与乌思藏的特殊政教格局因地制宜地有机地结合起来,既有原则性又不失灵活性。

（二）甘青藏区地方政权建设

这里所指的“甘青藏区”,从地域上大体包括今天甘肃、青海两省所辖的黄河上游的广大草原,并涵盖河、湟、洮、岷河谷地带;从民族历史地理分布态势上讲,这一地区历来“种族最多”。所谓“甘青藏区”,有的是藏族聚居地,但也有的是藏族和其他民族的杂居区,甚至部分地区藏族人口在单个民族中还属少数。这一地区属于人们习惯所称藏族三大方言区的安多区范围,也包括明朝朵甘行都司的部分地区。这也是今人对藏族分布地之习惯的区划方法。

元朝对甘青藏区的行政建制,大体可分为四大块:即由吐蕃等处宣慰使司都元帅府、吐蕃等路宣慰使司都元帅府、陕西行省、甘肃行省分别管辖。元中央把西番、乌思藏一并交给宣政院管辖后,又在各地设置了若干地方机构——宣慰使司或宣慰司。其中,吐蕃等处宣慰使司都元帅府,治所在河州,辖地甘青藏区大部及一小部分川康藏区,即朵思麻路等地。朵,安多之简称;思麻即东部或下部之意,朵思麻意为下朵,即安多地区东部。在辖地内行政隶属关系又有区别,藏族聚居地设宣慰司、安抚司、招讨司、元帅府、万户府、千户所等地方行政机构,以管理军政事务。毗邻内地与汉藏交接杂居地,设路、州、县,置流官,由陕西行省代管。西宁一带地方,因驸马章吉驻息地在西宁，①该地又隶属于甘肃行省。② 大致来讲，青海东部农业区以黄河为界，以南隶陕西行省，以北属甘肃行省。吐蕃等路宣慰使司都元帅府，治所在今四川甘孜州，其具体地望不清，辖川西、康区及青海果洛、玉树两地。其中，所属今青海藏区，大多属牧区，游牧部落众多且各自为政，政教结合紧密。因而，元朝中央以安抚司、招讨司、元帅府、万户府、千户所等地方机构统驭之。

从总体看来，元朝在甘青藏区的区域划分和机构设置，呈现纷繁复杂之状。这些机构有的管理民政，有的只管军务，亦有的军民兼摄，而且隶属关系变动较大，界线不清。③

明代史籍中所谓的"西番"，多数情况下就是指甘青藏族。明朝对藏区统治权的确立过程，就是从甘青藏区开始的。洪武二年（1369），明军攻下元朝大都的同年，即挥师西进。考虑到退据北方的元朝残余尚有相当大的势力，明廷为防御蒙古，控驭西域，沟通乌思藏。因此，明朝经营西北采取了"招谕为主，军事行动为辅"的方针。一方面，大军压境，连克巩昌、安定、临洮、河州等西北重镇；另一方面，遣故元员外郎许允德等到藏区招谕元朝各级官吏。④ 在强大的政治、军事压力下，元陕西省宣慰使何锁南普、镇西武靖王卜纳剌等一大批元朝官吏纷纷投明，于是"河州以西，朵甘、乌斯藏等部皆来归，征哨极甘肃西北数千里始还"。⑤ 经过这一系列军事行动之后，明朝基本上控制了甘青藏区局势。

在此之后，明廷对甘青藏区的经营，其基本策略仍然秉承"内安诸夏，外抚四夷、一视同仁，咸其生遂"的方针，非常重视以政治手段统治甘青藏区，以期借助故元蒙藏等民族官员管理当地民众，并进行地方政权机构建设。但是，该地区历史上又是藏族与中原、北方草原地区交往的重要通道，

---

① 附马章吉，《元史》"世祖本纪"载：至元十二年，命安西王忙哥剌、附马章吉等"分遣所部蒙古军，从西平王奥鲁赤征吐蕃"。至元二十四年，封章吉为宁濮郡王，驻西宁。
② 《元史》卷60，"志12"，"地理三"。
③ 陈光国：《青海藏族史》，青海人民出版社，1997年版，第201—205页。
④ 《明史》卷330，"传218"，"西域二"。
⑤ 《明史纪事本末》卷10，"故元遣兵"。

原本民族成分复杂,蒙古族又与之关系密切。特别是河湟地区历来属于战略要冲,历史上曾先后成为羌、吐谷浑、吐蕃、党项、唃厮啰与中原王朝长期争夺之地。因而,明朝对甘青藏区的统治较之元朝有加强之势。如在行政建设上并未"一视同仁",而是根据各民族历史文化发展状况、与中原政权的亲疏程度及区域战略地位,行卫所与土司并行、土流兼治之制。

明朝甘青藏区地方行政机构建设,前后有较大变动,但基本格局是卫所与土司并存。主要的卫所有:

1. 西安行都司。此乃明朝坐镇西北的军政机构。洪武七年(1374)七月,诏置于河州,以韦正(即宁正)为指挥使。下辖河州、朵甘、乌思藏三卫。但赓即又以朵甘、乌思藏"地广民稠,不立重镇治之,何以宣布恩威"为由,升二卫为行都司。① 使西安行都司的辖地、职权大为缩小。之后,时废时置,治地也在变化。洪武八年(1375)十月改名陕西行都司,治西安。洪武九年(1376)十二月罢;洪武十二年(1379)正月复置庄浪,洪武二十六年(1393)迁治甘州。

2. 河州卫。洪武四年(1371)正月设,以何锁南普为指挥同知,朵儿只、汪家奴为佥事。下辖千户所八:铁城、岷州、十八族、常阳、积石州、蒙古军、灭乞军、招编军;军民千户所一:洮州;百户所七,番汉军民百所二。② 因其重要的战略地位,其辖地前后变化较大。如洪武四年(1371)十一月,设必里千户所,八年(1375)正月设喃加巴、五月设失保赤二千户所,③永乐元年(1403)五月,设川卜簇千户所。④ 诸此机构,后来有的撤销、有的升格。即便在刚设卫后,当局"请设州县,专掌钱粮",诏从其请,置河州各府、州、县。但不久即罢。⑤

3. 岷州卫。洪武十一年(1378)八月设,隶属陕西行都司。⑥ 下辖军民

① 《明太祖实录》卷91,"洪武七年七月己卯"条。
② 《明太祖实录》卷60,"洪武四年正月辛卯"条。
③ 《明太祖实录》卷69,"洪武四年十一月丁丑"条;卷96,"洪武八年正月辛巳"条、"丙戌"条。
④ 《明太宗实录》卷20,"永乐元年五月辛巳"条。
⑤ 《明太祖实录》卷78,"洪武六年正月庚戌"条。
⑥ 《明太祖实录》卷119,"洪武十一年七月壬戌"条。

千户所四,守御千户所一。洪武十五年(1382)四月,改名为军民指挥司;①嘉靖二十四年(1545)改置州,但"由是民夷胥称不便",遂于嘉靖四十年(1561)废州,仍置军民指挥司。②

4. 洮州卫。洪武十二年(1379),洮州十八族叛乱,明廷命征西将军沐英率部讨伐,又命李文忠往筹军事。事平,设洮州卫。③ 境内有甘青土司势力最为雄厚的卓尼杨、昝姓二土司,《洮州卫志》便有:"二部称雄,诸番畏之"的记载。④

5. 西宁卫。洪武六年(1373),诏改原西宁州为卫,以朵儿只失结为指挥佥事。⑤ 宣德八年(1433),改卫为军民指挥使司,隶属于陕西都司。领有左、右、中、前、后、中左六千户所。⑥ 境内民族成分复杂,有藏、蒙古、畏兀儿、回、汉等族。

6. 必里卫。洪武四年(1372)设必里千户所,永乐元年(1403)升格为卫。《明实录》载:永乐元年五月,"升必里千户所为必里卫,以故千户哈即尔加弟剌麻失加、千户阿卜束男结束为指挥佥事……给印、诰,赐冠带、织金文绮袭衣",⑦同时赐封阿卜束为明威将军,其制诰文书尚存。⑧ 有学者考证,该卫治在今青海贵德县境黄河北岸。⑨

7. 甘州卫。洪武二十四年(1391)设,内辖五卫,外辖七卫,兼辖千户所三。洪武二十五年(1392)罢,置甘州左右前后中五卫。次年迁陕西行都司于此。境内民族成分复杂。因其地处"北拒蒙古,南捍诸番"之战略要地,备受明廷重视。⑩

---

① 《明太祖实录》卷144,"洪武十五年四月乙巳"条
② 《明世宗实录》卷497,"嘉靖四十年闰五月乙巳"条。
③ 《明史》卷330,传218,"西域二","西番诸卫"。
④ 转引自伊伟先:《明代藏族史研究》,民族出版社,2000年版,第176页。
⑤ 《明太祖实录》卷78,"洪武六年正月己未"条。关于西宁卫的设立时间,有不同的记载。如《西宁卫志》上说:"(洪武)五年,始置西宁卫"。参见(明)刘敏宽、龙膺:《西宁卫志》卷3"纲领志",第81页。
⑥ (明)刘敏宽、龙膺:《西宁卫志》卷3,"纲领志",第81页。
⑦ 《明太宗实录》卷20,"永乐元年五月辛巳"条。
⑧ 《青海省藏族蒙古族社会历史调查》,青海人民出版社,1985年版,第5—6页。
⑨ 王继光:《明代必里卫新考》,载《西北民族研究》,1993年第1期。
⑩ (清)梁份:《秦边纪略》,赵盛世等校注,青海人民出版社,1987年版,第168页。

8. 必力术江卫。宣德九年(1434)设，据考证，该卫治在今玉树多县境内①。其设立之由《明实录》有这样的表述："必力术江在西番，中国使者往诸番皆由其地，头目管着儿监藏等迎送有礼，又遣人朝贡，上嘉之，故立卫给印"。②

值得注意的是，明朝在甘青藏区设置军事卫所的同时，鉴于该地区自元以来形成了强大的土司势力，便顺势将一些号令一方的土司首领重新封授，并安排他们在卫所任职，造成卫所辖土司的格局。但卫所具体下辖多少土司，要彻底理出头绪，困难比较大。在此仅列河湟、洮岷藏区，封职在卫指挥佥事以上，地位显赫，且以藏族或辖区内藏族人口占有一定数量的土司。至于任职千百所者，因数量太多，史籍记载不全，故一概略之。

表一　甘青藏区主要土司任职表

名　　称	民族	司　治	初授官职	备　　注
赵土司	蒙古	甘肃临洮县桧泊庄	洪武二年，授赵琦临洮卫指挥佥事兼同知临洮府事。	洪武二十六年，赵琦坐罪死于兰玉党案，累及从弟赵安，"谪戍甘州"。永乐元年，安"进马，从征"，因功封都指挥同知。正统三年，因功封会川伯，食禄千石。
何土司	藏	河州卫	洪武四年，何锁南普授卫指挥同知。	何锁南普亦名锁南普，洪武三年卫国公邓愈大兵至境，即率众归附，太祖嘉其诚，遂钦授卫指挥同知并赐姓何，五年受命赴乌思藏宣布"朕命"，洪武三十年，授镇国将军。该土司在明代倍受朝廷厚爱。
韩土司	藏	河州卫	洪武二十二年，授都纲执事。	始祖韩端月坚藏，洪武六年附明。至七世韩完卜，万历二十四年，因战功升卫指挥使。

---

① 吴均：《明代在玉树地区建置初考》，载《中国藏学》，1989年第4期。
② 《明宣宗实录》卷110，"宣德九年四月癸丑"条。

续表

名　　称	民族	司　治	初授官职	备　注
王土司	藏	河州卫	洪武三年,封河州乩藏地方抚番头目。	始祖王且录,洪武三年附明,后因战功升为世袭百户、千户,至崇祯元年封指挥佥事。
昝土司	藏	洮州卫	洪武十一年附明,十九年封洮州卫世袭百户。	始祖南秀节,洪武十九年因随马烨征叠州功升为世袭中千户。永乐三年,赐姓昝。万历三年,其后人昝震因战功升为世袭指挥佥事。
(卓尼)杨土司	藏	洮州(卓尼)卫	永乐十六年,以功授卫指挥佥事。	始祖为洮州卓尼簇人,永乐二年附明,正德三年赐姓杨。
后土司	藏	岷州卫	洪武四年,朵儿只授卫指挥佥事。	始祖朵儿只班,洪武二年附明,封宣武将军,赐姓后。据考侯显出身于此家族。①
虎土司	蒙古	岷州卫	洪武三年,河州卫正千户。	洪武十二年调岷州正千户,至六世虎雄,正德年间升指挥佥事,其子振时升岷州卫指挥同知。
祁土司	蒙古	西宁卫	洪武五年,征番功授副千户,并授武略将军印,②赐姓祁。俗称"西祁土司"。	永乐二十年,以功升卫指挥佥事,后升指挥使。
(东)李土司	土	西宁卫	洪武六年,授卫镇抚。③	始祖李南哥。二世英,累功封会宁伯,赐铁券;四世巩,成化年间中辛丑科进士;六世光先,万历十一年中武进士,官至锦衣卫指挥使。

① 陈庆英:《明代甘青川藏族地区的政治述略》,载《西藏研究》,1999年第2期。

② 《湟南世德祁氏列祖家乘谱》,转引自王继光:《安多藏区土司家族谱辑录研究》,民族出版社,2000年版,第176页。

③ 《明史》卷330,"西番诸卫"载,洪武六年"改西宁州为卫,以喃哥为指挥"。据王继光先生依据《明实录》的记载考证,李喃哥在洪武时仅被封为西宁卫镇抚,升为卫指挥应在永乐即位之后。参见王继光:《明代青海史事杂考》,载《藏学研究论丛》,西藏人民出版社,1990年版。

续表

名　　称	民族	司　治	初授官职	备　　注
（西）李土司	土	西宁卫	始祖为李南哥侄孙李文，宣德年间，以功授陕西行都司佥事，都指挥使。	李文去世后，被封高阳伯。俗称"西府土司"。
赵土司	藏	西宁卫	洪武三年，赵朵儿只木附明，以功授百户。	二世胜，永乐十七年以功升都指挥佥事；七世坤，万历九年升袭都指挥同知。

资料来源：1.《明史》《明实录》；2. 相关地方志。

由上述可见，明朝甘青藏区的机构建设具有以下特点：

第一，遍行军政合一体制，突出军事战略地位。

早在洪武二年（1369）大将军徐达在风翔会诸将，议师所向时，即认识到"临洮之地，西通番夷，北界河湟，我师取之，其人足以备战斗，其土地所产足以供军储"，"临洮既克，则旁郡自下"，"诸将然之"。① 当明军占领河西后，明太祖也说："洮州，西番门户，今筑城戍守，是扼其咽喉矣"。② 洮州西控番夷，东蔽湟陇，自汉唐以来备边之要地。③ 加之，西番"种族最多"，而且历史上"其散处河、湟、洮、岷间者，为中国患尤剧"。④ 因此，当明朝当局以恩威并施掌握河、湟、洮、岷地区的控制权后，以何种方式行政才能保证该地区的持久稳定，以担当起"联番制房"和看守中原入藏腹地门户的重任，乃朝廷必须首先考虑的问题。

在借鉴历史经验教训后，明廷最终一改在这一地区设置州县的传统作法，遍建军事卫所于河西走廊，"以北拒蒙古，南捍诸番，俾不得相合"。⑤ 对此清雍正时年羹尧就有："甘肃之河西各厅，自古皆为郡县，至明代始改为

---

① 《明太祖实录》卷41，"洪武二年四月丙寅"条。
② 《明太祖实录》卷122，"洪武十二年二月丙寅"条。
③ 《明太祖实录》卷123，"洪武十二年三月丁亥"条。
④ 《明史》卷330，"传218"，"西番诸卫"。
⑤ 《明史》卷330，"传218"，"西域二"，"西番诸卫"。

卫所"之说。① 如洪武四年(1371),明朝首先在元朝管理甘青藏区地方机构吐蕃等路宣慰司驻地河州设卫,洮、岷先以千户所建制属其下。洪武六年(1373)正月,"河州卫请设州县,专掌钱粮。诏从其请,置河州各府、州、县。寻罢之"。七年(1374)七月,又"诏置西安行都指挥使司于河州,升河州卫指挥使韦正为都指挥使,总辖河州、朵甘、乌斯藏三卫"。到洪武十二年(1379),明政府历经反复试行后,显然意识到,如在河州这样的军事战略地位十分重要的边卫地区,推行府州县制不合时宜,遂"改河州右卫指挥使司为河州军民指挥使司,革河州府"。② 而且,洮、岷于洪武十一(1378)、十二年(1379),先后升格为卫,独立建制。这就进一步明确了河州等卫的军政合一性质。而且这种军事民政统一于一卫的管理体制,大致持续了一百年才有变动。

又,西宁乃湟水流域的政治、经济、军事中枢之地,被视为"西夷重地",为西入西海(青海湖)、柴达木及乌思藏之咽喉。驭之则可西控"塞外诸卫","北拒蒙古,南捍诸番,东蔽关陇"。③ 故于洪武六年(1373)"改西宁州为卫"。④ 不唯如此,明廷不惜打破定制,让西宁卫下辖西宁、碾伯、镇海、北川、南川、古鄯六个千户所。何以如此,正德时兵备副使胡经《重修西宁兵备宪司记》中道破缘由:"甘肃一镇计五卫所,惟西宁卫六所。惟祖宗之意,盖以西宁控制近番申中等十三族,远番罕东等四卫,故多设一所,以震压之,视他卫不同也"。⑤ 至此,在河湟、洮岷地区,明王朝建立起严密的军事卫所体制。⑥

与此同时,明朝又驻重兵于西番诸卫,如河州卫为例,额定驻兵人数超

---

① 《清世宗实录》卷25,"雍正二年十月丁酉"条。
② 《明太祖实录》卷125,"洪武十二年七月丁未"条。
③ (清)《西宁府新志》卷35,"艺文",青海人民出版社,1988年版。
④ 《明史》卷330,"传218","西域二","西番诸卫"。
⑤ (清)苏铣:《西宁志》,青海人民出版社,1993年版,第257页。
⑥ 明代西番诸卫地区的军政机构设置,不仅前后变化大,且多次反复。明初,该地区以军政合一体制管理之。随着社会经济的发展、人口的增加以及该地在西北边防地位上的某些变化,又改置了一些州县,形成州县与卫所并存的局面。但"自设卫之后,征发繁重,人日困敝。且番人恋世官,而流官又不乐居,遥寄治他所。越十余年,督抚合疏言不便",故又"撤州设卫如故"。参见《明史》卷330,"西域二","西番诸卫"。

出一般军卫一倍。① 另一个值得注意的事实是，明初朝廷还在该地区封授了诸皇子，并让其统兵治民。如洪武三年（1370）封秦王于秦州，二十四年（1391）封庄王于岷州，二十五年封肃王于甘州。《明史》上有"初，太祖大封宗藩，令世世皆食岁禄，不授职任事，亲亲之谊甚厚"，②意即所封藩王虽有"世世皆食岁禄"的养尊处优生活，而无对当地军政民政的干预权。但从洪武"二十八年春正月丙午，阶、文寇平，宁正以兵从秦王樉征洮州叛番"的记载看，③至少在明初那些拥兵自重的边塞藩王属例外，他们是可以直接插手当地管理事务的。如此便形成军事卫所与藩王驻镇，共同筑就一道北御蒙古、南捍诸番、东卫陇右的坚固屏蔽。

同时，还通过"塞外四卫"的设置，以期达到"割断羌胡"之效。

1. 安定卫。此卫是明朝关西诸卫中设置最早的一个。史载，安定卫"距甘州西南一千五百里，汉为若羌（今新疆若羌），唐为吐蕃地，元封宗室卜烟帖木儿为宁王镇之"。又说"东近罕东，北迄沙州，南接西番"。④ 卜烟帖木儿是蒙古宗室，统率蒙古族与属下撒里畏兀儿族，到明初已百年。洪武三年（1370），明太祖曾遣使招谕，不知何故，故元宁王卜烟贴木儿未即归附。洪武七年（1375），明廷再次遣使招抚，卜烟贴木儿应召，请封，明廷从之，并于次年设置安宁、阿端二卫，封卜氏为安定王。⑤ 自是朝贡不辍，但至正德年间，蒙古部阿尔秃斯、亦不剌入侵青海，烧杀抢掠，"安定遂残破，部众散亡"。⑥

2. 阿端卫。洪武八年（1375）置，其地望史载不清。据《秦边纪略》中

---

① 王继光：《18世纪中国第一部安多藏区史——〈明史·西番诸卫传〉的现代诠释》，载《中国藏学》，2006年第4期。
② 《明史》卷82，"食货六"。
③ 《明史》卷3，"本纪第三"，"太祖三"。关于这一事实，《明实录》的记载是："平羌将军都督宁正讨平阶文寇寇张者等。复命正以兵从秦王樉征洮州等处"。参见《明太祖实录》卷236，"洪武二十八年春正月丙午"条。
④ 《明史》卷330，"传218"，"西域二"，"安定卫"。
⑤ 关于安定王的封授，史载："洪武三年遣使持诏招谕。七年六月，卜烟帖木儿使其府尉麻答儿等来朝，贡铠甲刀剑诸物。太祖喜，宴赏其使者，遣官厚赏其王，而分其地为阿端、阿真、苦先、帖里四部，各赐以印。明年正月，其王遣傅卜颜不花来贡，上元所授金、银字牌，请置安定、阿端二卫，从之。乃封卜烟贴木儿为安定王"。参见《明史》卷330，"传218"，"西域二"。
⑥ 《明史》卷330，"传218"，"西域二"，"安定卫"。

说，"阿端卫在曲先西南，盖鞑靼别种，自哈密迁青海，与安定卫之人同属卜烟贴木儿者也。"①有学者考证，其方位大概"在青海噶斯盆地西部和今新疆东部阿牙克库木湖地区，活动中心在贴儿谷即在今新青交界地区归青海省所属之茫崖镇一带"。②该卫"迄正统朝，数入贡，后不知所终"。③

3. 曲先卫。其具体设置年代、地望，文献记载各不相同。《明史》中说："洪武时，酋长入贡，命设曲先卫，官其人为指挥。"④又据《秦边纪略》载："曲先卫，在罕东卫北，大通河之南也……永乐四年置曲先卫，以散西思为指挥同知。"⑤《天下郡国利病书》称："曲先卫在罕东卫北。"有学者考证，该卫可能设于洪武八年至九年之间，其地"东接安定，在肃州西南"。⑥正德七年（1512），"蒙古酋阿尔秃斯亦不剌窜居青海，曲先为所蹂躏，部族窜徙，其卫遂亡"。⑦

4. 罕东卫。洪武八年（1375）"置罕东等百户所五"。⑧三十年（1397），因锁南吉剌思贡马朝见，遂设卫安置之。⑨关于罕东卫的地望，史书记载不一。这与游牧民族的迁移流动有关。据顾炎武《天下郡国利病书》载："罕东卫西南去卫（西宁卫）三百里。"⑩《西宁卫志》记载，"罕东卫西北去卫（西宁）三百里，西戎之别也。"⑪而顾祖禹的《读史方舆纪要》卷64载："罕东卫在故沙州东南。"《明史》也说："罕东卫，在赤斤蒙古南，嘉峪关西南，汉敦煌郡地也。"⑫据考证，该卫明初在西宁西北，其后大部分西迁沙州一带，分

① （清）梁份：《秦边纪略》，赵盛世等校注，青海人民出版社，1987年，第77页。
② 宋秀芳：《明朝塞外四卫若干问题浅析》，载《西藏民族学院学报》（社科版），1992年第3期。
③ 《明史》卷330，"传218"，"西域二"，"阿端卫"。
④ 《明史》卷330，"传218"，"西域二"，"曲先卫"。
⑤ （清）梁份：《秦边纪略》，赵盛世等校注，青海人民出版社，1987年版，第76页。
⑥ 杨建新主编：《西北民族关系史》，民族出版社，1990年版，第396页。
⑦ 《明史》卷330，"传218"，"西域二"，"曲先卫"。
⑧ 《明太祖实录》卷96，"洪武八年正月甲子"条。
⑨ （清）梁份：《秦边纪略》，赵盛世等校注，青海人民出版社，1987年版，第75页。
⑩ 顾炎武：《天下郡国利病书》卷63，"西宁卫志"。
⑪ （明）刘敏宽、龙膺：《西宁卫志》，青海人民出版社，1993年版，第72页。
⑫ 《明史》卷330，"传218"，"西域二"，"罕东卫"。

布在今安西、玉门以及敦煌一带,①地跨祁连山。"塞外四卫",当时称之曰:"西宁塞外四卫。"

"塞外四卫"地连接甘、青、新诸省区,退居塞北的蒙古经河套地区南下越过祁连山,可达青海湖地;由此往东过日月山,沿湟水流域攻洮、河(即临洮、河州),便可进入中原内地。若漠西蒙古东进,也可由当金山口入据青海草原,以此为给养地,过黄河可达松潘、茂州、打箭炉等地。如果放弃或放松对这一地区的控制,致使蒙古番族相结合,就可能切断河西走廊,隔绝明朝与西域的联系,同时危及甘、凉、湟、洮等地,进而危及中原内地。所以,明廷上下对该地区的特殊战略地位,有比较一致的认识和足够的重视,强调其"紧关要地"的重要性,②并在行动上置卫所于甘、青、新交界地,以"北拒蒙古",即既要防备漠北蒙古南下,又要阻止漠西蒙古东进。③

与河湟、洮岷等卫所不同的是,塞外诸卫属羁縻性卫所,名义上隶属西宁卫。但这四卫在明边防上的重要性不可等闲视之,所以明人便有:"洪武、永乐中,因关外诸番内附,复置哈密、赤斤、罕东、阿端卫、曲先、安定等卫,授以指挥等官,俱给诰印,羁縻不绝,使为甘肃藩蔽……由是,诸番唇齿之势成,而华夷内外之力合,边境宁谧余八十年。"④又,嘉靖时霍韬在其奏疏中,对此更有详尽的评述:"谨按永乐年间,封哈密为忠顺王,一以断北狄右臂,二以破西羌交党,外以联络戎夷,察其顺逆,而抚驭之,内以藩屏甘肃而卫我边郡"。"或曰今陕西饥荒,甘肃孤危,尚虑不保,虽弃可也。臣则曰,保哈密所以保甘肃也,保甘肃所以保陕西也"。⑤

而且,明朝又在连接乌思藏等藏区腹地的今青海海南州、果洛州、玉树等地区之要津处设必里卫、陇卜卫、必力术江等军事卫所。⑥ 明王朝希冀通

---

① 唐景绅:《关于关西七卫述论》,载《中国史研究》,1983 年第 3 期。
② 《明宪宗实录》卷 40,"成化三年三月丙寅"条。
③ 关于"塞外四卫"辖区内的民族成分,有学者认为都是撒里畏兀儿,其实不然。安定和阿端二卫如此,罕东卫内主要是藏族,同时,这四卫中尚有不少的蒙古人。
④ (明)许进:《平番始末》,上海古籍出版社,2002 年版。载《续修四库全书》第 433 册,史部·杂史类,第 257 页。
⑤ 《明经世文编》卷 186,"霍韬":"霍文敏公文集二"。
⑥ 吴均:《明代在玉树地区建置初考》,载《中国藏学》,1989 年第 4 期。

过设置这些卫所，起到两方面的作用：一是保障与乌思藏使团往来畅通；二是更进一步控制这些地区，并震慑乌思藏等腹地藏区。

明朝通过以河、湟、洮、岷为中心的军事卫所的建立，使甘青藏区处在明中央政府的强力控制之下，从而形成以河湟、洮岷等军事卫所屏护陇右，以"塞外四卫"、必里、陇卜，必力术江诸卫从西北至西南拱卫河湟这样一种严密机制。

第二，"土流兼治"，广设土司。

关于此问题，陈庆英《明代甘青川藏族地区的政治述略》一文有详细论述，①现扼要说明之。

明朝"西番诸卫"的建立，大体经历了洪武、永乐二朝。这一过程实际上是与明朝在甘青民族地区建立政治、军事统治之过程同步的。由于甘青藏族社会由许多游牧部落和一些定居的从事农牧业的部落构成，且民族成分并不单一，这些部落已经形成一批分土而治的世袭土官，明朝为了联络各族共同反元保塞，对付经常威胁其安全的塞北蒙古贵族，对西北少数民族首领不得不用招抚羁縻政策。当时只要"率土归附"，便都"授以世职"。正是在这种情况下，形成了明初设置边疆卫所、委任大批土司的政治局面。② 甘青藏区诸卫所的设置，亦属此类型。

值得注意的是，甘青藏区的土司，并"未像湖广、两广、川、滇、黔土司，另设土司机构，由土司独立地统治一部分民族及地方，而是将归降的土官，部族酋长安插在卫所里任职，为之辅佐"。③ 关于此，"甘青藏区主要土司任职表"即可证明。同时，明朝在甘青藏区所封授的土司，均是武职。因之，在明王朝的官方文献中，没有把甘青的河湟、洮岷地区称为土司区。清人修《明史》时也十分明白明朝统治者的良苦用心，遂置"西番诸卫"入《西域传》，而不入《土司传》。应该说，明朝以军事卫所制度替代"西番"历史上的州县建制，是在当时历史条件下为稳定藏区所采取的最为可行的办法。④

---

① 陈庆英：《明代甘青川藏族地区的政治述略》，载《西藏研究》，1999 年第 2 期。
② 高士荣：《西北土司制度研究》，民族出版社，1999 年版，第 94—95 页。
③ 龚荫：《中国土司制度》，云南民族出版社，1992 年版，第 1283 页。
④ 秦川：《明朝对甘青藏族地区的政策》，载《甘肃社会科学》，1991 年第 6 期。

当然，上述仅是明王朝在今甘青藏区地方政权构建的总体状况，其具体情况不仅农区、农牧结合区、牧区有差异，而且也因各地与中原距离之远近不同而有差别。尤其是对于草地部落区，因部落众多分散，明廷授封职别普遍偏低（多为千百户），其控制力度远不如其他土司卫所地区。

至于明王朝在甘青藏区大设僧纲，广建寺庙，借助宗教"化愚弥顽"之策，这些将在第四章中详论之。

（三）川西藏区地方政权建设

人们习惯所指的"川西藏区"，即为今四川省所辖藏族地区。本书在使用这一概念时，其范围有所扩大。它既包括四川省所辖地域，即今甘孜藏族自治州、阿坝藏族羌族自治州、木里藏族自治县，以及分布在凉山彝族自治州冕宁县、越西县、甘洛县，雅安所属的宝兴县，绵阳所属平武县、北川县的一些藏族自治乡，[①]也含属今西藏昌都地区，即所属康方言区的全部、安多方言区的一部分。其中最重要的原因是，明代朵甘行都司的主要辖区在川西藏区，同时也包括了昌都地区。

与其他藏区相比，川西藏区由于特殊的地理位置，不仅南北文化交汇于此，被誉为"民族文化走廊"，而且历来是汉藏文明渗透区。因而，藏族的一体多元特征，该地区表现得尤为明显。[②] 同时，该地区虽然总体来说归附中原王朝较早，但区域内各地藏汉文化的影响程度深浅不一，故历代中原王朝在此的统治方式呈现多样性。[③]

元朝时期我国疆域最为辽阔，即所谓："北逾阴山，西极流沙，东尽辽左，南越海表。"[④]这一时期，对广大的边疆地区的管理基本继承唐制，即如《元史》所说："唐所谓羁縻之州，往往在是，今皆赋役之，比于内地。"[⑤]其中，藏区事务例

---

① 　冉光荣：《四川藏区开发之路》，四川人民出版社，2000 年版，第 1 页。
② 　参见李绍明：《论藏族多元一体格局》；冉光荣：《四川藏区开发之路》，第 3—12 页；石硕：《试论康区藏族的形成及特点》（出处均见本章引注）。
③ 　汉至宋，中原王朝在该地区的行政建置，详见李绍明：《历代中央王朝在四川藏区的建置》，载《四川藏学研究》第二辑，中国藏学出版社，1994 年版。
④ 　《元史》卷 58，"志 10"，"地理一"。
⑤ 　《元史》卷 58，"志 10"，"地理一"。

由中央宣政院掌之,地方则"遇吐蕃有事,则为分院往镇,亦别有印"①。

在今川西藏族地区,元朝曾设宣慰、宣抚、安抚、招讨诸使及万户、总管诸府,以辑其民,皆隶于宣政院。但对于藏汉羌等民族交汇分布的松、茂、黎州等地区,则设置羁縻性的州县,分属川、陕、滇诸行省。② 这些文、武地方机构,均依赖土酋"世长其民,世领其地",是为后世土司制度之先声。

就元朝在川西藏区行政建制而言,机构最庞杂,而文献记载又多不完整,即所谓:"自河州以下,至此多阙,其余如朵甘、乌思藏、积石州之类尚多,载籍疏略,莫能详录也。"③可见,即便是在明初修撰《元史》时,已搞不清楚元朝在这些地区政治区划的具体情况了。据李绍明先生考证,④元朝在川西藏区的建制情况大致为:

1. 吐蕃等处宣慰司都元帅府。治所河州,秩从二品,设宣慰使五员。管辖朵思麻路等地,即今青海东部、甘肃南部及四川西北部的阿坝州一带。下辖有:河州路,领定羌、宁河、安乡三县;洮州路,领可当一县;贵德州;茂州,领文山、汶川二县;脱思麻路;岷州;铁州;松潘宕叠威茂等处军民安抚使司领有:静州茶上必里溪安乡等处二十六族军民千户所,龙木头都留等二十二族军民千户所,岳希蓬萝葡村等二十二族军民千户所;折藏万户府;威州,辖保宁一县。

2. 吐蕃等路宣慰使司都元帅府。辖区最广,除明确可知内设宣慰使四员外,其他详情最难理清。如就其治所所在地这一最基本的情况而言,也仅能推知大体方位,可能距今昌都不远。⑤ 是因元代文献中把"甘思"二字译Khams,今译作"康",由此判断其辖地大致为今甘孜州及西藏昌都地区一带,其治所约在今昌都、德格一带,但不可确指。

又,藏族古史有"朵甘思六冈"之说,元代朵甘思所辖的奔不儿亦思刚和

---

① 《元史》卷87,"志37","百官志三"。

② 四川行省辖四川盆地及其东南沿边地带;陕西行省辖川西北岷江上游雅、黎、茂三州及松潘、长河西等地;云南行省辖川西南大渡河以南地区(今凉山州)。

③ 《元史》卷60,"志13","地理三"。

④ 李绍明:《历代中央王朝在四川藏区的建置》,载《四川藏学研究》第二辑,中国藏学出版社,1994年版,第12—13页。

⑤ 许茂慈:《康区土司制度的由来和发展》,载《四川藏学研究》第一辑,中国藏学出版社,1993年版,第260页。

亦思马儿甘万户府可能就在六冈之内。下辖的哈答,即噶达,大致为今甘孜州道孚县八美;李唐即今甘孜州理塘县,此地于至元年间曾改名"李唐州"。

该宣慰使司下辖有:朵甘思田地里管军民都元帅府、剌马儿刚等处招讨使司、奔不田地里招讨使司、奔不儿亦思刚百姓、朵甘思招讨使、朵甘思哈答李唐鱼通等处钱粮总管府、亦思马儿甘万户府、碉门鱼通黎雅长河西宁远等军民安抚使司(领有:鱼通路万户府、黎州)、碉门鱼通等处管军守镇万户府、长河西管军万户府、长河西里管军招讨使司、六番招讨使司(雅州严道县、名山县隶之)、天全招讨使司。

若按今天的地理划分而言,元朝川西藏族地区的地方政权设置大体为:今阿坝州一带,属松潘宕叠或茂州等处军民安抚使所辖;今甘孜州东部及南部,属碉门鱼通黎雅长河西宁远等处军民安抚使司所辖;今甘孜州北部及西部,属朵甘思诸司管辖。

明朝在川西藏区的地方政权建设是伴随着两个过程而进行的:一是洪武年间派人招抚川西藏族地区土酋内附,明廷随即在当地设置如朵甘行都司等机构;二是洪武四年(1376),明军南北两路入川,灭大夏政权后,随即进行地方政权建设。当年明军入川北后,龙州宣慰司同知薛文胜率众迎降,供给军储,指引道路,该地平定后,仍令守原职。① 之后,依例对归附的当地藏族首领皆按照他们元时官职的高下以及对新朝的忠诚度,分别赐封相应世职。即如《明史·土司传》上所述:"迨有明踵元故事,大为恢拓,分别司郡州县,额以赋役,听我驱调。"②

明朝在川西藏区所建土司卫所,大致有:

1. 朵甘行都司。何谓"朵甘",《明史》上说:"朵甘,在四川徼外,南与乌斯藏邻。"可见,朵甘行都司之辖地与近世康区范围差不多。唐为吐蕃占有,元设宣慰司、招讨司、元帅府、万户府以统之。③ 朵甘藏区归附明朝较早,该行都司设置的政治背景与乌思藏都司大致相同。洪武六年(1373)设

---

① 龙州:《薛氏族谱》,四川省档案馆藏。
② 《明史》卷310,"传198","土司"。
③ 《明史》卷331,"传219","西域三"。

朵甘卫,次年升格为行都司。治所在今甘孜州内,但不可确指。下辖朵甘思宣慰司;六招讨:朵甘思、朵甘陇答、朵甘丹、朵甘仓溏、朵甘川、磨儿堪;万户府四:沙儿可、乃竹、罗思端、列思麻,以及十七千户所。所属各宣慰司、招讨司、万户府、千户所,其具体地望皆无明确记载,但均在今四川甘孜、阿坝及西藏昌都、青海西部玉树、果洛境内,是可以肯定的。①

2. 长河西鱼通宁远宣慰司。该宣慰司在《明史》上有如是叙述:"在四川徼外,地通乌斯藏,唐为吐蕃。元时置碉门、鱼通、黎、雅、长河西、宁远六安抚司,隶吐蕃宣慰司"。② 可知,元代该地各部分立,各自为政。洪武三十年(1397)设长河西鱼通宁远宣慰司,合诸部为一统。治在今康定。为近世明正土司辖地。

对于设长河西鱼通宁远宣慰司之作用,明人有这样的评价:"以长河西……等八千户为外番犄角,其势必固。然后招徕远者,如其不来,使八千户近为内应,远为向导,此所谓以蛮攻蛮,诚制边之善道。"③

3. 董卜韩胡宣慰司。地处"四川威州之西",南与天全六番接壤。元代属碉门鱼通黎雅长河西宁远等处军民安抚司辖区一部。永乐十三年(1415)六月,设董卜韩胡宣慰司,辖别思寨、加渴瓦寺、杂谷三安抚司。治在今雅安地区宝兴县。此外,明廷还于设宣慰司的同时,在此地设立了董卜韩胡道纪司。④ 说明此地民众除信仰藏传佛教外,还流行道教。

据载,董卜韩胡宣慰司之宣慰使,虽在英宗时两度"乞封王,赐金印",朝廷均以不符合明制而遭拒绝,⑤但仍忠心明廷,"世守西番,职贡不缺",朝廷下旨褒奖:"称为忠孝土官,又称为迤西第一座铁围山"。⑥ "迄万历后,

---

① 祝启源:《明代藏区行政建置史亦钩沉》,载《藏学研究论丛》(五),西藏人民出版社,1993年版。

② 《明史》卷331,"传219","西域三"。

③ 《明史》卷331,"传219","西域三"。

④ 《明太宗实录》卷165,"永乐十三年六月辛卯"条。

⑤ 按明制,帝国所属百官,皆据品秩高低颁发印信,这在《明史》"职官志"、"舆服志"中有详细规定。董卜韩胡宣慰司之宣慰使,依制为从三品,赐铜印。所以,朝廷认为董卜韩胡宣慰司宣慰使"封王,赐金印"的请求,有违明制,理应拒绝。

⑥ 《明代宗实录》卷224,"景泰三年十二月庚子"条。

朝贡不替"。①

4. 天全六番招讨司。在今天全县境,《明史》上说:"天全,古氐羌地……元置六安抚司,属土番等处宣慰司,后改六番招讨司,又分置天全招讨司"。可知,在元代此地分属天全、六番两土司。洪武六年(1373)十二月,天全土司高英遣子敬严朝贡。明廷合天全、六番设一招讨司,隶四川都司,②治地碉门,以高英、杨藏卜为正副招讨使,并定品秩从五品,每三年一贡。此地盛产乌茶,很受藏族等少数民族的欢迎,所以在洪武时曾从当地土司之请,免其属民徭役,专造乌茶与西番贸易。③

5. 松潘卫。该卫辖地归属中原王朝较早,唐后期被吐蕃占领。"西汉置护羌校尉于此。唐初置松州都督,广德初,陷于吐蕃。宋时,吐蕃将潘罗支领之,名潘州。元置吐蕃宣慰司。"④

明代松潘卫境内藏族部落众多,其民众有纯牧者,也有且耕且牧者,又时叛时服。朝廷在此地的军政设置变化较大。先于洪武十二年(1379)四月,因元制并潘州于松州,设松州卫指挥使司,治所在今松潘县进安镇。⑤十三年(1380)八月,明太祖以此地"远在山谷,屯种不给,馈饷为难"为由罢卫。后明廷听从平羌将军御史大夫丁玉的建议,于洪武十四年(1381)正月复置松潘等处安抚司,以龙州知州薛文胜为安抚使,秩从五品。下辖长官司十三:勒都、阿昔洞、北定、牟力结、蛤匝、祈命、山洞、麦匝、者多、占藏先结、包藏先结、班班、白马路;安抚司四:八郎、阿角寨、麻儿匝、芒儿者。之后再辖长官司四:阿思、思囊儿、阿用、潘斡寨;安抚司一:思囊日。⑥

洪武二十年(1387)正月,改松州卫为松潘等处军民指挥使司,属四川

① 《明史》卷331,"传219","西域三"。

② 天全六番招讨司在洪武二十一年(1380)二月前属四川布政司,之后改隶于四川都司。参见《明史》卷43,"志19","地理四"。

③ 《明史》卷311,"传199","四川土司一"。

④ 《明史》卷311,"传199","四川土司一"。

⑤ 《明史》卷43,"志19","地理四"。

⑥ 明廷设思囊日安抚司,有因人治之意。史载,正统十一年(1446)"设思囊日安抚司,以头目阿思观为安抚,属松潘等处军民指挥使司管辖。先是,阿思观父端葛,洪武中归顺朝廷,给予金牌,令抚番人。至阿思观又能招抚生番,累有边功,故特置安抚司而授之以职"。参见《明英宗实录》卷143,"正统十一年七月庚午"条。

都司。改松潘安抚司为龙州。"嘉靖四十二年罢军民司,止为卫"。①

6. 龙州。元为龙州,明玉珍置龙州宣慰司。其境内平武县(今县名)、石泉(今北川县)有藏族。洪武六年(1373),薛文胜来朝,仍设州以安置之。洪武二十二年(1387)九月改为龙州军民千户所,二十八年(1395)升为军民指挥使司,后复旧名。宣德七年(1432)改龙州为宣抚司,隶四川布政司,嘉靖四十五年(1566)十二月改曰龙安府。

7. 茂州卫。洪武六年(1373),茂州权知州杨者七及陇木头、静州、岳希蓬等土官来朝。洪武十一年(1378),设茂州卫指挥使司,治所在阿坝风仪镇。下辖陇木头、静州、岳希蓬、汶山诸长官司。茂州卫及下属叠溪所境多为羌族。地方行政建置有茂州(领汶川县),威州(领保县),隶成都府。

此外,洪武十五年(1382)设建昌卫,②即今凉山彝族州,境内罗罗(彝族)最多,除木里安司外,其余藏族土司封职较低。

上述川西藏区的地方行政建制中,朵甘行都司所辖诸土司、万户府及千户,有的今属西藏昌都地区,有的属今四川甘孜州北部与西南部。该行都司与乌思藏行都司在明初同隶西安行都司,后由中央兵、礼部兼管。长河西、鱼通、宁远宣慰司所辖,在今甘孜州东部康定、道孚一带;董卜韩胡宣慰司所辖中心在今宝兴,曾扩张至金川县一带,其所属加渴瓦寺在汶川县,为原瓦寺土司属地;杂谷安抚司所辖在今理县及马尔康、黑水、红原一带。这些土司不隶于四川,而属于朝廷间接统治"西番"的"三十六番"之列。③ 茂州卫及叠溪所辖诸土司在今阿坝州东部茂县一带;松潘卫所辖诸土司在今阿坝州北部松潘、若尔盖、阿坝县一带;天全六番招讨司所辖诸部在今天全县、泸定一带;建昌卫所属的今木里、冕宁、越西、甘洛藏族土司。这些卫、所、司皆隶于四川行都指挥使司。至于龙州府之平武、北川,则属四川布政司所辖。

---

① 《明史》卷43,"志19","地理四"。

② 建昌卫军民指挥使司辖地,元代为建昌路,洪武十五年(1382)正月建府,属云南布政司,兼置卫,属云南都司。同年十月,卫府俱改属四川。参见《明史》卷43,"志19","地理四"。

③ 所谓"三十六番",指今川藏一带的藏族三十六部。《明史》卷311,"四川土司一"上说:"三十六番者,皆西南诸部落,洪武初,先后至京,授职赐印。立都指挥使二:曰乌斯藏,曰朵甘。为宣慰司者三:曰朵甘,曰董卜韩胡,曰长河西鱼通宁远。为招讨司者六,为万户府者四,为千户所者十七,是为三十六种"。

从明朝在川西藏区的行政设置情况看,具有以下特点:

第一,行政建制的多元性。明王朝在川西藏族地区的地方行政机构,既有武职土司如宣慰司、宣抚司、招讨司、安抚司、长官司等,也有文职土司如土府、土州、土县等衙门,而且这些军政机构的设置较复杂,其隶属关系前后变动较大。

该地区的军政机构由西到东,虽大致可分为两种类型,即属羁縻性的"三十六番"区土司和控制较直接的军事卫所和土州县。特别是在今四川藏区东部除设置土司、卫所外,还设置了州县,以体现生番与熟番分治。如松潘卫设置不久,下设"番人"十七簇长官司,后又辅之以保甲。① 洪武十六年(1383),松潘守臣耿忠奏请:"所辖松潘等处安抚司属各长官司,宜以其户口之数,量其民力,岁令纳马置驿,而籍其民充驿夫,供徭役",得到朝廷准许。② 茂州亦是:"俱为编氓,有保长统之"。③ 由此可见,松、茂一线地区行政建制是:既有隶行都司的军事卫所、安抚司、长官司,又有属布政司的州县、保甲,行分层交错统辖之制。这种卫所、土司与州县并立,既有以土治土者,亦有土流兼治者。在隶属关系上,有直接由中央兵、礼部兼管者,也有分属四川行都指挥使司和布政司者。

第二,控制张弛的有序性。就明代川西藏区之地方行政设置总体情况来看,前后变化较大,但是这种变化始终围绕如此思路:从东至西,由农区至牧区,政府的控制由强减弱。具体来说,对于西部藏区和西北部纯牧区,往往让其相对自理。如所列朵甘行都司,所属宣慰司、招讨司等机构,各自辖地、治所等情况并无清楚的记载,在很大程度上讲是因明朝当局对于该地区的具体事务,放手让各僧俗首领去办。而对东部汉藏结合地,明朝政府行使了相对直接的统治,如今松、茂、雅一线,不仅设置了大量藏族土司,④而且

---

① 任树民:《明代松潘卫"番人"略考》,载《西藏研究》,2001年第1期。
② 《明史》卷311,"四川土司一","松潘卫"。
③ 《明史》卷311,"四川土司一","茂州卫"。
④ 正德时巡抚四川都御史胡世宁说:"国初,松潘军民指挥使司,控制群番,为全蜀障蔽。……故有八郎等四安抚司,北定等十七长官司;其南路至叠溪千户所,又有郁郎等二长官司,再南至茂州卫,又有静州等三长官司;其东路至小河千户所,在东至龙州,则近白马路长官司,皆受约束"。参见《明武宗实录》卷9,"正德十六年十二月壬辰"条。

由于其特殊的战略地位,先后建立了土流参治的军事卫所,并以重兵把守。突出地表现在:

1. 置军卫、重兵把守。明初,凉国公蓝玉报奏:"四川地旷山险,控扼西番。松、茂、碉、黎当吐番出入之地,……建昌……俱为要道,皆宜增屯卫",其意见被明太祖采纳。① 其中,松潘为"四川屏蔽",明廷对之尤为重视。洪武十二年(1379),平羌将军丁玉略定松潘后,曾建议明太祖:"松州为西羌要地,军卫不可罢。"②遂筑松州城、置松潘卫,并驻重兵。③ 景泰年间,又"添设总兵官,都御史,专治松潘……后去都御史分设兵备副使三员,一治松潘,一治叠溪、威茂,一治茂州"。万历时,按臣李化龙鉴于局势动荡,建议:"松潘为蜀藩屏,叠茂为松潘咽喉。番夷作梗,则松潘力不能支,宜移四川总兵于松潘以备防御"。④ 洪武二十五年(1392),"置建昌、苏州二军民指挥使司及会川军民千户所,调京卫及陕西兵万五千余人往戍之"。⑤ 可见,有明之世,明廷对松、茂、碉、黎至建昌,这些"要道"之地,在军事上给予足够的重视,并有相应的控制措施。

2. "辟陆路、作驿舍邮亭,架桥立栈。"如松潘虽形势扼险,但"地硗瘠,不宜屯种",若"戍卒三千,粮运不给"。为此,朝廷下令松州之"军士粮饷,其令旁近州县给运之"。⑥ 景川侯曹震治理四川军务,"架桥立栈",开辟出一道茂州通往松潘的陆路,以解决运输粮秣之困难。⑦ 并在威州(理县)经茂州至松潘,沿途数百里粮道两侧筑起墙壁,以防"番人"土著部拦路剽夺。史载"自威、茂迄松潘、龙安夹道筑墙数百里,行旅往来无剽夺患"。⑧

总之,由于川西藏区民族文化的多元化,以及该地区内各地域战略地

---

① 《明史》卷311,"四川土司一","建昌卫"。

② 《明史》卷134,"传22","丁玉传"。

③ 明朝在松潘一带驻军人数,成化时巡抚四川右副都御史夏埙说:"松、茂兵旧额一万八千五百有奇,使整饬有方,足可御贼"。参见《明宪宗实录》卷128,"嘉靖十年五月戊子"条。

④ 《明史》,卷311,"四川土司一","松潘卫"。

⑤ 《明太祖实录》卷218,"洪武二十五年六月癸丑"条。

⑥ 《明太祖实录》卷171,"洪武十八年二月庚申"条。

⑦ 《明史》卷132,"传20","曹震传"。

⑧ 《明史》卷211,"传99","何卿传"。

位之不同,明王朝对这一地区的行政建置各不一样,大致按"其与内地关系,依其地位远近,仪化深浅而有不同。明代制驭之术,亦因而各别,于附着诸行省边鄙番族,则重在镇慑开化。厚边军以控驭之,建土司以统率之,而卫所之责乃重"。① 即从东至西,采取了由直接统治向间接控制过渡的策略。

三 结语——从藏民族共同体形成的一体
多元格局看明朝藏区地方机构建设

(一)藏民族共同体形成的一体多元格局

何谓"民族"? 2005 年 5 月,中国共产党在关于民族问题的基本理论和政策的阐述中提出:民族是在一定的历史发展阶段形成的稳定的人们共同体。一般来说,民族在历史渊源、生产方式、语言、文化、风俗习惯以及心理认同等方面具有共同的特征。有的民族在形成和发展的过程中,宗教起着重要的作用。② 这是新时期关于民族完整性标准的科学阐述。③

对于至今仍生息于辽阔的青藏高原及边缘地区的藏族来说,作为一个"稳定的人们共同体",而不是种族的或部落的群体,于何时形成,学术界见

① 谭英华:《明代对藏关系考》(初稿),第一册(手抄稿),四川民族调查组。
② 吴仕民:《中国民族理论新编》,中央民族大学出版社,2006 年版,第 30 页。
③ "民族"一词,虽然早在我国 20 世纪初就出现于汉语文献中,但自始就没有形成一致认同的确切定义。50 年代开始,国内学界在相当长的一段时期,斯大林关于资本主义上升时期苏俄民族状况带有政治性的"民族"定义,即民族四特征理论被视为经典(民族是"人们在历史上形成的,一个有共同语言、共同地域、共同经济生活及表现于共同文化之上的共同心理素质的稳定共同体"。见斯大林:《马克思主义和民族问颙》(1913),《斯大林全集》第 2 卷,人民出版社,1953 年版,第 294 页)。然而,学人们对之微词不断。前些年,学界对之的讨论表现出了很大的热情,并从不同角度对"民族"定义,发表了不少真知灼见,这无疑是令人振奋的大好事。2005 年中国共产党关于构成民族要素的理论(学人称之为"六加一说")出台后,才基本结束了何谓"民族"的纷争局面。主要是因该定义是在总结中外民族理论及其实践经验的基础上形成的,也是对马克思列宁主义民族理论的继承和发展,在很大程度上代表了"民族"讨论最高水平。参见宁骚:《民族与国家》,北京大学出版社,1995 年版;金炳镐:《民族理论通论》,中央民族大学出版社,1994 年版;郑凡等:《传统民族与现代民族国家——民族社会学论纲》,云南大学出版社,1997 年版;纳日碧力格:《民族与民族概念辩证》,载《民族研究》,1990 年第 5 期。

仁见智。而且,要有一种共同认可的时间界限,短期尚存在一定的困难。①
但是,藏民族共同体的形成历史是有阶段性的,即是说在吐蕃的发祥地与征
服地,民族内外一致认同的"蕃人"的形成先后有别,这大概争议不大。7世
纪初,吐蕃兴起于雅鲁藏布江中游南部的雅隆河谷,在赞普松赞干布执政时
期,建立了强大的奴隶制吐蕃王朝,并维持了近二百年的统治。尤其是在吐
蕃王朝的上升时期,展开了全方位的对外武力征战。其力度之大、范围之
广,史载:"彼吐蕃者,西陲开国,积有岁年,蚕食邻蕃,以恢土宇。高宗朝,
地方万里,与我抗衡,近代以来,莫之与盛"。② 吐蕃对外扩张的重要成果
是,不仅统一了青藏高原,使原栖息于青藏高原的诸多分散氏族部落均归附
于吐蕃王朝的治下,而且随着吐蕃政权的强力施政与青藏高原各部落之间
的政治、经济、文化联系逐步深入,今藏族聚居区的青藏高原原住民的生产、
生活方式渐趋一致,藏民族共同体的地域分布格局就此奠定。因而,从这个
角度上说,吐蕃王朝时代是藏民族由多元走向一体的关键时期。然而,这仅
是问题的一方面。

吐蕃王朝的强力扩张虽然加快了藏民族共同体形成的进程,但或许可
以认为这仅是藏民族共同体形成的起点。是因与世界上其他全民信教民族
的形成历史大体一致的是,宗教在藏民族的形成和成熟过程中起着至关重
要的作用,特别是在其共同体的文化、风俗习惯以及心理的认同,乃至语言
的趋同方面,藏传佛教的影响不容忽视。但从藏民族核心文化——藏传佛
教最终形成的大致时段来看,它并没有在"前弘期"完成,而是经历了10世
纪末由藏地各新兴领主扶持、弘扬开始的"后弘期"。此时扎根藏区的佛教
已不同于原版的印度佛教,也不是汉地佛教,而是已大量吸收当地文化,尤
其是藏地本土宗教——苯教的内容、形式,使它既于教理、教义上适应统治
上层的需要,又在内容和形式适合普通大众的口味,并影响藏区社会方方面

---

① 关于藏民族共同体的形成时期,国内外学者有不同看法。比较有代表性的有两种:一是形
成于7—8世纪前后,参见格勒:《论藏族文化的起源形成与周围民族的关系》,中山大学出版社,
1988年版,第150页。二是认为吐蕃时期虽然完成了青藏高原奴隶制政权的统一,但氏族部落保存
相当完整,藏民族共同体的形成标志应是以藏传佛教为基础的共同文化心理的形成,因而藏族形成
于10—13世纪。参见石硕:《西藏文明东向发展史》,四川人民出版社,1994年版,第98—114页。
② (晋)刘昫等:《旧唐书》卷196,"传146","吐蕃上",中华书局标点本,1975年版。

面的新型佛教——藏传佛教。照此推论，认为藏民族共同体在其发源地大约 10 世纪形成，可能比较妥当。①

而今天集居于甘、青、川、滇的藏族共同体的形成，毫无疑问较卫藏地区晚，应在 10 世纪之后。立论的理由是：

首先，吐蕃东扩之前，这些地区都是部落和民族杂居之地，在大大小小的山谷中分散或聚居着许多不同语言，或者同一语言不同风俗习惯的民族和部落。如大致在后来所谓"康区"范围内，自汉至隋唐皆是各部君长，不相统一。西汉时，"西南夷君长以什数，夜郎最大；其西靡莫之属以什数，滇最大；自滇以北君长以什数，邛都最大：此皆椎结，耕田，有邑聚。其外西自同师以东，北自楪榆，名为嶲、昆明，皆编发，随畜迁徙，毋常处，毋君长，地方可数千里。自以东北，君长以什数，徙、筰都最大；自筰以东北，君长以什数，冉駹最大。其俗或土著，或移徙，在蜀之西。自冉駹以东北，君长以什数，白马最大，皆氐类也"。② 隋唐时，史有："蜀郡西北两千里，即汉之西南夷也。有嘉良夷，即其东部，所居种姓自相率领，土俗与附国同，言语少殊，不相统一。……附国南部有薄缘夷，风俗亦同。西有女国。其东北连山，绵亘数千里，接与党项。往往有羌：大、小左封、昔卫、葛延、白狗、向人、望族、林台、春桑、利豆、迷桑、婢约、大硖、白兰、叱利莫徒、那鄂、当迷、渠步、桑悟、千碉，并在深山穷谷，无大君长。其风俗略同于党项，或役属于吐谷浑，或附附国。大业中，朝贡。缘西南边置诸道总管，以遥管之。"③这些分散部落或部族，在吐蕃东扩的历次唐蕃战争中，不时顺势或附于唐或受制于吐蕃，被贬之曰"两面羌"。即或在吐蕃强势时期，那些移民至此的吐蕃部落、驻军以及随军奴隶，均有可能难返原住地，逐渐在甘、青、川、滇一带定居。但其人口数量与在这些地区久已生聚的众多原住民相较，肯定不占多数。

---

① 现今有关"民族"形成标志的讨论中，人们愈来愈重视民族文化因素（诸如语言、宗教）在民族认同中的作用，这是对"民族"形成标志探讨不断深化的结果。事实上，历史上在共同语言、共同地域、共同生活方式等基础上形成的民族，随着时间的推移和社会的发展，相比之下，其自然属性在逐渐淡化，而社会属性在不断加强。

② 《史记》卷 116，"西南夷列传"，中华书局，1959 年版。

③ 《隋书》卷 83，"西域·附国"，中华书局，1973 年版。

其次,民族的武力征服与民族的同化或融合两者有原则的区别。虽然当时党项、羌等民族或部落的生产、生活及文化均远落后于中原,亦不如卫藏中心地带,但是吐蕃的铁蹄仅可以征服这些地区及其之上的异族民众,而不能使征服区文明立即丧失。事实是,当吐蕃强盛时,也在不断吸取征服区的民族文化成分壮大自己;而当其衰亡时,则又部分地融入异族,或与他族相结合,以一种新的民族再现于历史。这也是中华民族共同体形成史上的一种普遍现象,即费孝通先生精辟地概括为"多元一体格局"。①

最后,吐蕃王朝解体后,原吐蕃征服区居民,经过彼此通婚和经济文化的交流与碰撞,其血缘与文化习俗渐趋相似。特别是从10世纪以后,经过藏传佛教"后弘期"的洗礼和藏传佛教文化不断由吐蕃本土向今甘、青、川、滇藏区的广泛传播与渗透,不仅使这些地区各部族原住民在文化心理素质和语言上渐趋一致,而且使这些地区与吐蕃本土在文化上成为一个整体。因此,藏传佛教在甘、青、川、滇藏区的传播与普及,既是整个藏区居民形成共同语言、共同心理素质的重要标志,也是真正意义上的藏族稳定共同体逐步成熟的重要标志。

鉴于此,有学者就明确指出,大约在12世纪,今四川藏区居民在文化心理和语言上才与卫藏基本趋于一致。② 而今天所有藏族地区居民,由部落众多到作为民族共同体的藏族,则大约在13世纪才形成。而且,此后仍不断有其他民族的成分以各种方式加入到藏族之中,其中蒙古族就是一突出例证。③ 因此,在一定程度上讲,经过元朝近百年对藏区的有效统治,一个独具特色的藏民族共同体已趋成熟,并且整个藏区由于特殊人文与自然环境,也决定了生活于高原上各地的藏民族经济基础,生产、生活方式彼此差异不大,一个世俗政治权威很难建立,而宗教势力强大,甚至成为凝聚民族的巨大精神力量的独特文化圈形成了。④

① 费孝通:《中华民族多元一体格局》,中央民族学院出版社,1989年版,第1页。
② 欧泽高、冉光荣:《四川藏区的开发之路》,四川人民出版社,2000年版,第10—11页。
③ 李绍明:《李绍明民族学文选》,成都出版社,1995年版,第541页。
④ 童中心:《失衡的帝国——长期影响中国发展的历史问题》,贵州人民出版社,2001年版,第232—233页。

从藏民族共同体的孕育历程看,作为一个具有悠久历史、文化传承系统完整的民族,与其他民族相较,它有自身的不可替代性与独特性。但是,正如该民族在不同的分布地区形成时间有先后之别一样,藏文化内部呈现出多元性。这种多元性格局,其形成的历史不仅与民族的发展史同步,而且在今天的现实中仍能清楚地表现出。即藏族民族志所谓:"无论是在语言和方言,抑或社会与经济,乃至文化与习俗诸方面,无不反映出这种多元一体的格局。"为此,李绍明将其概括为四个方面。①

1. "藏族以讲藏语为主",但在有些地方也夹杂部分藏缅语族中的其他语言。藏文拼音字母,创制于公元7世纪,有30个字母和4个元音符号,有楷、行、草三种书写体。而对该语言的使用上各地有所不同,大致分为卫藏、康、安多三个方言区。而在夹杂其间的一些小地域内,部分藏族还以下列语言为日常用语:嘉戎语、尔苏语、纳木义语、道孚(尔龚)语、扎坝语、史兴语、贵琼语、却域语、白马语、普米语和羌语等。②

2. 藏族原有的社会形态大体一致,但各地又有所不同。在吐蕃王朝于卫藏高原建立起奴隶制政权时,其社会形态就未整齐划一。即便是在民主改革前,今甘、青、川、滇西藏区,仍然有诸多原始氏族部落存在。

3. 藏族所处的自然环境复杂多样,决定他们经济生活的多元性,不同的经济类型又彼此依存。藏民族生息的青藏高原,因其独特自然环境决定了这里的传统经济行业呈现出多种形式,即农业、畜牧业、手工业和林业并存,而且它们的分布大多与天然地理分界线一致,这种现象倒溯历史尤为明显。

4. 藏族的精神文化,毫无疑问,其核心是宗教文化,但在具体的文化、心理状态以及风俗习惯诸方面,又显示出不拘一格。民间俗称的"喇嘛文化",实际上是外来宗教——佛教与藏族本土宗教——苯教的混合体。藏传佛教自形成以来,其内部由于师承关系或对显密教法重视程度的不一,又

---

① 李绍明:《论藏族的多元一体格局》,载费孝通主编《中华民族研究新探索》,中国社会科学出版社,1991年版。
② 中央民族学院少数民族语言研究所:《中国少数民族语言》,四川人民出版社,1987年版,第1页。

分成若干教派,这些众多的支系又与不同的地方势力相结合,不仅各势力的发展强度不一,而且在藏区的影响面也很不一样。同时,在藏区一些地方,民间宗教的原始形态还保留相当完整,如在"北自甘肃、南到西藏的察隅,珞渝这一带地区","靠近藏区这个走廊"中表现得十分突出。① 藏民族文化的诸多表现形式,必然使各地区人民的心理、习俗等呈现丰富多彩的状态。

可见,所谓藏族文化实际上仍然是一种体系完整的多元性文化。而这种文化的发祥地在卫藏高原,它在向外围传播过程中,对边缘区的征服程度有深有浅。如康区远离卫藏中心地带,为藏区边地,加之其境内地形多杂险峻,交通不便,"不仅当地各部族之间的融合和同化较为有限,同时它们受藏文化同化的程度也不如卫藏及藏北和甘青等地形相对开阔和平缓的地区那样彻底"。② 同时,藏文化由卫藏从西向东,传统色彩在逐渐减弱。东部藏区,藏文化的排他性明显不如传统文化保存完整的卫藏地区那样强烈,更由于这些地区归附中原政权历史较早,各民族间的交往频繁,汉文化的影响比较明显。所以,藏文化在不同地域的开放度也是极不一致的。

正是基于藏民族共同体形成历史及其文化多元性的讨论,从而探究明朝建立后,对藏区政治统治和行政管理措施,要达到既可行又有效,势必在其帝国的边疆民族政策体系中,既要注意到藏民族共同体的特殊性,又必须注意到藏族地区内部非同一性。

(二)明朝藏区地方机构建设特点

从明朝藏区地方行政机构建设中不难看出:明朝藏区的行政建设首先是将藏区视为其帝国所属边疆民族地区的一部分,并由此而规划其地方行政机构建设蓝图。而这种规划又是基于对这样一些因素的考虑:一是藏族地区虽同属明帝国边疆地区的一部分,但其历史文化传统和社会现实政治格局等又与其他边疆地区有较大差异;二是藏族共同体的形成有先后之别,内部的文明形态因之呈现出一体多元的格局。又,藏地不同区域归顺中原

---

① 费孝通:《关于我国民族的识别问题》,载《中国社会科学》,1980 年第 1 期。
② 石硕:《试论康区藏族的形成及特点》,载《西南民族学院学报》(哲社版),1993 年第 2 期。

中央王朝的时间有早晚的不一致。因此,明朝在藏区地方行政机构的建设上体现出如是特点:既要使之与明帝国的整个边疆民族地区政权设置体系相符合,又要适应藏区所特有历史文化传统和社会现实政治格局,而且,即或藏区内亦并不要求整齐划一。既继承了前代治藏的传统,又进行了顺应封建汉族中原中央王朝治藏行政管理的变革。

首先,在国家行政体制上仿效元制,并作适宜的较大幅度调整。如:在中央,明初仿效元制设中书省,置左右丞相总理朝政,但不久明太祖通过"一罢,一分,一升"三项重大政制改革,将全国的行政、军事与司法大权集中于皇帝,形成所谓"事皆朝廷总之"、"权不专于一司"的极端君主专制的中央集权体制。根据这种"集权于上,分权于下"的原则,明朝在中央不再设立专门管理民族事务的机构,有关民族问题的大政方针概由皇帝总之,而具体事务则交由中央或地方职能部门负责。与此相应,中央管理藏区的军事行政机构,较之元朝亦作了较大幅度的变革,即废止了元中央机构中的帝师一职及管理全国佛教和吐蕃地区行政事务的宣政院,藏族地区的行政和宗教事务改由中央的吏、兵、礼部分别兼管。

在地方行政机构建设上,明朝虽沿袭元朝分天下为十三个行省的做法,但各行省不再设左右丞,而是将故元行省的职能"一分为三"。即以布政使司掌管民政,按察使司掌管司法,都指挥使司掌管军事。① 而对于诸如蒙古、东北、青藏等少数民族边疆地区,则仿内地军卫制,设立都指挥使司、卫所,并以之作为一级地方行政机构,实行民兵合一管理。之下,还按少数民族地区原有习惯设长官司、指挥司、宣慰司、抚慰司、招讨司等机构,以替代如内地基层行政单位里甲的职能。

其次,藏区地方行政机构的建设,既使之符合明朝边疆地区行政机构设置之制,又能体现因地制宜。具体表现在:

第一,对于藏文化影响深厚的藏族发祥地卫藏高原,在地方政权建构上,显示出较大的灵活性。在不违背明帝国的边疆民族地区地方政权建设

---

① 布政使司、按察使司与都指挥使司的长官,"并称三司,为封疆大吏"。参见《明史》卷90,"兵志"。

体系的原则下,充分考虑乌思藏的历史与现实,采取行都武卫与诸王分封的双轨体制,既让各主要僧俗实力集团能"自王其地",又以"分势杀力"的办法平衡分解以及牵制各地方僧俗实力集团的势力。同时,针对一些地方宗教势力坐大,且能有效地管理地方事务的客观现实,不再拘于行都武卫是否能发挥作用的这种成式。

第二,今甘青藏区,不仅被明帝国视为经营乌思藏的前沿阵地,也被视为隔断蒙古南下与藏联合的咽喉所在,故备受朝廷重视。先是于洪武年间,一改设置郡县的传统做法,广设军事卫所,即《明史》所说的"西番诸卫"。这些卫所虽同内地卫所一样隶属都司,但在行政职能上,"西番诸卫"是"军民统摄",即既掌民又管军。与此同时,加固城池,增置重兵,屯田戍守。又,永乐年间,置必里卫、陇卜卫等于青藏交界处。通过这些举措,事实上已将该地区完全纳入帝国的防御体系。何以如此,时人有这样的评说:"甘肃地方,北控达虏,西备回夷,内抚属番,南邻羌谷,治皆卫所,而无郡县,政多边计,而匪他谋。"①这种直接的军事占领,既有效地阻断了蒙藏合流的可能性,又可以之实施对当地的弹压,从而保持河西防线后方的稳定。同时,正视宗教文化在该地区根深蒂固的现实,广设僧纲,大建寺庙,充分发挥宗教的化导功用。

第三,对于"川西藏区"而言,由于该地区历来是民族文化之融合地,汉藏文化从东西两个方向朝该地区渗透,藏文明的多元一体性在此表现突出,加之这一区域的部分地区归附中原中央王朝早,明王朝在地方政权建构上较充分考虑到这些因素,既完备了原已存在的土司制度,又在统治策略上采取分地域控制的办法,即卫所、土司与州县共存。其目的是为了加强对该地区的统治和控制,使之"忠顺"于朝廷。但从卫所、土司与州县的性质、职责及隶属关系等方面看,又有明显的差异。所设土司"其道在于羁縻";②而此区域的卫所,则有羁縻卫和军事卫两种,不仅隶属关系不一,且性质和作用

① (明)陈子龙等:《明经世文编》卷219,"南宫奏议·议处甘肃夷贡",中华书局影印本,1962年版。
② 《明史》卷310,"传198","土司传"。

也不一样。前者有似土司道在于羁縻,而后者虽同为管军治民,但更突出其防守边陲屏蔽中原的军事职能。至于州县的设置与日常管理,则与内地无异。造就如此的地方行政建构交错格局,其用意无非是使之形成由东至西,由相对直接的统治向相对自理的间接统驭过渡的地方政权建构体系。

第二节 "来者辄授官"——明朝对藏区
政教领袖的怀柔与控驭

《明史·西域传》上说:"初,太祖以西番地广,人犷悍,欲分其势而杀其力,使不为边患,故来者辄授官。……迨成祖,益封法王及大国师、西天佛子等,俾转相化导,以共尊中国。"①由是可知,明朝对藏区政教领袖的政治控制与管理,可分为两个阶段:洪武时期,广泛招抚,对归顺者无论辖地大小、属民多少,皆承认其既有权势并封以官职,即所谓"来者辄授官";从永乐朝开始,以"多封众建"藏传佛教领袖为手段,来实现"以教固政"之目标。对于那些被明中央政府赐予名号、品秩和封地的藏区各级僧俗官员,朝廷明确规定了他们应承担的政治责任和应履行的义务,并以之作为对他们进行任免、更替与升降的依据,从而形成一整套管理藏区僧俗官员的制度规范。从这些制度规范中不难看出:明朝既要对藏区政教领袖实施较大程度的怀柔,又要对他们进行有效的政治控制,使之担负起抚安一方的政治责任。

一 明朝对藏区僧俗首领的怀柔

(一)洪武时期:以招谕安抚手段达到行使主权目的

明初对藏区僧俗首领封职授衔,是随着故元藏区僧俗官员的归附过程而同步进行的。

早在洪武三年(1370)六月,当"故元陕西行省吐蕃宣慰使何锁南普等,

---

① 《明史》卷331,"传219","西域三"。

以所授金银牌印宣敕诣左副将军邓愈军门降"后，①何锁南普即被送至南京。明太祖以何锁南普等识达天命自远来朝为由，优礼相待，设立河州卫。②次年（1371）正月，封何锁南普为河州卫指挥同知，朵儿只、汪家奴为佥事。"置所属千户所八：曰铁城、曰岷州、曰十八族、曰常阳、曰积石州、曰蒙古军、曰灭乞军、曰招藏军；军户千户所一，曰洮州；百户所七：曰上寨、曰李家五族、曰七族、曰番客、曰化州等处、曰常家族、曰爪黎族，汉番军民百户所二：曰阶文扶州、曰阳呕处。仍令何锁南普子孙世袭其职。"③其中，明廷所设千户所、百户所，皆以归附的当地僧俗头领担任。何锁南普在元明政权更迭之际率先归附，并被明朝适时封授，在当时无疑为藏区尚存犹豫的地方头领指明了出路。"自是，番酋日至"，"河州以西朵甘、乌思藏等部来归者甚众"。④

在何锁南普等人的示范作用下，甘青一带的藏族首领和故元官吏纷纷效仿，并同样受到明廷的接纳与封赐。洪武四年（1371）正月，"西番十八族元帅包完卜佰、七汪肖遣佺打蛮及各族都管哈只藏卜、前军民元帅府达鲁花赤坚敦肖等来朝，诏以包完卜佰为十八族千户所正千户，七汪肖为副千户，坚敦肖为岷州千户所副千户，哈只藏卜等为各族都管，各赐袭衣、靴袜"。⑤同年六月，"以吐蕃来降院使马梅为河州卫指挥佥事，故元宗王孛罗罕、右丞朵立只答儿为正千户，元帅克失巴卜、同知卜颜歹为副千户，同知管不失结等为镇抚百户，及其部属以下各赐袭衣、文绮有差"。⑥十一月，"置必里千户所，属河州卫，以朵儿只星吉为世袭千户。必里在吐番朵甘思界，故元设必里万户府，朵儿只星吉为万户，至是来降，河州卫指挥使韦正遣送至京，故有是命"。⑦随后"又遣西宁州同知李喃哥等招抚其酋长，至者亦悉授官。

①《明太祖实录》卷53，"洪武三年六月乙酉"条。
②《明太祖实录》卷61，"洪武四年二月辛未"条。何锁南普，藏族，"何"为太祖赐姓。
③《明太祖实录》卷60，"洪武四年正月辛卯"条。
④《明史》卷330，"传218"，"西域二"，"西番诸卫"。
⑤《明太祖实录》卷60，"洪武四年正月癸亥"条。据考，包姓为陇西藏族大姓，北宋时当地吐蕃首领俞龙珂来宋，慕宋朝名臣包拯声望，请宋神宗赐姓包氏，宋神宗遂赐姓名为包顺，其后裔世为陇西吐蕃首领，包完卜佰当是其族裔。
⑥《明太祖实录》卷66，"洪武四年六月戊子"条。
⑦《明太祖实录》卷69，"洪武四年十一月丁丑"条。

乃改西宁州为卫,以喃哥为指挥",①"命朵儿只失结为指挥金事。"②自此,随着甘青藏区地方势力的归附,明廷对这一地区的元朝故官的封授初步完成。

甘青藏族地区各部落首领的归附,明王朝的影响逐渐及于朵甘和乌思藏地区。显著的标志是乌思藏地区诸豪酋中势力最强、影响最大的两大势力:即元朝所倚重的萨迦和后起的政治"暴发户"帕竹,先后归顺并被授以新职或认可其旧衔。

洪武五年(1372)四月,河州卫建言:"乌思藏帕木竹巴故元灌顶国师章阳沙加,人所信服。今朵甘赏竺监藏与管兀儿相仇杀,朝廷若以章阳沙加招抚之,则朵甘必内附矣"。明廷遂"诏章阳沙加仍灌顶国师之号,遣使赐玉印及綵缎表里,俾居报恩寺化导其民"。③ 这位章阳沙加,即乌思藏帕木竹巴地方政权的第二任第悉释迦坚赞。此次封赏赐印,是明王朝首次册封乌思藏地方首领。尽管对帕竹首领章阳沙加仅以宗教首领封赐其职,且封赐职别也不高,以致人们常以此作为论证明太祖在一定程度上忽略了卫藏地区政教合一僧人执掌政权事实的依据。但是,作为当时乌思藏地方势力最大的头面人物的章阳沙加,并未因此怠慢明廷的招抚,而是立即响应并遣使入朝。便有洪武六年(1373)正月,"乌思藏帕木竹巴灌顶国师章阳沙加监藏,遣酋长锁南藏卜以佛像、佛书、舍利来贡。诏置佛寺,赐使者文绮、袭衣有差"。④

洪武六年(1373)二月,故元摄帝师喃加巴藏卜应召率故元国公南哥思丹巴亦监藏等人晋京朝觐,并求请明廷赐封职名。虽然,萨迦派经历了自元

---

① 《明史》卷330,"传218","西域二"。

② 《明太祖实录》卷78,"洪武六年正月己未"条。有学者考证,洪武时朵儿只失结应位在李喃哥之上,李氏升任指挥,应是永乐即位以后的事。参见王继光:《明代青海史杂考》,《藏学研究论丛》,西藏人民出版社,1990年版。

③ 《明太祖实录》卷73,"洪武五年四月丁酉"条。有学者考证,"报恩寺"即帕竹派主寺"丹萨替寺"。参见房建昌:《明代西藏行政区划考》,载《西藏民族学院学报》(哲社版),2001年第4期。

④ 《明太祖实录》卷78,"洪武六年正月己巳"条。

末以来藏区地方力量的重组变化,其地位已今非昔比。① 但萨迦派作为元王朝乌思藏"代理人"的身份和元摄帝师的影响力,在乌思藏等藏区还不可小视。所以,对于喃加巴藏卜一行的到来,明太祖格外重视,不仅优礼款待,封喃加巴藏卜炽盛佛宝国师、授玉印,而且摄帝师所荐乌思藏故元官60人,亦按等第一并授职。② 当然,对于明太祖如此宽泛地封授故元藏区僧俗官员的做法,明廷官员对之的看法不一。如有人主张:"来朝者宜与官职",但"未来者宜勿与"。为此朱元璋特意下诏作了一番解释:"我以诚心待人,彼若不诚,曲在彼矣!况此人万里来朝,若俟其再请,岂不负远人归向之心"。为使"曲不在我",又"不负远人归向之心",在当时的形势下最好的策略就是依故元摄帝师喃加巴藏卜之请,"皆授职名"。③

从明廷处理故元摄帝师喃加巴藏卜来朝请职这一事件之过程,不难看出以下事实:一是明太祖完全是以元朝乌思藏地区主权的继任者姿态自居的,号召藏地故旧僧俗首领像臣服元廷那样归附明朝。所以,在明太祖看来,故元乌思藏合法权威首脑的归附,较之其他僧俗首领的来朝,更能彰显元明交权的严肃性。或者说,只有故元乌思藏地方的委托者归明,才能代表该区主权完全交接;④二是摄帝师喃加巴藏卜等人的附明,有如元初萨班奉命至凉州,表明藏地僧俗首领已承认明朝对藏统治,因而请求明廷授予新职;三是仅授喃加巴藏卜为炽盛佛宝国师,取消帝师封号,昭示明太祖对藏区的地方行政体制已有初步设想。

所以,明太祖要借对喃加巴藏卜本人、随从以及所举官员封授之机,向藏区元朝故旧僧俗首领阐明新朝的基本政策,那就是只要他们诚意归顺明

---

① 1354年绛曲坚赞建立帕竹政权后,不仅帕竹势力波及后藏,甚至萨迦派的象征萨迦寺的大佛殿也在帕竹军队的监控下。

② 明太祖对摄帝师喃加巴藏卜归附的重视和优待,还可从一小插曲可见其程度。《明史》载:"玉人制印成,帝际玉未美,令更制。"《明实录》上的记载更详:"初玉人造赐喃加巴藏卜印既成,以进上观其玉未美,亟命工易之。"参见《明史》卷331,"西域三";《明实录》卷79,"洪武六年二月癸酉"条。

③ 《明太祖实录》卷79,"洪武六年二月癸酉"条。

④ 即或当今学人亦认为,喃加巴藏卜来朝请职是汉藏关系史上影响重大的历史事件,"它标志着明朝中央对西藏的统辖至此已基本建立"。参见顾祖成:《明清治藏史要》,西藏人民出版社、齐鲁书社,1999年版,第32页。

朝,能"来者辄授官",即或暂不能来朝者,亦可"有请必封"。这就从根本上解决了藏区僧俗首领因中央政权更替,对他们来讲最直接关系其切身利益又是最为关心的政治归宿问题。

同时,明廷以封授故元摄帝师喃加巴藏卜所请而封授藏区地方僧俗官员这一事件为契机,再次遣使招谕朵甘、乌思藏等地,将明政府对藏区的地方政权建构、故旧僧俗势力首领的安置,以及这些首领应该担当的责任和盘托出。

"我国家受天明命,统驭万方,恩抚善良,武威不服,凡在幅员之内,咸推一视之仁。近者摄帝师喃加巴藏卜以所举乌思藏、朵甘思地面故元国公、司徒、各宣慰司、招讨司、元帅府、万户、千户等官,自远来朝,陈请职名,以安各族。朕嘉其诚达天命,慕义来庭,不劳师旅之征,俱效职方之贡,宜从所请,以绥远人……自今为官者,务遵朝廷之法,抚安一方;为僧者,务敦化导之诚,率民为善,以共乐太平"。①

这一招谕之辞,无疑是明廷对藏区故元官员的一道政治宣言。其文字之中,传达如是讯息:

一是明初最高统治者,为了尽快完成元明政权交替形势下藏区的平稳过渡,在政治上通过安抚藏区各僧俗势力,并封授其首领官职的策略,以不负来者归向之心,进而实现明王朝对藏区主权继承的意图。具体步骤是,藏区各僧俗首领只要上缴元朝旧敕印,表示臣服,即可换领明朝新敕印,并将其安排在明王朝所设藏区地方机构中任职。

二是既然为新朝命官,无论僧俗均应担负起朝廷所赋予的政治责任:"为官者,务遵朝廷之法,抚安一方;为僧者,务敦化导之诚,率民为善"。

正是因为明初政府的这些举措得宜,便有洪武七年(1374)十二月喃加巴藏卜再次入朝荐官。史载:

"炽盛佛宝国师喃加巴藏卜及朵甘行都指挥同知锁南兀即尔等遣使来朝,奏举土官赏竺监藏等五十六人。诏增置朵甘思宣慰司及招讨等司。招讨司六:曰朵甘思、曰朵甘笼答、曰朵甘丹、曰朵甘仓溏、曰朵甘川、曰磨儿

---

① 《明太祖实录》卷79,"洪武六年二月癸酉"条。

勘。万户府四:曰沙儿可、曰乃竹、曰罗思端、曰列思麻。千户所十七:曰朵甘思、曰剌宗、曰孛里加、曰长河西、曰朵甘思多八参孙等处、曰加巴、曰兆日、曰纳竹、曰伦答、曰沙里可哈思的、曰孛里加思东、曰果由、曰参卜郎、曰剌错牙、曰泄里坝、曰阔侧鲁孙、曰撒里土儿干。改故元伦卜卒曰四族,达鲁花赤为都管,朵甘捕盗司为巡检司。以赏竺监藏等七人为朵甘都指挥同知,南哥思丹八亦监藏等三人为乌思藏都指挥司同知,星吉监藏等十一人为朵甘宣慰使司,川搁藏卜等八人为朵甘思等六招讨司官,管者藏卜等五人为沙儿可等万户府万户,管卜儿监藏等十八人为朵甘思等一十七千户所千户,速令一人为伦卜卒曰四族都管,监藏令占等三人为朵甘巡检司巡检。遣员外郎许允德赍诏及诰印往赐之。来使哈石监藏等赐衣裘、帽靴遣还"。[1]

由于喃加巴藏卜的特殊身份,以及他所举荐的故元官员被朝廷逐一封职。因而藏区其他僧俗头领也仿效此法归顺新朝。洪武十二年(1379)正月,"朵甘都指挥同知赏竺监藏、灌顶国师答力麻巴剌,遣使奏举西番故官十六人为宣慰、招讨等官",明廷依旧认可。[2] 并前后三批共封授故元官员132人,基本完成了乌思藏和朵甘地区地方势力首领的封授。[3]

川西藏区归附故元官员的处置,明王朝亦是本着"慕义来庭"、"宜从其请"的原则,"悉授以官"。洪武四年(1371)明军攻下四川,故元阶、文、茂、威及松潘等地的蒙藏官员纷纷归降。明朝沿袭元朝在该地区的土司制度,安抚降明土官。在汉藏杂居地,设置军卫,管理地方庶务。如洪武六年(1373),"天全六番招讨使高英遣子敬严等来朝,贡方物。帝赐以文绮龙衣。以英为正招讨,杨藏卜为副招讨"。[4] 又,洪武八年(1375),"置黎州长官司,以苟德为长官",十一年升为安抚司,"即以德为使"。[5] 洪武十四年

---

① 《明太祖实录》卷95,"洪武七年十二月壬辰"条。
② 《明太祖实录》卷122,"洪武十二正月甲申"条。
③ 较普遍的看法是,洪武八年(1375)"诏置俄力思军民元帅府,帕木竹巴万户府,乌思藏笼答千户所,设官一十三人",标志着全藏的招抚任务完成。但此时广大朵甘地区的封官并没有结束,洪武十二年赏竺坚赞推举16人为朵甘官员,自此之后,明廷在藏区大规模的封官设制才大功告成。参见《明太祖实录》卷96,"洪武八年春正月庚午"条。
④ 《明史》卷311,"四川土司·天全六番招讨司"。
⑤ 《明史》卷311,"四川土司·黎州安抚司"。

(1381)置松潘等处安抚司,以龙州知州薛文胜为安抚使,并置十三族长官司,以安置当地藏族头领。①

通过洪武初年大规模的封官设治,初步完成了元明政权交替后明王朝对广大藏区主权的继承。这一过程中,呈现出如下特点:

其一,以招谕安抚藏区故元蒙藏官员并授之以新职为手段,从而达到换取中原政权更替后新王朝承袭藏区主权的政治目的。

与明朝集中主要兵力以打击北元蒙古战略相较,洪武初年对广大藏族地区的僧俗故旧官员,则倾向于"恩抚"策略。即凡具"抚其众"能力,又能"悦天心者",皆"与之爵赏"。② 正是在这样的指导思想之下,明军基本上没有在藏区进行过大的战事,所谓"不劳师旅之征"就完成了藏区主权由元向明的过渡。

其二,有请必封,封职随意性较大。

洪武年间,对藏族地区大小官员和诸部首领,不论应招前来入朝者,拟或经荐举者,也不问辖地大小、属民多少,只要交回故元官印"委心效顺",即可参照原有官职或旧有地位,并按明制封授官职。这反映出,明太祖在确立对藏区政治统治权过程中,充分利用了元朝过去近百年对藏区施政这一扎实的政治基础来为自己服务。而这种继承所包含的意义主要有两个方面:既要变元朝的统治为明朝的统治,又得承认与维持藏区各僧俗势力已有的权益。洪武五年(1372),明廷采纳了河州卫的建议,派专使封授帕竹首领章阳沙加为"灌顶国师",赐其玉印及绸缎表里,"俾居报恩寺化导其民"。章阳沙加就成为入明后第一个被中央政府册封的乌思藏上层人物,且未请而封,与此后明朝对藏区僧俗人士先请后封的惯例大不一样。这种对帕木竹巴的优遇之举,表明了明朝对这一地方势力的高度重视。帕木竹巴为元代乌思藏地区十三万户之一,元末其势力日渐扩张,并取代萨迦成为能够左右乌思藏政局的最强势力,也获取了元朝政府的种种支持和封赐。③ 又如

① 《明史》卷311,"四川土司·松潘卫"。
② 《明太祖实录》卷95,"洪武七年十二月壬辰"条
③ 杜常顺:《西藏帕木竹巴地方政权兴衰述略》,载《西北史地》,1991年第1期。

洪武五年(1372)年底,元朝摄帝师喃加巴藏卜遣使朝贡,次年又亲自入朝,并举荐乌思藏及朵甘两地故元国公、司徒、各宣慰司、招讨司、元帅府、万户、千户等大批官员"陈请职名,以安各族"。明太祖充分认识到喃加巴藏卜的归附对明中央政府确立藏区统治权的重要意义,加速对这些地区的行政机构设置与官职封授。在一定程度上讲,明初乌思藏等地的地方政权建设之所以能如此迅速完成,与喃加巴藏卜的朝贡并举荐大批故元旧官有非常直接的关系。

正是由于洪武年间对藏区实施和平招抚策略,吸引各僧俗首领不断前来归附朝贡新朝,明廷因此授予他们上自都指挥使,下至万户、千户、寨官等不同等级的军政职务,并安置在有关都司卫所中任职。当然,这种大规模的封职,在早期治藏思路还不太成熟的情况下,事实上存在着一些缺陷。如在新授的官职、封号或名称中,有不少只好照搬元代的旧称号,①但为了体现明朝的新体制,又不能不用一些新称号。这就导致该时期的封号、官职称号等新旧夹杂,名目繁多。

当然在这一过程中,藏区各僧俗势力之所以能快速转变态度视明王朝为元朝的继承者,纷纷竭力向明中央请封,也有其各自的盘算,那就是借此作为在所在地区取得稳固与合法的政治地位,实现自身发展的一道捷径。而明太祖对之审时度势地采取"来者辄授官"政策,毫无疑问既顺应了藏区僧俗首领的愿望,也适应了明初国内动荡不定的形势。如北边的北元蒙古族政权,不仅控制着辽阔的地域,拥有数十万兵力,且不时挑起战事,试图恢复大元一统天下;西北的别失八里、哈密等地方政权,皆未附明;湖广、云、贵、川等省的土司势力,各自为政,互不统属。这些皆对新生的明政权构成一定的潜在威胁。在此形势下,于藏区沿用元制,"踵元故事,大为恢拓"是非常适宜的。对次第归附者,"即令以故官世守之",既减少了对抗,保持了安定局面,同时也满足藏区僧俗地方势力的愿望。即如《明史》说:"大姓相

---

① 沿用元朝官制称号,应该说在洪武初年是一种较为普遍的现象,即便至洪武中期亦有:"洪武十七年,西南诸蛮夷朝贡,多因元官授之"。参见《明史》卷76,"志52","职官五"。

擅,世积威约,而必假我爵禄,宠之名号,乃易为统摄,故奔走惟命。"①

因而,在评判洪武年间对藏区僧俗首领实施"有请必封"策略时,必须指出这种封职的做法,有其显而易见的随意性。从制度层面上讲,有不成熟的一面;但是,如果其眼界仅停留于此,又是极其肤浅的。是因就新生明政权来说,在中原刚定的形势之下,首先必须解决的问题:一是稳定局势,慑服番夷;二是尽快得到全国范围内的承认。采取来归者即以原官授之的策略,不仅是解决这一问题的现实可行方案,而且对于明朝边疆地区的稳定,也有非常重要的意义。因此,当藏区故元官员或僧俗首领率部归降时,明政府以"有请必封"的策略,既解决了政权的新旧交替问题,又解决了这些故旧权贵们最为关心的自身出路问题,并对分化瓦解对故元尚存幻想或对新生明政权还有异心的部分地方势力,均有不可小视的作用。

同时应看到,明廷的这种"有请必封"策略,既包含了所谓"朕君天下,凡四方慕义之士,皆待之以礼,授之以官,使之宣其力"的用意②,又须符合"朕受天明命,君主华夷。凡诸施设,期在安民。是以四夷之长,有能抚其众而悦天心者,莫不因其慕义,与之爵赏,以福斯民"这样的前提。③ 即是说,凡"四夷之长",皆"与之爵赏",必须满足"能抚其众而悦天心者","以福斯民"这样的条件,两者不可或缺。

事实也证明,正是由于明朝当局能以上述要求为出发点和标准,既在政治上安抚了藏区各僧俗首领,又满足了明王朝着意要对藏区以和平方式来承继主权与行使治权的政治需要。因此,在很大程度讲,正是明太祖的这种看似不太成熟的封授办法,却换得了藏区各僧俗首领的倾心归顺。

明太祖对藏区僧俗首领来者即授官的策略,虽然已经初步具有"多封众建"的倾向,但是,这里的"多封众建"有显而易见的盲目性。是因诸此封授,相当大·部分是应藏区僧俗官员的请求或朝觐者的介绍而封授的,不仅在形式呈现出较大随意性,而且不能从根本上顺应藏区特殊的政教传统和社会现实,其局限性格外明显。表现在:

① 《明史》卷310,"传198","土司"。
② (清)《西宁府新志》卷32,"艺文",青海人民出版社,1988年版。
③ 《明太祖实录》卷95,"洪武七年十二月壬辰"条。

第一,在洪武年间对藏区僧俗领袖双重分封的两大系统中,从数量上看,清楚地表现出以俗官为主,而以僧官为辅的特点。与明廷大批册封俗官相比,仅封了为数不多的几位宗教界人士。他们是:炽盛佛宝国师喃加巴藏卜、灌顶国师章阳沙加、圆知妙觉弘教大国师公哥坚藏卜、灌顶国师答力麻八剌。这反映出明初统治者对藏区社会政教合一的特点不大熟悉,基本上还是把汉地施政模式套用到了藏区,强调的仅是藏区对中央的政治隶属关系。但是,不给以藏地宗教界应有的、起码是与俗界等量齐观的重视,显然不符合藏地实情,也不利于明朝对藏区的施政。

第二,从官阶上讲,洪武年间,明朝赐封藏区僧界首领的封号等级普遍较低,最高仅为"大国师"和"灌顶国师"。这可能是囿于汉地宗教界人士从来未有过很高封号这一传统观念。同时,亦隐含着明太祖鉴元宠萨迦,过分优待宗教势力之弊,有意削弱宗教力量。① 如此措置划一帝国职官体系,表面上能体现藏区隶属明中央政府的政治意图,但是,这种偏离藏地实情的做法,势必影响施政效果。

(二)永乐时期:以多封众建手段达到以教固政目的

洪武年间,朝廷对故元藏区僧俗首领偏重俗职封授的做法,其意图无非是要以此强调藏区既作为明朝版图的一部分,理所当然其官制应符合帝国边疆管理的授职原则,以造就"一统"格局。但是,对于如藏区这样的政教关系甚为密切的边疆民族地区,仅仅强调"一统"是远远不够的。所以至永乐时期,经过开国三十多年与藏区各僧俗势力在政治上的频繁联系与交往,明朝决策者对藏区政教合一的特殊政治格局以及宗教领袖在政治上举足轻重的作用,有了较为深入、全面的了解和认识,因而在藏区僧俗官员的封职问题上,既有对象的选择也有职别高低的调整。即通过建立僧王为首的僧官制度,以分封宗教领袖为重心兼及增封俗职,以达到"一统"下的因地

---

① 但也有学者认为,明太祖时废元之帝师制,恢复国师,并没有弱化藏地宗教势力的意思。"考中国僧官制度史,国师之名出自魏晋,佛图澄、道安等人都曾当此美誉。但国师之号多属名誉性质,并无实际的体制和职权。元帝创帝师一词,亦作体制上的相应变动,帝师握有僧官的实际权力。明代再将帝师变回国师,其推崇意义并未弱化"。参见张作声主编:《宗教与民族》,中国社会科学出版社,1997年版,第348页。

制宜。

永乐年间,明廷对藏区宗教领袖依据其所属教派及个人的影响力,全面授职封号,分别授予法王、教王、西天佛子、大国师、国师、都纲、喇嘛等名号。尤其是对大宝、大乘、大慈三大法王和阐化、护教、赞善、辅教、阐教五大教王这"八大王"的封授,标志着明朝在藏区已基本建立起了较系统的僧官制度。明朝对藏传佛教领袖封"王"的决策及其实践,不仅是对元朝藏区封授成式的修正,也是施政策略的大转变,而且还标志着明朝治藏政策日趋成熟,治藏策略日渐符合实际。

元朝对藏传佛教势力,虽然没有明显地压制某一教派,但依靠和扶持萨迦派,这确是不争的事实。明朝从建国之初即摒弃了元朝的做法,对各教派采取一视同仁、不偏不倚的策略。据载,明朝之所以有这种策略上的转变,与黑帽系五世噶玛巴对之的态度有一定关系。明成祖继位后,曾拟依靠噶玛噶举派,所以在与得银协巴相会时,提出"务将一切宗派并入卿之宗内",但得银协巴不仅没有接纳成祖的厚爱,相反,以"这不合世尊之心"为由予以婉拒。同时,他建议朝廷:"按各宗各派之传统方式行事"。① 明成祖采纳了五世噶玛巴的建议,放弃了原有打算。在这一问题上,五世噶玛巴是否有如此大作用,姑且不论。但这次会见后,明朝正视藏区现实,认可各教派的原有辖区,依靠各派首领"化导其民",并连续封授了许多番僧为王确是事实。而且,明王朝上下一直视册封藏地僧王为头等大事,"旧例番僧封王者,赐诰敕并锦绮、衣帽诸物甚备,又遣官保护送至彼给授"。② 如此封授,虽路途远险,费日耗财,明廷也在所不惜,足见对之重视程度。

或许正是明朝对藏区僧俗首领封授策略和重心的转变,很快就得到藏

---

① [日]佐藤长:《元末明初西藏的形势》,载邓锐龄著:《邓锐龄藏族史论文集》,中国藏学出版社,2004年版。

② 《明宪宗实录》卷44,"成化三年七月丁亥"条。这一"旧例"一直持续到嘉靖末年才有改变,史载,嘉靖四十二年,"乌斯藏阐化等王请封。上以故事,遣番僧远丹班麻等二十二人为正、副使,以通事序班朱廷对监之。比至中途,班麻等肆为骚扰,不受廷对约束。廷对还白其状。礼部因请自后诸藏请封,即以诰敕付来人赍还,罢番僧勿遣。无已,则下附近藩司,选近边僧人赍赐之。上以为然,令著为例。封诸藏之不遣京寺番僧,自此始也"。参见《明世宗实录》卷526,"嘉靖四十二年十月癸丑"条。

区的积极响应。史载当时藏地大大小小的僧俗首领纷纷朝觐请封或遣使来京，明成祖几乎是来者不拒，概予封号和授官。因此之故，我们在检阅《明实录》时不难发现，永乐之后乌思藏等藏区宗教首领来京者，要么是依制朝贡，要么是为请袭（或请替）之事，而请求新封者极少。惟具说服力的解释是，在永乐年间明廷对藏区各教派和地方势力之各级首领的分封，已基本完成。

同时，也应注意到永乐年间，分封重心虽然在由俗官向僧官转移，但也并未因此忽视地方行政机构中俗职的封授。永乐六年（1409）十二月，擦力巴都指挥葛谛藏卜、都指挥吞竹监藏与摄公堂喇嘛擦力巴俄即儿藏卜同其他首领一起遣使来朝，贡马及方物。朝廷赐其钞、币、衣服等物。① 擦力巴即察里八，是元代今拉萨地区一大万户府；摄公堂今译蔡公堂，也在今拉萨地区。但擦力巴和摄公堂在洪武年间未见置都指挥使司之记载，可知这两名都指挥是永乐时分封当地头领为乌思藏都指挥使司的官员。又，永乐七年（1410）二月，必力工瓦国师端竹监藏并都指挥使札巴里监藏、加麻都指挥佥事搠里吉朵尔只、朵陇都指挥佥事锁南领占等各遣使贡马及方物。② 朝廷赐其钞、币、袭衣等。这些冠以地方名字的朝廷命官，无疑也都是永乐时以当地大首领的名义出任乌思藏都司之官员。

总的看来，明永乐时期对藏区僧俗首领的分封，仍然按明太祖"来者辄授官"的原则，有请必封，但分封策略作了很大的调整。

一是调整了分封重点和对象。即将洪武时期以授俗官为主的分封，改为着重授予教派领袖以僧职的分封。

二是提高了宗教首领的封授规格和等级。即改变了洪武时期宗教首领授封等级比较低的状况，给予各宗教首领应有的级别。

三是充分注意了分封的地域性和代表性。对此问题，日本著名藏学家佐藤长先生有如是评述："最早的三大法王其势力范围各自占有东部、中部和西部西藏。明朝一向熟知在此三大地域中最大宗派为准，其设置

① 《明太宗实录》卷60，"永乐六年十二月辛丑"条。
② 《明太宗实录》卷61，"永乐七年二月甲戌"条。

了三大法王,于其间的小空间配置了五名教王,当是依据当时西藏的现实,了解了全部情况后的决策。当我们知道这些教王的封爵几乎都在永乐时代授予的,对于明成祖关于西藏的政策推行得如何妥当,更加感叹不止了。"①

　　经过洪武、永乐时期,明朝封授藏区僧俗首领的原则基本形成,嗣后诸君"因之不替"。自宣德九年(1434)封格鲁派创始人宗喀巴之徒释迦也失为大慈法王后,查诸史籍,再未见明朝于乌思藏等藏区本土新封僧王一级的高级僧官。其间也有被朝廷分封为诸如大智法王、大善法王、大通法王、大悟法王、大应法王、大济法王、大德法王者,这些所谓法王②,若仅从名称上看与之前授封者无异,但实质上差别很大。一是就所属宗教派别和个人影响力之大小而言,这些僧王均无法与"八大王"相比;二是这些僧王皆远离藏区本土,常驻锡京城的大慈恩、大能等寺,其化导之功客观上也难与藏区本土之高僧相比拟,如此等等。因而这些封赐较大程度上讲,归效之政治内容无多,而是与某位皇帝对藏传佛教信仰或偏爱有关。如宪宗"好番僧,至者日众"③,"每召入大内诵经咒,撒花米赞吉祥,赐予骈蕃,日给大官酒馔牲饩至再,锦衣玉食几千人"④。又如武宗"诵习番经,崇尚其教"⑤,"中旨下部,称大庆法王(武宗自封)与圣旨并"⑥。皇帝兴之所至,有时连封两名法王,最多时连封五位法王和许多其他高级僧侣。但如此封授之法,是为"一时宠幸,非制也"⑦,意即个别现象,当然也就不具有普遍意义,论史者对此不可混淆。

　　明廷给驻京番僧封以显号、优以待遇的做法,到中后期有越来越重之

---

①　[日]佐藤长:《明代西藏八大教王考》(下),邓锐龄译,《西藏民族学院学报》,1988年第4期。

②　大智法王、大善法王分别封于景泰三年(1452)、七年(1456),大通法王封于天顺四年(1460),大悟法王、大应法王封于成化四年(1468)的,大济法王封于成化十七年(1482),大德法王封于正德五年(1510)。

③　《明史》卷331,"传219","西域三·大慈法王"。

④　《明宪宗实录》卷53,"成化四年四月庚戌"条。

⑤　《明武宗实录》卷121,"正德十年二月戊戌"条。

⑥　《明史》卷184,"传72","付圭"。

⑦　《明史》卷74,"志50","职官三"。

势,为此给国库造成支付困难,因而屡遭朝野非议。① 为减冗费,明朝野不仅有裁汰番僧封号的呼声,且有具体的实际行动。如英宗即位后,即"诏节冗费。濚因奏减上供物,及汰法王以下番僧四五百人,浮费大省"②。又,成化年间,朝廷中就不时有人对这些法王本系驻京番僧,"无化导番人之功"③,却"名位尊隆",以致不仅"奉养过于亲王",且"出入乘棕舆,卫卒执金吾杖前导,达官贵人莫敢不避路。……中贵人见辄跪拜,坐而受之"。终使宪宗皇帝以"为国为民"并"节财用"之名,准各降封职减赏之请④,并规定:凡授职番僧"不系本土管事者,不与印信"⑤。可见,此类封授上的起落或不予印信,主要针对的是那些被认为"无化导之功"的驻京番僧。⑥ 而对于宣德九年(1434)以前所封乌思藏等地高僧,有明之世朝廷也本着封藏地高层僧官名号,"系祖宗旧制",不可更辄。⑦ 为此,时人便说:"我太祖崇奉释教,观宋文宪《蒋山佛会记》,以及诸跋,可谓至隆极重。至永乐,而帝师哈立麻,西天佛子之号而极也。历朝因之不替。"⑧

由此可见,对于藏区本土内的各级僧职,如法王、教王、西天佛子、大国

---

① 如明英宗正统十四年,工科都给事中陈宜上奏说:"切照在京大兴隆等处国师、剌麻、番僧,逐日光禄寺酒肉供应,所费颇繁。……今后国师、剌麻人等止给食米、柴薪,暂止酒肉供亿。"(《明英宗实录》卷186,"正统十四年十二月己未"条)而对于武宗沉迷藏传佛教,朝臣更是微词不断。如时任六科都给事中的叶相、十三道御史的周伦认为,藏传佛教不仅于国事无补,相反造成巨大危害,因而据理力谏:"今皇上远遣使求佛,传播中外,人心眩惑。永乐、宣德曾再遣使,不闻征验。比见番僧在京者,安之以居室,给之以服食,荣之以官秩,为其能习番教耳。请以其徒试之,今冬暖河流,天时失候,彼能调燮二气以正节令乎? 四方告之,帑藏空虚,彼能神输鬼以赡国用乎? 虏寇不庭,警报数至,彼能说法咒诅以靖边难乎? ……请即罢止。"(《明武宗实录》卷132,"正德十年十二月庚申"条)相关事例还可见于《明武宗实录》卷108,"正德九年正月丁亥"条;卷119,"九年十月甲午"条;卷121,"十年二月戊戌"条;卷125,"十年五月戊戌"条;卷131,"十年十一月辛亥"条等。

② 《明史》卷169,"传57","胡濙"。

③ 《明宪宗实录》卷226,"成化十八年四月丙午"条。

④ 《明宪宗实录》卷53,"成化四年四月庚戌"条;卷58,"成化四年九月己巳"条;卷77,"成化六年三月辛巳"条;卷155,"成化十二年七月癸亥"条。

⑤ 《明宪宗实录》卷172,"成化十三年十一月壬午"条。

⑥ 在明代,由于政府奉行尊僧崇教,优遇藏传佛教高僧,一些来自藏区的僧人,因长期留居内地,逐渐习惯内地生活而向明廷申请"居京自效",朝廷大多许其所请,授予职衔,并妥善安置。这些"居京自效"驻京番僧,虽"化导之功"不大,但还不可因此否认,他们扮演着朝廷与藏区各教派势力的联络者的角色,起到了密切明朝与藏区地方的联系之作用。

⑦ 《宪宗实录》卷77,"成化六年三月辛巳"条。

⑧ (明)沈德符:《万历野获编》卷27,"释教盛衰",中华书局,1997年版。

师、国师等，不仅是僧职名号，而且是朝廷命官。因而，明廷对其原有职衔的袭替，亦按既定程序规定，照章办理。

二　明朝对藏区僧俗首领的控制和管理

明初在藏区僧俗首领的封官授职问题上，有承元制者，但更多的是对封授对象、名称和级别等方面的改变。当时只要藏区僧俗首领响应明朝的招谕并前来朝贡，上缴故朝诰印，朝廷随即封职并颁发新诰印，"更定品秩，……皆令世袭"。在"多封众建"的授职策略下，凡来归附者皆获得了明廷的赐封。明朝所封的这些僧俗官员，无论何种名称，也无论级别的高下，一经封授即被视为朝廷边疆职官系统中的一员。所以，朝廷要求他们不仅要承担"为官者，务遵朝廷之法，抚安一方；为僧者，务敦化导之诚，率民为善"的政治责任，[①] 而且各"部族之长，亦许其岁时朝贡"，以尽臣属之义务。对这些僧俗官员应担当责任和必须履行义务的规定，也就成为明朝加强对藏区僧俗官员控制和管理的重要内容。

（一）藏区僧俗官员的任免、更替与考核

明朝建国之初，为了加强对藏区的政治统治，通过诏谕或派官入藏招抚并向藏族地区僧俗首领表明，"凡在幅员之内，咸推一视同仁"。意即藏族地区既然属帝国"幅员之内"，那么，明朝边疆民族地区管理体制同样适合于藏区。这就是明朝在藏区推行行都武卫与土司制，实施僧俗双重封授的原因和制度依据。

在明帝国的边疆管理体制中，所有官员如指挥使、指挥同知、指挥佥事、宣慰使、宣抚使、安抚使、招讨、巡检、万户、千户、所镇抚等，均由明中央直接敕封当地的僧俗首领担任，有相当的官阶品第和印、诰等物，令其"绥镇一方，安辑众庶"。与此相应，这些官职与名号虽可世袭，但无论是新封或袭替，还是对之的考核，惟明中央政府有权决定。为此，在明朝中央政府的六大职能部门中，吏、兵、礼三部就分别负有兼管民族事务的职责。其中，吏部掌管全国文职官员，文职土官的管理事务亦归属之；兵部为掌管国家武装力量，并负责边疆卫所和武

---

① 《明太祖实录》卷79，"洪武六年二月癸酉"条。

职土官的事务;礼部分管国家礼仪、朝贡、教化等事,并负责土官朝贡及册封。①

土官管理诸事务中最重要者,当数关于土官额数、资格的认定与承袭事宜的管理。这些大事在洪武三十年(1397)前,均归吏部负责,之后才作了调整。即所谓:"土官承袭,原俱属验封司掌行。洪武末年,以宣慰、宣抚、安抚、长官等官,皆领土兵,改隶兵部;其余守土者,仍隶验封司。"②从这一记载看,明廷已将土官分文、武两类并分别隶属中央的不同部门,即领土兵者,归兵部;土府、州、县等土官,仍属吏部。

与此同时,明朝对土官在地方的隶属关系也作了调整。武职土官归行都司,文职土官归布政司。这种文、武土职分别隶属的做法,与明代卫所制不无关系。按明制:"外卫各统于都司、行都司或留守司。"③其中,所谓"外卫"者,实际上扮演着双重角色,既管军事又理民政。史家有:"文武相维,机权攸寓,细大相关,股掌易运。"④赞誉之词溢于言表。

正是因为明朝不仅将边疆民族地区的土官纳入到全国统一的职官管理体系之中,而且在管理体制上不断细化和规范。因而,明代也被认为是中国古代边疆民族地区管理在制度上空前完备的时期。这一点也充分体现在藏区职官归隶问题上,如乌思藏、朵甘等行都司武职,初隶西安行都司,中央归兵部;罢西安行都司后,直接则归兵部,入朝晋觐又归礼部。甘青卫所武职,在地方隶陕西布政司或陕西行都司,中央归兵部。四川藏区(除朵甘)武职,在地方隶四川布政司或四川行都司,中央归兵部;文职隶四川布政司或成都府。当然,这仅是就总体情况而言,具体执行过程中,明朝在藏区行政设置上前后有变化,其土官归隶亦随之有些微更易。

---

① 有关明代民族事务管理机构的研究,可参见赵云田:《中国治边机构史》(第八章),中国藏学出版社,2002年版;陈梧桐:《明朝民族事务管理机构述略》,载《西南民族学院学报》(哲社版),1995年,第4期。
② 《明会典》卷6,"吏部五","土官承袭"。关于此,《明史》卷316,"贵州土司"传亦明确记载:"土官之朝贡符信属礼部,承袭属吏部,领土兵者属兵部"。其中,吏部下属部门验封司,在处理民族事务时,因分管文职土官的承袭及土官和僧官诰敕的颁发而权重;兵部的武选司,"掌卫所、土官选授、升调、袭替、功赏之事"。参见《明史》卷72,"职官志"。
③ 《明史》卷76,"志52","职官志五"。
④ 毛奇龄:《蛮司合志》"序",西河合集本。

1. 土官的封授

早在明朝尚未建立统一政权之前,对于先后内附的湖广、四川、贵州、云南、广西等诸省少数民族地区,即在元制的基础上设职授官。为此《明史》上说:"西南诸蛮,有虞氏之苗,商之鬼方,西汉之夜郎,靡莫、邛、莋、僰、爨之属皆是也。自巴、夔以东及湖、湘、岭峤,盘踞数千里,种类殊别。历代以来,自相君长。原其为王朝役使……沿及汉武,置都尉县属,仍令自保,此即土官、土吏之所始欤。迨有明踵元故事,大为恢拓,分别司郡州县,额以赋,听我驱调,而法始备矣,然其道在于羁縻"。① 由是可知,土司制源于秦汉以来的羁縻官制,但明朝对之作了较大程度的修正。②

明初对归附的少数民族地区首领的授职有两种标准,一是按前朝赐封官职大小授予新职,所谓"洪武初,西南夷来归者,即用原官授之"。③ 二是按所辖地域之大小,参用唐制授职。即《西园闻见录》所载:"因其疆域,参唐制,分析种落。"④但在这一过程中,也事实上存在按对明朝的忠诚度而决定封职高低的,即所谓"以劳绩之多寡,分尊卑之等差"。⑤

与前朝不同的是,明朝将所封土司更为明确地分成文、武两大类。其中,文职土司因不掌控武装,其职衔比照流官,分别为土知府、土知州、土知县等,分隶布政司和吏部;武职有宣慰使、宣抚使、安抚使、招讨使等,分属行都司和兵部。使之"文武相维",以便朝廷控制。而且在明帝国的边疆管理职官系统中,还存在着土流两大子系统,土流二职不可混淆,土官之职一般不由流官担任,而且土职官爵既授之后,虽不支付俸禄,⑥但可世袭或在一

---

① 《明史》卷310,"传198","土司"。
② 土司、土官的称谓,在明代文献中虽有区别运用,但有时二者又可互换。大致在明中叶后,多数情况下将土司、土官并称土司。清朝对少数民族地区土职通称土司,故清人修的《明史》中,均称土官为土司,并立"土司"传。
③ 《明史》卷310,"传198","土司"。
④ (明)张萱:《西园闻见录》卷39,"土官",全国图书馆文献缩微复制中心,1996年版。
⑤ 《明史》卷310,"传198","土司"。
⑥ 土官虽为朝廷命官,因其既世袭又有辖土属民,故各级土官皆"食其土"而"例无俸给"。明朝藏区土官亦沿用这一旧制,且得到土官们的认同。但也有例外,如英宗正统二年,"命给陕西河州等八卫备边土官俸。旧制土官不给俸,至是,选调赴边策应,遂暂给之,如汉官制"。分别参见《蛮夷合志》卷8,《明英宗实录》卷27,"正统二年二月壬戌"条。

教派内传承,这也是土官与流官本质区别。这实质上反映出,封建中央政府与各地土著贵族在权力上的互相承认。当然这种承认必须建立在如此基本前提之下,即各地大小土著官员和各派各部首领,首先应交回印信,表示对新朝的归顺效忠,其原有官职和地位方可予以认可,准于承袭并封以明朝官职名号。

在明朝的边疆管理职官系统中,土流二者在授职原则和方式方法上有相通之处。如官职的名称、等级乃至职数等方面,规定:"凡土司之官九级,自从三品至从七品,皆无岁禄。"①其中,文职土司序列的土府、土州、土县,不仅衔号"设官如府州县"②,而且"其品秩一如流官"③。又如属武职者"设官如京卫,品秩并同"。按制,卫指挥使司:指挥使一人,正三品,指挥同知二人,从三品,指挥佥事四人,正四品;所置"正千户一人,正五品,副千户二人,从五品,镇抚二人,从六品,百户、正六品"。④ 另,宣慰使司:宣慰使一人,从三品,同知一人,正四品,副使一人,从四品,佥事一人,正五品;宣抚司:宣抚使一人,从四品,同知一人,正五品,副使一人,从五品,佥事一人,正六品;安抚司,安抚使一人,从五品,同知一人,正六品,副使一人,从六品,佥事一人,正七品;招讨司:招讨使一人,从五品,副招讨一人,正六品,长官司,长官一人,正六品,副长官一人,从七品;蛮夷长官司:长官、副长官各一人,品同长官司。⑤ 此外,还有蛮夷官、苗民官及千夫长、副千夫长和百夫长等官。⑥

---

① 《明史》卷72,"志48","职官一"。

② 《明史》卷76,"志52",职官五,"土官"。

③ 沈德符:《万历野获编》卷4,"土司文职"。

④ 《明史》卷76,"志52","职官五"。

⑤ 《明史》卷76,"志52","职官五","土官"。就土司职官制度而言,明朝土官的品秩普遍低于元朝,但已进一步细化了土司职衔和品秩。如元代宣慰司,属省与郡县之间的一级政权机构,多设在边徼重地,任宣慰使者既有中央政府委派的流官,也有由土酋充任者。宣慰使秩从二品,宣抚安抚招讨诸使皆为正三品,长官为从五品;明代之宣慰司则是民族地区的专设机构,宣慰使为从三品,之下各级职衔品秩均低于元朝同类土官。而且在明代的土司体系中,又再细分为文、武职土司两大序列,武职之品秩高于文职,如文职最高级的土知府仅为正四品。之所以如此,明朝是要将这些职官职称完全分离出来成为民族地方政权土司职称,以强化对边疆民族地区的控制,并适应进一步加强中央权威之需。

⑥ 《明会典》卷5,"吏部四"。

凡土官一旦被明廷封授,皆依制赐予信物,包括诰敕和官印,并对舆服及有关礼仪作相应规定,以之作为朝廷命官的凭证和权力象征。兹简述之:

一是诰敕。即朝廷颁发给土官的正式任命书(或称委任状),它不仅是一种任职凭证,①而且还显示出品秩上的差异。洪武二十六年(1393)规定:一品至五品皆授以诰命,六品至九品皆授以敕命。② 即土职武千户以上授予诰命,百户以下则给予一道敕命。次年(1394)四月,明廷又对宗教领袖之诰敕给予明确界定:凡大国师、国师,赐诰命;禅师赐敕命;都纲、喇嘛赐敕谕。③ 诰敕的颁发,明初"凡各处土官请给诰敕,行本布政司,转行按察司,委官访察无碍会奏,乃结状缴部单题"。万历五年(1577)题准:"凡土官积年有劳,地方安静,当得封典,止申呈各该司道衙门,勘给明白,转呈抚按,即与具奏,不必自行陈清。如有阻滞不行者,方许具实陈奏"。番僧的袭替"应给诰敕,礼部奏准,移咨本部单题。其颁给,与王诰事体同。"④

二是官印。官印是权力机构、官府权威的象征,官阶不同所授官印之质地有异。明代土官印章之制为:正三品以上官员为银印,从三品以下则为铜印。⑤ 其中,武职土司的最高一级为指挥使,正三品,赐银印,其他所有土官均赐铜印,但铜印之大小、厚薄有别,按其品级分别赐予。⑥

三是舆服及有关礼仪。因佩带不同的服饰,显示土官不同的身份等级。所以,《明史》"舆服"志中明确规定:凡帝国版图内的各级文武官,皆按品秩

---

① 诰敕作为明中央政府的官方文书,其严肃性不言而喻。它例由中书科中书舍人负责书写或翻译,程序严格,连钤印和编号均有规定。依制诏用"制诏之宝",敕用"敕命之宝",奖励臣工则用"广运之宝"。凡颁给公、侯、伯、番王人等的诰敕,以仁、义、礼、智等字号。

② 《明会典》卷6,"吏部五","诰敕"。

③ 《明会典》卷108,"礼部十六"。

④ 《明会典》卷6,"吏部五","验封清吏司"。

⑤ 《明史》卷72,"志48","职官一"。

⑥ 《明史》卷68,"志44","舆服四"载:"百官印信。洪武初,铸印局铸中外诸司印信。正一品,银印,三台,方三寸四分,厚一寸。六部、都察院并在外各都司,俱正二品,银印二台,方三寸二分,厚八分。其余正二品、从二品官,银印二台,方三寸一分,厚七分。惟衍圣公以正二品,三台银印,则景泰三年赐也。顺天、应天二府俱正三品,银印,方二寸九分,厚六分五厘。余正三品、从三品官,俱铜印,方二寸七分,厚六分。……正从九品,俱铜印,方一寸九分,厚二分二厘。未入流者,铜条记,阔一寸三分,长二寸五分,厚二分一厘。以上俱直纽,九叠篆文。"

高低分别授予规格不一的冠服。① 又,洪武二十七年(1394)四月,明太祖以旧的礼仪繁琐,命更定"蕃国朝贡仪",并规定朝见的服饰、行礼及赐宴上的座次,"蕃王班次居侯伯之下",蕃国使臣及土官朝贺,"皆如常朝仪"。② 之所以如此,目的就是要朝见之仪与官爵品级相一致。

明初对藏区僧俗首领的授职原则,亦如西南的民族地区,不同的是,采取僧俗双重封授。设行都武卫,以安置各地方实力派;赐封不同名号的僧职,以安抚各级宗教势力。但在具体实施过程中,并没有教条式的硬套原则,而是作了适当的调整与变通。如对藏区僧俗首领授职级别高低问题上,就有所拔高。洪武十八年(1385),规定:"朵甘思宣慰使司秩正三品,朵甘万户府、朵甘招讨司、朵甘东道万户府、乌思藏必力公万户府秩皆正四品,朵甘塔尔千户所、乌思藏葛剌汤千户所秩皆正五品"。③ 特别是对于藏传佛教高僧之品秩、印信,封赐更高。如按制大国师秩四品,国师秩五品,并有相应印信规定。但洪武六年(1373),封故元摄帝师喃加巴藏卜为炽盛佛宝国师,赐玉印。④ 永乐五年(1407),赐护教王、赞善王金印。又,宣德元年(1426),"升乌思藏大宝、大乘、阐化、阐教、赞善五王及大国师释迦也失差来使臣阿木葛为灌顶净修弘治国师,锁南星吉为灌顶国师,俱赐二品镀金银印。"⑤

同时,就乌思藏、朵甘都司辖区的下属基层政权而言,虽然今天难以确指其地望、属民辖地,但有一点是可以肯定的,那就是其规模明显比内地的同等机构要小得多。即或如此,还对这些都司卫所的人员额数,大多突破定制。如乌思藏都司,设卫时已任命管招兀即儿为指挥同知,后因故元摄帝师喃加巴藏卜入朝荐官,明太祖听说"各官公勤乃职,军民乐业",甚是欣慰,不仅升乌思藏、朵甘卫为行都司,而且又封南哥思丹八亦监藏等三人为都指

① 《明史》卷67,"志43","舆服三"。
② 《明太祖实录》卷232,"洪武二十七年四月庚辰"条。
③ 《明太祖实录》卷170,"洪武十八年正月丁卯"条。
④ 明太祖赐故元摄帝师喃加巴藏卜玉印,有可能是沿袭元朝旧制。史载:"帝师八思巴者,土番萨斯迦人,族款氏也。……中统元年(1280),世祖即位,尊为国师,授以玉印。"参见《元史》卷202,"列传89","释老"。
⑤ 《明宣宗实录》卷15,"宣德元年三月庚子"条。

挥同知。这事实上已超出明制都指挥同知二人的限额。不惟如此,之后明廷又先后晋升几任指挥同知。据《明实录》载:洪武十四年(1381)十一月,都指挥使班竹儿藏卜遣使贡方物(任职时间不详);洪武十五年(1382)二月,乌思藏指挥同知监藏巴藏卜等来朝,贡兜罗帽、铁丽绵等物,受到厚赐;洪武十八年(1385)正月,又任命"西番"班竹儿为乌思藏都指挥使。洪武十九年(1387)十二月,乌思藏等地方遣卫镇抚班竹儿藏卜等人朝贡方物;二十三年(1391)十二月,乌思藏卫都指挥司佥事班竹儿藏卜、分司佥事管卜儿监及卫镇抚朵儿只藏卜、班竹儿藏卜、汝奴藏卜等表贡方物,贺明年正旦。① 朵甘都司的情况亦类似。洪武七年(1374)七月,朵甘卫与乌思藏卫一同升行都指挥使司。起初任命原卫指挥同知锁南兀即儿为指挥同知;后委任率先归附、朝贡的馆觉地方首领剌兀监藏为指挥使。不久,又升赏竺监藏等七人为朵甘都指挥同知。诸如此类,均破明之常例。②

可见,洪武时期明太祖本着"以西番地广,人犷悍,故俗分其势而杀其力,使不为边患,故来者辄授官"的原则,实际上后来已在一定程度变为"忠顺"辄升官了。永乐之后,明王朝基本上秉承祖制,惟有区别的是升官范围扩大到宗教首领罢了,查诸《明实录》,事不绝书。

需要指出的是,明廷虽然对藏地土官在品秩高低和人员额制等问题上,显示出较大的灵活性,但对于其僧俗官员的任命权,一直牢牢掌控在中央政府手中,显然没有什么变通可言。③ 从诸王的分封到镇抚使的任命,唯有朝廷批准,方具法律效力。基本程序是,首先由当地少数民族首领提供名单和理由并上报,再经朝廷大臣建议,最后由皇帝发给诏书任命,并赐予诰印、官服。明代藏区僧俗土官的任命,虽然在初期为使各僧俗势力尽快归附,有程

---

①　参见《明太祖实录》卷140、142、170、179、206 的有关条目。按:在《明太祖实录》中有关班竹儿藏卜的记载,"洪武十九年十二月"条目与"洪武十四年十一月"条目明显有差异,是否同一个人或是两人,现无更为详尽材料加以分辨,姑且存疑。

②　按明制,行都司只设指挥使一人,且又以都节制而关系甚重,"从朝廷选择升调,不许世袭"。因而"凡都司并流官,或得世官,岁抚、按察其贤否,五岁考选军政而废之"。然而,于乌思藏、朵甘都司,不但同时任用好几位都指挥使,且都指挥使一职还可在一些家族中世袭。

③　这也是明帝国在对待主权范围内地区土官与藩属国官员上原则区别,由此充分说明明帝国对藏区行使了主权。

序上的简化,一般皆"从其请",但之后完全照规定程序办理。如此之例,查诸《明实录》及地方史志,记载甚多。

当然,藏地僧俗首领的乞封请袭要求,若有违朝廷规制,亦会遭到否决。其例如四川董卜韩胡宣慰使于正统七年、天顺元年,两度"乞封王爵,赐金印",明廷均以"于理难从",最后只"增其秩为都指挥使"。①

2. 土官的袭替

一般来说洪武、永乐时期,不仅基本上完成了藏区各归附僧俗首领的封授,而且还对这些官员的袭替及隶属关系作了制度上的规定,大体形成一整套有明一代管理藏区僧俗首领的原则和规范。

藏族地区宗教势力强大,这也是该地区与其他少数民族地区的重要差异,明朝鉴此在藏区封官问题上作了变通,即对辖区内的僧俗首领原则上均予以册封,从而形成僧、俗官两大系统。同时,朝廷结合藏区实际,对僧、俗首领的承袭区别对待,并采取相应的管理办法。

其一,俗官袭替的规定。

土官一经授职,即为世袭,明朝对所任命土官,皆依制赐予诰敕、官印等信物。明朝土司袭替虽史有"其子弟、族属、妻妾、若婿及甥之袭替,胥从其俗"的记载②,但为强化对土司袭替的控制与管理,在制度上仍延续嫡长子继承为主,辅之以孙、婿、妻妾、女及外亲等继承的"先嫡后庶,先亲后疏"的原则,同时规定无论采取何种形式承传,其承袭人必须赴朝廷请袭(替),即所谓:"袭替必奉朝命,虽在万里外,皆赴阙受职。"③

为杜绝假冒,保证所有土官"乃朝廷所授"这一原则的落实,明政府为此规定土司应将袭替之人逐级呈报,"守臣审核书册"。④

一是要求明白宗支图本和结状文书。洪武二十六年(1393)令:"土官承袭,务要验封司委官体勘,别无争袭之人,明白取具宗支图本,并官吏人等

---

① 《明英宗实录》卷94,"正统七年七月戊寅"条;卷282,"天顺元年九月甲戌"条。
② 《明史》卷72,"职官一"。
③ 《明史》卷310,"传198","土司"。
④ 《明会典》卷42,"职官十四","大政记"。

结状,呈部具奏照例承袭。"①即可承袭者,首先要有当地官员的调查和保证;同时要有"宗支图本"和结状文书证明,②否则不准袭替。

二是预为造册,即预造土司承袭人之名册。正统元年规定:土官在任时,需将应袭子侄之姓名报告上司,当其死后,即照报告之姓名令其承袭。但这个规定不够详细、具体,常引起上司(都司)与部(兵部吏部)对于承袭人的纠纷。为此正统六年(1441),申令:"预取应袭儿男姓名,造册四本,都(察院)、布(政司)、按(察司)三司各存一本,一本年终送吏部备查,以后每三年一次造缴。"③天顺二年(1458)奏准:"土官病故,该管衙门,委堂上官体勘应袭之人,取具结状、宗图,连人保送赴部,奏请定夺。"④即或如此,明廷的这些规定还存在漏洞,以致一些土司继承人不按制承袭,为此嘉靖时朝廷对袭替规范再次进一步细化。嘉靖九年(1530)题准:凡预袭之人,"土官衙门造册,将见在子孙尽数开报。某人年若干岁,系某氏所生,应该承袭;某人年若干岁,某氏生,系以次土舍;未生子者,候有子造报,愿报弟侄若女者,听。布政司依期缴送吏兵二部查照"。⑤ 到万历九年(1581),又题准:"凡土司告袭,所司作速勘明,具呈抚按覆实批允,布政司即为代奏,该部题选,填凭转给,就彼冠带袭职。"⑥即是说,凡土官请求诰敕,也需由当地有司或有司官员代转会奏,并出面作保,以防袭替过程中出现假冒现象。

对于土官袭职年龄,明朝规定原则上应满十五岁。如弘治二年(1489)下令:"年十五以上,许令袭职。"如年未及,先勘定立案,俟十五,再正式任职。⑦

同时,明廷针对土官多在边疆,万里迢迢赴京请旨,手续繁多,常有拖延时日的现象发生,故天顺末年采取变通办法:"许土官缴呈勘奏",就地袭

① 《明会典》卷6,"吏部五","土官承袭"。
② "宗支图本"又称"亲供"册,是土司袭替的主要依据。"明制,土官袭职,应袭者当系亲供册,载其先世事迹、职位,所领境界、人户及贡赋之数"。参见方国瑜:《云南史料目录概说》,中华书局,1984年版,第458页。
③ 《明会典》卷6,"吏部五","土官承袭"。
④ 《明会典》卷6,"吏部五","验封清吏司"。
⑤ 《明会典》卷6,"吏部五","土官承袭"。
⑥ 《明会典》卷121,"兵部四","铨选四","土夷承袭"。
⑦ 《明会典》卷121,"兵部四","铨选四","土夷承袭"。

职,不必亲自赴兵部。但该办法的实施易造成朝廷"威柄渐弛"。为此,嘉靖时命令恢复原制,即土官继承人被准许承袭后,由兵部、吏部发给号纸或由皇帝发给诰敕,作为凭证。对此《明史》有:"成化中,令纳粟备振,则规取日陋。孝宗虽发愤厘革,而因循未改。嘉靖九年始复旧制,以府州县等官隶验封,宣慰、招讨等官隶武选。隶验封者,布政司领之;隶武选者,都指挥使领之。于是文武相维,比于中土矣。"①

应该说,土官的承袭原则在藏区也基本上得到落实。永乐之前,明朝主要之精力投入到藏区故有地方势力的辨别、认可和封授上,僧俗二职袭替之例少见。但随着明朝藏区设官封职工作的完成,土官的袭替事例便多了起来。这在《明实录》中,相关记载尤多。略举几例以证明之,如宣德五年(1430)五月,朵甘卫行都司都指挥使撒力加监藏奏称:"年老乞致仕,以其子星吉儿监藏代",明宣宗从之。② 天顺四年(1460)九月,"命乌思藏故都指挥佥事昝卜巴子安聘袭其父职。"③这是父死或年老,子继(替)的事例。又如永乐五年(1407)三月,命馆觉头目南葛监藏为朵甘行都司都指挥使,"南葛监藏者,剌兀监藏之子也。剌兀监藏,洪武中率先朝贡,授朵甘卫都指挥使。及卒,以弟着思巴儿监藏暂领其职"。④ 此乃兄终弟及例。

其二,僧职袭替规定。

由于藏区各教派传承方式不一致,有师徒承袭,亦有家族血缘传承者。但无论以何种方式承袭,朝廷均要赐以印诰、符契,以示其严肃性与合法性。

相对而言,明朝对藏区僧职袭替的控制较俗职灵活。如:"法王卒,止用本处僧徒袭职,不由廷授"。⑤ 即是说,明中央政府对于藏区宗教首领的承袭更替,只要符合宗教袭替原则,通常都予以认可,不作太大的变动。但是,这并不能说朝廷对僧职的封袭重视不够、把关不严。如正统时,"番僧

---

① 《明史》卷310,"传198","土司"。
② 《明宣宗实录》卷66,"宣德五年五月庚戌"条。
③ 《明英宗实录》卷319,"天顺四年九月癸未"条。
④ 《明太宗实录》卷65,"永乐五年三月丁卯"条。
⑤ 《明孝宗实录》卷34,"弘治三年正月丙子"条。

完卜捨剌监藏欲袭故妙智通悟国师朵儿只监藏职",朝廷以"非例难从",不予准许。① 从中可见,完卜捨剌监藏欲袭之法,可能并不违背藏区僧职袭替旧例,但与明帝国对僧官袭替的有关规定相抵触,不然为什么明廷拒绝完卜捨剌监藏的请求呢? 为求封授如实,天顺七年(1463)明英宗采纳礼部尚书姚夔的建议,令四川布政司、按察司甄别申请袭职者之资格。② 至嘉靖时,明朝为进一步规范藏区僧职袭替,改变前期因朝廷颁赐乌思藏等藏区僧人的诰敕中,不详持有者姓名和住坐地方等,致有"同一师僧,而袭职异名,或同一职衔,而住坐异地"的混乱状况。嘉靖二十八年(1549)下令:"各处番僧袭职……,本部(即礼部)立文薄一扇,将各僧赍到旧给诰敕所载师僧职名、颁给年月及今袭替僧徒名字、住坐地方,分别已未领有新诰、新敕,逐一登记,备行布政司,照式置造。如系年代久远,果有老病,方得起送承袭。如已袭未领诰敕,许起送一、二人"。③ 特别是对那些如教王以上的高级别的宗教首领之授封与袭职,为示庄重与严肃,嘉靖四十二年(1563)以前,明廷均要指派京寺番僧为正、副使各一人,与朝廷监使一人,代表中央政府(礼部)往封。之后,"诸藏请封,即以诰敕付来人赍还"。④

此外,因藏区不少土司集政教大权于一家,为解决因兄弟众多而产生继承上的矛盾,往往采取分别继承的方式,明廷一般照例尊重其愿,予以认可。这方面的事例,明文献中记载不少。如宣德年间,四川董卜韩胡宣慰使喃葛奏乞致事,请以长子领僧众,次子治民人,"上从之",并"命其长子班丹也失为剌麻,次子克罗俄坚赞代为宣慰使"⑤。又如正统时,赞善王喃葛监藏遣使朝贡并上奏:"现今年老,欲令长子班丹监剉嗣赞善王,次子巴思恭藏卜为都指挥"。授班丹监剉为都指挥使,代父管本都司事,巴思恭藏卜为指挥金事,协赞其兄管束本处人民。并敕谕:到赞善王喃葛监藏真年老,仍欲

① 《明英宗实录》卷 55,"正统四年五月乙卯"条。
② 《明英宗实录》卷 357,"天顺七年九月己巳"条。
③ 《明世宗实录》卷 348,"嘉靖二十八年五月壬辰"条。
④ 《明宪宗实录》卷 526,"嘉靖四十二年十月癸丑"条:"封诸藏之不遣京寺番僧,自此始也。"
⑤ 《明宣宗实录》卷 78,"宣德五年十月己巳"条。

"长子袭封王爵,则尔与众人复共奏来,朕不尔吝。"①若家庭断嗣或出于自愿,亦允许叔侄相传。如宣德时,命河州、西宁番僧剌麻孔思巴捨剌为国师、远丹巴捨罗藏卜、妗吉扎思巴、锁南监察俱为禅师,其中就有袭叔及兄职者。② 又如正统五年(1440),陕西西宁卫申藏蔟剌麻禅师汪束巴年老,命其侄永隆攀袭禅师。③

由此可见,与其他民族地区土官一样,在藏区无论是俗职的袭替,还是僧职在一派一族中传承,都必须依照明朝边疆管理的原则办事。即这些僧俗土官的袭替必须首先通过中央政府的审查和认可,再由本人或遣使向朝廷入贡,并办理相关手续。凡违宪袭替者,明王朝通常要给予相应处罚。如弘治十年(1498)十二月,"初乌思藏阐化王死,其子班阿吉汪束札巴乞袭封阐化王。上命番僧剌麻参曼答实哩为正使,锁南窝资尔副之,同剌麻札失坚赞等十八人,共赍诰敕并赏赐綵缎、衣服、食茶等物往封之。行三年,至其地,时新王亦已死,其子阿汪札失巴坚赞巴班藏卜即欲受封,并领所赍诰敕诸物。参曼答实哩等不得已授之,遂具谢恩方物并其父原领礼部勘合、印信、图书番本付参曼答实哩等赍回为左验。至四川,巡抚官劾其擅封之罪,逮至京,坐斩。至是,屡奏乞贷死。上以为番人不足深治,特免死,发陕西平凉卫充军,副使以下宥之"。④ 事实上,帕竹噶举派从绛曲始,共计十一代(一说十二代),⑤在较长时期内掌政乌思藏地区。除第一代由元廷册封外,第二代至第四代,被明廷封为灌顶国师,第五代到第十一代皆封阐化王。其承传情况,明文献材料中均有详实而完备的记载。又如,史载正德元年(1506),巡抚四川右副都御史刘洪陈奏"松潘、叠溪御夷八事",在"查袭"条有:"土官祈命族等八长官司所摄番夷,……其土官已故,子孙自相承管,未尝请袭。宜命查勘有原降印信者,必请而袭;自相承管者,别为处置,以尽羁縻之道"。⑥ 即使在乌思藏等地有强大影响力和号召力的阐化王,袭职必

---

① 《明英宗实录》卷71,"正统六年四月辛卯"条。
② 《明宣宗实录》卷100,"宣德八年三月辛未"条。
③ 《明英宗实录》卷67,"正统五年五月庚申"条。
④ 《明孝宗实录》卷132,"弘治十年十二月壬午"条。
⑤ 牙含章:《明代中央和西藏地方帕竹政权的关系》,载《中国藏学》,1989年第1期。
⑥ 《明武宗实录》卷13,"正德元年五月辛卯"条。

依朝命,可见,明朝虽在藏区僧俗首领实施"多封众建"的封授政策,但对这些僧俗职官之袭替的掌控并没有放松。

3. 藏区僧俗土官的考核与奖惩[1]

一般来说,在明帝国的官僚系统中,凡属边疆系统的土官的考核虽也有一套较为完备的奖惩制度,但在严格程度上明显不如内地的一般文武职官。《明大政记》上说:凡土官受命调任或在其辖地上袭职,俱以三年一考。其考核办法是,由土司衙门验明任职以来事迹,再报布、按司考核,"平常者复职,称职者于官钱内量加赏赐复职;阘茸不称者降一级,于缺官衙门补用,六年再考如初,九年给由赴京通黜降;若贪污害民、劫夺仇杀,事有显迹者,按察司举问如律"。[2] 所谓考核时限为三、六、九年,不一定能严格照办,但土官有功则升,有过被惩当为定例。

其一,土官的奖励。

明代土职的升迁途径和办法诸多,概括起来其途径有四:军功、忠勤、纳米、进献;方法有三:升品级、加授流官名、加虚衔。[3]

明代藏区僧俗首领的升降原则,亦如其他民族地区。但具体执行中,又有不同之处。因"洪武初,太祖惩唐世吐蕃之乱,思制御之",[4]以及如何才能更好地"抚番制虏",所以明朝对藏区各部的制御之策又因朝廷对其控制力度强弱、战略地位不同而有差异。这在藏区官员的升迁上也有所体现,如乌思藏、朵甘等"三十六番区"职官,因忠勤而加官晋爵的最多;甘青川等军事卫所区土官,以军功而升级者为数不少。

如"三十六番"区僧俗职官的升迁。《明史》"土司传"上说:"三十六番者,皆西南诸部落,洪武初,先后至京,授职赐印。立都指挥使二:曰乌思藏、曰朵甘。为宣慰司者三:曰朵甘、曰董卜韩胡、曰长河西鱼通宁远。为招讨司者六,为万户府者四,为千户所者十七,是为二十六种。"[5]但该地区所设

---

[1] 在这里主要讨论俗官的奖惩,僧职土官的奖惩留待第四章述及。
[2] 转引自方国瑜:《中国西南历史地理考释》(下册),中华书局,1987年版,第1088页。
[3] 龚荫:《中国土司制度》,云南民族出版社,1992年版,第80~84页。
[4] 《明史》卷331,"传219","西域三"。
[5] 《明史》卷311,"传199","四川土司一"。

机构具体有多少,地望如何,史载不详。在某种程度上讲,是因明王朝在这些地区的影响力相对较弱,控制较其他藏区相对松弛之故。因此,明朝对这些地区的僧俗首领,只要他们原则上奉明中央正朔,并"公勤乃职",其升迁较容易。这在明初表现得尤为突出,按明制:都指挥司设指挥使一,正二品;都指挥同知二,从二品;都指挥佥事四,正三品。行都指挥司之设官,比照都指挥司。① 但明廷对"三十六番"藏区的地方机构之设置、职官选任及职别的确定等方面,原本就未严格按明文规定执行。而且他们的升迁多数情况是因其对朝廷的忠诚,即被升职晋爵。

与之相较,明朝对甘青川所属卫所土官之升迁的控制要严格得多。这些地区历史上就是汉藏等多民族杂居区,不仅归附中原王朝较早,汉文化影响也比较深,而且又是明王朝治藏御蒙的前沿战略重地。明朝建立后,对这些地区的地方政权建设即有别于其他藏区,又置重兵,其目的无非是要加强对之的控驭,并希冀以"熟番"招徕"生番"。所以,这里的土职升迁条件相对严格,其中,土官因军功或招抚有方,不仅升迁快,且可升至较高职别,此例《明实录》记载尤多。

首先,升迁如同流官,只要"志向可用",将被按土司官序"一体旌奖擢用"。如洪熙元年,"以征安定、曲先功,升陕西行都司都指挥同知土官李英为右军都督府左都督,食禄不视事,……征有功将士,在陕西者,遣官以钞银币等物往赐之。升罕东卫土官指挥使却里加、必里卫土官指挥同知康寿(指挥同知为指挥使之误)、庄浪卫土官指挥同知鲁失加俱为陕西行都司都指挥佥事,不理司事,给世袭诰命"。② 又如宣德二年(1428),"以招抚曲先功,升安定卫指挥同知阿剌乞巴为都指挥佥事,其下千、百户、镇抚、头目升职有差,皆给诰命。"③但明中叶后,"大虏常住该卫(指庄庄浪卫)边外,相隔止三四十里,近者一二十里,不时侵犯"。明廷决定"其土官志向可用者,一体旌奖擢用,以示激劝,仍稽察钱粮,修葺城堡,问理词讼"。④

① 《明史》卷76,"志52","职官五"。
② 《明宣宗实录》卷10,"洪熙元年十月辛未"条。
③ 《明宣宗实录》卷34,"宣德二年十二月戊辰"条。
④ (明)王之采:《庄浪汇纪》卷1。

其次，加将军、子爵、伯爵等虚衔。加将军者，如西宁卫指挥金事朵儿只失结子端竹，洪武二十九年（1396）袭父职，"没于阵，赠骠骑将军"；[1] 祁土司六世孙祁德，"万历中袭兄指挥使职，以功历迁西宁参将"。[2] 封子、伯爵者，如李喃哥之子李英，永乐间袭父职为西宁卫指挥金事，以军功进都指挥金事，以讨安定、曲先功，宣德二年（1427）封会宁伯，食禄一千一百石，[3] 并封喃哥如子爵；英之子李文，宣德时以功封高阳伯。[4] 又临洮土指挥使赵安历升都指挥同知、都督金事、右军都督同知、副总后，正统三年（1439），与王骥、任礼、蒋贵分道出师，以功封会川伯，食禄一千石。[5]

相比之下，川西藏区土官的升迁职位不如甘青土官高。如松、茂一线被明当局视为地"临生番"[6]，凡"熟番"区内，政治控制几如内地，军事上不仅有卫所兵丁，且设总兵，并受四川都司节制。加之，这一带也没有孕育成如甘青那样势力强大的土官，入明后朝廷原本封职级别就不高。所以，土官升迁时，少见封王、伯、将军等高规格职别。[7] 即或有重大军事斩获，大多赏物厚而晋升职低。[8] "生番"范围内者，大致如"三十六番"区例。

其二，土职的惩罚。

明朝对于藏区土职犯法或违规行为的处理，与明帝国对所属其他边疆

---

① （清）《西宁府新志》卷24，"官师·土司附"，青海人民出版社，1988年版。

② （清）《西宁府新志》卷27，"献征·人物"，青海人民出版社，1988年版。

③ （顺治）《李氏世袭宗谱》，转引自王继光《安多藏区土司家族谱辑录研究》，民族出版社，2000年版，第26页。

④ （清）《西宁府新志》卷24，"官师·土司附"；卷27，"献征·人物"，青海人民出版社，1988年版。明制，列爵五等，后革子、男，只留公、侯、伯三等，并定制："凡爵非社稷军功不得封，封号非特旨不得予。"虽然这些勋爵与散官一样，只是附加性的荣誉官衔，与实职和俸禄关系不大，但它们作为明朝考核职官的补充，并不是轻易可得的。参见《明史》卷72，"职官一"。

⑤ （清）《临洮府志》卷16，"列传"；《明史》卷155，"赵安传"。

⑥ 《明宣宗实录》卷50，"宣德四年正月癸酉"条。

⑦ 分别见《明宣宗实录》卷106，"宣德八年九月甲午"条；《明英宗实录》卷69，"正统五年七月辛酉"条；卷94，"正统七年七月戊寅"条；卷127，"正统十年三月癸巳"条；卷282，"天顺元年九月甲戌"条。

⑧ 如宣德三年（1428）松潘卫指挥使吴纬自陈"平番蛮有功"，但朝廷以"职所当为"，不予升职。又宣德四年（1429）朝廷赏平松潘叛乱有功人员48996人，其中包括上至卫所指挥，下到百户所镇抚，皆有物赏，而无升职。分别见《明宣宗实录》卷45，"宣德三年七月乙卯"条；卷52，"宣德四年三月丁未"条。

民族地区的土官没有两样，其惩罚力度普遍较内地官员轻。一般来说，除"反叛必诛"外，其他违制行为，大多从宽论处。其事例辑录如下：

（1）永乐十九年（1421），"西番马儿藏等簇头目阿东等劫掠沙剌簇，事闻。命都指挥使李达遣人谕之，令悉还所掠，各守疆界。如执悉不悛，发兵征之"。①

（2）宣德二年（1428），"宥喃哈监剉死罪。喃哈监剉者，乌斯藏帕木竹巴灌顶国师阐化王所遣使也。初，归至西宁，与驿丞子斗争，杀其子。事闻，上以其远人特宥之，遣还。仍敕阐化王谕令改过"。②

（3）宣德六年（1431），镇守河州都督同知刘昭奏："罗思囊簇西番千户阿失吉为亲弟工噶所杀，而据其地。按问已引服，当斩"。上曰："杀兄非常罪，斩之，枭其首以徇，使远人知有法"。③

（4）宣德十年（1435），"命四川天全六番招讨使司故招讨高敬让子凤署天全六番招讨使事。先是，敬让为事下狱死，至是，凤乞袭父职。上念其祖有抚安夷人之功，故命之"。④

（5）正统元年（1436），陕西河州卫奏："属番双奔簇为思朵藏及川藏二簇杀伤人口，劫掠财畜。"上命镇守河州指挥佥事刘震遣人赍敕抚治之。⑤

（6）正统十四年（1449），能仁寺番僧朵儿只星吉、乌答麻室哩二人相诬奏以不法，刑部论赎徒。上命发戍辽东铁岭卫。⑥

（7）成化元年（1465），"命番僧且答儿黑巴为精勤善行国师。先是，且答儿黑巴兄国师结卜以罪诛。至是，番簇为请于朝，故有是命"。⑦

（二）体现藏区僧俗首领臣属中央的手段——对朝贡政治含义的剖析

朝贡，古已有之。形式上它是古代诸侯向天子、臣属向君主、附属国向宗主国等定期或不定期朝拜，并进献方物的一种礼节仪式，但仪式背后之实

---

① 《明太宗实录》卷241，"永乐十九年九月壬申"条。
② 《明宣宗实录》卷34，"宣德二年十二月丁丑"条。
③ 《明宣宗实录》卷80，"宣德六年六月己亥"条。
④ 《明英宗实录》卷12，"宣德十年十二月丁未"条。
⑤ 《明英宗实录》卷23，"正统元年十月壬申"条。
⑥ 《明英宗实录》卷179，"正统十四年六月丙辰"条。
⑦ 《明宪宗实录》卷20，"成化元年八月戊戌"条。

质,则是体现二者间的君臣关系。① 所以,自朝贡产生后便被历代统治者重视,并逐渐演变成中国传统社会政治制度中的一个重要组成部分。

明王朝亦继承并充分运用了这一传统,特别是在确立对边疆民族地区统治权和加强对这些地区的控制与管理的过程中,少数民族地区首领定期或不定期的朝贡具有特殊的政治意义。如明朝初建时,边疆民族地区故旧官员是否前来朝贡,它实际上标志着这些地区是否臣服新朝;之后,朝贡又成为明朝加强对边疆地区的控制与管理的重要途经。

首先,在元明政权交替之际,朝贡即被视为边疆民族地区首领是否归附新朝的重要标志和是否封职的依据。这在明初明太祖朱元璋致力于确立藏区地方统治权的过程中,表现得非常明显。如早在西北战事尚未平息之时,太祖即派使入藏招谕、鼓励故元官吏、土官、部落头人、宗教首领到京朝贡。而一旦这些僧俗首领或亲自或遣使朝觐,明中央政府随之即给予他们封官授职,是为明廷命官。可见,藏区僧俗首领进京朝贡并被授予新职,已成为元明政权交替之际,明王朝接手藏区主权的标志性方式。

其次,明朝在藏区的政治统治权建立后,朝贡又成为明中央政府维护藏区主权并行使治权的重要途径。

第一,朝贡是藏区僧俗世官向中央政府必须履行的政治义务。自洪武年间开始,朝廷就硬性规定:"部族之长,亦许岁时朝贡"。② 之后,又进一步建立、健全和完善贡制。

依明制,边疆民族地区土官的朝贡分为年例朝贡、请(袭、替)职朝贡和谢恩、贺庆朝贡三大类。

一是年例朝贡,又称"例贡",即有明确期限的朝贡。明初定制:"湖广、广西、四川、云南、贵州腹里土官,遇三年朝觐,差人进贡一次,俱本布政司给文起送,限本年十二月终"。③ 洪武二十六年(1393)令:凡贡方物,"诸番国

---

① 在中国古文献中,关于朝贡的记载较多,时间很早。如《竹书纪年》有:"帝舜有虞氏九年,西王母来朝";《尚书·禹贡》载:"禹别九州,随山浚川,任土作贡"。可知,早期文献中"朝"、"贡"是分开使用的,其中,"朝"为觐见天子之意,而"贡"是指向天子献礼。"朝"、"贡"二字合用,始见于《汉书》有西域各国:"修奉朝贡,各以其职"一语。之后历代史籍中均沿用此例。
② 《明史》卷330,"传218","西域二","西番诸卫"。
③ 《明会典》卷108,"礼部66","朝贡四"。

及四夷土官人等,或三年一朝贡,或每年朝贡者"。① 藏族地区土官的年例
朝贡,"洪武六年(1373),天全六番招讨使高英遣子敬严等来朝,贡方
物……每三岁入贡"。② 而对于各宗教势力入贡,"初,成祖封阐化等五王,
各有分地,惟二法王以游僧不常厥居,故贡朝不在三年之列"。③《明会典》
上也说:"西番,古吐蕃地。元时为郡县,洪武初,因其旧职。于是乌思藏番
僧有阐教王、阐化王、辅教王、赞善王统化番民,又有护教王、大乘法王、大宝
法王凡七王,俱赐银印,令比岁或间岁朝贡。成化十七年(1481)题准:每三
年一贡"。④ 可见,三年一贡是明朝对民族地区土官定时朝贡中最普遍的
规定。

为何明朝要着力推行三年一贡之制,对此明太祖有这么一段表述:"古
者中国诸侯于天子,比年一小聘,三年一大聘"。⑤ 可知,"三年一大聘"乃
诸侯于天子之礼,明王朝之所以要四夷诸番行三年一贡之礼,目的是要体现
二者在政治上的从属关系。至于这些定期朝贡者所呈"方物",其含义即史
书所说的"古今土贡,即在赋税之中"。⑥ 因此,凡依时入贡者,明廷要给予
以褒扬与厚赏;相反,对于旷贡违期或"贡物不及数"者,要予以惩处,大张
挞伐。如洪武三十年(1397),朝廷发给四川打箭炉、长河西土酋的诏书中
说:"今天下一统,四夷诸番皆以时朝贡。至如乌思藏……亦三年一朝。惟
打箭炉、长河西土酋,……不臣中国。发兵讨之,固不为难"。礼部随之劝
谕道:"至如远者莫若乌思藏……亦三年一朝,不敢后时。其故何哉? 正以
君臣之分不可不谨,事上之心不可不诚,征伐之师不可不惧也"。倘若执迷
不悟,不守"君臣之分",朝廷只好"命大将将三十万众入尔境问尔罪"。⑦
又如弘治十五年(1502),四川龙州宣抚司土官宣抚薛绍勋遣人来贡违限,

① 《明会典》卷108,"礼部66","朝贡四"。
② 《明史》卷311,"传199","四川土司一·天全六番"。
③ 《明史》卷331,"传219","西域三"。
④ 《明会典》卷108,"礼部66","朝贡四"。
⑤ 《明太祖实录》卷88,"洪武七年三月癸巳"条。
⑥ 《续文献通考》卷28,"土贡一·土贡考"。
⑦ 《明太祖实录》卷251,"洪武三十年三月癸亥"条。

"绍勋自请罪"。①

二是请职朝贡。这种形式的朝贡又可分为请封、请袭和请替三种形式。

请封朝贡,明朝建立之初最为常见。在元明改朝换代之际,少数民族地区中的一些有故元官职者,在明朝的兵威和招抚面前,纷纷改旗易帜,归附明廷,通过进京朝贡,求请新朝授职;一些虽原无官职却拥有实力者,但在归附后,也通过朝贡方式来获取明廷的承认和授封。而明廷对于故元土官,只要拥戴新朝,亦往往给予接纳安抚,保持原有官位不变。通过入贡受封,明朝将这些少数民族地区纳入中央政府的统治与管理之下。总的说来,明朝版图内的少数民族地区的请封朝贡,洪武初年最为普遍,但藏族地区有例外。其原因在于,洪武年间主要完成了藏族地区俗职的封授,而为数众多的宗教势力的分封则主要在永乐时期。

依明制,凡被朝廷封职者不分僧俗,分别授予从三品至从九品的十四级官秩。土官虽为世职,例不支禄,但也被颁给与其官秩相应的官印和官服。可见,土官已被纳入帝国官僚系统之中,某人一旦被封即为明廷命官。因而,明朝对土官袭替的管理十分严格,即所谓:"袭替必奉朝命,虽在万里外,皆赴阙授职。"②既然各土官的封授来自明廷,那么其职号的承替,理应通过朝廷的审查与认可,并按规定办理承袭手续。故每有承替,各继任者或遣使、或亲自入朝请求职名,并上缴原颁印信、诰敕等。旨准之后,朝廷通常颁赐新的印信、诰敕。请袭与请替不同之处在于:土官故去,继任者为袭职;而原受职者尚在世,因年老或其他原因无法视事,由他人代职者为替职。但无论是因何种原因继职,都必须依制行事。特别是对那些如藏区诸王等重要土官人物的袭替,朝廷还要派专使往封。由此可见,请职朝贡,实际上已成为明中央政府制约和管理各民族地区土职官员授封、袭替的一种重要手段。

三是贺、谢朝贡。前者指每当朝廷遇有庆贺大典,诸如正旦、皇帝万寿节、太子千秋节等,全国文武衙门主要官员都须进表朝贺,各土官届时也多

---

① 《明孝宗实录》卷184,"弘治十五年二月壬子"条。
② 《明史》卷310,"传198","土司"。

遣使朝贡,以示庆贺。后者即土官在得到朝廷某种特殊恩惠之后,便入朝进贡,以示感谢。这类朝贡具有明显的体现臣属关系的礼仪性质,因其无定期,故有人称之曰"临时朝贡"。① 查诸《明实录》,有关记载尤多。

第二,朝贡是明中央政府维护藏区主权并行使治权的重要途径。各僧俗土官虽得世袭,但袭替必奉朝命,无论远近,均须赴阙授职,否则被视为非法。在这里所谓"奉朝命"以"赴阙授职",就是要应袭之人或亲自、或遣使朝贡。如实际控制乌思藏政局较长时间的帕竹政权首领的承替,就基本上是按明朝的有关规定通过朝贡请袭请替的。为证明之,兹以史料所载为据列表如下:

表二　历代阐化王朝贡袭职表

《明实录》译名	通用名	世系顺次	请职受封年代	备注
吉剌思巴监藏巴里藏卜	札巴坚赞	第五任	永乐四年(1406)	洪武二十七年正月遣使入朝贡方物,永乐四年三月,明廷差使入藏封其阐化王,赐玉印、诰命。
吉剌思巴永耐监藏巴藏卜	札巴迥乃	第六任	正统五年(1440)	正统四年十月遣使随乌思藏指挥端岳竹巴进京朝贡,同年十二月使团辞归,明廷"命赍敕及绰币等物,归赐其灌顶国师"吉剌思巴永耐监藏巴藏卜。次年四月,明廷差禅师葛藏、昆令为正副使封其为阐化王。
桑儿结监藏巴藏卜	桑结坚赞	第七任	正统十一年(1446)	此人为札巴迥乃之父,札巴迥乃病故后"故阐化王吉剌思巴永耐监藏巴藏卜父桑儿结监藏巴藏卜借袭阐化王,命礼部遣官赍敕及绰币等物同来使啅思恭巴等,往赐之"。②

---

① 黄玉生等:《西藏地方与中央政府关系史》,西藏人民出版社,1995 年版,第 100 页。
② 《明英宗实录》卷 142,"正统十一年六月庚子"条。

《明实录》译名	通用名	世系顺次	请职受封年代	备注
噶列思巴中奈领占坚参巴儿藏卜	衮噶列巴	第八任	成化五年(1469)	受朝廷正式认可袭父职的同时受封的有阐教王、辅教王。① 但他在封王前后,遣使朝贡不断。
班阿吉汪束札巴	阿格汪波	第九任	弘治十年(1498)	此王未遣使请封,但在朝廷封授使者到藏前即去世。
阿汪札失巴坚赞巴班藏卜	阿汪札西巴札巴	第十任	嘉靖四十二年(1563)	此王袭职颇费周折。先是抢先袭职,"初乌思藏阐化王死,其子班阿吉汪束札巴乞袭封阐化王。上命番僧剌麻参曼答实哩为正使,锁南窝资尔副之,同剌麻札失坚赞等十八人,共赍诰敕并赏赐綵缎、衣服、食茶等物往封之。行三年,至其地,时新王亦已死,其子阿汪札失巴坚赞巴班藏卜即欲受封,并领所赍诰敕诸物。参曼答实哩等不得已授之,遂具谢恩方物并其父原领礼部勘合、印信、图书番本付参曼答实哩等赍回为左验。至四川,巡抚官劾其擅封之罪,逮至京,坐斩。至是,屡奏乞贷死。上以为番人不足深治,特免死,发陕西平凉卫充军,副使以下宥之"②。后嘉靖四十二年再次遣使请封,但朝廷往封使臣班麻等,在途中"肆为骚扰,不受廷对约束"。明朝遂一改惯例,"自后诸藏请封,即以诰敕付来人赍还,罢番僧勿遣",并著为例。③

---

① 《明宪宗实录》卷62,"成化五年正月辛巳"条。
② 《明孝宗实录》卷132,"弘治十年十二月壬午"条。
③ 《明世宗实录》卷132,"嘉靖四十二年十月癸丑"条。

续表

《明实录》译名	通用名	世系顺次	请职受封年代	备注
札释藏卜	卓尾贡波	第十一	万历七年（1579）	万历七年遣使请袭父职，依制只该袭号阐化王，神宗从阁臣沈一贯言，"加称乌斯藏怕木竹巴藏灌顶国师阐化王"。①

资料来源:《明史》、《明实录》。

正因为朝贡在明朝政治制度中有如此重要的作用,因而明廷不仅非常重视朝贡的制度建设,而且十分注意对朝贡的管理。

一是朝贡者必须遵守定期、定员、定道、定制的规定。如成化六年(1470)四月,礼部议请定藏区朝贡例,并得到批准:"乌思藏赞善、阐教、阐化、辅教四王三年一贡。每王遣使百人,多不过百五十人,由四川路入。国师以下不许贡。其长河西、董卜韩胡二处,一年一贡,或二年一贡,遣人不许过百。松、茂州地方住坐番僧,每年亦许三五十人来贡。其附近乌思藏地方,入贡年例如乌思藏,亦不许过五六十人。乞行四川镇守等官,俱要委官审辨有印信文字者,方许放入"。② 又如"西宁十三族、岷州十八族、洮州十八族之属,大者数千人,少者数百,亦许岁一奉贡,优以宴赉"。③

二是明确朝贡管理的部门与职责。规定:凡遇朝贡,由中央礼部受理,设四夷馆、会同馆负责接待。贡使到京,由四夷馆中的"四番馆"负责翻译贡表及其他文书,会同馆向礼部呈报贡物,然后按土官的品秩和贡物数目、价值颁发赏赐。封赏事宜先经礼部、吏部或兵部等审议后上奏,由皇帝亲自向归附者或入贡者进行封赐,并赐宴招待。通常贡使至京,一般还有钦赐筵宴一至二次,礼部预开筵宴日期,奏请大臣一员陪宴,光禄寺备办于会同馆内,教坊用乐,鸿胪寺派通事及鸣赞供事。如遇使臣数多,则分二日宴请;如遇禁屠斋戒贡使有忌,则宴会移后几日举行。宴毕,陪宴大臣"宣命朝廷优

---

① 《明史》卷331,"西域三·阐化王"。
② 《明宪宗实录》卷78,"成化六年四月乙丑"条。
③ 《明史》卷330,"传218","西域二","西番诸卫"。

待至意，回还之后，各守恭顺，管束部落，毋得生事"。①

由此可见，无论哪种形式的朝贡，这种有组织、有计划的"贡方物"活动，首先是以明朝在乌思藏等藏区的政治统治为基础的，如果没有明朝对藏区的政治统治，这种朝贡显然难以成立。虽然，明朝优予贡市之利的做法，事实上极大地刺激了藏区僧俗首领的朝贡热情。贡使之所以络绎于道，追求经济利益无疑是其重要原因之一。但是，如果明朝没有掌控着评判朝贡是否合法的主动权，怎能对藏区僧俗首领规定朝贡次数、人数、年限乃至朝贡路线呢？所以，我们认为"为官者，务遵朝廷之法，抚安一方，为僧者，务敦教化之诚，率民为善"，是明廷赋予藏区僧俗首领的政治责任，依时按制朝贡也同样是一种必须履行的政治任务。

事实上，不仅是明王朝十分重视藏区僧俗首领的朝贡，视之为衡量是否对朝廷忠诚、尽职的标准，并以之作为联络和控驭这些世官的重要媒介。而且，藏区各僧俗首领也非常看重朝贡，借朝贡之机求取明中央的封诰，抬高自己的政治身价，借此威慑属民，维护自己的世袭统治地位，并从朝贡中得到丰富的回赐，满足经济需求。所以，有明一代，藏区僧俗"贡使络绎乎道，驼马迭贡于廷"，以致明廷"赏赐不赀"。② 而一旦被朝廷取消其朝贡的资格，他们往往视之为耻辱，尽力乞请中央政府宽宥。比如万历三十七年（1609）四月，朝廷议复乌思藏等八番入贡事宜，"先是，四川巡按御史以番人混冒，方物滥恶，所奉敕书洗补可疑"，一度"尽革乌思藏大乘、大宝、长河西、护教、董卜等八番"的朝贡，致使"各藏王皆以不得贡为辱，呶呶苦辩，实兹疑畏"。③

因此，当我们在评判藏区僧俗首领的朝贡时，一方面，必须充分认识到朝贡是明朝为维护国家统一与加强对藏区管理的重要政治手段。另一方面，区分两种"朝贡"的性质，即明帝国版图的少数民族地区土官与帝国周边属国首领，虽都在向明王朝朝贡，但二者被寓于的含义有着本质的不同。其根本原因在于对于明帝国疆域内少数民族地区的土官，一经明廷封授，虽

---

① 《明会典》卷114，"礼部72"，"膳羞一"。
② 《明宪宗实录》卷21，"成化元年九月戊辰"条。
③ 《明神宗实录》卷457，"万历三十七年四月丙寅"条。

在其势力范围内有较大的自主权,但他们首先是朝廷命官,即是说,这些职官已被纳入帝国官僚序列。朝贡已成为他们对明帝国必须承担的一项重要义务,即如明人张萱所说:"其所以图报国家者,惟贡、惟赋、惟兵。"①可见,"惟贡"是土官对朝廷并列于"惟赋"、"惟兵"的三大义务之一。这与而周边属国的朝贡仅示臣服之意有质的差别,而且这些属国是否恪守臣责,还与它们的政权更替、实力变化和明朝国力强弱等因素有相当大的关系。就乌思藏、朵甘等藏区来讲,无论是世俗势力强大的帕竹政权首脑,还是宗教领袖,均无权决定下属,即便有意荐举何人为官,亦须得到明中央政府的认可,方才具有合法地位。由此可见,同样是朝贡,但不同对象的朝贡,各自所赋予的政治含义迥然不同。这就是为什么前一种朝贡较后一种朝贡更具强制性色彩的原因所在。

三 结语——兼述明朝对藏区僧俗首领怀柔与控驭的地域特点

明朝建立后,为加强对所属边疆民族地区的统治和管理,采取了设立卫所和推行土司制的办法。这一过程始于湖广,渐次推广到西南、西北等民族地区。至正二十四年(1364),朱元璋消灭陈友谅的"大汉"政权,湖广之地尽为朱元璋部所有。该地区少数民族首领,当陈友谅势盛之时,"啗以利,资其兵用。诸苗亦为尽力,有乞兵旁寨为之驱使者",及朱元璋"歼友谅于鄱阳,进克武昌,湖南诸郡望风归附"。②于是,施州、永顺、保靖等地,"元时所置宣慰、宣抚、长官司所属,皆先后迎降",朱元璋"即用原官授之"。③借助少数民族地方首领的归附之机对之封官建制,便成为中央政权交替后,明王朝实现民族地区统治权过渡的一项基本策略。为此《明史》上说:"洪武初,西南夷来归者,即用原官授之"。④所谓"原官授之"原则,是指某首领原有辖地大小、属民之多寡。但是,这只是明廷授职依据的一方面,另一方面还得参照这些首领人物对新生明政权的"忠诚"度,以最后确定授职

---

① 张萱:《西园闻见录》卷7,"土官",杭州古旧书店影印本,1984年版。
② 《明史》卷310,"传198","湖广土司"。
③ 《明史》卷310,"传198","土司"。
④ 《明史》卷310,"传198","土司"。

之高低,即所谓:"以劳绩之多寡,分尊卑之等差";"因其疆域,参唐制,分析种落"。凡通过上述途径获得新职的少数民族地方首领,原则上均可"世王其地,世掌其民",并成为维护明朝在边疆民族地区统治权的重要支柱。

应该说,明朝对藏区僧俗首领的封职授号原则,与其他边疆民族地区相比并无质的差别。明初对归附的藏区僧俗首领,依据元朝以来业已形成实力状况,不分势力大小,也不管属民有多少,凡来朝入贡者均可得到明廷的确认与续封,以承认和维持其既有之权势,即所谓:"封西番朵甘、乌思藏诸酋为王师官长。"①为贯彻"原官授之"的原则,甚至出现少数僧俗首领的官职名称,原本是明朝官制中并不存在的官号,只因有故元之旧例,亦予以续封。如司徒封号,就是明廷循元旧例而封给乌思藏僧俗首领的。史载,永乐十一年,"授锁巴头目刺昝肖、掌巴头目札巴、八儿土官锁南巴、仰思都巴头目公葛巴等俱为司徒。……司徒者,其俗头目之旧号,因而授之"。②明朝实施依据藏地僧俗实力集团分布状况并沿袭旧例以封授职号的策略,其积极意义值得肯定。是因这种变通有效地避免了改朝换代后因制度设计变动过大而引起的震荡,并对明王朝迅速而顺利地实现藏区统治权起到非常重要的作用。

另一方面,由于元明交替与中原统治民族的换位,主客观形势决定了明王朝对藏区僧俗首领的统治与管理需作变革,而不是照搬元朝旧制。突出地表现在:一是管理体制上摈弃了元朝之帝师制度以及独宠萨迦的旧制,依照明帝国边疆职官管理原则,将藏地各级新封僧俗官员,皆分别安置在行都武卫和僧官序列中任职。其相关事务,如封授、袭替和朝贡等,在中央由兵部、吏部与礼部,在地方则由行都司或布政司分别受理。二是赋予各级僧俗世官相应的职责,建立与健全封授、袭替和升降制度,并以之为掌控各级僧

---

① (明)谭希思:《明大政纂要》卷3。

② 《明太宗实录》卷137,"永乐十一年二月己未"条。封授刺昝肖的汉文诰敕,还完好保存在西藏档案馆。参见《西藏历史档案荟萃》,文物出版社,1985年版,第25页。另外,有关该问题的详细研究,可参见沈卫荣:《明封司徒锁巴头目刺昝肖考》,载《故宫学术季刊》第17卷,1999年第1期。

俗官员的依据。

但是,这仅是明王朝怀柔与控驭藏区僧俗官员的基本策略。而实际运作过程中,不仅僧俗并非完全平等相待,而且还因僧俗首领所处地域不同,朝廷对之的怀柔与控驭措施也很不一样,呈现出明显的地域性特点。

1. 对乌思藏、朵甘等辖区的僧俗土官以安抚笼络为主。

就控制力度的宽严程度而言,明朝对乌思藏、朵甘地区僧俗官员的管理是多安抚笼络少严格限制。这突出地表现在:

一是表现在明朝承袭该地区主权的过程中。与其他藏区相比,明朝统治者对乌思藏、朵甘等藏区主权的承接,力主以和平招抚的方式而不是以武力的传统办法来实现。早在洪武二年(1369)诏谕吐蕃,申明中原易主,明朝将代替元朝行使在乌思藏、朵甘的统治权。随即明廷遣使广行诏谕,"令举元故官赴京授职"。① 凡响应号召来归新朝者,朝廷皆予以授官封号。这些故元官员或为蒙古官员、或为藏族地方势力首领,二者均是各地的实力集团首脑。他们之间虽并不一定有统属关系,甚至割地自雄,互相拆台,但需要有强大的中央王朝的支持来扩张各自势力,或求得一席生存之地,以维护既得利益的迫切愿望却是相同的。所以,在改朝换代之际,明廷适时地采取"有请必封"与"多封众建"的策略,最大限度地满足各级僧俗首领求取朝廷封官加号的愿望,从而为明朝承袭该地区的主权减少了阻力。同时,卫藏等地的这种分裂割据状况,从某种意义上讲,客观上也迎合了明朝统治者集权中央和对边疆民族地区分而治之的治国构想。所以,明廷对各僧俗实力集团顺势"悉授以职",以示笼络,让其维持互不统属现状,又"使绥镇一方",以期形成"彼势既分,又动于利,不敢为恶"的政治格局。②

二是表现在行使治权的过程中。明朝统治者仍然秉持安抚笼络政策,以实施对该地区僧俗首领的管理。洪武七年(1374),朱元璋认为乌思藏、朵甘等"地广人稠,不立重镇治之,何以宣布恩威"? 于是将朵甘、乌思藏二

---

① 《明史》卷331,"传219","西域三"。
② 《明史》卷331,"传219","西域三"。

都指挥司单独设置为一级地方军政机构,并在其属下设立了大批万户府、千户所,以将它们纳入明帝国的边疆行政管理体系中。但是,这些设施实际上是当地僧俗首领在操纵,中央政府除按制审批其官职的袭替外,一般不再插手具体管理事务。而且明朝为了进一步安抚与笼络这些僧俗官员,使之为朝廷效力,在封授策略上,甚至不惜打破定制。这突出地表现在所设各机构中,常常突破定制以扩大官员人数,并提高其品秩。同时,随着该地区各地方势力力量的消长变化,不时调整封职的侧重点。如正德二年(1507)正月,自明廷任命朵甘都指挥金事阿卓孙星吉藏袭其先祖职后,文献中少见明朝再对朵甘都司高级官员任命的记载。究其由,乃是明廷多封众建,僧俗并用导致各地方力量的强大,朵甘都司被架空,明中央顺势把控驭重心向宣慰使、招讨等下级官员上转移之故。① 这种对乌思藏、朵甘藏区僧俗官员管理与控驭相对灵活的策略,一个非常重要的原因是,明朝在其自身实力不济而边疆形势又较严峻的情况之下,对这一地区的管理与控驭目标首先应是"使其不为边患"。所以,有学者甚至认为,明代对乌思藏、朵甘地区进行实质性管理的条件远不成熟,所设"乌思藏、朵甘地区的衙门与内地的土司在实质上并无二致,仅多了一道宗教的光环而已"。② 在某种程度上说,这有一定道理。

2. 土流兼治以流官为主、土官为佐的"西番诸卫"。

《明史》上所谓的"西番诸卫",不仅历史上"族种最多,……为中国患尤剧",而且为明朝北据蒙古、南捍诸番、东卫关陇之战略要地,因而相较于其他藏区而言,该地区深得明朝统治者重视,凡诸设施明廷着力最多。

元代,"西番诸卫"以治在河州的吐蕃等路宣慰使司都元帅府、陕西行省、甘肃行省等地方政府分别管辖,对之的统治往往"因其部落,官其酋长",即通过任命各部落首领来实现。至明朝,统治者为了进一步控制该地区并维持其统治秩序,妥善安置归降的故元官员和各部僧俗首领,改变其地

---

① 祝启源:《明代藏区行政建置史迹钩沉》,载《藏学论丛》(五),西藏人民出版社,1993年版,第243—244页。

② 柳刚:《试论明初对藏族地区的政治与经济政策》,载《西北民族学院学报》(哲社版),1998年第3期。

的传统地方政权建制,先后建立了一批军事卫所,以安插那些归附明朝的各部头领。但在有关问题处置上,明朝统治者颇费了一番心思。

在故元官员的安置问题上,自洪武四年(1371)正月建河州卫,何锁南普、朵儿只、汪家奴等故元官员被安插其中任职后,一批元朝降官相继皆成为诸卫官员。在卫所军人"世官"的名义之下,准于"子孙世袭其职",保持其原有地位和世袭特权。又如,在由谁主政西番诸卫问题上,明朝虽驻重兵于西番诸卫,但若将统军大权一并交给这些元朝降官与当地头领,并由他们负担保疆之责,明朝当局至少还得考虑这些人对朝廷的持久忠诚问题。为解决该问题,朝廷采取了派驻流官之法。如河州始由统兵大将宁正任卫指挥使,执掌卫事。后河州卫改军民指挥使司后,宁正升任都指挥使,任命凤阳寿州人徐景任卫指挥使。① 这样各重要军事卫所的主政大权始终牢控在统帅大军的汉人将领手中。继河州卫这一统治模式确立之后,西宁、洮州、岷州等卫仿此而行。

"土流参治"的管理模式下,其实质是以流治土,以土治番。即通过实行流官主政,以确保朝廷对各卫的牢牢控扼及政令之通达;而土官佐贰,既保证了这些当地的强宗豪右的原有权势与地位,以维持西番诸卫的地方稳定,又可利用他们长期以来形成的势力以及对土民的影响,担当起流官所不能起到的特殊作用,如约束部众、招降纳叛等。

至于推行土流兼治的地域有多大,史无确载。据《明实录》载,英宗正统二年(1437)"给陕西河州等八卫备边土官俸"。② 可知,有明在河、湟、洮、岷一带,至少设有八卫。但更为详细的数据,则难以考释。而各卫的土、流分配比例,恐怕不尽一致。虽《万历庄浪汇记》有"汉官指挥千百户共五十九员","土官指挥千百户二十六员"的记载,③即大致流二土一,但无以证明西番诸卫的情况皆如此。现据《明实录》洪武、永乐、宣德三朝实录记

---

① (明)《河州志》卷2。
② 《明英宗实录》卷27,"正统二年二月壬戌"条。
③ 王继光:《18世纪中国第一部安多藏区史——〈明史·西番诸卫传〉的现代诠释》,载《中国藏学》,2006年第4期。

载,分别对陕西行都司、河州卫、西宁卫的土流官任职情况,列表如下:①

表三 西番诸卫土流官任职表

朝代	都卫名称	流 官				土 官			
		姓名	任职	开始时间	备注	姓名	任职	开始时间	备注
洪武	陕西行都司	宁正②	都指挥使	七年七月	亦名韦正,初为西安行都司指挥使	—	—	—	—
	河州卫	宁正	卫指挥使	四年十一月	—	何锁南普 朵儿只 汪家奴 马梅 汪瓦儿间	指挥同知 指挥佥事 指挥佥事 指挥佥事 指挥佥事	四年正月 四年六月 四年九月	同时任命。
	西宁卫	陈义	卫指挥使	十六年	—	朵儿只 失结③ 李南哥	指挥佥事 指挥佥事	六年正月 四年	李南哥为元西宁州同知。
永乐	陕西行都司	刘昭④ 何铭	都指挥同知 都指挥同知	八年 七年二月	刘昭此前镇河州,卫指挥使	李英	指挥佥事	十三年二月	原镇西宁,洪熙元年因功升右军都督府左都督。
	河州卫	朱荛	卫指挥使	十三年二月	接替刘昭	康寿	卫指挥佥事	二年三月	—
	西宁卫	陈义	卫指挥使	洪武十六年	—	祁贤 祁震 李英	卫指挥佥事 卫指挥佥事 卫指挥佥事	十二年七月 七年七月 七年九月	李英,二十二年升指挥同知。

① 需说明的是,表中所列部分流官、土官,就著者所及文献中并未见明确的起始任职时间记载,仅以在《实录》初次出现某职为准。又,著者在开列本表时,部分内容参照张维光先生所撰《明代河湟地区"土流参治"浅述》一文,特致谢。参见《青海师范大学学报》(社科版),1988 年第 3 期。

② "宁正"原"韦正",洪武九年(1376)因在河州卫都指挥使任上戍边有功,朝廷赐诏嘉奖,命"复本姓"。洪武七年(1374)七月升迁陕西行都司都指挥使,总辖河州、朵甘、乌思藏三卫。参见《明太祖实录》卷 105,"洪武九年四月己酉"条;《明太祖实录》卷 91,"洪武七年七月己卯"条。

③ 关于朵儿只失结的分封,洪武六年(1373)明太祖特下诏:"朕君天下,凡四方慕义之士,皆待之以礼,授之以官,使之宜其力焉。朵儿只失结久居西土,闻我声教,委身来庭,朕用嘉之! 今开设西宁,特命尔为之佐,尔尚思尽乃心,抚其部众,谨守法度,以安辑土,庶副朕委任之意可宣武将军金西宁卫指挥使司"。从这一诏敕看,能"为之佐"者,是那些"久居西土,闻我声教,委身来庭"的衷心朝廷,又能"抚其部众"之士。参见(清)《西宁府新志》卷 32,"艺文·历朝诏敕",青海人民出版社,1988 年版。

④ 永乐十三年(1415)二月因奉命出使乌思藏返,至灵藏遇"番贼",战之杀敌甚众,升陕西行都司指挥使,朱荛升任河州卫指挥使。参见《明太宗实录》卷 161,"永乐十三年二月丁亥"条。

朝代	都卫所名称	流　官				土　官			
		姓名	任职	开始时间	备　注	姓名	任职	开始时间	备注
宣德	陕西行都司	陈通 史昭	都指挥同知 都督同知	元年十一月 二年四月	史昭由都指挥佥事升授	李文 鲁失加 康寿	都指挥佥事 都指挥佥事 都督佥事	七年 洪熙元年 十月	—
	河州卫	刘永 刘昭①	都指挥佥事 右军都督府同知	三年二月 三年闰四月	刘昭镇守河州、西宁	—	—	—	—
	西宁卫	陈通② 穆肃 陈斌	卫指挥使 都指挥佥事 都指挥佥事	元年十二月 十年 十年三月	—	祈贤 汪福 吉祥 李英	指挥使 指挥同知 指挥佥事 指挥佥事	元年十二月 元年 八年 十年	—

　　从表中可见，三都司卫所的主要官员均为流官，土职多在卫所一级，且品秩较低。据明制，"世官九等，指挥使，指挥同知，指挥佥事，卫镇抚，正千户，副千户，百户，试百户，所镇抚，皆有袭职，有替职"。"流官八等，左右都督、都督同知、都督佥事、都指挥使、都指挥同知、都指挥佥事、正留守、副留守，以世官升授，或由武举用之，皆不得世。即有世者，出特恩"。③ 即是说，卫所一级的土官虽多为世袭，但并非一成不变，即使册封，仍有袭替之别；流官虽不得世，但亦有"特恩"之例。总体来看，有明一朝对该地区的都司卫所官员控驭相对较严，具体表现在：

　　第一，土官品秩不如乌思藏、朵甘等藏区高。按明制土司之官，高至三品，低如七品，亦即从卫指挥同知到下面的佥事、镇抚、千百户等。但在"西番诸卫"，土官官位品级少有达到指挥使（正三品）者，大量的部落酋豪被任命为千户、镇抚、佥事、同知。这表明，明廷对世居此地之土官、豪酋们的地

---

　　① 宣德三年（1428）刘昭因平松潘"番蛮功"，由都指挥佥事升至现职。参见《明宣宗实录》卷42，"宣德三年闰四月壬午"条。

　　② 宣德元年（1426）十二月升流官陈通、土官祈贤至现职，原因是奉命到罕东、安定招抚有功。参见《明宣宗实录》卷23，"宣德元年十二月甲子"条。

　　③ 《明史》卷72，"志48"，"职官一"。

位和世袭权,虽然继续予以认可,但对元朝主要依靠当地少数民族上层来实现其统治的方式作了较大调整,改由重视汉官的作用。如锁南普、朵儿只、汪家奴、李喃哥等这样一些实力雄厚、号令一方的土豪,也不过被封为卫指挥同知、金事。各卫所的统辖大权一般都掌握在汉族出身的流官手中,即人们常以为的"土流同城"、"流官掌印"。即便势可号令一方的土官,也只能为汉族流官之佐。

第二,卫所一级的土官极少被提升到行都司一级的职位,个别因战功卓著而例外,也大多"食禄不视事"。① 即是说,明朝虽然一方面让这些豪势土酋们继续享有一定的特权和地位,通过对之的笼络以便发挥其征调、守卫、保塞之功;但另一方面,又绝不给予可以独断的军政实权,以防势力尾大不掉。

此外,在明朝的武职系统中有两个子系统,一个是以都司、卫、所为主,并上连五军都督府的一套机构和职官;另一个是在英宗正统时,为加强防御和战争的统一指挥所设置的总督或总制,总兵以下,包括副总兵、参将、游击、守备、把总等武官都听其节制。这一系统又称"行伍官",后逐渐成为地方的专设官员。"西番"地区"行伍官"系统中的主要官员,大多也是由流官担任的,如节制西宁、庄浪、凉州、甘州、肃州等十五个卫所的甘肃镇总兵官,全由流官担任。

由此可见,"西番诸卫"的土官虽与牧区卫所土官一样,都是朝廷命官,并有向明中央朝贡的权利与义务。很明显,明廷对之从册封、袭替和升迁等方面控驭相当严格。

3. 宽严并济之下的川西藏区

除朵甘以外的川西藏区,历史上归附中原中央王朝较早,历朝均在此设治封官。元朝以宣政院与行省分别管辖其地。入明后,该地区既是"三十六番朝贡出入之路",即内地与乌思藏、朵甘地区的交通枢纽地带,又是明朝统治的大后方,因而明朝统治者对该地区如何施政有足够的重视。其民

---

① 《明宣宗实录》卷10,"洪熙元年十月辛未"条载:"以征安定曲先功,升陕西行都司都指挥同知土官李英为右军都督府左都督,食禄不视事,给世袭诰命。……其从征有功将土,……升罕东卫土官指挥使却里加,必里卫土官指挥同知康寿,庄浪卫土官指挥同知鲁失加俱为陕西行都司指挥金事,不理司事,给世袭诰命。"即是说,诸此土职加封仅是一种荣誉称号,而无实际意义。

自古与蜀地人民交往频繁,故明廷以"熟番"视之。明朝先后设置了宣抚司、安抚司、长官司等机构,以故旧官员及当地藏族首领,"虽授天朝爵号,实自王其地"①,"不过岁输贡赋,示以羁縻",即对所在僧俗官员控驭之策相对宽松。② 而靠近内地的区域,对其民"俱为编氓,由保长流之"③;对其官的控驭,几同内地。至于战略要冲地带,如松、茂、黎、雅一线,明朝又先后置了如西番诸卫一样的军事卫所,行"土流兼治"土官为流官佐之法,对其军卫官员控驭如同"西番诸卫"。

综上所述,明朝对藏区僧俗官员的管理,虽然分置于行都武卫与僧职两大系统,但其管理措施的宽严程度,因地域不同而有差异。一般来说,明廷对乌思藏、朵甘地区僧俗首领,封职较灵活,怀柔有余而控制严格不足。相比之下,对其他藏区僧俗官员的管理,则相对严格得多。

① 《明史》卷311,"传199","四川土司"。
② 《明史》卷311,"传199","四川土司"。
③ 《明史》卷311,"传199","四川土司"。

第三章　"嘉惠内附":明朝强化
藏区施政的经济政策

从明朝藏区地方统治权的确立与维护看,除今甘、青、川部分地区外,基本放弃了施加军事威慑或直接派驻军队的强力措施,主要采取对僧俗首领"多封众建"式的政治封授,并通过他们管理地方政教事务,以达到政治统治之目的。显然,如果明朝藏区施政的非强制化策略止于此,无疑难以实现对这些地区的有效统治与管理。而且就明朝的边疆民族格局和地区形势来看,藏区是否得治,还关系到"联番制房"以"断匈奴右臂"既定目标能否达到这一事关明政权稳固的原则问题。为此,明朝谨慎地实施了较为特殊的治藏政策,即"限制边茶以制之,崇重喇嘛以化之,建立土司以羁之,厚予赏赐以诱之"。① 这种制驭之道,是"以经济手段为基础来实现西藏的施政",较之元、清治藏,明朝治藏政策的"突出特点"。② 历史证明,正是由于明朝对藏政策的这种非强制性特点,"恰恰是明朝与西藏这种表面上较为松散的关系却使得西藏在与明朝的关系上更趋主动、更为积极"。③

第一节　"以茶驭番":汉藏茶马贸易的实质

马克思主义经典作家在探索世界各民族间的依存关系时指出:在古代,

---

① 任乃强:《康藏史地大纲》,西藏古籍出版社,2000 年版,第 76 页。
② 石硕:《西藏文明东向发展史》,四川人民出版社,1994 年版,第 270 页。
③ 石硕:《明朝西藏政策的内涵与西藏经济的东向发展》,载《西藏研究》,1993 年第 2 期。

每个民族都由于物质联系和物质利益而团结在一起",各民族之间的相互关系取决于每一个民族的生产力、分工和内部交往的发展程度①。以之作为研究我国古代各民族交往之实质的向导,无疑具有十分重要的意义。据文献和考古材料证明,在我国这块辽阔的土地上,由于自然环境的差异,生息于不同地理环境的各民族,基于各自所处的自然条件和社会文化传统,形成各种不同的经济类型及丰富多彩的生产与生活方式。这种按自然条件的特殊性而发展起来的经济类型和产业结构地区性差异,便决定了各民族之间互通有无与合作的必要性。汉藏茶马贸易,即是古代中原农耕民族与青藏高原及其边缘游牧民族,两种不同类型经济区域之间调剂余缺的一种典型例子。② 一般而论,茶马贸易本属汉藏民族间的一种纯经济物资交流活动,其发端的唐朝如此,宋朝亦大体如是。至明代,汉藏茶马贸易这种代表汉藏民族之间互通有无的经济活动被明统治者注入了浓厚的政治内容。

一 唐宋时期汉藏茶马贸易的发育与经济功能的初步背离

茶马互市是贯穿汉藏关系发生、发展过程中的重大历史事件。它始于唐,兴于宋,盛于明,衰于清,前后相沿数百年。

王廷相在《严茶议》上说:"茶之为物,西戎吐蕃古今皆仰之。以其腥肉之物,非茶不消;青稞之热,非茶不解。"③《明史》"食货志"有:"番人嗜乳酪,不得茶,则困以病。"④以藏族为代表的西南、西北游牧民族,历来大多以畜牧业为主,他们习惯于吃牛羊肉及乳制品,茶叶具有助消化、缓解腥气之功能。即所谓:"西北人嗜茶有来矣,西北多嗜乳酪,乳酪滞膈,而茶性通利,能荡涤之。"⑤因而,茶叶也就成了藏族人民不可或缺的生活必需品。

---

① 《马克思恩格斯选集》第1卷,"德意志意识形态",人民出版社,1995年版,第68页。
② 把汉、藏民族聚居区划分为农业经济类型区与畜牧业经济区,这是就总体情况而言。实际上,藏族发源地的雅鲁藏布江河谷,亦属农业经济区。
③ (清)顾炎武:《天下郡国利病书》卷65,"引文",四部丛刊三编史部,上海书店印行,1985年版。
④ 《明史》卷80,"志56","食货四","茶法"。
⑤ (明)王圻:《续文献通考》卷22,"征榷五"、"榷茶",明万历刊本,元明史料丛编一,文海出版社印行。

然而,藏区非产茶之地,藏民族的饮茶习惯是在与中原民族间不断的政治、经济与文化交往过程中逐步形养成的。唐以前史籍中并无藏区百姓饮茶的记载,相反,有关汉地民族栽种茶树、煮饮茶叶的记载却不少见。唐以前的汉文献中,有关茶的称谓就有多种,陆羽有"茶者,……其字或从草,或从木,或草木并。其名,一曰茶,二曰槚,三曰蔎,四曰茗,五曰荈"。① 其中,有据采茶早晚而命名者,所谓"茶早采者为茶,晚采者为茗"②;亦有地域不同叫法各异者,吴地叫茶曰"茗",蜀地曰"槚"。③ 早期屈指可数的有关茶的文献记载多与四川有关,因此清人顾炎武认为:"自秦人取蜀而后,始有茗饮之事。"④这一推断表明,至少早在先秦以前,巴蜀原居民就有饮茶的习俗,秦人取蜀后传至中原。历经汉魏六朝,种茶、饮茶活动盛行于东南各地,到唐代中期后人们对茶便有特别的喜好。"东坡诗云,周《诗》记苦茶,茗饮出近世。乃以今茶为茶。夫茶,今人以清头目,自唐以来,上下好之,细民日数碗,岂是茶也。茶之粗者为茗。"⑤对茶的称谓也日渐统一,遂有"茶"的叫法。⑥ 中原地区茶叶产量的增加和饮茶风气的盛行,随着吐蕃等西北游牧民族与中原汉族人民交往的日益密切,才逐渐吸取了汉族人民的饮茶风俗,并通过汉藏交往以获取茶叶。⑦ 中唐以后,西北游牧民族方"尚茶成风"。⑧ 可见,西戎吐蕃之仰茶,经历了一个逐步形成的历史过程。

相对藏民族饮茶习俗之养成时间而言,汉藏茶马贸易体制形成更晚。虽然,中原王朝与北方游牧民族地方政权之间很早就有规模或大或小的贸易往来,如西汉初年就有与匈奴之间的"关市"。但是,"茶"和"马"二物在这些相互的经济交流中所占比重并不大。这种状况在中唐以后便有较大改观。唐开元十九年(731),时已占据青、康、藏高原的吐蕃奴隶制王朝,遣使

---

① (唐)陆羽:《茶经》,《文渊阁四库全书》子部150,台湾商务印书馆,1986年版。
② (唐)封演:《封氏闻见记》卷6,"饮茶",中华书局,2005年版,第51页。
③ 任乃强:《康藏史地大纲》,西藏古籍出版社,2000年版,第46页。
④ 顾炎武:《日知录》卷7,"茶",岳麓出版社,1996年版。
⑤ (宋)车若水:《脚气集》,《文渊阁四库全书》子部150,台湾商务印书馆,1986年版。
⑥ (清)陆廷灿:《续茶经》,《文渊阁四库全书》子部171,台湾商务印书馆,1986年版。
⑦ 贾大全:《汉藏茶马贸易》,载《中国藏学》,1988年第4期。
⑧ (宋)欧阳修:《新唐书》卷121,"陆羽传",中华书局标点本,1975年版。

向唐朝提出划分唐蕃边界和茶马互市,并请求交马于鄯州西南的赤岭(今日月山),互市于甘松岭(今松潘西北)。① 唐王朝许可了吐蕃以马易茶的请求,但交马和互市地点只准在赤岭进行。是因在宰相裴光庭看来"甘松中国阻,不如许赤岭"。② 至此,汉藏交往中便有了官方认可的茶马互市。

但是,对唐代汉藏茶马互市的规模还不能估计过高,是因唐政府参与茶马互市之力度尚远不如宋明王朝,因而汉藏茶马互市本质上还是汉藏民族间的一般经济交往,属于不同经济类型地区间贸迁余缺的范畴。

首先,茶马贸易尚处于初始阶段,更没有形成定制。查诸汉藏史籍,反映当时茶马互市和藏民饮茶的材料并不多见。《封氏闻见记》中载有安史之乱后,"往年回鹘入朝,大驱名马市茶而归"。③ 又,唐德宗建中二年(781),唐监察御史常鲁公奉使前往吐蕃会盟,其间,常鲁公与吐蕃赞普间就有关茶的问题,发生一段有趣的故事,摘录于下:

"常鲁公使西蕃,烹茶帐中,赞普问曰:'此为何物'?鲁公曰:'涤烦疗渴,所谓茶也'。赞普曰:'我此亦有'! 遂命出之,以指曰:'此寿州者、此舒州者、此顾渚者、此蕲门者、此昌明者、此邕湖者'。④

从这一记载看,如果说当时藏族饮茶普遍,汉藏经济交往中茶叶所占比重较大,自然也就不会有赞普对常鲁公帐中烹物的问话,以及赞普以炫耀的口吻说自己牙帐中已有产自寿州、舒州、顾渚、蕲门、昌明、邕湖等地的名茶。较为合理的解释应该是,茶叶在此时的汉藏经济交往中虽占一定的份额,但是还没有达到后世所谓"茶马互市"之规模。一方面,当时社会经济发展水平并不高,以汉族为代表的中原民族和包括藏族在内的游牧民族间的经济

---

① 随着唐蕃政治关系的发展,汉藏民间的经济文化交往也日益频繁。两地之间的互市贸易,即有规定的"互市"。所谓交马,即换马,使臣进入对方境内,马匹即由需方饲养。交马之地就是分界处。所谓互市,即双方贸迁有无,进行民族经济交流。参见《册府元龟》卷99,"外臣部互市"。

② (晋)刘昫等:《旧唐书》卷196,"传146","吐蕃上",中华书局标点本,1975年版。在唐蕃关系史上,开元二十一年(733)、二十二年(734),是非同寻常的两年。是因二十一年唐蕃重申"舅甥修其旧好,同为一家";次年唐将李佺与吐蕃将领于赤岭分界立碑。

③ (唐)封演:《封氏闻见记》卷六,"饮茶",中华书局,2005年版,第52页。又清人亦有:"唐肃宗时,回鹘有功于唐,许其入贡,以马易茶"。参见(清)《西宁府新志》卷17,"茶马",青海人民出版社,1988年版。

④ 李肇:《唐国史补》卷下,上海古籍出版社,1979年版,第66页。

交往范围还有限。就是回鹘至内地以马易茶者,也只是贡使官员,并非一般商人;另一方面,当时藏区有能力饮用内地茶叶者,仅局限于吐蕃社会上层人士,一般百姓还不具备饮茶的条件。由此推定,吐蕃时代藏民族饮茶之风并不普及;唐代的汉藏茶马交易,在很大程度上还主要停留在唐蕃官方交往的层面上,茶叶在汉藏民间经济交流中尚不占主流地位。

其次,茶马互市属汉藏民族之间自由的经济交流,政府并未干预。前述,唐时中原地区,茶的产地虽已遍及川、黔、湘、鄂以及江南诸省,但输入牧区的茶叶,主要产自四川和陕西的汉中等地。而且,汉藏间的茶马交易如何进行,在相当长一段时期唐中央政府并未插手。只是到唐中期后,鉴于茶税有利可图,根据张滂的建议,才于德宗贞元九年(793)下令,对茶农、茶商征十一税,为此每年政府财政增收四十万贯。① 这一事实再次证明,该时期的茶马互市还处于初创阶段,汉藏茶马互市的规模不大。不然,就难以解释为何只有到了中唐后政府才注意到茶税有利可图之事实。由此看来,唐代的汉藏茶马互市尚未形成一种制度,更无明确的政策限定,收购马匹,或付金帛、或以茶兑,完全视对方之需。本质上讲,唐代汉藏茶马互市还属于汉藏民族间贸迁有无的一般经济行为。

迄至宋代,汉藏茶马贸易有了空前的发展,②宋王朝开始有意识地控制茶马互市。究其因大致有:

第一,茶叶已成为藏民族日常生活的不可或缺物。自唐代茶叶传入吐蕃以后,至宋代已是"夷人不可一日无茶以生"。③ 同时,中原地区种茶区域扩大,种植技艺不断提高,因而茶叶产量达到空前水平,茶叶的外销有足够的数量保证。

第二,宋代立国中原,严重的缺马问题制约着人民的生产与宋王朝的边

---

① (晋)刘昫:《旧唐书》卷49,"志29","食货"下。或曰唐"茶之有税,始此"。参见《西宁府新志》卷17,"茶马",青海人民出版社,1988年版。

② 11—13世纪,宋与甘肃河西一带的"西凉吐蕃",河湟地区的唃厮啰保持臣属关系,汉藏茶马贸易,已成两地人民生活之必需。参见《宋史》卷492,"吐蕃";卷198,"兵志12","马政"。

③ (明)王圻:《续文献通考》卷22,"征榷五·榷茶",明万历刊本,元明史料丛编一,文海出版社印行。

疆防御。与唐朝相比，宋朝的疆域大为缩小，所控制区主要是农耕地带。而且，在北方相继出现了以从事畜牧业为主的少数民族建立的辽、金、夏政权。他们长期与宋争战，威胁着宋的安全。产马之地的契丹、西夏政权为了自身利益，绝不轻易将马匹输入宋朝，以加强宋的实力而威胁自身安全。史载，契丹就一直拒绝往宋输马。于是宋朝加强了对茶马互市的控制，以便从茶叶等生活必需品的输出上制约对方，并借之取得足够数量的马匹以加强抗击对方的军事实力。宋太宗太平兴国六年（981），下诏："岁于边郡市马，偿以善价。内属戎人驰马诣阙下者，悉令县次续食以优之。"① 自此，沿边州郡市马便成定制。因形势所迫，宋朝以西北藏族地区作为马源主要基地。北宋前期先在成都、秦州（今甘肃天水）各置榷茶、买马司，派官"入蜀经划买茶，于秦（天水）、凤（今陕西凤翔）、熙（今甘肃临洮）、河（今甘肃临夏）博马"。② 不久，再"置群牧行司，以往来督察市马者"。③ 之后又在成都设都大提举茶马司，④专门掌管以川茶与少数民族贸易马匹。在茶马互市中，贸易量一般都十分可观。

南宋虽偏安江南，但为了稳固政局、抗击金兵，政府对马政格外重视。而此时，宋朝的马源更主要依靠阶州、文州、西和州、黎州等吐蕃地区，并与大理政权之间进行互市。即所谓："蛮马"，出西南诸蕃，大理"地连西戎，马生尤蕃。大理马，为西南之最"。⑤

从两宋政府参与控制茶马互市的实质看，以马备边是政府着力茶马的关键原因。但是这种政治上的干预，并没有造成汉藏民间茶马贸易衰落，相反是促使其非常繁荣。⑥ 同时，从宋代茶马互市的发展历程看，宋代前期的汉藏经济交流，并非是完全意义上的茶马互市。因为，至宋太宗之前，宋政

---

① 《宋会要辑稿》卷22，中华书局（影印本），1957年版。
② （元）脱脱等：《宋史》卷184，"食货志"下，中华书局标点本，1977年版。
③ 《宋史》卷198，"兵志"12。
④ 宋朝还在全国各地分路设"提举盐茶司"，专司提举（意即经营）"摘山煮海之利，以佐国用"。参见《宋史》卷167，"志120"，"职官七"。
⑤ 范成大：《桂海虞衡志》，"志兽·蛮马"，四川民族出版社，1986年版，第91页。
⑥ 有关问题的详细论述，可参见贾大全：《汉藏茶马贸易》，载《中国藏学》，1988年第4期；陈一石：《明代茶马互市政策研究》，载《中国藏学》，1988年第3期。

府易吐蕃马,主要还是以绢帛和铜钱支付马价,茶叶居次要地位。这种局面的维持,在很大程度上制约着汉藏茶马贸易的发展。实际上,就当时的现实而言,藏族地区饮茶之风很盛,几至"一日不可无茶以生"。由此决定了汉藏经济交往中,藏族人民更为急需的是汉地之茶。就宋朝而言,虽需马甚急,但大量用钱币,至少给宋朝带来两方面不利:

一是加大了宋王朝的财政负担。在当时的茶马交易中,就比价而言,马价明显优于茶价。据今人贾大全先生统计,当时平均马价为30贯,以每年购马3万匹计,则需铜钱90万贯,这一数字几乎相当宋朝年铸钱量。显然,如此下去于宋十分不利。

二是大量金属制品流入边疆地区。若边疆民族铸为兵器,无疑将使本已十分严峻的宋朝边防形势雪上加霜,这也是宋最高统治者尽力避免出现的问题。所以,宋太宗鉴于上述事实,下令禁止以铜钱易马。自此,宋代汉藏茶马互市才真正名副其实地步入轨道。

宋代茶马互市的产生、发展与形成制度的历程表明,藏区由其游牧经济结构与藏族生活方式决定了,十分需要农区之茶;宋朝边疆形势决定了,迫切希望有不断之马源,而其自身经济实力又使宋朝在易马活动中不可能无限制地支付大量的钱币。因而,在汉藏经济交往中,最终确立各自所急需而又是对方所产的代表性产品,茶马对双方的重要性才真正显现出来,并很自然地在二者间的经济交流中占据较为突出位置。另外,宋政府也曾采取"羁縻马"制,但这种马制仅限于西南藏区,①其目的是使该地的藏民族通过茶马贸易,增加经济收入,不致生计困难而生事。

总的看来,宋代汉藏茶马互市虽因宋王朝急需马而采取过垄断措施,茶马互市在一定程度上偏离了民族间互通有无的经济轨道,但宋时吐蕃之地尚未入中原王朝治下,宋专茶马之务,当然也就不具备促藏归效之政治内容。同时,就宋王朝控制汉藏茶马互市的力度看,亦同样没有达到经济手段

① 宋朝也在其辖地四川境内藏区以茶易马,虽然其马"产西南诸蛮,短小不及格",不合战马要求,但"祖宗设互市之法,本以羁縻远人,初不借马之为用,故驽骀下乘,一切许之入中"。参见《宋史》卷198,"兵志";《宋会要》卷43,"职官"。

为政治军事服务的地步。

元代也曾经"榷成都茶",并在大都和甘肃陇西设专卖局。但元朝是蒙古族为主的中原中央政权,辖地空前辽阔,马源本已十分充足,朝廷对之不太重视。如果说,对汉藏茶马贸易有些微注意,亦仅仅是"惟茶以权利所在"。并且,茶商凭引购茶随意贩卖,既无地区限制,更无通蕃之禁令。

二 明朝汉藏茶马贸易经济功能的政治化

应该说,唐宋时期汉藏民族间的茶马交易,总体还是自愿互利的经济行为,强制成分不多。特别是宋代,王朝需马孔亟,早期以钱钞绢帛易马,政府为此加重了财政负担,而用茶易马"以草木之叶,易边场之用,利之最大者也"。① 因而,两宋与藏族易马均厚予茶值。可见,唐重茶利,宋缺战马,是推动两朝重视茶马的主要动力。

到明朝,汉藏茶马贸易之实质已发生了根本性的变化。明人在比较明政府强力控制茶马交易与前朝之差异时就有国朝"茶课本为羁縻戎心,充实边厩"之说。② 即是说,明朝当局着意茶课,其目的已非物质利益追求,主要为了"羁縻戎心"和"充实边厩"这样的政治、军事目标。而就时局来看,明王朝"羁縻戎心"的意图,又远重于"充实边厩"。之所以得出如此结论,其依据是:

第一,明朝统治者有关汉藏茶马贸易的论述,是为最可靠和具说服力的证据。洪武三十年(1397),明太祖谕蜀王椿时说:"夫物有至薄而用之则重者,茶是也。始于唐而盛于宋,至宋而其利博矣。前代非以此专利,盖制戎狄之道,当贱其所有而贵其所无耳"。③ 同年二月,太祖在解释政府严禁私茶出境原因时强调:"巡禁私茶之出境者,朕岂为利哉,制驭夷狄不得不然也。"④可见,由政府垄断茶叶经营,并非单纯谋利,而是关系到"制戎"成败的原则问题。即便到明中叶,世宗也说:"国家令番夷纳马,酬之以茶,……

① (明)谢肇制:《五杂俎》,中华书局,1985 年版。
② 《明神宗实录》卷 182,"万历十五年正月戊午"条。
③ 《明太祖实录》卷 251,"洪武三十年三月癸亥"条。
④ 《明太祖实录》卷 250,"洪武三十年二月丁酉"条。

非中国(即内地)果无良马,而欲市之番夷也,亦以番夷中国藩篱,故以是羁
縻之耳。"①如此等等显示,明王朝之所以不遗余力地严控茶马贸易,限制内
地茶叶入番,其目的是"以茶驭蕃",即以草木之叶换得政治和军事功用。

第二,明朝的边疆形势和北部边疆民族格局,迫使明朝当局在制定治藏
政策时特别注重"联番制虏"以"壮中国之藩篱"。为抵御蒙古的侵袭,"终
明之世,边防甚重,东起鸭绿,西抵嘉峪,绵亘万里,分地守御"。② 所以,明
王朝希望通过对茶马互市的控制,笼络并控制藏区,以便集中精力来对付蒙
古。为此正德时都御史杨一清明确指出:"且金城以西,绵亘数千里,以马
为科差,以茶酬价,使远夷(为)臣民,不敢背叛。如不得茶则病且死,以是
羁縻之,实贤于数万甲兵,此制西番以控北夷之上策也。"③嘉靖十五年
(1536),巡茶御史刘良卿则更为露骨地说:"盖西边之藩篱,莫切于诸番;诸
番之饮食,莫切于吾茶。得之则生,不得则死。故严法禁之,易马以酬之。
禁之而使彼有所畏,酬之而使彼有所慕。所以制番人之死命,壮中国之藩
篱,断匈奴之右臂者。其所系诚重且大,而非可以寻常处之也。"④

正因此故,明朝政府在相当长的一段时期内,严格控制茶叶流入蒙古地
区。因为在明统治者看来,"俺达今求茶市,意不在茶,在得番人耳"⑤,"番
以茶为命,若虏得借以制番,番必转而从虏,贻患匪细"⑥。所以,在"俺达封
贡"之前,明朝基本上皆以银绢、布粮与蒙古易马,蒙古多次请开茶市,一直
未被准许。

不可否认,明朝对战马的强烈需求是其重视茶马贸易的原因之一。明
之天下的获取是以蒙古人为此付出失去中原中央政权的代价为前提的,因
而,北元等蒙古势力对失去中原中央政权的不甘心,明朝为之不得不时刻防
止蒙古人卷土重来。但在明蒙交战中,善骑射蒙古军往往占有战争优势,加

---

① 《明世宗实录》卷24,"嘉靖二年三月辛未"条。
② 《明史》卷91,"志67","兵三"。
③ (明)陈子龙等:《明经世文编》卷115,杨一清"为修复茶马旧制抚慰番夷安靖地方疏",中
华书局影印本,1997年版(后文版本同)
④ 《明经世文编》卷106,梁材"议茶马事宜疏"。
⑤ 《明史纪事本末》卷60,"俺达封贡"。
⑥ 《明神宗实录》卷67,"万历五年九月己未"条。

之蒙古远居漠北,大规模的军事进攻只能削弱其实力,却无法占领蒙古人控制的广阔地带,而蒙古骑兵一旦南下,一次决定性的胜利就可能使明帝国垮台。这就使得明统治者试图通过付诸武力解决蒙古威胁的努力,常常因战马的短缺而难有大的斩获。如此切肤之痛,使明朝上下深刻认识到要抵御剽悍的蒙古骑兵,没有充足的战马是不行的,甚至发出"盖胡之胜兵在马,中国非多马亦不能搏胡"的呼声。① 为此,明代自太祖始,朝野无不视马政为要政。如洪武三十年(1397),明太祖即对蜀王说:"我国家榷茶,本资易马,以备国用。"②"茶马,国之要务。"③"国家重马政,故严茶法。"④可知,对于战马的重要性及如何能获得充足的马源,备受明朝统治者重视。时人王世贞就说:"高帝(即明太祖)时,南征北讨,兵力有余,惟以马为急,故分遣使臣以财货于四夷市马"。⑤

上述可见,在明朝统治者看来,草木之叶的茶与食草之物的马,已具有非同寻常的意义。"摘山之利而易充厩之良,戎人得茶不能为我之害,中国得茶实为我利之大。非马政军需之资,而驾驭西番,不敢扰我边境矣。"⑥而且,"川陕以茶易马,以驭虏之一策"。⑦ 这种一举多得之好事,明统治者自然会倍加重视,建立起较唐、宋两朝更完备而庞大的榷茶职能机构,"凡中茶有引由,出茶地方有税,贮放有茶仓,巡茶有御史,分理有茶马司、茶课司,验茶有批验所"⑧,又制定了一套缜密的杜绝私茶入番的"非常法"⑨。

---

① (明)陶珽:《说郛续》卷9,"马政志",上海古籍出版社,1996年版。
② 《明太祖实录》卷251,"洪武三十年三月癸亥"条。
③ 《明宪宗实录》卷94,"成化七年八月庚申"条。
④ 《明武宗实录》卷121,"正德十年二月辛卯"条。
⑤ (明)王世贞:《弇山堂别集》卷89,"市马考",中华书局,1985年版。
⑥ 《七修类稿》卷12,"国事类·西番易马考"。
⑦ 《明神宗实录》卷203,"万历十六年九月丙辰"条。
⑧ (明)李东阳等:《明会典》卷37,"茶课",(台)新文丰出版公司,1976年版(后文版本同)。
⑨ 《明世宗实录》卷188,"嘉靖十五年六月乙未"条载,嘉靖十五年巡茶御史刘良卿言:"陕西设立三茶司,收茶易马,虽以供边军征战之用,实以系番夷向心之心。考之律例,私茶出境与关隘失察者并凌迟论死,一何重也! 盖西边蕃离莫切诸番,番人恃茶以为生,故榷法以禁之,易马以酬之。禁之使有所畏,酬之使有所慕。此以制番人之死命,壮中国之藩篱,断凶奴之右臂,非可以常法概视也。"

（一）建立与健全汉藏茶马贸易体制

建立起完备而庞大的榷茶职能机构，健全茶马贸易体制，是保证政府掌控茶业并促使茶叶的产、供、储、运、销（赏番）等顺畅的基本依托，因之受到明政府足够的重视。

1. 茶马司的建立与调整

明朝设立专门管理茶马贸易的机构，一般认为是始于洪武五年（1372）。主要依据是，"洪武五年，设茶马司于川、陕，听西番纳马易茶，赐金牌信符以防诈伪"。① 又，"洪武五年二月，诏有司定税额，设茶马司于秦、洮、河诸州，自碉门、黎雅抵朵甘、乌思藏行茶之地凡五千余里，于是西番诸部落之市马者悉至"。② 之后，茶马司这一机构几经调整，前后有一定的变化。大致情况如下：

表一 "茶马司机构设立与变化"

名　称	初设时间	备　注
秦州茶马司	洪武五年（1372）	洪武二十九年（1397），长兴侯耿炳文奏"秦州茶马司不便于互市，请迁于西宁"，明太祖命户部议之，③遂于三十年（1397）改置西宁。
河州茶马司	洪武七年（1374）	—
西宁茶马司	洪武三十年（1397）	—
洮州茶马司	洪武十二年（1379）	—
雅州茶马司	洪武十九年（1386）	—
碉门茶马司	洪武十九年（1386）	—
甘州茶马司	永乐九年（1411）	正统八年（1440）罢，嘉靖四十二年（1563）复建。

资料来源：《明实录》、《明史》、《明会典》。

从表一可见：洪武年间即基本上完成明代茶马司的设置布局，分布区域局限在今甘、青、川等汉藏民族杂居地带。这表明，茶马司作为明王朝所设的一级机构，首要职责是负责管理汉藏茶马交易。但又不止于此，是因蒙古

① 龙文彬：《明会要》卷62，"兵五"、"茶马"，中华书局标点本，1956年版。

② （清）夏燮：《明通鉴》卷4，中华书局标点本，1959年版。

③ 《明太祖实录》卷245，"洪武二十九年四月己丑"条。

问题难以彻底解决,使明朝北部、西北边疆形势一直较为严峻。因而,茶马司就被托负着"抚番驭虏"的双重职能。即如时人所说:"西番以茶为命,国初于西宁、甘州、洮、河诸处立茶司,岁事招番中马,以羁縻之,且以制御北虏。"①

同时,设茶马司于甘、青、川等地,还因西北藏区是明朝战马的来源地。"产茶之地,江南最多,今日皆无榷法,独于川陕,禁法颇重,盖为市马故也"。② 又因"西人颇以善马至边,其所嗜惟茶",而且,"收茶易马,虽以供边军征战之用,实以系番夷归向之心"。③ 所以,正是在"充实边厩"和"羁縻戎心"的多重意图之下,设茶马贸易管理机构于甘、青、川等汉藏民族混居地区,以便担负起相应职责。其中,在茶马贸易过程中,由于一时需要虽先后设置岷州、永宁、庄浪等茶马司,但因作用不大,不久均先后裁去。

茶马司作为明王朝设置的一级专门机构,其建制几经变化。洪武初年以司令、司丞主政茶马司。④ 洪武十五年(1382)又改设"大使一人,正九品,副使一人,从九品"⑤,以掌理茶马之事。表面上,茶马司只不过九品之阶,衙小位卑,但实则权力很大。此外,明朝为了有效地监管茶马交易,朝廷又不时差员巡察。洪武十四年(1381),政府"每岁或遣行人一员,或间差御史巡察潼关以西至甘肃等处"。⑥ 洪武二十六年(1393),明廷又遣曹国公李景隆亲至甘青一带,颁布金牌信符制;洪武三十年(1397),命右军都督:"檄秦、蜀二府,发都司官军于松潘、碉门、黎、雅、河州、临洮及入西番关口外,巡禁私茶之出境者。"⑦自成祖即位之后,启用派员巡察几成定制。永乐元年

① 《明神宗实录》卷74,"万历六年四月丁亥"条。
② 《古今图书集成》经济汇编"食货典"卷292,"茶部总论",中华书局标点本,1985年版。
③ 《明世宗实录》卷188,"嘉靖十五年六月乙未"条。
④ 洪武五年(1372),"置秦州茶马司,设司令正六品,司丞正七品"。参见《明太祖实录》卷72,"洪武五年二月辛卯"条。
⑤ 《明史》卷75,"志51","茶马司"。
⑥ (清)《西宁府新志》卷17,"茶马",青海人民出版社,1988年版。
⑦ 《明史》卷80,"志56","茶法"。朝廷之所以命右军都督掌理此事,是因按明制"凡卫所皆隶都司,而都司又分隶五军都督府"。其中,陕西行都司、四川都司及四川行都司隶属右军都督府。参见《明史》卷76,"志52","职官五"。

(1403)五月,"遣行人往四川碉门、黎、雅、陕西河州、临洮诸处禁约私茶,遵旧制也"。① "永乐十三年,差御史三员巡督陕西茶马。景泰四年,仍照洪武中例差行人。成化三年,令差御一员于陕西巡茶。七年,罢差行人四川巡茶。十一年,令取回御史,复差行人。十四年,仍差御史。弘治十六年,令取回御史,命督理马正都御史兼理。正德二年,仍设巡视御史一员,令仍前督理陕茶马,兼摄川湖等处地方。"②其中,明朝自弘治始,以巡茶御史兼理茶法马政,以一事权。

与此同时,明政府还设置了批验所以别真伪;设茶仓(成都、重庆、保宁、播州即今遵义四大茶仓)以利储备③;设茶运所(在巩昌府、临洮府设置)掌运输;设茶厂或坊(最有影响者如襄城茶厂、紫阳茶厂)进行中转加工,以提高质量。

2. 茶课与茶运制度的建立和完善

明政府为了有效地防范内地茶叶从西北、西南边境私入藏区,便着力加强对川陕茶叶的生产、销售乃至运输等各个环节的控制。

首先,严厉茶课以广茶源。其重要举措之一是设立茶课司,担负掌管军民茶地和分类起科之责。明之茶地,分为官、民两类。其中,关于民地茶园起科,洪武四年(1371)、五年(1372)先后下令:"陕西汉中府金州、石泉、汉阴、平利、西乡县诸处茶园","无主者"由"守城军士薅培,及时采取,以十分为率,官取八分,军收二分";川地则"令人薅种,以十分为率,官取八分"。两地官茶之用途,政府明确规定:俱"令有司贮,候西番易马"。④ 民营茶地的征课标准为:陕西汉中府"每十株,官取其一",四川"产茶地方,每十株官取其一,征茶二两"⑤。可见,这种征课标准与内地"三十征一"的茶课税

---

① 《明太宗实录》卷20,"永乐元年五月戊戌"条。
② (清)孙承泽:《天府广记》卷23,"各差",北京古籍出版社,1984年版。
③ 洪武三十年(1397),明廷"命户部于四川成都、重庆、保宁三府及播州宣慰使司置茶仓四所";次年又"置成都、重庆、宝宁三府及播州宣慰使司置茶仓四所。命四川布政使司移文天全六番招讨司,将岁输茶课仍输碉门茶课司,余地方就近悉送新仓收贮"。参见《明太祖实录》卷254,"洪武三十年七月辛酉"条;同上卷257,"洪武三十一年五月庚申"条。
④ 《明会典》卷37,"茶课"。
⑤ 《明会典》卷37,"茶课"。

率相比,川陕地区明显要重得多①。

不仅如此,明政府甚而对该区民间存茶量,亦强行定额:"民间贮茶不许过一月之用。"②若有多余,"尽数官为收买",不守此令而"卖与人者",则"茶园入官",③更不得将茶擅自与"西番互市"。④ 虽然"碉门、永宁、筠、连所产茶",有"居民所收之茶,依江南给引贩卖法,公私两便",亦主要是因系初叶茶,"惟西番用之"。⑤

另外,明初川陕无主茶园,开始令军士薅采,后逐渐改为役民培采官收,并顺势归为民地,茶课亦依照民地起科。宣德十年(1435)五月,由于保宁府巴县官茶地"承佃人户艰于办纳,至是乃命如民地茶例"。⑥

应该说,明朝针对川陕地区建立的茶课制,至少在明朝初年还是有相当成效的。洪武年间,政府每年茶课陕西二万六千八百六十二斤,四川天全和碉门年收二百五十九万九千二百六十四斤有奇,军培茶地课收一万九千二百八十斤之多。⑦ 因此,明初期政府在汉中和四川所课茶叶,基本能供应陕西秦、洮、河州茶马司易马。

又因川茶占西北汉藏茶马互市茶叶的98%,⑧故明廷下令:四川保宁、夔州等巴茶区之茶课由陕西巡茶御史督办,以便调运至甘青茶马司易马。"巴茶"以外的川茶区之茶课,才由四川盐督转运使管理。但是,随着明朝"以茶驭番"政策的广泛推行,仅凭川陕茶课已不能满足"驭番"需要,后来又以价廉物美湖广茶课支给。⑨

---

① 《明史》卷80,"志"56,"茶法"载:洪武初定令:"凡卖茶之地,令宣课司三十取一"。可见,内地茶课税率为三十税一。对此问题的系统研究,郭孟良先生着力甚多。先后发表了《明代的茶课制度——明代茶法研究之三》(载《茶业通报》,1991年第2期)等多篇论文。
② 《明经世文编》卷106,"梁端肃公奏议五"。
③ 杨一清:《杨一清集》(上),卷3,中华书局,2001年版,第81页。
④ 《明太祖实录》卷106,洪武九年令:"秦蜀军民,毋得入西番互市"。
⑤ 《明史》卷80,"志56","茶法"。
⑥ 《明会典》卷37,"茶课"。
⑦ 《明太祖实录》卷72,"洪武五年四月庚寅"条。
⑧ 贾大全:《川茶输藏与汉藏关系的发展》,载《社会科学研究》,1994年第2期。
⑨ 史载,湖广出产的"湖茶,味苦,于酥酪为宜,亦利番也"。而且价格便宜,因此备受包括藏族在内的西北游牧民族欢迎。但以湖广茶课支给的做法,也受到朝臣的反对。理由是"湖茶行,茶法、马政两弊"。参见《明史》卷80,"志56","食货四","茶法"。

其次，严控茶运以杜私贩。关于"驮番"茶叶的运输，明朝设茶运所掌其事，避免因商人涉足，而导致茶叶走私。明初规定，由政府调动军民夫役官运汉中和川茶，接力棒似的运茶至西北茶马司。即所谓"合用运茶军夫，四川、陕西都、布二司，各委堂上官管运。四川军民运赴陕西接界去处，交与陕西军夫，转运各茶马司交收"。① 然而此法实施的结果，使川陕茶"自汉中运至秦州，道远难致，人力多困"。加之川茶大量调陕，不便贮存。不得已改在"汉中收贮，渐次运之"。② 同时，缮修道路，增设铺站。洪武末年，从褒城至凤县修复故"栈阁二千三百七十五间，统名之曰连云栈"。③ 后置连云栈递运所，经沔县、褒城、留坝凡二十一所。④ 官茶"自汉中府到徽州，过连云栈，俱由递运所转行。徽州至巩昌府，中间经过骆驼巷、高桥、优羌、宁远，各地方偏僻，原无衙门，添设四茶运所，官吏管领，通计十一站，每处设茶夫一百名。巩昌府至三茶司，复由递运所三路分运，计三十站，每处设茶夫三十名"。⑤

洪武、永乐时期，政府对百姓的控制严格，尚能征夫运茶。但之后，官茶的运输不因天灾即因人祸，总是遇到各种问题。宣德三年（1428），四川参政李衡奏准："户部勘合令民运河州茶马司茶六十万斤赴陕西。比因松潘等处番寇作乱，发兵剿捕，其旁近州县民皆惊溃，而发成都等府民六十余万往运军饷，民力不足，乞暂停运。"⑥英宗即位之初，行在户部奏："陕西西宁、河州、洮州蕃族输马一万三千余匹，当给商茶一百九万七千余斤。欲移文四川布政司起夫辇运，今闻其处旱潦相仍，人民艰食，乞暂停止"，英宗从之。⑦正统九年（1444）陕西都督同知郑铭奏："今年收纳番马，该四川运茶八十四万三千六十斤至陕西界。陕西起情军夫运至各茶马司，用军夫二万一千七

---

① 杨一清：《杨一清集》（上），卷3，第86页。
② 《续文献通考》卷22，"征榷五·榷茶"。
③ （清）顾祖禹：《读史方舆纪要》卷56，万有文库二集本。
④ 递运所司职运递粮物，设大使、副使各一人，品未入流。洪武九年（1376）始置，"先是，在外多以卫所戍守军士传送军囚，太祖以其有妨练习守御，乃命兵部增置各处递运所，以便递送"。曾设百夫长统领夫役，后与副使俱革。参见《明史》卷75，"职官四"。
⑤ 《明经世文编》卷106，"梁端肃公奏议五"。
⑥ 《明宣宗实录》卷41，"宣德三年四月癸亥"条。
⑦ 《明英宗实录》卷1，"宣德十年正月甲午"条。

十余名。即今岁旱人饥,乞暂停运以待丰年"。①为减轻四川军民运茶至陕的沉重负担,规定川陕当局各自承担界内的茶叶运输任务。但由于吏治腐败,运茶不仅劳民伤财,仍不能保证易马之用,而且导致陕西地区私茶盛行。正统十四年(1449),英宗遣汤鼎等往陕西、四川运茶易马,次年因"边报未宁,民多馈运",无功而返。②

为了解决官茶的转运问题,在继续实行官运茶叶的同时,明廷被迫依赖民间商人转运,由此便有了"纳粮中茶"和"召商中茶"之策。但是到了嘉靖年间,茶马司由于"召商中茶"积存大量官茶而又陷于无马可易的窘境。究其原因,一则"商人运茶动至数万,岂能尽卖而尽买哉!商人去家千里,既不得速卖,势复难以久守。不得已而赊寄居民,家积户蓄,塞屋充栋。而茶司居民窃易番马以待商贩,岁无虚日"。③另则茶商给茶马司所交茶叶,多为粗恶不堪食用之物,相反留给自销的茶叶,俱备细美。如此一来,民间易马尽为好茶,且价格低廉,番民唯恐不得;而茶马司易马多为恶茶,却价格昂贵,落得个"积久浥烂"下场。④在此形势之下,官营茶马贸易体制陷入了自相矛盾之中:禁止民间运茶,则茶马司无茶易马;放开茶禁,却无形中放纵了民间茶马贸易,茶马司无马可易。⑤

3. 控制茶马贸易比价

《明史》"马政"上说:"太祖起江左,所急惟马,屡遣使市于四方。"⑥朝野上下均一直将茶政、马政同边政紧密联系在一起,视为国家要政。宋朝因同样的问题,在汉藏茶马交易中,一直马价甚高,这也是商品交换中,价值规律发生作用的正常体现。但是,至明代,因藏区已纳入中央政府的治下,明廷为有效地控驭藏区,在"以茶驭番"的政策指向下,采取官定茶马比价,而且有明之世,茶马贸易的主导趋势是马贱茶贵。

官定茶马价的始作俑者是明太祖朱元璋,其主要意图正如洪武三十年

①《明英宗实录》卷118,"正统九年七月癸酉"条。
②《明英宗实录》卷179,"正统十四年六月庚戌"条。
③《明经世文编》卷106,"梁端肃公奏议五"。
④《明英宗实录》卷88,"正统七年正月庚午"条。
⑤ 王晓燕:《明代官营茶马贸易体制的衰落及原因》,载《民族研究》,2001年第5期。
⑥《明史》卷92,"志68","马政"。

(1397)明太祖谕蜀王椿时说:"盖御戎狄之道,当贱其所有,而贵其所无耳。"同年,他再次敕兵部,要求有司必须对之足够重视,一有怠慢其后果异常严重。"巴茶自国初征收,累年与西番易马。近因私茶出境,致茶贱马贵,不独国课有亏,殆使戎羌放肆,生侮慢之心。"① 相反,若"令茶价涌贵,番人受制,良马将不可胜用"。② 这就道出了明廷之所以如此重视茶马比价的实质,就是通过控制藏区经济上的特殊需要来达到政治统治的目的,即要"贱其所有"、"贵其所无",如此不仅可使明军良马不可胜用,更重要的是,可使"戎狄"免"生侮慢之心"。

就有明一代茶马价格统计看,前后有较大波动。兹以《明史》、《明实录》记载列表如下:

表二 明代茶代价格波动表

时间	洪武十五年	洪武十九年	洪武十九年	洪武二十二年	洪武二十二年	洪武二十五年	洪武三十年	永乐中	宣德中	弘治三年	弘治十六年	正德初	隆庆五年	万历二十年	万历二十九年
平均每匹马可换得茶叶斤数	130	30	60	80	1800	100	130	100	100	100	55	80	20	140	40

从明朝公布的茶马价格标准看,茶马价格并不太稳定,至少变化了十五次,大致平均不到二十年即变动一次,且价格变动幅度较大。其中,洪武二十二年(1389)有两种悬殊的数据记录:低至平均每匹马值茶 80 斤,而高至平均每匹马值茶 1800 斤。但就当时的整体情况看,最高的数据仅是个案,不具代表性。关于此,《明太祖实录》卷 196 中有清楚的记载,当年四川岩州卫奏:"每岁长河西等处番商以马于雅州茶马司易茶,其路由本卫经黎州始达茶马司。茶马司定价,每堪中马一匹,给茶一千八百斤,令于碉门茶课

① 《明太祖实录》卷 251,"洪武三十年三月壬午"条。
② 《明宪宗实录》卷 188,"嘉靖十五年六月乙未"条。

司支给"。在碉门地区,宋元以来,民间茶马比价行情大致如此。致之由有多方面,其中最重要者是,雅州的"西番茶"(又称"乌茶"、"边茶"、"马茶")与陕西易马的巴茶、汉中茶在品质上有显著的差别。"西番茶"系枝叶并割的粗茶,在每年秋季采摘,而巴茶和汉中茶均系芽茶和叶茶,乃清明前后采摘的细茶。西番诸卫藏民喜用细茶,他们多次要求政府供应好茶、细茶,抵制粗劣茶叶。① 川陕市场的茶叶品质价格不同,两地藏民的嗜好亦异,因而不能一概而论。实际上,也就在同年,明太祖朱元璋诏碉门茶马:"惟定其价上马与茶一百二十斤,中马七十斤,驹马五十斤,番商有不愿者听"。② 这可能有碉门茶质劣,往外运输不合算,又,康区历来马源少而种不优,不为明统治者重视有关。而且,西北才是明王朝茶马交易的重心,所以,明太祖朱元璋为了统一茶马定价,不愿因此而有例外。

同时,从表二所列茶马比价看,明显的事实是茶贵马贱。茶马比价的频繁变动,说明明王朝的官定比率遭到了藏族人民和商人的抵制。所以,明廷才被迫作出调整,但"以茶驭番"的既定国策始终没有为之动摇。即使如万历二十年(1592),平均每匹马易茶140斤的比率,就当时陕西地区货币比值看,亦是不合理的。③ 如此事实,当事人杨一清算过一笔账,"臣今年正月间(弘治十八年),量发官银一千五百七十余两,委官前去,收买茶七万八千八百二十斤,计易过儿、扇、骡马九百余匹(平均每匹马用茶875斤)。若用银买,须得七千余两,其利如此,但犹未免用官夫运送"。④

对于明代汉藏茶马比价不合理的事实,学者们普遍夸大其消极因素,认为是明王朝利用强力政权,肆意对藏族人民进行的经济盘剥,并最终导致官

---

① 实际上,在明代汉藏茶交易中,茶质的好坏不仅是"番族"关心的问题,也是明朝政府着力整治的问题。永乐三年(1405)十二月,成祖听闻边官以"恶谬之茶"与藏族交易,令兵部"榜谕边地官民,以朝廷怀远之意,今后马至必以好茶。若复欺之,令巡按监察御史采察以闻"。(《明成祖实录》卷49,"永乐三年十二月乙酉"条)如果说在明前期,以次茶充好的现象还不多见,那么到明中后,随着金牌制的废弃和私盐的兴盛,以及吏治的败坏,"有司又屡以敝茶给番族,番人抱憾,往往以羸马应"。参见《明史》卷92,"志68","兵四"。
② 《明太祖实录》卷196,"洪武二十二年六月丙寅"条。
③ 参见陈一石:《明代茶马互市政策研究》,载《中国藏学》,1988年第3期。
④ 杨一清:《杨一清集》(上),卷3,"茶马类",中华书局,2001年版,第87页。

营茶马体制的衰落。实际上，这仅反映了问题的一个方面。纯经济学意义的解释，固然道理十分明白，但在该问题上，人们似乎忽略了这样一个重要的事实，藏区已纳入明中央王朝的版图之内。凡明中央政府治下的臣民都有为其纳赋应役的义务。唐、宋时期，在一定程度上讲，原吐蕃奴隶制政权所辖地区并未被纳入中原统治序列，茶马等汉藏商品互济余缺，当然更多的是要依从经济规律办事。元朝依赖雄厚的军事实力和蒙藏传统文化联系，对藏区实行了比较直接的统治，清查户口等措施，本身就表明藏区民众应向元朝交赋应役。汉藏等族人民同属元王朝的子民，互相之间调剂有无，毫无疑问必须按经济规律办事。明朝对藏区的统治，事实上采取了相对自理的策略，藏区人民既没有如汉族臣民缴纳赋税，甚至亦没有如国内西南等其他少数民族一样交纳土赋。广大乌思藏、朵甘地区，除明初整治修复驿道有应役的内容外，朝贡只存在纳赋的象征意义；之外的藏区，明朝对之实施了相对直接的统治，其辖区人民"以马为赋"并酬以茶价，这本身就说明明王朝对该地臣民应尽国家义务上给予了优待。① 因此，从这层含义上讲，马贱茶贵又有其合理性。

至于官营茶马体制的最终没落，研究者已给予了足够的总结。需特别留意的是，在明朝"以茶驭番"政策指导下，以番汉双重标准（下文详论）查禁私茶值得关注，即严厉禁止汉区上至官员，下至庶民百姓走私茶叶，而对"番民"，尤其是僧俗贡使大肆挟带私茶，往往问而不治。同时，自正统以后，明朝诸君大多昏庸无能，朝内政治斗争日趋激烈，边疆民族政策往往沿循守旧，甚至成为朝内政治斗争的工具。而且，明朝北临蒙古，南有倭寇扰边，形势严峻。明王朝"驭番"能力已今非昔比。这些均是官营茶马体制衰微的重要原因。

（二）"以茶驭番"的立法和实践

1. 茶禁立法的确立与变迁

从制度上即以茶法将茶业纳入国家禁榷专卖轨道，是在中唐以降，宋元时有大的发展，到明则日臻完善。而借茶之经济功能以控驭边疆，则是明朝

---

① 明代在以土官为主的边地府州县实行了与汉地相同的赋税制度，把土司制度与以前的羁縻政治区别开来。国家对于赋税的征收，原则上是没有条件可讲的。

有别于前朝一大显著特色,且制度之完备,如清人修《明史》时就说:"故唐、宋以来,行以茶易马法,用制羌、戎,而明制尤密"。①

兹以《明会典》"茶课"、《明史》"食货"志的有关记载辑录如下:

表三　明朝"驭番"茶法表

时　间	主要内容	资料来源
洪武初	令商人于产茶地买茶,纳钱请引。……别置由贴给之。无由、引及茶引相离者,……称较茶引不相当,即为私茶。凡犯私茶者,与私盐同罪。私茶出境,与关隘不讥者,立论死。	《明史》卷80,"志56","食货四","茶法"。
洪武三十年 (1397)	榜示通接西蕃经行关隘并偏僻处所,着拨官军严谨把守巡视,但有将私茶出境,即挐解赴官治罪。不许受财放过,仍究何处官军地方放过者,治以重罪。 把守人员,若不严守,若放私茶出境,处以极刑,家迁化外;说事人同罪;贩茶人处斩,妻小入官。	《明会典》卷37,"茶课"。《明经世文编》卷115,"杨一清奏疏"。
永乐六年 (1408)	令谕各关上把关头目军士,今后务要用心把守,设法巡捕,不许……私茶青纸出境,若有仍前私贩,挐获到官,将犯人与把关头目,各凌迟处死,家迁化外,货物入官,有能自首免罪。	《明会典》卷37,"茶课"。
景泰五年 (1454)	令各处军民人等,官民马快等船,并车辆头匹,挑担驮载私茶者,各该官司盘获,茶货车船头匹入官,引领牙行及停藏之家,俱依律治罪,巡捕人员受财纵放者,一体究问。	《明会典》卷37,"茶课"。
天顺二年 (1458)	凡番僧夹带奸人,并军器私茶违禁等物,许沿途官司盘检。茶货等物入官;伴送夹带人,送所在官司问罪。若番僧所至之处,各该衙门不即应付。纵容收买茶货,及私受馈送,增改关文者,听巡按御史、按察司官,体察究问。	《明会典》卷37,"茶课"。
成化七年 (1471)	令禁进贡回回蕃僧人等,于在京及沿途收买私茶。	《明会典》卷37,"茶课"。

① 《明史》卷80,"志56""食货四","茶法"。

时　间	主要内容	资料来源
成化十八年（1482）	令私茶有兴贩夹带五百斤者,照见行私盐例,押发充军。	《明会典》卷37,"茶课"。
弘治元年（1488）	奏准:凡军卫有司果无私茶,不许分派下人,买纳作数。	《明会典》卷37,"茶课"。
弘治三年（1490）	令今后进贡蕃僧,该赏食茶,给领勘合。行令四川布政司,拨发有茶仓分,照数支放。不许于湖广等处收买私茶,违者尽数入官。	《明会典》卷37,"茶课"。
弘治十七年（1504）	令四川抚按官,行碉门、黎州、雅州、建昌、松潘、夔州、保宁等处,各该兵备分巡,申明茶禁。利州卫选委指挥一员专管巡茶,通江、巴县、广元、东乡等就处,委巡捕官管理。各督应捕人等把隘缉访,军民人等敢有仍前私贩,及该管官司,不行用心捕获,一体重治。	《明会典》卷37,"茶课"。
弘治十八年（1505）	题准:各处行茶地方,但有将私茶潜往边境兴贩交易,及在腹里贩卖与进贡回还夷人者,不拘斤数事发,并知情歇家牙保,俱问发南方烟瘴地面卫所,永远充军。其在西宁、甘肃、河州、洮州贩卖者,一百斤以上,问发附近卫分充军;三百斤以上,发边卫永远充军分。若在腹里兴贩者,照例五百斤以上,押发附近卫充军。 若军官将官知情,纵容弟男子侄伴当私贩,及守备把关巡捕官知情故纵者,事发参问,降一级,原卫带俸差操;有赃者,从重论……若守备把关巡捕官,自出资本,兴贩私茶,但通蕃者,问发边卫充军。	《明会典》卷37,"茶课"。
嘉靖初	户部请揭榜禁私茶,凡引俱南户部印发,府州县不得擅印。	《明史》卷92,"马政"。
嘉靖十四年（1535）	各该分巡兵备等官,务严禁私茶,按季将捉提人犯数目,开报查考,俱听本官举劾。	《明会典》卷37,"茶课"。
嘉靖十五年（1536）	题准:今后陕西三茶马司积茶,止留二年之用,每年易马计该正茶外,分毫不许夹带。又题准,今后凡遇行茶道路,如有兴贩蕃马入境者,拿获马匹入官,犯人以通蕃例论罪。	《明会典》卷37,"茶课"。

续表

时　间	主要内容	资料来源
嘉靖二十六年（1547）	议准:各处茶商有原无资本，混报茶批入山，通同园户蒸造假茶，及将验过真茶盗卖，沿途采取草茶纳官，各至五百斤以上者，商人园户及知情转卖之人，民发附近卫分，军发边卫各充军，止终本身，茶价入官。	《明会典》卷37，"茶课"。
嘉靖三十一年（1552）	议准:今后进贡番僧，凡有援例陈乞顺买茶斤者，一切据法通行查革。其有该赏食茶，照例拔给回还，经过关隘，一一盘验。如有夹带私茶，不拘多寡，即没入官;仍将伴送人员通把，依律问罪。	《明会典》卷37，"茶课"。
嘉靖末年	御史潘一桂言，增中商颇壅滞，宜裁减十四五。又言松潘与洮河近，私茶往往阑出，宜停松潘引目，申严入番之禁。皆报可。	《明史》卷80，"志56"，"食货四"，"茶法"
万历十三年（1585）	以西安、凤翔、汉中不与番邻，开其禁，招商给引，抽十三入官，余听自卖。	《明史》卷80，"志56"，"食货四"，"茶法"。

表三所列条款仅是明朝"驭番"官、商茶法的一部分。依明制，有关茶叶立法可分为官、商、贡三类。即《清史稿》所载:"明时茶法有三:曰官茶，储边易马;曰商茶，给引征课;曰贡茶，则上用也"。[1] 其中，唯有官茶、商茶是储边易马、赏番、实边的"驭番"茶[2]。

虽然，早在明太祖初定江南的元至正二十一年（1361）二月，就以"榷茶之法，历代资之以充国用。今疆宇日广，民物滋盛，懋迁颇众，而茶法未行"，而命中书省议立茶法。[3] 但朱氏政权是时议立"榷茶之法"，关注的是"资之以充国用"，目的是"榷税以利国"。[4] 这与明朝建立并统一全国后，在江南折征茶区关于官茶、商茶的立法旨意无异。

而于明朝茶制中，最富特色的是不仅将国内产茶分为江南折征区和川

---

① 赵尔巽等:《清史稿》卷124，"食货五"，中华书局，1976年版。

② 《明史》卷80，"志56"，"食货四"，"茶法"。

③ 《续文献通考》卷22，"征榷五"，"榷茶"。

④ 《明经世文编》卷149，王廷相"王氏家藏文集"。

陕本征区,而且对于榷茶的用途、茶禁立法宽严和执法的尺度把握,两者明显不同。为保证川陕茶区之官茶、商茶用于储边易马、赏番与实边"驭番",洪武初即定其征课则例,遣官至各产茶地定例、验数、起科,并设置相应的榷茶管理机构,随即进行茶禁立法。梳理有关明朝禁茶立法条文,可理出以下头绪：

首先,对商茶入番的惩治规定。

所谓"商茶",明朝援引传统做法,即由政府给茶引,商人纳引经营之茶。其中,引、由的印制、分配权在户部,各产茶州县仅有具体分发权。此规定,即便至明朝中后期的嘉靖年间,仍恪守不怠。嘉靖初年即强调："户部请揭榜禁私茶,凡引俱南户部印发,府州县不得擅印。"①凡商人贩茶,须向政府呈报所买额度和行茶地区,按此程序商人于产茶地买茶,"纳钱请引",其经营才算合法。② 反之,即为"私茶",是明廷着力查禁的对象。

对于"私茶",洪武初的立法界定是："无由、引及茶引相离者,……称较茶引不相当,即为私茶。"③这是明朝茶制中最一般性的规定,与宋、元茶法无异,均视之为实施禁榷的法律依据。茶与引、由必须相随,一旦察现"无由、引及茶引相离者"或多余夹带——"称较茶引不相当",即私茶与私盐同罪;④凡"伪造茶引者,处死。籍没当房家产"。⑤ 仅从该条文规定看,似乎显现不出川陕边关地带较腹地,在茶禁上有何特别之处,但在具体的茶禁立法规定上,其差异则显而易见。

第一,强力征课,避免民间储存过多。在茶叶征课方式上,明初对东南茶区和川陕茶区,原本行二元课征体制,前者折征而后者本征。不仅如此,明初政府为保证官茶的足额,以便掌控商茶之源,规定川陕产茶之地,无论是官营抑或民营茶园,均课以重税,所产茶叶一律由政府统购。而且,政府

① 《明史》卷92,"志56","兵四","马政"。

② 《明会典》卷37,"茶课"。

③ 《明史》卷80,"志56","食货四","茶法"。

④ 私盐之罪,《大明律》开宗明义："凡犯私盐者,杖一百,徒三年"。然后,分述了各色人等以何种手段违制私盐之罪及处罚。参见《大明律》卷8,"户律五","盐法",怀应锋点校,法律出版社,1998年版。

⑤ 《明会典》卷37,"茶课"。

甚而对该区民间存茶量,亦强行定额,以免民间贮茶过多而给不法商人留有空子可钻。

一般以为永乐之后,川陕茶区的课征渐有松动之势。实际上,真正有较大变化,是在成化以后。其间,政府对川陕茶区的课征方式,本折交替使用,课率亦渐有降低。值得注意的是,该时期明廷特别用力惩治茶农、茶商纳茶造假。① 嘉靖二十六年(1547)申令:"园户蒸造假茶,及将验过真茶盗卖,沿途采取草茶纳官,各至五百斤以上者,商人园户及知情转卖之人,民发附近卫,分军发边卫,各充军,止终本身,茶价入官。"②

第二,严厉惩处商茶私贩入番。川陕禁茶区虽有"无由、引及茶引相离者"或"置茶局批验所,称较茶引不当者"视为私茶,并"与私盐同罪"之说③,但"考之茶法,在大明律曰:凡犯私茶者同私盐法论罪。盖行于腹里地方者然也",而"行于边方者",在"通番禁例",洪武初就有"私茶出境者斩"的规定。④ 洪武三十年(1397)又进一步明确:"贩茶人处斩,妻小入官。"⑤即是说若有私贩,不仅本人处斩,且要殃及家室,"妻小入官"。并申明敢有试法,"勋戚无贷"。⑥ 至太宗时,亦令"透漏私茶出境者","凌迟处死,家口迁化外"。⑦ 概言之,凡违犯禁令者,定要严惩不贷。

查诸《明会典》,如此严厉规定,大体维持到景泰年间⑧。自成化后,政府对官茶体制进行了一些尝试性的改革,相应对商人贩茶的立法禁令,亦有日渐放松之势。成化十八年(1482)令:"私茶兴贩有夹带五百斤者,照见行私盐例",⑨仅以"押发充军"治罪。而弘治十八年(1505)的规定尤细,例如:

---

① 《明会典》卷37,"茶课"。
② 《明会典》卷37,"茶课"。
③ 《明史》卷80,"食货56","食货四","茶法"。
④ 《明经世文编》卷106,"梁端肃公奏议五"。
⑤ 杨一清:《杨一清集》(上),卷3,中华书局,2001年版,第81页。
⑥ 《明史》卷92,"志68","兵四","马政"。
⑦ 《明经世文编》卷106,"梁端肃公奏议五"。
⑧ 《明会典》卷37,"茶课"。
⑨ 《明会典》卷37,"茶课"。

茶商私贩入番和在腹里卖茶予番同罪。"行茶地方，但有将私茶潜往边境兴贩交易，及在腹里贩卖与进贡回还夷人者，不拘斤数事发，并知情歇家牙保，俱问发南方烟瘴地面卫所，永远充军"。

腹里兴贩与边关私卖，区别惩处。"在西宁、甘肃、河州、洮州贩卖者，一百斤以上，问发附近卫分充军；三百斤以上，发边卫永远充军。若在腹里兴贩者，照例五百斤以上，押发附近分卫充军"。①

之后，嘉靖十五年（1536）令："今后凡遇行茶道路，如有兴贩番马入境者，拿获马匹入官，犯人以通番例论罪。"②嘉靖二十六年（1547）重申：茶商犯禁"发附近卫"充军，"止终本身，茶价入官"。③

可见，明中后期川陕茶区的茶禁力度有逐步和缓之势，部分原因在于政府意欲利用茶商以寻求官茶运输问题的解决。弘治三年（1490），准于"西宁、河州、洮州三茶马司召商中茶，每引不过百斤，每商不过三十引，官收其十之四，余者始令货卖"。④ 即商贩在一定比例上，可以自由入番用茶易马。弘治十六年（1503）杨一清复议开中，但茶商嫌其利太微，不愿中买。正德元年（1506），杨一清又建议："商人不愿领价者，以半与商，令自卖"，遂著为永例，着力推行。⑤ 这实际上是明政府认可了商人商茶在茶业经营活动中的合法性。为适应形势变化，嘉靖三年（1524）开始在四川等地推行"引岸制"，颁发茶引五万道。其中，二万六千道为腹引，二万四千道为边引。后因"边茶少而易行，腹茶多而常滞"，遂于隆庆三年（1569）"裁引万二千，以三万引属黎、雅，四千引属松潘诸边，四千引留内地"。⑥ 之后，于万历十三年（1585）规定："以西安、凤翔、汉中不与番邻，开其禁，招商给引，抽十三入官，余听自卖。"⑦其间，虽有如嘉靖末年御史潘一桂建言，"松潘与洮河近，

① 《明会典》卷37，"茶课"。
② 《明会典》卷37，"茶课"。
③ 《明会典》卷37，"茶课"。
④ 《明史》卷80，"志56"，"食货四"，"茶法"。
⑤ 《明史》卷80，"志56"，"食货四"，"茶法"。
⑥ 《明史》卷80，"志56"，"食货四"，"茶法"。
⑦ 《明史》卷80，"志56"，"食货四"，"茶法"。

私茶往往阑出,宜停松潘引目,申严入番之禁",①并被认可的个别反复。但就整体情况而言,茶禁立法的刚性在减退,禁榷地域在缩小。②

其次,对边隘官吏贩私茶或失察的处罚规定。

明政府在强力控制商茶以防茶商走私的同时,为杜绝茶叶通过边关走私入番,又着力惩治边关将吏把守巡缉和稽查不力,特别是边关将吏自营兴贩的防范。洪武初规定:"私茶出境,与关隘不稽者,立论死。"③《通番禁例》亦有:私茶入番,"关隘不觉察者,处以极刑。"④至洪武三十年(1397),其规定尤细且严,"但有将私茶出境",不仅"把守人员"论死,而且"家迁化外",累及其家眷,甚至"说事人"亦同罪,以防因说情而减轻罪责处罚。⑤明政府特别强调不许边吏滥用职权"受财放过",若有"仍究何处官军地方放者",要"治以重罪"。而于守边将吏自营兴贩,其惩处尤为严厉。

《明史》有"永乐中,帝怀远人,递增茶斤。……茶禁亦稍弛"的说法,⑥但事实上,永乐帝对边关将吏把守巡缉和稽查不力,致使私茶入番的惩治力度并不逊于其父。除派御使至边关巡察监督外,又反复谕令:"各关把关头目军士、务设法巡捕。"⑦若因"关隘失察"而致"私茶出境",不仅把关头目军士被"凌迟处死",而且其"家迁化外"。⑧

较普遍的看法是宣德以后,茶禁"祖制渐坏",但事实是"巡捕人员受财纵放者,一体究问"。⑨ 即便明中叶后,国力日衰,吏治渐坏,茶禁实有废弛之势,但对边境军政官吏及其子弟贩卖私茶的处惩,仍较严厉。弘治十七年

---

① 《明史》卷80,"志56","食货四","茶法"。
② 嘉靖十年,巡茶御史刘良卿鉴于明代先行茶制难以有效推行,建议内地渐放茶禁,允许茶商在郡内自卖,边地如"河、兰、阶、岷诸近番地,禁卖如故"。参见《明宪宗实录》卷188,"嘉靖十年六月乙未"条。
③ 《明史》卷80,"志56","食货四","茶法"。
④ 《明经世文编》卷106,"梁端肃公奏议五"。
⑤ 杨一清:《杨一清集》(上),卷3,"茶马类",中华书局,2001年版,第81页。
⑥ 《明史》卷80,"志56","食货四","茶法"。从文献记载看,明朝茶法遭到大的破坏,应始于武宗时期。其中一个非常重要的原因即如《明史》所说:"武宗宠番僧,许西域人例外带私茶。自是茶法遂坏。"(同上)
⑦ 《明会典》卷37,"茶课"。
⑧ 《明史》卷80,"志56","食货四","茶法"。
⑨ 《明会典》卷37,"茶课"。

(1504)令："各督应捕人等，把隘缉访军民人等，敢有仍前私贩，及该管官司，不行用心捕获，一体重治。"①不过如何"究问"、"重治"受财"纵放者"和"不行用心捕获者"，在立法上并没有如明初那样作非常明确的量化规定。这种状况至弘治十八年（1505）有所改观，分别对把关巡捕官的失职、受财纵放及自营兴贩，给予不同的制裁：

（1）"军官将官知情，纵容弟男子侄伴当私贩，及守备把关巡捕官知情故纵者，事发参问，降一级，原卫带俸操练。"

（2）"有赃者，从重论。"

（3）"若守备把关巡捕官，自出资本，兴贩私茶，但通番者，问发边卫充军。"

具体数额是："在西宁、洮河、甘肃地方发卖者，三百斤以上发近卫分充军；不及数及在腹里发卖者，降一级，调边卫带俸差操。"②正德初年，杨一清鉴于茶禁废弛，意欲恢复明初严惩私贩及通番予以重惩的方针。然而，时过境迁，只好采取区别对待腹里与各边兴贩问题，强调重惩"贩茶之与通番"。③ 但这也不过是对边隘官员失职或私贩茶制裁，仅以轻者降职重者充军处罚之。这与明初概以死刑且殃及家眷相比，其惩处力度显然大为下降。

纵观明朝"驭番"茶禁，首先是制度上以控制商茶，着力堵塞私茶入番通道，进而以严惩边隘官员失职或私贩。在立法上，明政府采取责任连带，即茶农私卖与茶商，茶商私贩入番与把关将吏失职并惩，其规定不可谓不严、不密。④

相较之下，明政府对禁止番僧贡使夹带和沿途购贩私茶的禁约，不仅相对粗略，而且处惩力度亦要缓和得多。即便在茶禁非常严厉的明洪武、永乐时期，因政府旨在招徕，因而未对番僧违禁做立法惩处规定。正统以后，虽有明文立法，但亦仅停留在诸如天顺二年（1458）令：凡番僧贡使沿途经过

---

① 《明会典》卷37，"茶课"。

② 《明会典》卷37，"茶课"。

③ 杨一清：《杨一清集》（上），卷3，"茶马类"，中华书局，2001 年版，第82 页。

④ 即所谓："茶马之禁，其要在于通番"。参见《明经世文编》卷106，梁材："议茶马事宜疏"。

关隘,俱由"官司盘检",若有"私茶违禁等物",处罚为"茶货等物入官"。① 又如嘉靖三十一年(1552)令:"如有夹带私茶,不拘多寡,即没入官。"② 等等。这与明朝严厉制裁边境茶叶走私,禁约惩处边关将吏和强力干预并控制商茶活动的立法之全面而周密,形成鲜明的对比。

2. 茶禁立法的实践与变通

明朝之茶禁立法,并非铁板一块,在制度上明显有前严后宽、汉紧"番"松之别的变通特征。

(1)茶禁执法日益松弛

明朝"驭番"茶禁立法在洪武、永乐时期,得到贯彻并取得预期效果。尤其是太祖行重典治国之术,严厉整肃边关吏治,以私茶出境罪死论处,"勋戚无贷"并有斩驸马欧阳伦等断然举措,禁茶的立法及其执法,不可谓不严。③ 因"死刑至重"④,"谁肯舍身家之重而觅通番之利"⑤,故"当时少有蹈之者",即或"间有一二私贩者",亦仅是"包藏裹挟,不过四五斤十斤而止"。⑥

然而,"茶禁愈严,则茶利愈厚",重利之下冒险投机之心顿生,所以"利之所在,趋者澜倒,伺便而发,乘隙而动者,难保必无"。⑦ 特别是明中叶后,就茶禁惩处力度而言,无论是立法上,还是具体执行过程中,皆有明显和缓与松动。"兴贩私茶与私盐同罪",事发充军。⑧ "充军下死罪一等,而贩茶之人,其视充军,甘如饭食","人皆易犯"。⑨ 为此梁材就明确指出:"详于禁者犹有法外之遗奸,况疏其禁乎"!"通番之罪犯则止于充军","又十不

① 《明会典》卷37,"茶课"。
② 《明会典》卷37,"茶课"。
③ 欧阳伦乃安庆公主之夫,因犯私茶通番之禁被太祖处以极刑。明人严从简为此感叹到:"国初行法之严,虽勋戚不少贷如此"。参见(明)严从简:《殊域周咨录》,中华书局,1993年版,第363页。
④ 杨一清:《杨一清集》(上),卷3,中华书局,2001年版,第81页。
⑤ 《明经世文编》卷106,"梁端肃公奏议五"。
⑥ 杨一清:《杨一清集》(上),卷3,中华书局,2001年版,第81页。
⑦ 杨一清:《杨一清集》(上),卷3,第79页。
⑧ 杨一清:《杨一清集》(上),卷3,第81页。
⑨ 杨一清:《杨一清集》(上),卷3,第82、83页

一犯焉"。①

而且，茶禁之被破坏，与执法官员倚势走私、纵容的日益猖獗有密切关系，甚至从事茶叶走私活动的人，首先就是边关军政要员及其亲属。如宣德八年（1433）巩昌卫都指挥佥事汪寿"私造店舍五百余间，停塌私茶"，"内官人等亦带私货入番，又减番人马直以易私马"。② 又正统十年（1445），陕西右布政使王暹奏称："每年运茶入番，洮州等三卫军官往往夹带私茶，以致茶价亏损，马数不敷。"③至于茶马司驻地官员的家眷参与走私，自始就间有出现，至明中后期尤甚。为此杨一清惊叹："近年各边贩茶通番，多系将官、军官子弟"，"军职自将官以下，少有不令家人伴当通番。"④这些"官豪势要之人，非军卫有司之力所能钤制！"⑤如此等等。这种执法违法，其影响之恶劣，自不待言。

而贪财渎职现象就更为普遍，甚至到了"地方武职等官贪利而不畏法，相与勾引而容纵之"的地步。⑥ 在此状况下，行商小贩走私泛滥，其手段更是花样百出。有任意夹带，以多充少者；亦有不领茶引，直接购茶者；还有汉番合谋走私者⑦；甚有武装雇佣，化整为零者。⑧ 从而致使"守备、把关、巡捕官员，不能禁治"⑨。如此"官不修职，民不守法"，⑩"茶法、马政、边防于是俱坏"，⑪茶禁之效果可想而知。

（2）藏区僧俗人等违制私茶问而不究

---

① 《明经世文编》卷106，"梁端肃公奏议五"。

② 《明宣宗实录》卷98，"宣德八年正月庚午"条。

③ 《明英宗实录》卷133，"正统十年九月壬申"条。

④ 杨一清：《杨一清集》（上），卷3，中华书局，2001年版，第80页。

⑤ 杨一清：《杨一清集》（上），卷3，第79页。

⑥ 《明经世文编》卷383，"姜凤阿集"。

⑦ 魏明孔：《西北民族贸易研究——以茶马互市为中心》，中国藏学出版社，2003年版，第217页。

⑧ 杨一清举例说：是时"例则五百斤以上方才充军"，"计使一人出本，百人为夥，每人只负五十斤，百人总负五千斤"。而且，"各执兵器，昼止夜行，遇捕并力"。参见《杨一清集》（上），卷3，第81页。

⑨ 杨一清：《杨一清集》（上），卷3，第82页。

⑩ 《明经世文编》卷39，"王端毅公文集"。

⑪ 《明史》卷80，"志56"，"食货四"，"茶法"。

在明朝有关茶禁的立法或规定条款中，呈现出浓厚的汉、藏双重标准色彩。而在执法实践过程中，以双重标准对汉藏人等违法论处，更是显露无遗。具体表现在：

第一，对"纳马番族"违制的变通。

在汉藏茶马互市中，因明最高统治者恪守"贱其所有，贵其所无"的指导方针，对于"以马为赋"的甘、青藏区，无论是前期的"金牌制"，还是后期的"勘合制"，一直强行茶贵马贱，避免因茶过量入番而失其"所慕"，进失"归向之心"。但亦有例外的灵活处置。如洪武二十六年（1393），明太祖因河州"西人所赖者畜牧为生，旧常以马过河鬻售，今既禁遏之，恐妨其生计"。于是，命右军都督府谕守关者："今后止禁官印马匹，不许有自贩鬻；其西番之人自己马无印者，及牛羊杂畜之类不问多寡，一听渡河售易，关吏阻者，罪之。"① 又如永乐十三年（1415），四川长河西、鱼通、宁远等处军民宣慰司奏准"西番无他土产，唯以马市茶为业。近年禁约之后，生理甚艰，乞仍开市，庶民有所养"。② 此与已纳入明中央王朝治下的其他边疆民族地区相比，甘、青藏区"以马为赋"并酬以茶价，这本身就显示明政府对该地臣民应尽国家义务上给予了优待。再听之"渡河售（马）易（茶）"或准予"开市"之求，宽惠之情，自不待言。

第二，对藏区僧俗朝贡使团食茶诉求的满足。

对茶禁立法冲击最大者，在某种程度上还在于明政府一方面三申五令禁止汉地茶叶入番，而另一方面又在实际行动中给予藏区僧俗朝贡使团大量赐茶。

虽然在汉藏茶马互市中，政府一直奉行茶贵马贱的政策，但又特别优赐贡马。有学者统计，明初"贡马一匹约相当于两匹茶马的酬价"，宣德时"一马官赏数倍"。③ 尤令贡使乐此不疲的是，他们可以通过朝贡"专讨食茶"。成化以前，朝廷赏赐食茶之多少，并无定数可考，但凡贡使来朝一般均予赐

---

① 《明太祖实录》卷230，"洪武二十六年十二月己亥"条。
② 《明太宗实录》卷161，"永乐十三年五月戊戌"条。
③ 赵毅：《明代的汉藏茶马互市》，载《中国藏学》，1989年第3期。

茶。"西番馆来文"即有:"乌思藏辅教王差来使臣沙加里吉等奏:为乞讨食茶事,臣乌思藏地方僧众数多,食茶甚少。今来进贡,专讨食茶,望朝廷可怜见,给予食茶勘合,前去湖广等处支茶应用,并乞与官船脚力等项回还便益。"①食茶是朝廷对贡使们的例赏,勘合是取茶凭证,内填支付茶库及数额,一般是在湖广、四川茶库提取,并由政府替他们办理入藏。弘治三年(1490),规定就近在四川茶库提取,以省水陆运输之费②。成化时虽规定:贡使由洮河入者,人均赐食茶50斤;由四川路者,赐茶60斤。但在实际操作中,是否依制行事,文献记载不详。《历代茶马奏议》载:"灵藏一族年例进贡止该一百五十余名,……给赏食茶之数计有二万四千余斤,一族如此,他族可知"。③ 从这一记载看,明廷回赐贡使的食茶数,多有突破定额。

第三,对藏区僧俗使团违制夹带或贩购私茶的宽宥。

为防止藏区僧俗使团以贡使身份沿途大肆贩购或夹带私茶,明朝茶禁立法中原本有限制性规定。但在具体执行过程中,一旦有此种行为的发生,明廷往往又以各种理由予以宽宥,甚至特许。有关事例明文献中,皆有记载。兹以《明实录》择要者辑录于下:

洪武三十年(1397)八月,朵甘、乌思藏使臣私购茶叶出境,被"把关者"扣留,奏请依法处置。明太祖诏令:"禁令以防关吏及贩鬻者,其远人将以自用,一时冒禁,勿论"。④

永乐三年(1405)二月,四川布政司上奏:"诸番以马易茶者,例禁夹带私茶……等物出关。今番商往往以马易茶……。"成祖诏谕:"边关立互市,所以资国用来远人也,其听之。"⑤

宣德九年(1435)十二月,镇守河州西宁都督刘昭奏报:"比乌思藏阐化王所遣贡使乩藏等以朝廷赐物易茶,至临洮。临洮卫疑为私茶,拘留乩藏等,收茶于库。请释乩藏等还其茶"。宣宗命行在户部:"悉如昭所奏,庶不

① 《西藏地方是中国不可分割的一部分》(史料选),西藏人民出版社,1986年版,第165页。
② 《明孝宗实录》卷34,"弘治三年正月丙子"条。
③ 《历代茶马奏议》卷2,北京图书馆藏。
④ 《明太祖实录》卷254,"洪武三十年八月丁酉"条。
⑤ 《明太宗实录》卷39,"永乐三年二月乙丑"条。

失远人之心。"①

正统四年(1439)五月,行在礼部奏:"番僧温卜什夏坚藏等来朝,欲买茶六千斤带回,已有明禁,未敢擅许。"英宗以番僧僻处远方,非可以中国法令拘也。……宜令减半,自备车辆载回。②

正统五年(1440)四月,朝廷遣禅师葛藏、昆令为正副使,赴乌思藏封职。"葛藏等复私易茶、綵数万以往,乞官为运至乌思藏"。礼部言:"茶、綵出境有禁。"英宗以远人特许之,但令其自僦舟车。③

正统六年(1441)二月,河西般思播儿地面纳儿哥等寺星吉坚赞等六人奏市茶二万斤,摄剌星吉等十三人市一万三千斤。英宗谕行在礼部臣:"茶不可过与,第令人市三百斤。"④

正统八年(1443)二月,陕西西宁瞿昙寺国师喃葛藏卜奏买茶一万五千斤,命止买五千斤。⑤

景泰四年(1453)八月,四川董卜韩胡宣慰司番僧、国师、禅师、喇嘛进贡毕日,许带食茶回还。因此,货买私茶至万数千斤。⑥

万历六年(1578)十一月,礼部题:"各夷年例进贡,惟西番人数甚众,其赏赐甚厚。然而发去支茶勘合及支半赏咨文,恐伴送人员串同夷人别有洗改情弊。及至回文到日,则彼已冒支,事属外夷,类从宽处。"⑦

如此等等。这样的事实,即便在茶禁执法较严的明朝前期,亦因朝廷意在"徕远人"。太祖、太宗父子对于贡使违制贩茶及夹带,多以"一时冒禁"为理由,予以宽大。之后嗣君无不秉承这一宗旨。因而,对于藏区僧俗贡使违制的处罚,大多停留在如此层面上:要么降低数量;或惩让其自备车船运回。

在此情势下,正统以后因贡使频繁,僧俗使团采购之茶叶数量亦不断增

① 《明宣宗实录》卷115,"宣德九年十二月辛亥"条。
② 《明英宗实录》卷55,"正统四年五月辛酉"条。
③ 《明英宗实录》卷66,"正统五年四月壬午"条。
④ 《明英宗实录》卷76,"正统六年二月丙戌"条。
⑤ 《明英宗实录》卷101,"正统八年二月辛亥"条。
⑥ 《明代宗实录》卷232,"景泰四年八月甲辰"条。
⑦ 《明神宗实录》卷81,"万历六年十一月癸丑"条。

加。事实表明,这些来自藏区的僧俗使团之所以乞请、贩购或夹带如此大量的所谓"食茶",并不是因为有这么大的食茶需求量,而是购茶图利。明朝当局为此三申五令禁止并采取相应措施,以期限制藏区僧俗贡使的带茶数量。正统七年(1442),敕四川都布按三司:"朝贡番僧刺麻……其回日所带出关食茶,人止许二百斤。"① 嘉靖年间,亦有"到京并留边番僧每人许自买食茶一百斤"。② 政府虽有如此限令,但具体实践操作中,事实上并未严格照章执行。如武宗时,有"许西域人例外带私茶"。③ 正德十三年(1518),四川天全六番招讨司贡使和乌思藏贡使"得赐番茶六万斤……挟带私茶至六倍所赐,而贿带商茶尤多"。④ 嘉靖年间,甚至"沿途势要之家,见得西番买茶数多,先期收集,临时发卖,坐获厚利。故各夷每年车辆箱匣,少者数百,多者千余,妄称礼部准买食茶,……出境每次数十万斤"。⑤ 可见,贡使到手的茶叶数额之大,已远远超出例赏食茶的限量。

正因为藏区僧俗贡使利用其特殊身份,乞请食茶、甚至贩购或夹带私茶,致有如是现象:

(1)以朝廷赐物沿途易茶,甚至因此扰民。阐化王所遣贡使,"以朝廷赐物易茶"。⑥ 有些贡使不仅大肆购物,还逼有司派遣人马为其驮运。景泰元年(1450),敕谕董卜韩胡宣慰使司指挥同知克罗俄监赞:"尔等每岁遣人远来进贡,……但所遣番僧中间多有强悍不循礼法,或起程回还多索船马,辱骂官司;或沿途多买货物,一概诈称钦给之物,逼要有司起倩军夫运送"。⑦ 甚有如"四川董卜韩胡宣慰司番僧、国师、禅师、刺麻进贡……又经过驿站,重索酒食,稍有不从,辄用兵刃伤人"。⑧ 如此现象的频频发生,以致朝廷不得不申令禁止。天顺二年(1458)十月,"命户部揭榜禁约番僧进

① 《明英宗实录》卷97,"正统七年十月癸巳"条。
② 《明会典》卷37,"茶课"。
③ 《明史》卷80,"志56","茶法"。
④ 《明武宗实录》卷162,"正德十三年五月癸亥"条。
⑤ (明)徐彦登:《历代茶马奏议》卷2,北京图书馆藏。
⑥ 《明宣宗实录》卷115,"宣德九年十二月辛亥"条。
⑦ 《明代宗实录》卷195,"景泰元年八月壬申"条。
⑧ 《明代宗实录》卷232,"景泰四年八月甲辰"条。

贡回者,毋得沿途贩卖私茶,扰人装送"。①

(2)假朝贡之名,行商业活动之实。正统十四年(1449),四川左布政使侯轨就发现,"自今番僧朝贡……假进贡之名,潜带金银,候回日市买私茶等货"。②

(3)近边寺僧假冒乌思藏来者。成化三年(1467)五月,陕西按察司副使郑安察见:"进贡番僧,其自乌思藏来者,大率三分之一,余皆洮、岷近境寺僧"。③又"成化中,以乌思藏番僧入贡烦数劳费中国,其中又多有近边番人冒名来贡者"。④致使弘治时明廷为杜假冒,议行勘合以辨贡使身份。

(4)假冒番僧贡使朝贡。不仅藏商冒充贡使,甚而"边民见其进贡得利,故将子孙学其言语,投作番僧,通事混同进贡"。⑤

可见,明朝"驭番"茶禁执法与其立法一样,其刚性有渐趋弱化之势。而且,对藏区僧俗贡使民众违制贩茶及夹带,虽有禁令,但多以"远人将以自用,一时冒禁,勿论";"来远人也,其听之";"不失远人之心"等,予以迁就。

三 马赋差发:"以茶驭番"的特殊形式

明人徐彦登在分析当局之所以严茶马之制时,指出:"查得茶马之制,一则易马备边,一则羁縻之贡。"⑥这种茶马机制的建立,深层原因在于:明朝与唐宋汉族中原王朝不同的是,它在元朝把藏区纳入直接统治的基础上,通过设立行都武卫地方军政机构和僧俗双重封授,事实上已将广大藏区纳入明王朝的边疆地区统治序列,藏区与中原王朝之间已从松散的羁縻联系,变成直接的隶属关系。这种政治关系的变化,必然引起汉藏茶马交易等经济关系的实质变革。同时,明朝对广大藏区除广泛设治封官外,其内部的具体军政管理事务,则主要依靠当地僧俗首领来执行。为了使这些朝廷命官

---

① 《明英宗实录》卷296,"天顺二年十月壬午"条。
② 《明英宗实录》卷177,"正统十四年四月辛亥"条。
③ 《明宪宗实录》卷42,"成化三年五月丙子"条。
④ 《明孝宗实录》卷9,"弘治元年正月丁巳"条。
⑤ 《明代宗实录》卷232,"景泰四年八月甲辰"条。
⑥ (明)徐彦登:《历代茶马奏议》卷1,北京图书馆藏。

们忠实地履行各自应承担的义务,明朝采取了交市茶马以诱致之的策略。但是,这种"以茶驭番"策略,在具体实施过程中,明朝又根据藏区内部不同地域的战略地位之轻重、汉化程度之深浅的差异,以及是否产马等事实,在使用的手段和方式上又有所区别。

大体上讲,明朝对以朵甘、乌思藏为首的所谓"三十六番"藏区和今甘青川三省汉藏等民族混居地带的土司卫所区,虽同样实施"以茶驭番",但具体做法上,二者差别较大。于前者,虽然《续文献通考》中"土贡考"上说:"古今土贡,即在赋税之中。"但该地区僧俗首领贡什么、贡多少,并没有强行界定,贡马可得重赏,贡其他方物仍得厚赐。因而,在这里朝贡互市便成了茶马贸易的一种重要形式,不具有强制性。而于后者,因其历史上该地区隶属中原中央王朝较早,民族成分又复杂,加之战略地位重要。明朝对之的控制较严,在这里的"以茶驭番"很大程度上变成"以马为赋",具有明显的强制性特点。这也是本节主要讨论的内容,至于朝贡茶马互市,下文述及。

（一）以马为赋制度的确立

比较普遍的看法是,明代汉藏茶马互市经历了一个由自由互市到政府垄断经营的过程,其标志是"以马为赋"强制征发制的确立。

前述,宋代的茶马互市虽有政府参与,但更多的是汉藏民间的自由经济交易,因而,这种茶马互市不具有政治上的强制征调和经济上的贡赋性质。[①] 该种体制茶马交易,在明朝初年的一段时期内还得到维持。之所以有如此局面,是与当时的政治形势分不开的。洪武初年,明中央政府对西北、西南藏区的统治还不够稳固,藏族各部归附不久,一些部落叛服无常。洪武十年至十九年(1377—1388)的十年间,西北的岷洮和西南的松茂境内皆时有骚乱。至洪武二十五年(1392),凉国公蓝玉率大军征服罕东,以及明军平息建昌卫之叛乱。大规模的军事行动之后,明朝在藏区的统治才得到了巩固。

---

① 史家素有"羌戎俱嗜乳酪,不得茶则困以病。故唐、宋以来,以茶博马法制御羌戎"之说。但如前文所论,唐、宋朝重茶马,大多属应急之术,与明政府全面而细密的控制汉藏茶马互市有质的差别。参见(清)《西宁府新志》卷17,"田赋·茶马",青海人民出版社,1988年版。

　　然而,听任茶马自由交易,至少给明朝造成三方面的不利。

　　一是马源得不到保证。本来茶马自由互市,必然随市场供求关系的变动而起伏。传统的市场行情是马贵茶贱,致使明廷与藏区易马,代价昂贵。如明洪武初年,马匹"收买之法,或以盐,或以互市,或以价银。洪武间,官给价钞于各处收买,并茶易到马匹就彼给军或解京交纳"。① 以盐、布、银和茶交相易马,但每年易马量并不理想,一般在数百匹至两三千匹之间浮动,这一易马量远不能满足明朝对战马的需求。

　　二是不能体现"我体既尊",②即标识明中央王朝拥有藏区政治主权的事实。因为传统的自由茶马互市,无以显现中央王朝对藏区臣民政治上的统治与被统治的关系,经济上的征赋予纳税的关系,当然无从体现中央王朝的统治权威。

　　三是妨碍明统治者"以茶驭番"政策的实施。自由茶马互市下,政府不能操纵茶马比价,马贵茶贱,势必造成藏区所急需的茶叶大量涌入。加之,一些不法军政官员,假朝廷之命,因公肥私,骚扰掠夺藏族等西北民族,不仅破坏了正常的茶马交易,而且损伤了政府对茶叶控制的主动权。

　　总之,在此状况之下,明政府无法通过经济手段加强对藏区的政治控制。因此,随着明朝对藏区统治地位的确立与稳固,当局采取强制手段改变茶马自由互市的传统运行机制,建立起一种既能体现中央王朝统治权力,又获得足够战马的茶马交易制度。

　　史载:"凡易马,洪武初令陕西洮州、河州、西宁各该茶马司收贮官茶,每三年一次差在京官选调边军,赍捧金牌信符往附近番族将运去茶易马"。③《古今图书集成》上也说:"凡西番茶易,洪武中立茶马司于陕西、四川等处,听西番纳马易茶,降金牌信符赐番族,以防诈伪"。④ 仅凭这些记载,给人印象是洪武初年就实施了"以马为赋"的强制征发措施。有学者考

---

① 《皇明世法录》转引自赵毅:《明代的汉藏茶马互市》,载《中国藏学》,1989 年第 3 期。
② 杨一清:《杨一清集》(上),卷 3,中华书局,2001 年版,第 82 页。
③ 《明会典》卷 37,"茶课"。
④ 《古今图书集成》经济汇编"戎政典"卷 252,"马政部四",中华书局标点本,1985 年版。

证,马赋差发制的真正推行是在洪武末年,即洪武二十六年(1393)。① 即是说,"以马为赋"的政策是在西北、西南藏区僧俗首领已接受明廷的授官加号,并先后归属当地卫所管辖,而且,少数藏族首领的叛乱被击败,明王朝在藏区统治权得到巩固后才正式实施的。

明朝在确立和稳固对藏区统治之后,之所以要采取"以马为赋"的赋税政策,洪武十六年(1383)正月,明太祖敕谕松州指挥佥事耿忠时讲得十分清楚:"西番之民归附已久,而未尝责其贡赋。闻其地多马,宜计其地之多寡以出赋。如三千户则三户共出马一匹,四千户则四户共出马一匹,定为土赋。庶使其知尊君亲上奉朝廷之礼也"。② 同年四月,耿忠奏准:"臣所辖松潘等处安抚各簇长官司,宜以其户口之数,量其民力,岁令纳马置驿,而借其民充驿夫,以供徭役"。③ 由是可知,无论是计户纳马,还是纳马置驿,无非"使其知尊君亲上奉朝廷之礼",即体现政治上的统治与被统治的关系。为此,明廷遂将松潘等处的做法推广至甘青藏区。

洪武二十五年(1392)三月,朝廷"遣尚膳太监而聂,司礼太监庆童赍敕往谕陕西河州等卫所属番族,令其输马,以茶给之"。④ 五月,尚膳太监而聂一行至河州,"召必里诸番族,以敕谕之。诸族皆感恩意,争出马以献。于是得马万三百四十余匹,以茶三十余万斤给之,诸族大悦"。⑤ 八月,西宁卫所属西番土酋亦令真奔建议:"诸番族皆野居散聚,射猎为食,请岁输马二百匹为常赋",⑥并得到明廷准许。这样,藏区以马为赋,政府酬之以价茶的马赋差发制度便逐步确立起来,并完成了汉藏茶马互市史上的历史性转变。

(二)马赋差发的内容与实质

1. 马赋差发的内容

洪武二十六年(1393),明朝政府正式着力推行马赋差发制度。其标志是该年二月,明太祖"命曹国公李景隆赍金牌勘合,直抵西番以传朕命,令

---

① 参见赵毅:《明代的汉藏茶马互市》,载《中国藏学》,1989 年第 3 期。
② 《明太祖实录》卷 151,"洪武十六年正月辛酉"条。
③ 《明太祖实录》卷 153,"洪武十六年四月丁丑"条。
④ 《明太祖实录》卷 217,"洪武二十五年三月己丑"条。
⑤ 《明太祖实录》卷 217,"洪武二十五年五月甲辰"条。
⑥ 《明太祖实录》卷 220,"洪武二十五年八月戊午"条。

各番酋领受,俾为符契以绝奸欺"。李景隆受命"往西凉、永昌、甘肃山丹、西宁、临洮、河州、洮州、岷州、巩昌缘边诸番,颁给金铜信符,敕谕各族部落曰:'往者朝廷或有所需于尔,必以茶货酬之,未尝暴有征也。近闻边将无状,多假朝命扰害尔等,使不获宁居。令特制金牌信符,族颁一符。遇有使者征发,比对相合,始许承命。否者,械至京师,罪之'"。①

关于所制金牌与发放数量,据《明史》载:"制金牌信符,命曹国公李景隆赍入番,与诸番要约,篆文上曰:'皇帝圣旨',左曰'合当差发',右曰'不信者斩'。凡四十一面:洮州火把藏思曩日等族,牌四面,纳马三千五十匹;河州必里卫西番二十九族,牌二十一面,纳马七千七百五匹;西宁曲先、阿端、罕东、安定四卫,巴哇、申中、申藏等族,牌十六面,纳马三千五十匹。下号金牌降诸番、上号藏内府以为契。三岁一遣官合符。其通道有二:一出河州,一出碉门,运茶五十余万斤,获马万三千八百匹"。② 由此可见,以金牌作为信符的马赋差发制包括这样一些内容:

一是茶马贸易时间与方式的规定。"每三年一次,钦遣近臣赍捧前来,公同镇守、三司等官统领官军,深入番境扎营,调聚番夷,比对金牌字号,收纳差发马匹,给予价茶。如有拖欠之数,次年催收"。③

二是纳马数量的规定。"洮州火把藏、思曩日等族,牌四面,纳马三千五十匹;河州必里卫西番二十九族,牌二十一面,纳马七千七百五匹;西宁曲先、阿端、罕东、安定四卫,巴哇、申中、申藏等簇,牌十六面,纳马三千五十匹"。

三是强制性的制度规定。"皇帝圣旨"、"不信者斩"等用语,自不待言。为此,时人王世贞就说:"国初制金牌信符,每副二面,颁降西番诸族,令钳制其党,纳差发马匹,给以茶斤"。④

2. 马赋差发的实质

明朝实行马赋差发,表面上是杜绝将士假借朝命,擅索番马扰害包括藏族在内的西北少数民族,而实质上是为了加强对这些地区的政治统治和经

---

① 《明太祖实录》卷225,"洪武二十六年二月癸未"条。
② 《明史》卷80,"志"56,"茶法"。
③ 杨一清:《杨一清集》(上),卷3,中华书局,2001年版,第77页。
④ (明)王世贞:《弇山堂别集》卷89,"市马考"。

济控制。按制,马赋每三年征收一次,而且由钦遣近臣、镇守、三司等官,统领官军深入番境扎营强制催收,"若有违者,调军征剿"。[①] 可见,在征收方式上是由官兵直接深入部落,牧民必须遵章交纳。因此之故,时人便有"我朝纳马谓之差发,如田之有赋,身之有庸,必不可少。彼既纳马而酬以茶斤,我体既尊,彼欲亦遂"的看法。[②] 意即藏族等臣民必须向明中央王朝承担的赋税义务,以体现"我体"之尊。

而且,这种交易之法也为当时各纳马番族所认可。他们认为,纳马是"天皇帝大法度",亦是"我西番认定的差发,合当办纳"。既然如此,"我西番每怎敢违了"。[③] 未经政府蠲免,即使发生天灾人祸,亦必须尽一切办法交纳。关于此,宣德七年(1432),镇守河州、西宁都督同知刘昭奏疏可知:"所征河州卫各番族茶马七千七百余匹,已征六千五百余匹,……其未到者,乃必里卫诸族,缘今年畜牧多疫死,且西番苦寒,请俟来年征之,就给各卫"。[④] 表面上看,此种纳马酬茶虽然保留了以茶易马的经济关系形式,但已不属于平等商品交换关系的范畴,已成为朝廷政治上对属民的"差发",臣民应尽的贡赋义务,因而要"不信者斩"。

同时,也应看到马赋差发又不同于明王朝属地内其他地区臣民之赋役。在经济上,它是国家征调臣民马匹,确定征收数额并给一定的价茶或茶酬作为补偿,即是说,是一种带有特殊性的有偿征课方式。原因之一,固然不排除藏区人民因自然环境,形成以游牧经济为主生产、生活方式,而且,这一地区社会经济的发展程度,原本不与中原同步。因而,政府在赋役的征课上,不能完全照搬汉区编户齐民的赋役管理模式。另一方面,还应充分认识到

---

① 《明会典》卷250,兵部33,"马政"。另据杨一清说:"今欲照旧例,调军入番征收,非惟病于供亿,且恐激扰番夷"。建议以他法代之。参见《杨一清集》(上),卷3,中华书局,2001年版,第77页。

② 杨一清:《杨一清集》(上),卷3,第74页。

③ 杨一清:《杨一清集》(上),卷3,第73页。对于西番之人说纳马是"我西番认定的差发,合当办纳",时人有另外的解读,认为"番人纳马,意在得茶"。这种解读还是有一定道理的,原因在于明朝严茶法以控制茶叶入番数量,而纳马是得茶的重要合法途径之一,因此西番乐而为之。参见《明史》卷80,"志56","茶法"。

④ 《明宣宗实录》卷97,"宣德七年二月丁亥"条。

明廷的深层用意，那就是针对藏族等游牧民族"嗜茶"习俗，希图通过纳马酬价或赏茶的方式，来强化藏区人民对中央政府经济上的依赖。从这一角度上讲，马赋差发具有双重性，它既是一种汉藏经贸活动，又是藏区人民应向中央缴纳的赋税。

　　但是，马赋差发的特殊性决定了这样的事实：它的存在与维持必须建立在明中央政府的持续强大，并在政治上对藏区统治的稳固，经济上对藏族酬其茶以系其心、制其命的基础上，二者不可或缺。事实上，马赋差发制度自推行之始，就一直伴随明统治者力量的强弱起伏而处于时断时续的波动状态。宣德以后，北方蒙古瓦剌部势力的崛起，并不时进犯河湟地区。正统元年（1437）十二月，镇守陕西都督同知郑铭等奏称："陕西地界与东胜察罕脑一带沙漠，相接胡寇，侵扰殆无宁岁。洮、宁等卫亦临绝塞，所控番族，叛服不常"。① 明朝政治上统治西北藏区的优势条件在不断减少，控驭力度也在日益削弱。特别是正统十四年（1449），蒙古也先部大举进犯大同，分兵扰辽东、宣府、甘州，明英宗率军五十万亲征，在土木堡兵败被俘，官军死伤数十万。这场战争打乱了明朝西北地区的社会秩序，陕西官军抽调一空，原建军事卫所的防御功能大为削弱，一些纳马部落遭到蒙古军队侵掠，有的徙居内地、有的丧失金牌、有的金牌被蒙古军掳去，从而完全丧失了实行差发马的社会政治基础。同时，随着官营茶马机构的腐败，主管官员在市马过程中或压低差发马之价格，或支劣茶，严重损害藏族人民的利益；随着官军势要人员参与茶叶走私，私茶泛滥，官府丧失了对茶叶的垄断，明朝政府在经济上利用茶叶对藏族以系其心，制其命的条件就日渐削弱甚至消失。二者交相作用，至正统十四年（1449）朝廷"罢金牌，岁遣行人巡察"，②大致"自潼关以西至甘肃等处，通行禁革"，③惟令番部以马来易。自此之后，明廷中不乏意欲重新启动昔日马赋政策之士，采取诸如"勘合"制等举措，然时过境迁，效果终不明显。

---

① 《明英宗实录》卷25，"正统元年十二月甲戌"条。
② 《明史》卷80，"志"56，"茶法"。
③ 《古今图书集成》经济汇编"戎政典"卷252，"马政部四"，中华书局标点本，1985年版。

四 结 语

汉藏茶马关系发生与发展的历程表明,经济交往是民族关系中最基本的关系。牲畜是游牧民族主要的生产资料,也是重要的生活资料。而农耕民族的生产结构是以种植粮食等作物为主的传统农业,自然条件的不同致或栽粟或植稻,素有"粒食之民"之称。两者之间,在经济上自古以来就相互依赖。汉藏茶马互市,就是汉藏民族间互通各自所产、各自所需的一种商品交易形式。唐宋时期,汉藏茶马交易关系,基本上反映了汉藏等民族互济有无的事实。宋朝缺战马,为此政府参与了茶马贸易的管理,但也不得不遵从价值规律行事。

元明交替,明朝承袭了藏区的统治权,并通过在藏区行政设置与僧俗双重封授,从而建立起了藏区地方与中央王朝之间的政治隶属关系。但是,对于以汉族作为统治民族主体的明朝,无论是自元以来所形成的边疆民族关系格局,还是中原王朝的自身实力,均发生了较大的变化。因而,明王朝适时地调整了对藏施政方式。一方面,政治上采取相对的民族区域自理。而另一方面,又处心积虑地垄断茶马交易,并严格控制茶叶流入藏区的数量。这实质上反映出,明王朝是要通过政府强力干预汉藏民族间的传统贸易,借助政权的力量插手经济活动,并以经济手段去弥补政治、军事所无法完成的统治功能。对于此道,明人刘良卿一针见血地指出:"番地多马而无所市,吾茶有禁而不得通,其势必求,而制之之机在我。"①这既是汉藏茶马贸易史产生实质变革的根本原因所在,亦是明王朝治藏策略的一大特色。

明朝为了实现"以茶驭番"的政治目的,通过在汉藏交接地区设置完整的茶马贸易管理机构,经略茶马交易事宜,对茶叶的生产、运输、贮存、销售等各个环节均订立相应的章法;并通过严格的立法,禁止私茶入番,以保证明中央政府手中有足够的茶叶。一则让藏区形成一种对中央的经济依赖,二则便于朝廷易马。

---

① 《明史》卷80,"食货志"。实际上自洪武始,朝廷禁止"秦蜀军民毋得入西番互市",番人之马主要以售给官府这样一种途径。参见《明太祖实录》卷106,"洪武九年五月乙卯"条。

但是，从明朝的茶禁立法及其实践看，其刚性有渐趋弱化之势。之所以呈现如此态势，一是与明朝国力盛衰密切相关。实际上，汉藏茶马贸易经济功能的政治化，自始即是以明政治力量的强大与茶马制度有效执行为前提的。但明中叶以后，这两个前提均在不断削弱。二是与社会经济的发展相联系。当明代商品经济发展到一定程度，它又只能适应历史的要求而放松控制与垄断，从限制、打击商人最终走向利用、依赖商人。① 实际情况也是，榷茶和茶禁立法的颁行，在明初应该说其效果是显著的，使政府在茶叶的生产和流通上取得了高度垄断权，并以此阻断民间私茶通往藏区的通道。但川陕地区的茶叶生产，亦因此而备受制约，加之官茶运输渠道不畅，使各茶马司的茶贮存量捉襟见肘。为增加官茶，明廷不得不打破祖宗榷茶旧制，放松对商茶的管制。这就再一次表明，茶叶输藏本属汉藏民族间、农区与牧区间互通有无的经济交流，它需要回归到应遵循的经济规律之轨道上来，人为悖离难以持续久远。明代"驭番"茶制的调整、前后变化，即是最好的例证。

同时，也应看到明代的"驭番"茶禁立法，无论是从制度上，还是执法操作过程中，无一不体现二元法制特征：对边关将吏及茶商控制严，而对藏区僧俗限制宽松；对"熟番"控制严，对"生番"限制较少。表面上，这种双重评判标准的立法与因地域、因人事的实践操作方式，难以体现法律的严肃和公正。一方面，明廷严茶法，不惜采取各种严酷的惩治手段，维护其法规的威严，以期对川陕茶业官营垄断；而另一方面，又对藏区僧俗贡使的私贩和夹带，立法上语焉不详，具体执行中又网开一面。依此推论，明中期以后官营茶马体制之所以走向衰微，汉藏茶马交易趋于民间化，从而悖离明统治者的初衷，若撇开汉藏茶马交易应遵循的经济规律不论，部分原因就在于其制度设计本身有问题。然而，这只反映了"驭番"茶禁立法问题的一方面，而且还不是问题的主要方面。明政府之所以在茶禁立法及其实践中，采取双重评判标准和灵活而富有弹性的处置方式，还寓于更深的用意，表现在：

第一，"联番制房"，以固"藩篱"。

有明之世，对于如何处置事关其北部和西北边疆地区统一和稳固以及

① 郭孟良：《明代茶法的特点》，《中国社会经济史研究》，1992年第3期。

关系明政权存废的北元蒙古问题,不仅一直深受明朝上下关注和重视,而且也在不断寻求解决问题的办法。为抵御蒙古势力的南下,明朝设置"九边"军事重镇,并将诸皇子分封至沿边镇守。于西北边防"法汉武创河西四郡隔绝羌、胡之意",实施"隔绝蒙番"战略,"建重镇于甘肃,以北拒蒙古,南捍诸番,俾不得相合"①,以期致"东起鸭绿,西抵嘉峪,绵亘万里,分地守御"。② 然而,在冷兵器战争时代,如与蒙古这样的善骑射民族对抗,南方农耕民族难具优势。加之蒙古人远居漠北,大规模的军事进攻只能削弱其实力,却无法占领其控制的广阔地带;而蒙古骑兵一旦南下,一次决定性的胜利就可能使明帝国垮台。就此而言,仅靠与蒙古的武力对抗,既非明之所长,亦于明之边疆稳固不利。

因之,为更好地巩固边疆,明朝非常用心于与蒙古有着传统亲和关系的藏族的笼络与控制,从而达到"联番制虏"以"断匈奴右臂"的目的。在这里明朝统治者针对"秦、蜀之茶,自碉门、黎、雅抵朵甘、乌思藏,五千里皆用之"的事实,③千方百计地加强地临藏区的川陕地区的茶禁,即所谓"如地与番邻者,不得过防"。④ 由是可知,如果说明政府对江南茶区,实施禁榷专卖,无论是对私茶的界定,还是运作规程,与历代封建政府无异,有与民争利之意。那么于川陕禁榷,由政府垄断茶业,控制商茶经营,显然绝非单纯谋利,甚至缺马问题也不是最主要原因,而是关系到制夷的根本性问题。⑤

正是基于"以茶驭番"进而"联番制虏"这样的用意,所以,明朝统治者对"驭番"茶禁,无论是立法还是执法,均本着既"非可以常法概视"⑥,亦"非可以寻常处之"的原则。⑦ 一方面尽一切可能堵塞茶叶流入藏区的非许

---

① 《明史》330,"传218","西域二"。
② 《明史》卷91,"志67","兵三"。
③ 《明太祖实录》卷251,"洪武三十年三月癸亥"条。
④ 《明神宗实录》卷161,"万历十年五月辛未"条。
⑤ 即如杨一清所说"且金城以西,绵亘数千里,以马为科差,以茶酬价,使远夷(为)臣民,不敢背叛。如不得茶则病且死,以是羁縻之,实贤于数万甲兵,此制西番以控北夷之上策也"。参见《明经世文编》卷115,杨一清"为修复茶马旧制以抚驭番夷安靖地方事"。
⑥ 《明世宗实录》卷188,"嘉靖十五年六月乙未"条。
⑦ 《明经世文编》卷106,"梁端肃公奏议五"。

可渠道,以免藏区拥有过多的茶叶而失归向之心。但另一方面,又通过其他方式让藏区僧俗民众得到所需的食茶,以获得他们的归附。这即是所谓的"限制边茶以制之"的策略。明朝当局事实上也就是希望通过这样的经济手段,来达到政治上控制和驾驭"西番",使之成为明朝防御北元蒙古之"藩篱"。

第二,"番人也是朕之赤子,番人地方都是祖宗开拓的封疆"。①

此乃明后期最高统治者神宗基于祖制传统,对藏区及生息于上之民众的认识。早在明朝刚建立而尚未统一全国前的洪武三年(1370)春,太祖原本"论武功以行爵赏","缘吐蕃之境未入版图",是以"报功之典未及举行"。② 这足见明太祖朱元璋统一藏区的决心。

而明朝承袭藏区主权之后,采取什么样的措施和手段,如何才能有效地承担起统治管理好藏区,以维护其边疆民族地区的和谐稳定与发展。在是时背景下,需要明最高决策者正视两方面的现实:一是藏地的历史与现实;二是边疆民族关系的格局。事实上,元中后期以来藏区地方豪势及宗教势力,均发生变局。而且对于以汉族作为统治民族主体的明朝来讲,无论是自元以来所形成的边疆民族关系的格局,还是中原王朝的自身实力,亦皆发生了较大的变化。因而,明朝之治藏政策,乃至措施和手段,既要故踵元制,又要有所损益。明朝适时地调整了对藏统治方式,政治上设治众封的同时,采取"因俗以治"、"以夷治夷"和"以夷制夷"。这就是人们在总结明朝治藏政治特色所说的"崇重喇嘛以化之","建立土司以羁之"。

然而,单凭上述政治措施,于明之藏区致治和边疆地区的统一和稳固,尚难收实效。明统治者抓住了另一根救命稻草,那就是藏汉二地基于各自所处的自然条件和社会文化传统,形成两种不同的经济类型及丰富多彩的生产与生活方式。这种按自然条件的特殊性而发展起来的经济类型和产业结构地区性差异,便决定了古代中原农耕民族与青藏高原及其边缘游牧民族之间互通有无与经济合作的必要性。汉藏茶马贸易,即是二者长期形成

---

① 《明神宗实录》卷225,"万历十八年七月乙丑"条。
② 《明太祖实录》卷51,"洪武三年四月乙丑"条。

的经济互补关系。为此明朝在茶马定价上始终坚持"贵其所无,贱其所有",而且试图通过茶禁立法及相关严厉制裁措施和手段,禁止私茶入番,控制茶叶输入藏地数量,达到"限制边茶以制之"的目的。

另一方面,明朝政府敦促和鼓励并厚赏僧俗朝贡。藏区僧俗的依时朝贡,这原本是体现藏区政治上臣属明中央政府的一种标志,政治含义不言而喻。问题是藏区各僧俗势力的定期或不定期朝贡,贡与赐之间,逐渐形成为一种特殊的贡赐交易,变相成为一种经济行为。藏区各地方僧俗首领将当地一些土特产、手工艺品、马匹等以贡品形式带进内地。而明中央政府在所谓"中国之驭外夷,要在志意之潜孚,不必方物之毕献"的指导思想下,①藏区贡物大多只有"表诚敬"的象征意义。与此相反,明朝廷则将中原地区的丝绸彩缎、钱钞、茶叶等物,加倍以回赐物形式赏予贡使。而且,为在政治上加强与藏区的联系,笼络各僧俗上层势力,明廷的回赐一般皆优于贡物之值,甚至不惜打破定例,"务令远人得沾实惠"。② 给予藏地贡使格外优待,"厚予赏赐以诱之"。以致万历六年(1578)十一月,礼部官员感叹道："各夷年例进贡,惟西番人数甚众,其赏赐甚厚。"③厚赏之下,形成"彼利其物,我利其安"的双赢局面。④

这种双赢局面实则隐含了一种所谓的"羁縻之术",即使"番人有马而无所于市,吾之茶有禁而无所于通,其势必相求,而制之之机在我"。⑤ 驾驭之主动权便始终掌控在明统治者手中,即便对之"不抚",亦因"番族无茶","将自来"。⑥ 显然,明朝统治者就是希冀通过禁茶立法,使政府直接干预传统的汉藏民族间的余缺调剂关系,借助政权的力量插手经济活动,并使茶政、马政与边政紧密联系在一起,从而使藏区僧俗势力因经济内向而政治内驱。学界一般认为,朝贡互市是明代汉藏茶马贸易的显著特点,而且也是茶

① 《明神宗实录》卷180,"万历十四年十一月癸巳"条。
② 《明神宗实录》卷81,"万历六年十一月癸丑"条。
③ 《明神宗实录》卷81,"万历六年十一月癸丑"条。
④ 《明经世文编》卷149,"王氏家藏文集"。
⑤ 《明经世文编》卷106,"梁端肃公奏议五"。
⑥ 《明经世文编》卷115,杨一清"为修复茶马旧制以抚驭番夷安靖地方事"。

叶流入藏区的重要途径。① 时人王宪亦有"查得茶马之制，一则易马备边，一则羁縻入贡"的认识。② 这既是汉藏茶马贸易始于明代产生实质变革的根本原因所在，亦是明朝治藏策略的一大特色。

第三，"生熟番"控驭难易各异，统治手段因此不同。

藏族在其分布区内，由于其族体形成先后有别，与汉民族及其他少数民族交往的频度存在差异，归附中原政权的先后也不一致，使藏民族共同体在不同分布区域内其政治、经济及文化等方面又呈现多元性特征。对此历朝封建统治者将分布于不同区域内的藏族人民，带有污辱性地分为所谓"生番"、"熟番"。如万历十八年（1590），辅臣申时行说："番族有两样：中茶纳马的是熟番，其余的是生番"。③ 至于何为"生番"、"熟番"？《明史》上说："蕃有生熟二种。生蕃犷悍难制。熟蕃纳马中茶，颇柔服"。④ 可见，生熟番之别，有两个方面的标志：是否"纳马中茶"和与中央王朝的关系如何。凡纳马中茶者为"熟番"，否则即是"生番"；"柔服"者为"熟番"，"犷悍难制"即为生番"。

正是由于明朝将藏区采取生、熟分治的策略。因而，无论是茶禁立法，还是具体的实践操作上，以及在对待藏区僧俗贡使的回赐之厚薄上，均显现无遗。其用意无非是要以物质上的诱惑，刺激"生番"朝贡，以密切中央政府与之的政治关系，隔断传统的蒙藏联系，进而实现政治控制。也就是所谓"甘镇以一线之路界番房之间，惟断生番，不使附房，导熟番使之捍房，制房之策，莫善于此"。⑤ 此外，明廷鉴于藏区宗教势力日盛，并有凌驾于世俗力量之上之势，因而对藏区贡使的赏赐，采取宗教首领较俗官重；私贩和夹带私茶的处罚，宗教首领较俗官轻。

因而，当我们在讨论明之茶法时，指出其茶法系统在体制结构与前朝相较具有严整性和成熟化，⑥固然重要。但在探讨其变通性时，仅着眼其前后

① 赵毅：《明代的汉藏茶马互市》，载《中国藏学》，1989 年第 3 期。
② （明）《历代茶马奏议》卷 1，北京图书馆藏。
③ 《明神宗实录》卷 225，"万历十八年七月乙丑"条。
④ 《明史》卷 330，"传 218"，"西域二"，"西番诸卫"。
⑤ 《明神宗实录》卷 232，"万历十九年二月乙未"条。
⑥ 郭孟良：《明代茶法的特点》，《中国社会经济史研究》，1992 年第 3 期。

变通是不够的。还应充分认识到，明之茶禁立法之所以呈现出双重评判标准和因地域因人因事的二元实践操作方式，是与其整体的边疆地区治策构想和具体的治藏手段密切联系的。所以，在评判明制茶法时，承认其密、其失，还应深入探究其"用制羌戎"之效。

此外，明朝为了加强西北藏区各部的联系并强化对这些地区的统治，于洪武末年把传统汉藏茶马互市的商业关系改为"差发马"的赋税关系。这种马赋"差发"，不仅具有定时、定量、定价的特征，而且具有计地计户出马的性质。对之从不同的视角进行观察，它又表现出多重性。从商业的角度看，金牌差马并赏给茶叶，仍具备商品交换的性质。而从政治的角度看，藏民纳马不曰易马而说差马，如田之有赋，身之有庸，具有臣民向政府交纳赋税的性质，因而明廷要不惜用行政和军事力量强制征收；但其交纳赋税的形式，又与明帝版图内其他地区有所不同，因该地区的臣民虽以马为土赋，但被酬以价茶，而且，不说市易而曰劳赏，犹如政府对臣民的赏赐。此与洪武十六年（1383）太祖要求四川松潘等地藏民以马为"土赋"，"庶使其知尊君亲上，奉朝廷之礼"的性质大体一致。

第二节 "厚赏来使"：朝贡的经济含义

"厚赏来使"，是明朝以经济手段强化藏区施政的又一种方式。一般而论，"以茶驭番"主要是借助藏汉区传统农牧经济结构互补的必然性，通过严格控制藏区标志性畜牧产品——马的外销，尤其是生活必需品——茶的购入，来达到控驭藏区的政治目的。与之相较，明王朝对藏区僧俗首领朝贡的厚重赏赐，使他们深深感到臣服中央可以得到巨大的经济实惠，从而产生政治上的向心力。这一政策惠及明朝治下的整个藏区，在时间上贯穿明王朝治藏之始终。这是明朝藏区施政所凸显的又一鲜明特点。

一 明代藏区僧俗首领贡制的变迁

如何才能更有效地促使藏区地方僧俗首领依制按例朝贡，乃明朝治藏过程中必须特别留意的问题。原因在于：明朝通过在藏区遍设行都武卫和对各政教势力行双重封授后，除在毗邻内地的藏族地区进行了较为直接的统治外，对所谓的"三十六番"区政治统治的维持，主要是通过该地区僧俗首领定期与不定期入京朝贡来体现的。因而，贡赐便成为维系和加强藏区地方与中央政府政治隶属关系的一种具有重大意义的特定形式，以及进一步密切二者隶属关系健康发展的润滑剂。为此，明朝对藏族地区僧俗首领的朝贡，在制度上也做了相应的变通。这表现在：藏区僧俗首领的朝贡虽如其他民族地区一样分为例贡、请职贡和贺谢贡三种，贡制的基本原则也大体一致。但是，在一些具体问题上，又有较大的差别。

（一）贡时与使团规模

按明制，有朝贡时间上硬性规定者是例贡，而请职和贺谢朝贡不在此列。明初，藏区僧俗首领的例贡，虽名义上也按三年一贡之例，但实际并未照制度执行。所以，《明史》上就有："初，入贡无定期，自永乐迄正统，或间岁一来，或一岁再至。"①其原因主要有两方面：

首先，明前期，尤其是洪武、永乐及宣德三朝对藏区采取积极的经略之策，不断加强与藏区诸地方势力的联系，因而对各僧俗首领采取鼓励与开放的策略。② 这种策略又恰好迎合了元明交替后藏区各地方实力派积极争取新朝封官授职的愿望。因而，明廷对藏区僧俗首领的朝贡，虽有三年一贡的规定，但实施过程中往往采取变通之法。一年一贡或二年一贡者有之；一年再贡者，亦有之。前者如必力工瓦国师端竹监藏在永乐七年（1409）即两次遣使朝贡。③ 后者如大宝法王哈立麻从永乐七年至十年（1409—1412），每年皆遣使入贡。④ 并且，明朝为了尽快确立藏区的统治权与加强对之的管理，既鼓励已归附并受封者朝贡，又设法促成未归附者来朝受职。所以，明

---

① 《明史》卷331，"传219"，"西域三·赞善王"。又如前文中引《明会典》载，乌思藏的七王：阐教王、阐化王、辅教王、赞善王、护教王和大乘法王、大宝法王，在明初令其比岁或间岁朝贡。

② 杜长风：《明代乌思藏朝贡述略》，载《西藏研究》，1990年第3期。

③ 据《明太宗实录》卷88、卷99载，必力工瓦国师的两次朝贡分别是：第一次在永乐七年二月，第二次在该年十二月。

④ 参见《明太宗实录》卷88、卷100、卷115、卷128。

廷对藏区僧俗首领的朝贡,不仅优予赏赐,而且还遣使入藏以"答其朝贡之诚"。如永乐十七年(1419)十月,遣中官杨三保等往赐大乘法王、阐化王、阐教王、辅教王、赞善王、西天佛子大国师释迦也失等佛像、法器、袈裟、禅衣及绒锦、彩币表里有差,以"答其遣使朝贡之诚"。①

其次,与明初对藏区僧俗首领分封重心的调整有直接关系。洪武年间,主要完成了藏区俗官系列的封授,而对于具有举足轻重地位的宗教势力的大规模分封,则主要在永乐时期,宣德时做了一些后续工作。这就决定了明中央政府在藏区的封授工作比其他民族地区延续时期更长。特别是明廷认为三大法王等为代表的宗教领袖系"游僧",其贡期本无限制,又着意笼络以换取藏地对朝廷的忠顺。

诸此因素无疑使藏区僧俗首领在朝贡时间问题上,较之其他边疆民族地区土官的贡时更具变通性。

明前期藏区僧俗首领入贡虽频,但使团规模一般不大。史载,"宣德正统间,番僧入贡,不过三四十人。景泰间,起数渐多,然亦不过三百人。"②论者常以此为据认为宣德、正统年间,乌思藏使团人数每次不过三四十人。而实际情况并非完全如此。如宣德四年(1420)和五年(1421),以乌思藏国师领占端竹为代表的使团人数分别达到542人和508人。③当然,使团人数大规模地增加,还是景泰之后的事,至天顺已增到两三千人。

为缓解因藏区贡使人数的大幅度增加给明朝政府带来的巨大财政压力,成化时朝廷不得不规范藏区土官的贡制。成化元年(1465),明廷首先要求阐化王为代表的乌思藏僧俗首领须遵循洪武旧制,即三年一贡。并从成化三年(1467)始,"所遣之人必须本类,不许过多。所给文书,钤以王印,其余国师、禅师等印,皆不许行。惟袭替谢恩者不在三年之限。仍戒来人,毋得夹带投托之人",并"敕经过关隘官司盘诘辨验,如有伪冒,就便拿问"。④ 到成化二年(1466),礼部奏准:新招朵甘宣慰使司地方头目来朝,

---

① 《明太宗实》卷217,"永乐十七年十月癸未"条。
② 《明宪宗实录》卷21,"成化元年九月戊辰"条。
③ 参见《明宣宗实录》卷60,"宣德四年十二月乙未"条;卷62,"宣德五年正月乙丑"条。
④ 《明宪宗实录》卷21,"成化元年九月戊辰"条。

"请如乌思藏例,三年一贡"①。

成化六年(1470),宪宗鉴于"四夷朝贡人数日增,岁造衣币,赏赉不敷",遂命"礼部议减各夷入贡之数"。其中,对藏区僧俗首领的朝贡做了更为明确和具体的规定:

第一,乌思藏赞善、阐教、阐化、辅教四王皆三年一贡,每王遣使百人,多不过百五十人。②

第二,董卜韩胡二处,一年一贡或二年一贡,遣人不许过百。松、茂州地方住坐番僧,每年亦许三五十人来贡,其附近乌思藏地方,入贡年例如乌思藏,亦不许过五六十人,由四川路入贡。

第三,国师以下不许贡。

第四,入贡时,各王须将僧人姓名及所贡方物各具印信番文,以凭验入,以杜混冒。③

虽然,藏区僧俗首领的朝贡是在向明中央政府尽政治义务,但不可否认的是,通过这种朝贡又为各自换得了巨大的政治和经济利益。所以,各僧俗首领总是以各种理由来增加朝贡次数、扩大贡使队伍,甚至不惜违规冒贡。以致成化十七年(1481)明廷不得不发给乌思藏诸王及长河西、鱼通、宁远等宣慰司敕书、勘合,以进一步规范贡制。对此《明实录》中有详尽的记载:

礼部奏:"乌思藏地方在长西河之西,长河西在松潘、越巂之南,三处地界相连,易于混淆,难以辨别。乌思藏大乘法王、阐化、辅教、赞善番王,旧例三年差人一朝贡。彼因道险少来,而长西河番僧往往伪作印信番书,以冒赏赐。乞立为定制。除大乘法王无地土外,阐教等四王,人各赐敕一道、勘合二十道。该贡之年,道经四川、陕西,比号既同,仍有王印奏本,方许放入。其长西河、鱼通、宁远等处,朵甘及董卜韩胡诸宣慰司,亦各给勘合六十道。

① 《明宪宗实录》卷36,"成化二年十一月癸未"条。
② 这次重整藏区僧俗入贡年例规定中,没有提到护教王和三大法王。其原因:一是护教王于宣德年间入贡后绝嗣,其爵遂绝;二是法王不受贡期限制。《明史》上说:"初,成祖封阐化等五王,各有分地。惟二法王以游僧不常厥居,故其贡期不在三年之例。然终明世奉贡不绝云。"又《明会典》载:"大乘、大宝二法王,原系游僧,无定所,不管来番民,不给勘合,亦无进贡年例,止听其欲来。"参见《明史》卷331,"西域三";《明会典》卷108,"礼部66","朝贡四"。
③ 《明宪宗实录》卷78,"成化六年四月乙丑"条。

其入贡道经四川,比号验放一如例。若该贡之年偶值道梗不通,后不许补贡。其四川松、茂州土著番僧来朝者,边官亦照例验放,不许过多。"①

另外,甘肃、青海"诸卫僧戒行精勤者,多授喇嘛、禅师、灌顶国师之号,有加至大国师、西天佛子者。悉给以印诰,许之世袭,且令内岁一朝贡。由是诸僧及诸卫土官辐辏京师。其他族种,如西宁十三族、岷州十八族、洮州十八族之属,大者数千人,少者数百人,亦许岁一朝贡"。②

至此,明代藏区僧俗首领贡制被正式确定下来。但是,由于明中央政府对藏区僧俗势力的朝贡奉行"厚赏来使"的政策,以致僧俗人等图厚利而不遵贡制,这种局面隆万以后才有所改变,基本上能够"贡有定期,人有定数,物有定品,印信有定据"。③

(二)贡道的前后变化

藏区僧俗朝贡使团进京路线,在明初并没有特别的限制,或取道四川(南路),或取道甘青(北路),即《明史》所说"通道有二:一出河州,一出碉门",④因其所欲而宜。这一状况至成化时才有改变,成化六年(1470),明廷明确规定贡使入京"由四川路入"。⑤ 而对从河州、洮州来贡者,轻则减赏,重则拒不接待、不予赏赐。⑥ 但因传统习惯的影响和甘青道较川藏道易行,特别是在明前期,不仅明政府(尤其永乐时)大力整治北道,而且政府与民间使团进出藏区皆以走北道为主,⑦甚至成化严格朝贡之制后,藏区贡使仍屡破定制。为什么明廷要放弃方便之北路,而限走险远之南道呢? 目前,尚无学者进行深入探讨。很多学者认为是因"天顺、景泰以后,乌思藏贡使不断增多,为了方便勘验管理"。此见解有一定的道理,但笔者认为还有其他

---

① 《明宪宗实录》卷219,"成化十七年九月辛卯"条。又据《明会典》载:乌思藏僧俗"每三年一贡,各番差人填写原降勘合。阐化、阐教、与辅教三王差来人,从四川布政司比号;赞善王差来人,从陕西布政司比号,并齐有印信番本咨文,方许入贡。每贡各一百人,多不过一百五十人"。参见《明会典》卷108,"礼部"66,"朝贡四"。

② 《明史》卷331,"传219","西域三"。

③ 《明神宗实录》卷457,"万历三十七年四月丙寅"条。

④ 《明史》卷80,"志56","食货四","茶法"。

⑤ 《明宪宗实录》卷78,"成化六年四月乙丑"条。

⑥ 《明史》卷331,"传219","西域三"。

⑦ 庞琳:《明代入藏道路站点考释》,载《西藏研究》,1995年第4期。

原因。

一是甘青藏区被明朝当局视为"断羌胡之交"、"联番制虏"的前沿重地,明朝历代君王无不着力强化对该地区的控制与管理。但至明中叶后,随着明朝实力日渐衰弱与西北蒙古势力的日益强大,"明朝在边境所设的羁縻卫所和土汉共治的卫所,就根本不可能起到积极的卫边作用。相反,有时成了内外作乱和不稳定的因素,甘青地区各卫的情况更为明显"。① 甘青藏区的动荡,在相当程度上讲是迫使明廷要求藏区贡使改道的重要原因。实际上,这种情况在宣德时已露端倪。史载,宣德五年(1430)正月,太监侯显奏称:"先使乌思藏,至邛部之地,遇贼劫掠官军马牛,……有阵亡者,通四百六十余人,悉具名闻。"②同年六月,"朝使自西域还,及西域贡使至,具言曲先卫都指挥散即思数率所部邀劫往来使臣,梗塞道路",③致使"乌思藏等处使臣,自宣德间入贡,以道梗河州"。④ 因此,大致从正统年间开始,藏区贡使和朝廷使臣皆由川藏茶马古道进出藏地。⑤ 从这个角度上讲,明廷调整贡道有为形势所迫的一面。

二是方便回赐,节省成本。明廷对藏区贡使的赐物中,食茶占有非常大的分量,但赏茶的源产地并不在北路的陕西,而在南路的四川。明朝前期因实施以茶驭番、赏番的需要,政府下令将川茶大量调到西北茶马司,如此操作不仅使茶叶成本大增,而且川陕军民为之所苦。同时,朝廷规定藏使入贡,政府负责路途食宿供应,车船运输。为节约开支,贡使被赏赐之物例由近边布政司支给。四川由于其地利与物产丰富,而且川属藏区内部相对稳定,明廷规定藏区朝贡使团经由川藏道。如正统五年(1440),明廷规定:"禅师葛藏奉命带喇嘛僧徒共二十名赍诰命、敕书往乌思藏封阐化王等官。给予锣锅、帐房等物并马、骡、犏牛驮载食用。自出境日为始给予本色粮料

① 杨建新主编:《西北民族关系史》,民族出版社,1990年版,第433页。
② 《明宣宗实》卷62,"宣德五年正月辛未"条。
③ 《明宣宗实录》卷67,"宣德五年六月甲申"条。
④ 《明英宗实录》卷30,"正统二年五月乙未"条。
⑤ 赵毅:《明代内地与西藏的交通》,载《中国藏学》,1992年第2期。

208

一月,其余以官库之物折充,悉取给予四川布政及行都司。"①天顺二年(1458)规定:"今后乌思藏地方该赏食茶,于碉门茶马司支给。"②成化三年(1458),命进贡番僧:"诸自乌思藏来者皆由四川入,不得径赴洮、岷,著为例。"③成化六年(1470),又明令乌思藏僧俗官员入贡"由四川路入"。自此之后,川藏道便成为藏区贡使朝贡"正道"。

二 明朝对藏区僧俗贡使的优厚

明帝国版图内边疆民族地区土官定期或不定期的朝贡,既表示对明中央政府的政治臣属,又意味着向中央政府交纳赋税。这与周边附属国的朝贡仅示臣服之意,有着质的区别。④ 所以,明朝对所属土官的朝贡十分重视。总体来讲,朝廷定贡赋的目的并不在于经济效益,而在于政治收益,即所谓"岁输贡赋,以示羁縻";"贡方物",以"表诚敬"。

但是,明王朝对各民族地区土官贡方物的要求并不一样,有些地区朝贡与纳税同时进行,并成为这一地区少数民族人民沉重的负担。如云南丽江府,随着明朝在该地区统治的确立,户籍编制的逐渐展开,"丽江土民每岁输白金七百六十两"。⑤ 又如广西思明府,洪武年间岁贡消毒药五百三十四味,共三千八斤。内锦地罗一味重二斤,消食药十味,消毒药十八味重十九斤,大冲药一叶重一斤,塞住药六味重四斤。又岁以"零陵香进,费至二千金。"又"葛布二百匹"。还贡桂面、百合粉、葛仙米、龙脊榄、丁香、乳香、沉香、犀角、片脑、活鹿、翠毛、翎毛等。又田州、思州、南丹、忠州等十四州,罗白一县,迁隆洞、湖润寨二土司,每年贡马共六十一匹,折等银六百三十三两有奇。⑥ 各地土司的进贡,成为百姓的很大负担,民甚苦之。

与之相比,藏区僧俗首领的朝贡,明廷并未对其贡什么、贡多少作硬性要求,惟表示对明朝的臣服与忠顺。即如明太祖所说:"其所贡方物,不过

---

① 《明英宗实录》卷67,"正统五年五月庚申"条。
② 《明英宗实录》卷291,"天顺二年五月戊子"条。
③ 《明史》卷330,"传218","西域二"。
④ 顾诚:《明帝国的边疆管理体制》,载《历史研究》,1989年第3期。
⑤ 《明史》卷314,"传202","云南土司二·丽江"。
⑥ 《广西通志》卷164,"土贡",嘉庆广西刻本。

表诚敬而已",①取其政治上"称臣纳贡"之意。正是因此,虽然来自藏区僧俗首领的贡物也有三大类:一类是马匹,尤其是明朝前期,一般都以马为贡;一类是宗教纪念品,如佛舍利、佛像、佛画、铜塔等;另一类则是藏区的土特产品,如氆氇、铁哩麻、足哩麻、硼砂、犀角、牦牛毛、酥油、盔甲、刀剑等。但是,这些贡物基本上是出自藏区僧俗首领的自愿,也未给藏区人民增添更多的负担。相反,明朝还为了笼络藏族上层,对循例进京朝贡的使团不仅给予政治上的宠荣,而且赐予经济上的实惠,以促其内附。如明廷对藏区僧俗首领朝贡的回赐尤为丰厚,一般是贡物的三倍之值,②以致"赏赐不赀",给明王朝带来极大的经济负担。

(一)"惟西番人数甚众,其赏赐甚厚"

有明一代,藏区贡使不远万里,长途跋涉,或行数月,或行三五年方至京师,途中险象环生,苦不待言。但是,贡使不绝于途。其原因固然有僧俗地方势力完成政治义务并寻求中央王朝政治依靠的一面,但是,明王朝奉行的"厚往薄来"的政策,对僻处西陲的贡使给予了许多优遇厚赐,无疑极大地刺激了他们的朝贡热情。

对于藏区入贡使团的回赐,明初朝廷旨在招徕,本着"朝廷柔远人,宁厚勿薄"的精神,凡贡必厚赏。即便是在明后期的万历时,明神宗亦要"务令远人得沾实惠"。③ 据载,藏区贡使"所进皆不过舍利、佛像、氆氇、茜草等物,中下羸弱等马",④但"进一羸马辄获厚值"。⑤ 有鉴于此,万历六年(1578)十一月,礼部官员感叹道:"各夷年例进贡,惟西番人数甚众,其赏赐甚厚。"⑥

明朝对藏僧俗贡使"赏赐甚厚",突出地表现在两个方面:一是受赏对象面广,二是回赐物品种类多且数量大。

1. 受赏对象

如果仅从朝贡使团的组成来看,藏区朝贡使团与其他边疆民族地区无

① 《明太祖实录》卷88,"洪武七年六月乙丑"条。
② 王森:《西藏佛教发展史略》,中国社会科学出版社,1997 年版,第 238 页。
③ 《明神宗实录》卷81,"万历六年十一月癸丑"条。
④ 《明英宗实录》卷177,"正统十四年四月辛亥"条。
⑤ 《明史》卷330,"传218","西域二"。
⑥ 《明神宗实录》卷81,"万历六年十一月癸丑"条。

异,一般包括三部分成员,即遣主、使者和随行人员。具体颁赏办法,由主管部门依例,使者和随行人员的赏赐在朝贡时就颁发,遣主的赏赐则由使者带回。

但是,自明初开始朝廷为了政治上的需要,尽快确立对藏区的主权,同时,鉴于藏区僧俗地方势力各自为政,互不相摄的政治格局,采取了"因俗以治","多封众建"的统治策略,实行"来者辄授官"的安抚政策,且规定各僧俗人等不管有无统属关系,以及辖地大小、属民多少,皆可"自通于天子"。有"通天"的资格,即有朝贡的义务和职责。在这一治藏方针指导下,藏区有朝贡职责要求的对象,无疑比其他边疆民族地区多。而且,"各夷年例进贡,惟西番人数甚众",这就造成藏区不仅使团多,且每团规模也大。而对于如此众多的贡使,明廷又本着:"帝王之驭夷狄,每因其有求而制其操纵之术,乘其向化而施以爵赏之恩"的原则,①实行"来者不拒",②一律给赏。自明成化始,明中央政府曾为规范贡制和减轻财政负担,对藏地贡使身份作了一些限制性规定。但这些规定在实际操作中多有变通。

特别是对于那些身份、地位较高的遣主(如乌思藏诸王),不仅在接待上,明廷本着"宴赐皆宜丰厚,毋简于礼"。③ 而且,明朝还派专使赍物回赐之。如永乐十一年,"乌思藏帕木竹巴灌顶国师阐化王吉剌思巴监藏巴里卜,遣侄札结等与三保皆来朝贡,命礼部复遣中官赍敕赐之锦币。并赐其下头目剌麻有差"。④ 明廷对那些在藏区实力强、影响大又亲自朝贡者,赏赐尤为厚重。如永乐四年(1407)十二月,噶玛派领袖哈立麻晋京朝贡。明成祖在为其接风时,"赐金百两、银千两、钞二万贯、綵币四十五表里及法器、箇褥、鞍马、香果、米、茶等物,并赐其徒众白金、綵币等物有差"。⑤ 次年正月,又赐牙仗等物二十余种。⑥ 同年二月,哈立麻率僧在灵谷寺建普度大

---

① 《明神宗实录》卷72,"万历六年二月癸酉"条。
② 《明宪宗实录》卷69,"成化五年六月壬申"条。
③ 《明仁宗实录》卷12,"洪熙元年十二月甲午"条。是时,仁宗因乌思藏大乘法王遣使到京,故有斯言。
④ 《明太宗实录》卷87,"永乐十一年二月己未"条。
⑤ 《明太宗实录》卷62,"永乐四年十二月庚戌"条。
⑥ 《明太宗实录》卷63,"永乐五年正月甲戌"条。

斋,为成祖父母荐福,事毕,再"赐哈立麻金百两、银千两、钞二千锭、綵币表里百二十、马九匹"。灌顶国师答师巴罗葛罗恩等各银二百两、钞二百锭,綵币十、马三匹。余徒众赐赉有差。① 三月,在封哈立麻为大宝法王后,仍赐金、银、钞、币、组金珠袈裟、金银器皿、鞍马等物。② 哈立麻朝贡从至京到封大宝法王,短短四个月即四赏,足见厚遇之隆。

2. 回赐物品

明代藏区僧俗首领所贡方物除马匹对明朝具有实用价值外,其余均为奢侈品,实用价值不大。明廷对之要求也并不高,往往以"盖中国之驭外夷,要在志意之潜孚,不必方物之毕献",③给予充分的谅解。而明王朝的回赐则与之恰好相反,常常能照顾各僧俗使团各阶层人员的实际需要。表现在:

第一,种类齐全。

回赐物品包括茶叶、绸缎、生绢、棉麻制品、金银、法器、靴袜等既能适合日常生活需要,又能满足宗教需要。前述永乐四年至五年,成祖赏给大宝法王的赐物即可看出。如此之例,查诸《明实录》其记载甚多。宣德十年(1436)后,银为国家法定货币,朝廷赏银予贡使。这种赏赐新规于明朝于贡使,均带来方便。如嘉靖六年(1527)礼部说:"番僧及女直夷人例应一岁及三岁入贡者,不下五千四百人,赏赐綵币不下五千五百余匹。诸番既以近例愿给币直,而江西、湖广、河南三省不善织造,若折解价银,数足相当,诚令银、币兼给,则夷人各得所欲,且可使三省之民无带征起解之费。"④如此,明廷乐意赏银,贡使也乐于纳银。又如嘉靖七年(1528)十二月,董卜韩胡宣慰司番僧入贡,"诏以例赏折银给之"。⑤ 贡使以之可在内地购买所需之物,如茶叶、瓷器,甚至铜铁等朝廷限制外出品。因银币的广泛实用性,以致藏

① 《明太宗实录》卷64,"永乐五年二月庚寅"条。
② 《明太宗实录》卷65,"永乐五年三月丁巳"条。
③ 《明神宗实录》卷180,"万历十四年十一月癸巳"条。
④ 《明世宗实录》卷81,"嘉靖六年十月丙辰"条。具体赏银折算标准是:"凡赐物折价,嘉靖六年议准,女直夷人,及番俗番人,给赐綵缎,自愿折银者,织金、每匹折银三两八钱。素者三两五钱"。又隆庆三年准,"西番贡夷全赏者,礼部照例分别题请颁给;减赏者,每名给银三两,绢二匹,每匹折银三钱,于本布政司库贮银内支给"。参见《明会典》卷113,"礼部"71,"给赐四·给赐番夷通例"。
⑤ 《明世宗实录》卷96,"嘉靖七年十二月丙子"条。

区贡使返回时，"金帛器服络绎载道"。① 而且，"假进贡之名，潜带金银，候回日市买私茶等货。以此沿途多用船车、人力，运送连年累月，络绎道路"。②

第二，赐物数额大。

明廷为了使忠于明中央且循例入贡的僧俗首领得沾实惠，其赏赐分为两种：正赏和贡品价赏。正赏依据朝贡者身份地位之贵贱，给予不同等次的赏赐。但在明前期，正赏数额几何，并无定制。洪武二十六年（1393），太祖下令："如往年有例者，止照其例；无例者，斟酌高下等第，题请定夺，然后礼部官具本奏闻，关领给赐"。③ 而参照往年例，或临时斟定高下，足见其定赏的随意性。

永乐元年间（1403），也只对河州、洮州番族定赏例，④其他未见记载。成化以后，朝廷才对藏区僧人入贡赐额给予较明确的规定："西番、乌思藏……喇嘛番僧人等，从四川起送来者，到京每人綵缎一表里，后加至二表里，丝并绫贴里衣二件。留边听赏同。其綵缎一表里折生绢四匹。俱食茶五十斤，靴袜钞五十锭。"⑤但在具体操作上，诸王的正赏并未受此限制。⑥

贡品价赏实则是朝廷给予入贡者贡物的酬值。大多根据贡品质地高低，数额之大小，分别给价。明朝缺马，所以朝廷对贡马特别重视，赏价尤高。以致形成所谓"进一羸马辄获厚值"的局面。

明廷对藏区僧俗朝贡使团的多种回赐，势必造成赏赐物品数额巨大。如成化二十一年（1486）十一月，乌思藏大宝法王、国师并牛耳寨寨官进贡、

① 《明史纪事本末》卷33，"景泰登极守御"。
② 《明英宗实录》卷177，"正统十四年四月辛亥"条。
③ 《明会典》卷111，"礼部69"，"给赐二"。
④ 《明太宗实录》卷19，"永乐元年四月丁卯"条。是年成祖命礼部拟定河州、洮州番族入贡赏例。其具体规定是："河州卫必里千户所千户，每员银六十两、綵币六表里、钞百锭；曾授金符头目亲来朝贡者，银五十两、綵币五表里、钞七十锭、纻丝衣一袭；遣人朝贡者，银四十两、綵币四表里、钞五十锭；中途死者，官归其丧，赏赐付抚按官给之，所遣使每人银十两、綵币二表里、钞三十锭；未授金符头目亲来朝贡者，银四十两、綵币四表里、钞五十锭、纻丝衣一袭；附贡者，银三十两、綵币三表里、钞四十锭，付抚安官给赏。其抚安千户每员赏钞七十锭、綵币四表里，旗军人等，人赏钞五十锭、綵币二表里"。
⑤ 《明会典》卷111，"礼部69"，"给赐二"。
⑥ 参见《明宪宗实录》卷213，《明孝宗实录》卷9。

谢恩、招抚、袭替各项共一千四百七十人。若一例赏之,"共该綵缎一千四百七十表里,纻丝僧衣二千九百二十二袭件,折绢一万一百六十四匹,钞一十四万七千锭,食茶八万八千二百斤"。数字之大,以致礼部担心"其数太滥",奏请减赏。① 此种现象至弘治朝依然存在。如弘治三年(1569),工部奏称"入贡番僧,给赉太滥。请如前朝故事,酌议定数,以省浮费"。②

除此之外,贡使往返途中,例由沿途地方政府、驿站提供"水路递运船,陆路脚力"及食宿,并配有伴送人员为其办理登记、过关等手续。正是由于明朝这种优予贡市之利的做法,对藏区大小僧俗首领具有极大的吸引力,因而,尽管朝贡之路遥远艰险,但藏区贡使却乐此不倦,"前后络绎不绝",明中央政府因之"赏赐不赀"。③ 而且,也给沿途地方政府和民众带来极大的负担。史载:"西宁等处番僧剌麻来朝贡者甚众,缘途军民供给烦劳。"④贡使进出藏区"正道"之地四川,三司更是叫苦不迭,"比奉敕番僧人等朝贡京师者……动经数月,疲于供亿"。⑤ 同时,也正是因为政府为藏区贡使提供了如此优质的服务,以致在景泰年间还出现了这样的现象:"甘州卫军数人结交边夷,借与银图利,以至各夷至京广置货物,多起脚力,负累沿途军民。"⑥所以,自成化以后,明中央政府在与藏区地方关系上最感棘手的问题,已远不是如明初那样如何才能招徕藏区僧俗首领朝贡,而是制定规章限制朝贡次数和使团规模,并严辨贡使身份真假。但是,"番人素以入贡为利,虽屡申约束,而来者日众"。⑦

(二)违制入贡问而不究

明初政府对来自藏区僧俗使团,奉行不加限制的"厚往薄来"之策,这种利用经济手段刺激藏区僧俗首领朝贡热情的做法,对于促使他们归向明中央王朝以及稳固明朝在藏区的主权和强化对藏区的政治控制,无疑起到

---

① 《明宪宗实录》卷272,"成化二十一年十一月甲戌"条。
② 《明孝宗实录》卷35,"弘治三年七月庚辰"条。
③ 《明宪宗实录》卷21,"成化元年九月戊辰"条。
④ 《明英宗实录》卷113,"正统九年二月壬午"条。
⑤ 《明英宗实录》卷319,"天顺四年九月甲申"条。
⑥ 《明代宗实录》卷239,"景泰五年三月丁丑"条。
⑦ 《明史》卷331,"传219","西域三"。

了非常重要的作用。但是，那种对藏区贡使不限制使团规模、朝贡时间，采取来者不拒，来者必赏的放任做法，至明朝中期以后，其弊端也逐步暴露出来。

一是加大了国家的财政负担。特别是明中叶后，国力日衰，内忧外患又日渐严重的情况下，藏区贡使动辄成百上千，仅回赐就让朝廷"赏赐不赀"。明地方政府，特别是四川布政司亦疲于供应，军民为之叫苦不迭。

二是冒贡现象自正统七年（1442）初次被朝廷警示，①不仅未有收敛，反有愈演愈烈之势。为此，自成化元年（1465）始，朝廷被迫着手整顿贡制，以定时、定人数、查身份、定道与定赏例的办法，逐步规范藏区僧俗首领的贡赐问题。然而，在巨大的政治和经济利益驱动下，即便在成化年间，藏区僧俗首领的朝贡也不时违制。对此，明廷并没有依制予以处罚，而是采取十分灵活、宽松的处理方式。为证明之，兹以《明宪宗实录》有关记载摘录于下：

其一，入贡时间、人数违限例。

1. 成化十一年（1475）五月，礼部言："陕西洮州卫奏送番人，驼笼等族217人，也尔古等族208人，纳郎等族258人，各贡马及方物，违例冒滥。然既来不可拒，宜依赏例给赐。"得到明廷允准。②

2. 成化十八年（1482）二月，礼部奏："乌思藏番王进贡定期必以三年，定数僧不过一百五十。近赞善王连二次已差僧413人，今又以请封、请袭差人1557人，俱非例，宜尽阻回。但念化外远夷，乞量准其请封、请袭各150人，仍准其300人为成化二十年并二十三年两贡之数……"朝廷允准。③

3. 成化十九年（1483）八月，长河西灌顶国师扎思八坚赞遣番僧奴日领真等1800人进贡……违例。事下礼部，议："宜俯顺夷情，止许五百人入贡。

---

① 《明英宗实录》卷97，"正统七年十月癸巳"条载，朝廷敕令四川布按三司："比来朝贡番僧刺麻，其中多有本地俗人及边境逃逸无籍之人诈冒番僧名目投托跟随者，尔三司全不审实，即便起送，以致络绎道途，紊烦官府，劳费军民。继今来者，必审其果系本地番僧，方听赴京，然多亦不许过三五人，其假托诈冒者，拘留所在，奏闻处治。……夫远人固当怀柔，国家军民尤宜矜恤"。此乃《明实录》中首次出现有关诈冒的记载，之后有关此事例的记载就更多。

② 《明宪宗实录》卷141，"丁巳"条。

③ 《明宪宗实录》卷224，"甲申"条。

仍令所司谕……既为国师,岁宜一各寺寨轮贡,数止百人。"朝廷允奏。①

4. 成化二十一年(1485)四月,乌思藏阐化王遣番僧远丹等来朝,贡氆氇等方物。宴赏如例。时来朝者462人,四川守臣格以新例,但纳其150人。礼部言:"夷人已在途,难固拒,宜顺夷情概纳之,而准为后两贡之数。"②

5. 成化二十一年(1486)十一月,礼部奏:"四川起送乌思藏如来大宝法王、国师并牛耳寨寨官进贡、谢恩、招抚、袭替各项共1470员名。除回赐法王等官并到京番僧外……其余在边1008名,欲量以该赏衣二件共折綵缎一表里与之。食茶令四川茶马司照数给散。"朝廷准奏。③

其二,国师以下朝贡例。

成化十年(1474)二月,乌思藏答都寺佑善禅师锁南坚赞,以朝廷颁赐诰印升职事,欲遣其徒诣阙谢恩并贡方物。事下礼部,尚书邹幹等言:"旧有敕乌思藏三年一朝贡,而禅师不得径遣,但夷人之情亦宜俯顺,取旨裁决"。诏令五、七人来,下不为例。④

其三,违贡道例。

成化十六年(1480)八月,乌思藏阐化等王所遣进马番人三丹藏卜等奏:"先于成化十三年朝贡,行至岷州,因生番窃发……乞照前乌思藏端(岳藏)卜等从洮州来贡例,人给绢四匹,纻丝绫衣各一袭。"朝廷获准。⑤

成化六年(1470),明王朝对藏区僧俗朝贡作了较严格而明确的规范,所以,上述所列朝贡违制事例,均以成化六年为上限。从这些事实可见:

第一,藏区朝贡不论年限上,还是使团规模上,均大量违制。而朝廷对之,要么以"夷人已在途,难固拒,宜顺夷情概纳之,而准为后两贡之数";要么对违制人员,留边折赏;甚至"宴赏如例",根本就不作任何处罚。

第二,所谓国师以下不许贡,事实上也没有得到切实执行。成化十年

---

① 《明宪宗实录》卷243,"癸未"条。
② 《明宪宗实录》卷264,"癸亥"条。
③ 《明宪宗实录》卷272,"甲戌"条。
④ 《明宪宗实录》卷125,"甲戌"条。
⑤ 《明宪宗实录》卷206,"丁丑"条。

(1474)禅师锁南坚赞"以朝廷颁赐诰印升职事",径自遣徒朝贡。明廷即以"夷人之情亦宜俯顺"为由,许其入贡,无非是下不为例而已。

第三,违道入贡,更是无从说惩,大多照其请,以"从洮州来贡例"给赏。

由此看出,即使在明宪宗制定贡制的当朝,明廷对藏区贡使违制,多从政治角度考虑,回赐依旧优厚。虽有明文规定,但实际上就已形成一种限而不究的状况。为此,明孝宗即位后,即不得不再次重申:乌思藏入贡番僧,"俾三年一贡,每贡不许过百五十人,俱从四川正路赴布政司比号相同,方许入贡"。①

学界大多以为从弘治时开始,对于来自藏区的僧俗贡使,明廷比较严格地按有关规定办事。但是,就文献记载看,弘治朝乌思藏等藏区僧俗首领仍有违例入贡事实。如弘治十二年(1500),乌思藏及长河西宣慰使司各遣使来贡,贡使竟达二千八百余人,明廷除将部分贡使阻回外,仅责令巡按监察御史对负起送责任的四川官员"逮问"。② 此种状况到正德、嘉靖时期,致有不可收拾之势。如贡期"烦数",贡使人数"多出例外","意图厚赏"等记载不绝于书。正德五年(1510),大乘法王遣使达八百人,由河州入贡。③ 嘉靖二年(1523),四川董卜韩胡宣慰司起送番僧捨利卜等1700余人入贡。④ 嘉靖四年(1525),乌思藏、长河西、长宁安抚司各入贡,番僧入贡人数超额者达943人。⑤ 嘉靖十二年(1533),乌思藏及朵甘贡使千余人来贡。⑥ 嘉靖十五年(1537),辅教、阐教王和大乘法王及长河西等处军民宣慰使司各进贡,贡使达4710余人。⑦ 同年十二月,四川杂谷安抚司遣都纲番僧叶儿监藏等进贡,多至1264人。⑧ 对于这些违例朝贡者,朝廷都给予减赏的处罚,

---

① 《明孝宗实录》卷9,"弘治元年正月丁巳"条。成化二十三年(1487)十月政府规定:乌思藏入贡番僧"今后每三年一贡,差人不许过百五十名,仍填写原给堪合,至各该官司比号。如无番王印信番字奏本咨文及贡期烦数来人过多者,俱却回,并裁减给赐之数"。

② 《明孝宗实录》卷154,"弘治十二年九月丙子"条。

③ 《明武宗实录》卷61,"正德五年三月癸未"条。

④ 《明世宗实录》卷26,"嘉靖二年闰四月甲子"条。

⑤ 《明世宗实录》卷56,"嘉靖四年十月己酉"条。

⑥ 《明世宗实录》卷153,"嘉靖十二年八月丙戌"条。

⑦ 《明世宗实录》卷183,"嘉靖十五年正月庚午"条。

⑧ 《明世宗实录》卷194,"嘉靖十五年十二月丁未"条。

对起送官员论以滥放之罪,但似乎收效并不明显。

自成化调整贡制以来,就藏区僧俗首领朝贡违制的总体情况看,违限(即朝贡时限、人数、身份地位)比较突出,而违例(贡道)相对较少发生。从中清楚地表明:

一是明王朝厚予藏区贡使经济实惠的政策并没有因其国力的衰弱而改变。由于贡、赐之间的巨大经济差额,必然驱动藏区僧俗各阶层尽量扩大使团规模,突破时限,违背国师以下不许径自入贡的限制,以争取明廷厚赏之实惠。

二是限道之所以能得到较好地遵守,在一定程度上可以认为,走北路之赏例原本不如南路优厚,同时,藏区僧俗贡使亦不愿因贪图行途方便而违背明制,损失经济上的利益。

所以,至穆宗隆庆六年(1572),明廷被迫对藏区僧俗贡制再次作新的调整。

第一,将国师、禅师、都指挥等的袭、替职进贡一律并入年例贡内,袭、替职后,也不许再差人假以谢恩进贡。

第二,规定贡期不必拘于三年。凡贡不如期及年例外多贡者,参作下次例贡之数。但与此同时,鉴于乌思藏诸王长期以来遣贡人数不断增加,一方面,放宽诸王贡使数额;另一方面,严格控制起送赴京贡使。规定乌思藏阐教、阐化、辅教三王,大乘、大宝二王,"俱三年一贡,每贡各一千人,内五百人全赏,在京题给,五百人减赏,本省给予。于全赏内起送八人赴京,余留边听赏。护教王三年一贡,每贡七百七十五人,内三百八十七人全赏,三百八十八人减赏,全赏内起送六人赴京,余留边听赏"。①

从这一规定可知,明廷先前所定国师以下不可直接朝贡的限制,断难推行,穆宗时朝廷也充分了解到这一事实,因此,明廷认识到与其抱着藏区僧俗经常违背的旧制,不如顺势定立新规范。至于贡使人数,表面上明廷对之的限制有所放宽,但由于大大控制了赴京人数,同时又有一半人被减赏,这就大为减轻了明朝驿传供给、伴送、赏赐等的沉重负担。

---

① 《明会典》卷108,"礼部66","朝贡四"。

实际上，虽然明廷多次修改、调整藏区僧俗贡制，但均没有真正贯彻执行。即使人们普遍认为藏区僧俗首领能较好地依制朝贡的万历时期，其情况仍然如礼部所奏："入贡番人昔藏等，贡籍不载"，神宗"诏却回贡物，仍量与赏赐，慰其远来之意"。① 回赐之厚，如"乌思藏大乘法王及长河宣慰使司番僧吧蜡领真等入贡，例赏约九千三百两有奇。工部以节慎库空虚，议移之四川藩司。番僧诉于礼部，引万历六年奉旨事例为言。诏仍于工部给之"。② 可见，明廷对藏区僧俗之宽宥与经济上的厚待。

三 以汉藏茶马交易为特色的朝贡互市

明代藏区僧俗首领依时、定员、定道、定制进京朝贡，本质上是向明中央政府输诚、纳忠，其政治意义毫无疑问是第一位的。但另一方面，正如有学者所述"来自藏区的庞大朝贡使团，与其说是为了表达对明朝的政治隶属，不如说他们是在政治旗帜下派遣的经济使团更为恰当。因为他们朝贡的目的不仅在于通过赏赐从中央政府获得巨额财富，而且还往往在内地直接从事商业贸易活动"。③ 这突出地表现在：

一是贡赐物品上。在贡品中，除规定交纳的土特产（即方物），主要是马匹；而在回赐中，除绢帛、衣物、钱钞外，更多的是茶叶。因此，有学者认为，这种贡赐关系，貌似朝贡互市，"实体却仍是茶马互市"。④

二是除贡品与赏赐物之间的互换外，朝贡使团往往私自携带方物或用赏银在内地采购货物，以牟取更多的商业利益。因此，这种络绎载道的藏区朝贡使团，实际上已充分扮演了两种不同类型经济结构的民族区域间调剂余缺、贸迁有无的贸易使团角色。有明之世，中央政府与藏区僧俗之所以乐此不疲，一个十分重要的原因是，二者间单纯的经济关系或政治关系，均不如政治活动与经济交流同时兼顾的这种特别的形式，于双方更为有利。

① 《明神宗实录》卷398，"万历三十二年七月己未"条。
② 《明神宗实录》卷169，"万历十三年十二月辛巳"条。
③ 石硕：《西藏文明东向发展史》，四川人民出版社，1994年，第264—265页。
④ 赵毅：《明代四川茶马贸易的一种特殊形式》，载《西南师范大学学报》（哲社版），1988年第4期。

(一)藏区朝贡使团的商品交易活动

明王朝在藏区实现了主权之后,朝贡则成为藏区与中央政府政治联系的特殊方式,同时,朝贡又是明廷实施对藏区统治与管理的重要途径。而藏区各僧俗势力的定期或不定期朝贡,贡与赐之间,逐渐成为一种特殊的贡赐交易。藏区各地僧俗将当地一些土特产、手工艺品、马匹等以贡品形式带进内地,而朝廷则将中原地区的丝绸彩缎、钱钞、茶叶等物以回赐物形式赏予贡使。为在政治上加强与藏区的联系,笼络各僧俗上层势力,明廷的回赐一般皆优于贡物之值,即所谓"进一羸马辄获厚值",以物质利益的形式激励藏区僧俗朝贡。可见,藏区贡物大多只有"表诚敬"的象征意义,而得到的回赐却相当丰厚。因而,这种朝贡已具备了双重意义:一是藏区地方以对中央王朝的政治上的臣服,除获取政治收益外,还可获取巨大的经济利益。二是以贡方物换赐物,实际部分完成了两种经济类型区间的物资交流,只是交换方式上类似于原始的物物交易,而且,表现在纯经济意义上的不等价交换。

因此,贡赐之间,对藏区贡使来讲也是一种物质采购活动。本来无论是进京者还是"留边听赏"的人员皆能得到赏赐,又凡到京城领赏者允许三至五天的自由购物,其间他们还可出售所带方物。① 贡使沿途公开或半公开的购物,不仅持续时间更长,而且购物的种类与数量均更多。其中,贡使在内地还可以从官吏或商人处买到所需物品;"留边听赏"的人更是从事相当规模的贸易,可以用自己所带的金、银在归途上同官员、军人或民间店铺、商人交易,购得更多的茶叶、药材、铜铁器和瓷器。寺院的僧人贡使则为了修建寺庙而购买金箔、颜料、木器、供器、乐器等。② 如正统十四年(1449)四川左布政使侯轨就发现,"自今番僧朝贡……假进贡之名,潜带金银,候回日市买私茶等货"。③ 景泰七年(1456),阐教王请贡使返回,"至四川,多雇牛

① 石硕:《西藏文明东向发展史》,四川人民出版社,1994年版,第265页。
② 吴均:《从"西番馆来文"看明朝对藏区的管理》,载《藏族学术讨论会论文集》,西藏人民出版社,1984年版。
③ 《明英宗实录》卷177,"正统十四年四月辛亥"条。

马,任载私物".① 正德十三年(1518),朝廷遣番僧领占札巴等充正、副使,赴藏封阐教王,札巴等"乞给马快船三十艘贩载食盐,为入番买路之资".② 有些贡使甚至将朝廷赐物变卖,以换购所需之物。宣德九年(1435)阐化王所遣贡使"以朝廷赐物易茶".③ 还有贡使大肆购物,逼有司派遣人马为其驮运,朝廷为此加以申斥。如景泰元年(1450),敕谕董卜韩胡宣慰使司指挥同知克罗俄监赞:"尔等每岁遣人远来进贡,……但所遣番僧中间多有强悍不循礼法,或起程回还多索船马,辱骂官司,或沿途多买物货,一概诈称钦给之物,逼要有司起倩军夫运送,所过扰害不可胜言".④如此现象的频频发生,以致朝廷不得不为此下令,予以禁止。天顺二年(1458)十月"命户部揭榜禁约番僧进贡回者,毋得沿途贩卖私茶,扰人装送".⑤

由此不难明白,为什么明中后期尽管朝廷三令五申规范藏区贡制,但是始终得不到藏区僧俗贡使的认真遵守,甚至还出现有如嘉靖十五年(1537),乌思藏及长河西、鱼通等处宣慰使司的贡使规模多达4170人的状况。一个十分重要的原因在于朝贡使团可以充分利用进贡这条名正言顺的途径,在内地从事商贸活动以获取更多的物质利益。因而,藏区僧俗通过不时朝贡,他们得到的经济收益是双重的,即朝廷回赐与商业利益。在丰厚的物质利益驱动下,那种贡使队伍屡违定制,假进贡之名从事商业活动,甚至"边民见其进贡得利,故将子孙学其言语,投作番僧,通事混同进贡"等现象的不断产生,⑥其原因是不难理解的。

(二)朝贡名义下的汉藏茶马互市

明代汉藏茶马交易的又一个显著特点是,朝廷虽然严禁茶叶由民间流入藏区,但对于藏区僧俗首领朝贡则往往满足其请求,赐茶甚丰。在厚予招徕思想的指导下,随着僧俗首领朝贡队伍的扩大,朝贡次数的增多,就意味着不仅贡马匹可获厚值,而且可通过"讨食茶"、私贩和夹带,带回远远多于

---

① 《明史》卷331,"传219","西域三"。
② 《明武宗实录》卷164,"正德十三年七月丙午"条。
③ 《明宣宗实录》卷115,"宣德九年十二月辛亥"条。
④ 《明代宗实录》卷195,"景泰元年八月壬申"条。
⑤ 《明英宗实录》卷296,"天顺二年十月壬午"条。
⑥ 《明代宗实录》卷232,"景泰四年八月甲申"条。

通过茶马交易所能得到的茶叶。其结果是,政府虽有诸多限制自由的茶马交易措施和手段,以控制藏区民众对内地茶叶的需求和马匹的外销,但朝廷又分别以"钦赐"食茶与赏贡马的形式予以实现藏地对茶叶输入和马匹外销的需求。同时,至明中期以后,随着官营茶马体制的衰微,茶禁的松弛,汉藏茶马交易的逐渐民间化。贡马与赐茶,在一定程度上便成为明朝"以茶驭番"的变换形式,其原有的刚性色彩日渐退化,致使朝贡茶马互市具有一定的合法性与广泛性。

1. 贡马与赐茶

明代藏区僧俗朝贡的贡物,一般是"贡马及方物"。其数量并无明确的要求,仅表示对中央王朝的政治臣属。而明廷本着"务令远人得沾实惠"的原则,对贡使的回赐十分优厚。由于终明一代边疆防御形势严峻,朝廷需马孔亟,故对贡马赏赐尤厚,以此鼓励边疆民族地区多贡马匹。宣德以前,特别是洪武、永乐时期,由于北元蒙古力量的强大,明蒙争夺中原统治权的战争甚为激烈,朝廷对马政重视程度很高。虽然实行绢、盐、茶易马法和"市马"方式同步进行,[1]但尚不能满足明军对战马的需求,故对贡使进马多无定酬,随兴而予。至宣德元年(1426)十一月,宣宗谕行在礼部尚书胡濙议:"昨日御马监言:'西番国师,剌麻所进马各有高下,赏赐亦宜分等第'。"礼部遂定:"中马一,给钞二百五十锭,纻丝一匹;下马一,钞二百锭,纻丝一匹;下下马一,钞八十锭,纻丝一匹;有疾瘦小不堪者,每一马钞六十锭,绢二匹。"[2]但是,实际操作过程中贡马给价往往突破定制,特别是与差发马相比,价格悬殊更大。据《明宣宗实录》载,云南左布政使鲁坚就说:"云南、四川二处,近岁有土人土吏,或因告讦,或因公私事赴京,悉假贡马为名",而"朝廷与之赏赐,一马官赏数倍,又应付脚力回还"。又如成化年间,茶马司"善马一匹,不过用茶百斤,青稞十五石。以银计之,所费五、六两。"[3]有学

---

① 王圻:《续文献通考》"市马考"上说:"高帝南征北讨,兵力有余,唯以马为急,故分遣使臣,以财货于四夷市马。而降虏土目来朝,及正元万寿之节,内外藩屏将帅,皆用马为币"。又云:"明初东有马市,西有茶市,皆以驭边,省戍守费"。

② 《明宣宗实录》卷22,"宣德元年十一月庚子"条。

③ 《明宪宗实录》卷33,"成化二年八月辛丑"条。

者统计估算,是时贡马一匹的赏银价为官市马价的二倍。① 贡马与差发马价的巨额悬殊,必然形成:

一是与贡马的日渐兴旺相比,差发马制的难以推行。下述事实可以从一个侧面反映出,有学者作过统计,四川各"番部"贡马,在洪武年间仅有4次,永乐间增为19次,宣德间又增至48次,至正统间已达76次之多;陕西诸卫"番部"的贡马次数也呈递增之势,洪武时期贡马仅为2次,至永乐时贡马次数已增为17次,宣德间达至鼎盛,增至88次。②

二是甘青川纳马番族为图厚赏,变差发马为贡马。西番各纳马藏族依托僧人以马朝贡,致有"其各番族各有归属寺院,严同部落。而官府以茶中马,亦责之于番僧"。③

贡马急朝廷所需,明廷给予包括茶叶在内的优厚回赐,这无疑对藏区僧俗民众具有较大吸引力。尤其令贡使乐此不疲的是,他们可以通过朝贡"专讨食茶"。成化以前,朝廷赏食茶多少,无确定数可考,但凡贡使返回,大多有赐茶的记载。成化时,明廷规定朝贡由洮河入者,人均赐食茶50斤;由四川入者,人均赐茶60斤。但从当时的文献记载看,明廷回赐贡使的食茶数,多有突破定额。

2. 朝贡使团沿途购茶

藏区朝贡使团按例赏茶,多有定数。而他们沿途或明或暗购买或以赐物易茶,其数量尤为可观。明初政府强力执行"以茶驭番",茶禁甚严,但藏区贡使仍可私购一定数量的食茶。洪武间,朝廷就有过特许。正统以后,贡使频繁,他们采购的茶叶数量不断增加,实际上已不是自带食茶的问题,而是购茶图利了。

正统七年(1442)敕四川都布按三司,"朝贡番僧剌麻……其回日所带出关食茶,人止许二百斤"。④ 嘉靖年间,朝廷也下令:"到京并留边番僧每

---

①　赵毅:《明代的汉藏茶马互市》,载《中国藏学》,1989年第3期。
②　王晓燕:《明代官营茶马贸易体制的衰落及原因》,载《民族研究》,2001年第5期。
③　《贵德县志稿》卷2,"地理志·番寺"。
④　《明英宗实录》卷97,"正统七年十月癸巳"条。

人许自买食茶一百斤"。① 但在具体执行过程中,往往突破政府限令。正统
四年(1439),行在礼部奏:"番僧温卜什夏坚藏来朝,欲买茶六千斤带回,已
有明禁,未敢擅许,"上以番僧僻处远方……宜令减半"。② 正统六年
(1441),河西般思播儿地面纳儿哥等寺星吉坚赞等六人奏市茶二万斤,摄
刺星吉等十三人市一万三千斤,谕行在礼部臣"茶不可过与,第令人市三百
斤"。③ 正统九年(1444),"安定卫国师摄刺藏卜等,以朝贡至京,各市茶二
千斤"。④ 景泰四年(1453),"四川董卜韩胡宣慰司番僧、国师、禅师、喇嘛
进贡毕日,许带食茶回还。因此,货买私茶至万数千斤及铜、锡、磁铁等
用"。⑤ 正德十三年(1518),四川天全六番招讨司贡使和乌思藏贡使"得赐
番茶六万斤……夹带私茶至六倍所赐,而贿带商茶尤多"。⑥ 嘉靖年间,"沿
途势要之家,见得西番买茶数多,先期收集,临时发卖,坐获厚利。故各夷每
起车辆箱匣,少者数百,多者千余,妄称礼部准买食茶,……出境每次数十万
斤"。⑦ 可见,贡使到手的茶叶数额极大,已远远超出例赏食茶数。

而且,由于明代藏区寺院日增,寺庙均置锅熬茶,每日熬茶以备僧用。
明朝皇帝为求僧侣们念经"祝廷圣寿",而有"熬茶布施"惯例,以及过往行
人沿途向寺庙馈赠茶叶的"熬茶通道"。为此朝贡僧人常以"熬茶布施"和
"熬茶通道"的名义,向明廷申请布施茶或购买茶叶。如正统五年(1440)八
月,乌思藏剌麻三竹藏卜等奏:"求布施大寺院食茶五万斤。"⑧成化十二年
(1476)二月,大能仁寺大悟法王札巴坚赞奏:"自货茶二万七百斤……乞命
沿途军卫有司供应转递,往陕西临洮、河州、西宁等处熬茶施僧。"⑨现存档
案文献亦有类似记载:"乌思藏阐化王差来使臣远丹坚参奏,臣等三百人赴
京进贡,蒙天皇帝给予赏赐,臣等感戴不尽,今望朝廷可怜见,乞准臣等买茶

---

① 《明会典》卷37,"户部24","茶课"。
② 《明英宗实录》卷55,"正统四年五月辛酉"条。
③ 《明英宗实录》卷76,"正统六年二月丙戌"条。
④ 《明英宗实录》卷113,"正统九年二月乙酉"条。
⑤ 《明代宗实录》卷232,"景泰四年八月申辰"条。
⑥ 《明武宗实录》卷162,"正德十三年五月癸亥"条。
⑦ (明)徐彦登:《历代茶马奏议》卷2,北京图书馆藏本。
⑧ 《明英宗实录》卷70,"正统五年八月乙亥"条。
⑨ 《明宪宗实录》卷150,"成化十二年二月乙未"条。

带回熬茶,广祝廷圣寿便益"。① 总之,明廷对朝贡僧人要求布施或购食茶的诉求,虽有未完全满足需茶数的记载,但藏僧上层利用其特殊身份,大肆购茶几成合法途径,是可以肯定的事实。②

由此看来,明王朝为了以经济手段促成藏区的内附,其"以茶驭番"政策本身也似有自相矛盾的一面。一方面,明廷严茶马之禁,采取各种手段,对之实行官营垄断;而另一方面,又对藏区僧俗贡使网开一面,随着僧俗首领朝贡队伍的扩大,朝贡次数的增多,就意味着更多的马匹通过朝贡的渠道流入官府,而藏族也能获取较多的利益,并能带回远远多于通过茶马交易得到的茶叶,这也直接冲击了官营茶马贸易。

四 明代回赐藏区僧俗贡使的特点

有明一代,从朝贡的权利和义务上讲,藏区各僧俗首领不分所在地域,也不分其势力大小或有无隶属关系,均可"自通天子"。但朝廷在给予这些僧俗贡使回赐物的厚重程度上,却显示出明廷有政治上分区域、分层次的治藏意图。

从《明会典》《明实录》的相关记载看,赏例虽前后更改多次。但始终贯穿这样几条原则:一是对"生番"的赏赐较"熟番"为重;二是对宗教首领的赏赐较俗官重;三是从进贡"正道",即四川起送者较之从陕西洮、河起送者赏赐为重;四是贡马者较之贡其他物品者赏赐为重;五是违期、违道、人数超员者,赏赐酌减,或充作下次贡献。其中,后三条,是明政府为了便于规范贡制和适应形势需要而采取的应对之策;第一、二条,更能凸显治藏的政治意图。

对藏区各部来说,何为"生番"？又何为"熟番"？前文所述明廷主要以是否"纳马中茶"和与中央王朝的关系如何来界定。但是,就整个藏区而言,生熟番的分布区域,并无明确的界线。有人对甘青藏区"西番诸卫"的生熟番的分布情况作了探讨,其依据是纳马中茶与否。而四川藏区生熟番

---

① 《西藏地方是中国不可分割的一部分》(史料选),西藏人民出版社,1986 年版,第 165 页。
② 苏发祥:《明马的"中马番族"》,载《中央民族学院学报》(哲社版),1992 年第 2 期;贾大全:《汉藏茶马贸易》,载《中国藏学》,1988 年第 4 期。

的分布,目前尚无人深入探讨。从文献记载看,大致以松、茂、黎一线为界,以东为"熟番",以西为"生番"。其理由有三:

第一,明朝在少数民族地区的地方建置分文武两大系统,凡设文职土官(府、州、县)之地,一般均是归附中原政权较早,并向朝廷纳赋应役之民族地区,明王朝对之的统治较直接;凡设武职区,则相反。明朝在松、茂、黎一带,设治前后变动较大,州县与卫所交相设置。

第二,编户齐民,责其纳赋应役。自洪武时,责松潘"番民"交马赋始,据载松茂,黎一带,其人民大多"俱为编氓,有保长统之"。①

第三,生熟番大致以农牧区为重要分界线。据《明史》载正德时,"副总兵张杰……诱杀熟番,上功启边衅"。② 边臣守将若诱杀"熟蕃"或遭物议,或获罪责,说明政府对柔服的"熟蕃"采取保护政策,借以安辑边陲。洪武二十一年(1388),朵贡生番则路、南向等引草地生番千余人寇潘州阿昔洞长官司(今四川若尔盖县阿昔乡),杀伤人口。③ "草地生番",即居白草坝之番人,本为唐代吐蕃赞普的后裔。"白草番者,唐吐蕃赞普遗种,上下凡十八寨。部曲素强,恃其险阻,往往剽夺为患"。④ 白草番因居白草坝而得名,"白草坝"处于松、茂交界地带,为松潘人茂州的咽喉要道。

从上述甘、青、川、藏区生熟番的划分看,明王朝是把凡属"三十六番"区的藏族均列入"生番"的范畴,之外则属"熟番"。以与中原政权之距离而言,前者属"远番",后者为"近番"。对两者的政治统治,亦有所区别,分别采取间接的统治与直接控制。同时,在他们朝贡的回赐之厚薄上体现得十分明显。其用意无非是要以物质上的诱惑,刺激"生番"朝贡,以密切中央政府与之的政治关系,进而实现政治控制。

正是由于明朝将藏区采取生、熟分治的办法,因而给予"生番"使团的回赐较"熟番"重,所以才导致"熟番"冒"生番"朝贡的现象。史载,成化初年"因岷、洮等处滥以熟番作生番冒送,已立定例,生番许二年一贡,每大族

① 《明史》卷311,"传199","四川土司一"。
② 《明史》卷197,"传85","熊浃传"。
③ 《明史》卷311,"传199","四川土司一"。
④ 《明史》卷311,"传199","四川土司一"。

四五人,小族一二人赴京,余悉令回。成化六年……又多冒滥"。① 成化十七年(1482),因长河西等地"伪作印信书书,以冒赏赐"。朝廷不得不采取分别"给乌思藏诸番王及长河西、鱼通、宁远等宣慰司敕书、勘合",②以防冒贡。但是,厚利之下,其禁难止。弘治元年(1488),礼部洞察到"成化中,以乌思藏番僧入贡烦数劳费中国,其中又多有近边番人冒名来贡者"。③ 朝廷为之整肃贡制,但仍然出现有如"长河西宣慰司番僧绰思吉领占把藏卜等七百人,冒称乌思藏所遣朝贡到京"。"礼部译得其情,请量减赏赐,以示薄责之意。"④

此外,明朝鉴于藏传佛教在藏区社会所起到的特殊作用,为笼络那些宗教领袖并充分利用他们"化导一方",因而在藏区贡使的赏赐上,也采取了相应的对策。即除了对有影响力的宗教领袖人物亲自或遣使朝贡给予特别优遇外,还通常采取宗教使团的回赐较俗官贡使重。查诸《明实录》其例甚多。同时,还可从大量的"冒贡"现象中看出:一是藏地"俗人及边境逃逸无籍之人诈冒番僧"朝贡。如正统七年(1442)十月,明廷察见"比来朝贡番僧剌麻,其中多有本地俗人及边境逃逸无籍之人诈冒番僧名目投托跟随者",故敕四川布按三司"尔三司全不审实,即便起送,以致络绎道途,紊烦官府,劳费军民。继今来者,比审其果系本地番僧,方听赴京,……其假托诈冒者,拘留所在,奏闻处治"。⑤ 二是低级僧侣使团冒称教王入贡。如弘治四年(1491)二月,乌思藏番僧麦南三竹桑节答儿,"冒称辅教王所遣使,来京朝贡"。⑥

五 结 语

明王朝对于广大的边疆民族地区土官的朝贡,无论是在其统治权的确立过程中,还是在对这些地区的日常管理中,均被赋予了特殊的含义而给予

① 《明宪宗实录》卷105,"成化八年六月辛卯"条。
② 《明宪宗实录》卷219,"成化十七年九月辛卯"条。
③ 《明孝宗实录》卷9,"弘治元年正月丁巳"条。
④ 《明孝宗实录》卷23,"弘治二年二月辛亥"条。
⑤ 《明英宗实录》卷97,"正统七年十月癸巳"条。
⑥ 《明孝宗实录》卷48,"弘治四年二月庚午"条。

特别的关注。在政权更替时，朝贡被视做前朝故吏是否归顺新朝的重要标志；而在加强日常管理过程中，少数民族地区土官按期输赋，定期朝贡——或"岁输"，"或三年，或五年一朝贡"，①以及不定期朝贡。朝贡则包含了这样的内容：一要体现地方对中央的归服与忠顺；二要显示"土地既入版图，当收其贡赋"。② 为此，明人对因朝贡而形成的贡、赏关系给予了如是解读："彼输于我，义也；我赏于彼，德也。我因以行其羁縻之道，彼亦以为职分之常，久之边防可以宁谧"。③ 从明王朝对藏区僧俗首领定期或不定期的朝贡要求看，亦是基于这样的认识的。同时，还因出于"抚番制虏"的战略考虑，故在具体操作上，对区僧俗首领的朝贡予以特殊的处置并赋予特殊的意义。

首先，明王朝对藏区的治理，在政治上采取相对宽松且灵活的控制策略，为显示其有效统治，如何促使藏区各受封的僧俗首领按规定前来朝贡，显得至关重要。因为，朝贡既是维系分封的重要手段，也是实现明中央政府与藏区政治隶属关系的主要途径和标志。明朝为此采用"厚赏来使"的办法，对藏区前来朝贡者回赐丰厚的财物，优予市贡之利，希冀以经济手段，刺激其政治内附。其优厚表现在：一是与其他民族地区朝贡相比，藏区贡使的回赐物独厚，受赏对象最广；二是藏区朝贡违制，"类从宽处"，朝廷仍然给予厚重的赏赐。

其次，汉藏民族原本属于农牧两大经济类型区，民族间的经济互补性决定了互通有无、调剂余缺的不可或缺性。④ 同时，藏区经济的发展程度又落后于中原地区。明王朝正是利用这一现实，通过对藏区僧俗首领定期或不定期的朝贡，给予优厚赏赐，有意让大量财富流入藏区，⑤以满足藏区对中央政府的经济依赖。朝贡行为中形成的贡、赐关系，本来明廷的回赐大大超

---

① 《明史》卷311，"四川土司"；卷314，"云南土司"。

② 《明史》卷312，"传200"，"四川土司二"。

③ 《明经世文编》卷149，"王氏家藏文集"，"靖番·蜀番"。

④ 为此，明人李化龙就说："马市为夷货流通之府，胡汉之人，胥仰藉焉。抢夺所获不足以当市易之利，夷人以市为金路，唯恐失之。而我亦借此以为羁縻"。即是说，"夷人"嗜茶，一个非常重要的原因是其产马而无茶，而且从事茶马交易可带来丰厚的收益，已成"金路"，当然"唯恐失之"。李化龙的这番言论是看到问题的实质，较之明太祖及其他明朝臣如杨一清等，无疑更为客观。参见李化龙："议复开市抚赏疏"，《明经世文编》卷422。

⑤ 石硕：《西藏文明东向发展史》，四川人民出版社，1994年版，第265页。

过贡品的价值,而且来往频繁,这在一定程度上已成为一种变相的物资交流。而更具经济含义的是,藏区庞大的贡使队伍所进行的或明或暗的物资采购与商品交易活动,是在朝贡旗帜下所完成的最具广泛性的两大经济区域间的经济交流。传统的汉藏茶马贸易,在这里被注入新的内容,呈现出特殊的形式。

最后,明王朝治藏分区域、分层次的策略,在朝贡中也表现得十分清楚,特别是对贡使的赏赐厚薄上,"生番"的赏物较"熟番"重,宗教首领的赏物较俗官重。这实际上反映出,明朝充分运用经济手段为其政治统治服务的治藏策略。具体来讲,凡是政治控制相对较松的地方,往往更加注重利用物质上的刺激作用。比如,对于"三十六番"区,特别注重以经济手段,强化其对明王朝政治上的向心力;而对那些易于以政治、军事等手段加强控制的地区,则较少采用经济手段,给予物质上的激励。如"土流参治"的军事卫所控制区和州县辖区。

第四章 "劝善化俗":明朝藏区的宗教文化政策

自藏传佛教"后弘期"以来,藏区政教格局发生了翻天覆地的变化,它突出表现在世俗政治力量的日益弱化与宗教号召力的不断增强,甚有教权凌驾于政权之上之势。这种政教关系的变化,使得任何政治势力仅靠世俗力量维系该地区的政治统治并对之进行有效管理,已不切实际。即便如蒙古族这样的与藏族有传统的亲和关系民族入主中原后,为求藏区治策,也不得不处理好与藏传佛教各派的关系,并调动藏传佛教力量参与藏区地方管理。显然,对于以汉族为统治民族主体的明中央王朝,要实现对藏区的有效统治,对宗教势力处置得当与否,既关系着明王朝藏区施政的成败和藏区地方的和谐发展,也关系着明王朝北部边防的牢固,尤其是西北、西南"后院"的稳固。

当然,元明交替后,若要明朝照搬元朝的治藏模式,客观条件已不具备;主观上,也非明统治者所愿。为此,明朝治藏既按帝国边疆统治模式设置行都武卫,又因地制宜地建立其特殊僧职管理体制,对僧俗地方首领进行双重封授。以期通过对宗教领袖的笼络与控制,充分利用佛教在藏族地区的影响力,达到宣扬帝威,强政治统治之目的。之所以如此,源于明朝依据自身实力及对以乌思藏为主的藏族地区的实际情况的了解,吸取元代朝廷与藏传佛教领袖人物交往的经验教训而进行的政策调整。

然而,明朝的藏传佛教政策只是其治藏政策中体现"因俗以治"的部分。与历代封建王朝的边疆治策一样,明朝统治者非常重视利用儒家文化"教化远人",即如明太祖所说:"朕惟武功以定天下,文教以化远人,此古先哲王威德并施,遐迩咸服者也。"①随着在藏区统治的稳固,明朝从一开始就显示出"以夏变夷"的趋势,即以汉族文化渐染藏区,以增进儒家文化的影响力。②

第一节 "上翊皇度,下以劝善":明王朝对藏传佛教的利用

从世界发展史看,作为上层建筑一部分的宗教向来与政治密切相关。但是,与西方中古社会不同的是,在中国封建社会中,政权与教权二者地位悬殊,宗教只是皇权的护身符,宗教的主要社会功能就是强化皇权政治。因而,在大多数情况下,宗教通常是作为政治的婢女或附庸而存在的。"宗教或者是由国家控制的工具,或国家的强制权力,或者完全宣布为非法的"。但也必须看到,"极权制的纯粹形式是理论上的而非实际的,它并不能完全消灭宗教,而是力图控制和操纵宗教"。③ 即便是专制集权高峰时代的明朝统治者,对宗教的态度也只能"控制和操纵",而不能消灭之。借用宗教的社会功能和顺应宗教的正常发展,已成为明朝统治者对待宗教的基本态度和利用宗教的主要形式。表面上,明王朝佛教政策基本模式的奠定者太祖朱元璋"崇奉释教,……至隆极重",④后继者成祖朱棣"兼崇其教"。⑤ 而实质上,他们是要充分利用宗教,即借助藏传佛教的化导功能,以达到"上阴

① 《明太祖实录》卷34,"洪武元年八月戊寅"条。
② 旅日学者王柯先生认为,汉族文化自形成之后,由于其博大精深及其广泛的包容性,对少数民族地区有巨大的吸引力,即便是入主中原的少数民族政权,大多或深或浅地被融化。同时,传统的中国民族观念中,"华"与"夷"并不是固定不变的,"华夷之别"具有临时性。因而,历代统治者特别是以汉族为主体的中原王朝,尤为重视中华文化的传播,使少数民族汉化。参见王柯:《民族与国家·中国多民族统一国家思想的系谱》,冯宜光译,中国社会科学出版社,2001年版,第147—151页。
③ [美]罗纳德·L.约翰斯通:《社会中的宗教》,四川人民出版社,1991年版,第164页。
④ (明)沈德符:《万历野获编》卷27,"释教盛衰",中华书局,1997年版。
⑤ 《明史》卷331,"传219","西域三"。

翊皇度、下以劝善化俗"，①并"弭边患"的政治目的。②

一 明代僧政管理制度的创设

专设僧官以统领僧务管理事宜，是佛教在中国具有了一定影响并形成一定规模之后的事。大致在东晋初年始设僧官，此后各朝各代皆相仿设。僧官设置也逐渐由简而繁，形成从中央到地方的一套序列。虽然各代在设制、名称等方面有差异，制度也不尽完善，但基本的历史事实是僧官皆由帝王或国家权力机构封设并统辖于世俗官吏部门之下。朱明建国，伴随着专制主义政治的高度发展及出于整顿和规范僧团的目的，便因革损益唐、宋佛教管理制度，创设了一套严整的、套盒式的僧官体制。③ 但在明朝这种僧官管理体制中，因统治者希冀汉区和藏区佛教承载的社会功能之不同，而赋予两地僧职不同之职责，又呈现出僧官管理体制的"二元制"结构。

（一）汉区佛教管理制度的建立和健全

明朝佛教管理机构的雏形，是洪武元年（1368）诏设的善世院。该年正月，明太祖在南京大天界寺"立善世院，以僧慧昙领释教事"，④并授慧昙以"演梵善世利崇教大禅师"封号，"统诸山释教事"，"秩视从二品"、"颁之诰命，赐以紫方袍"。其中，"善世"一词，是明朝对僧衙名称的创设。⑤ 其意取"入佛之门，建善之本"⑥，即取其劝化世俗子民从善之义。但善世院至洪武四年（1371），⑦因机构设置与职责不严密，加之德高望重的住持慧昙染疾"罢院事"及奉诏出使西域而被革。之后所设僧录司，无论品秩还是地位，均远不如善世院高。

洪武十四年（1381）六月，明太祖命礼部着手开设僧道衙门事宜，经过

---

① 永乐六年、十六年，御制瞿昙寺"皇帝敕谕碑"，以及宣德二年赐给瞿昙寺的"皇帝敕谕匾"文，均有大体一致的表述。参见王尧：《明初与藏事有关的诏文及河西碑刻考议》，载蒙藏委员会编《西藏与中原关系国际学术讨论会论文集》，1993年版。

② 《明史》卷331，"传219"，"西域三"。

③ 白文固：《明清的番僧僧纲司述略》，载《中国藏学》，1992年第1期。

④ 谈迁：《国榷》卷3，"太祖洪武元年正月庚子"。

⑤ 谢重光、白文固：《中国僧官制度史》，青海人民出版社，1990年版，第237页。

⑥ 宋濂：《宋学士文集》卷5，"明觉寺碑"。

⑦ 《明史》卷74，"志50"，"职官三"。

一年的前期准备,洪武十五年(1382)正式成立僧政管理机构僧录司。① 之所以要建立这一机构,其原因有二:一是"释、道二教,流传已久,历代以来皆设官以领之",而当时"天下寺观僧道数多,未有总属"。② 这种局面已不符合天下大定后社会秩序正规化的要求。二是"僧者,立身物表以化人,初不可烦以官守也。然而聚庐以居,合众而食,钱谷有出纳,簿籍有钩稽,不有所司,何以能治? 故僧官之设历代不废"。③ 为此礼部"爰稽宗制,设置僧道衙门,以掌其事"。④ 其中,各僧道衙门的掌事者,须"俱选精通经典、戒行端洁者为之"。⑤

明朝中央一级僧政管理机构僧录司的建制情况是:它隶属于礼部之祠祭清吏司,主要职位有左、右善世二员,正六品;左、右阐教二员,从六品;左、右讲经二员,正八品;左、右觉义二员,从八品。⑥ 并规定僧凡三等,曰禅、曰讲、曰教,设官不给俸。⑦

洪武十五年(1382)四月,明廷对僧录司作出初步的人事安排。左善世戒资,右善世宗泐;左阐教智辉,右阐教仲羲;左讲经玘太朴,右讲经仁一初;左觉义来复,右觉义宗垔。各司官员职掌事理为:

"——戒资用印,宗泐封印。凡有施行诸山,须要众僧官圆坐署押,限同用印;但有一员不到,不许辄用;差故者不在此限。

——戒资,提督众僧坐禅,参悟公案,管领教门之事。

——智辉、仲羲、亦督修者坐禅。

——如玘、守仁,接纳各方施主,发明经教。

① 《明史》卷74,"志50","职官三"。

② (明)葛寅亮:《金陵梵刹志》卷2,"钦录集",载《四库全书存目丛书》史部第243册,齐鲁书社,1996年版(后文版本同)。

③ 《金陵梵刹志》卷1,"御制集·授清睿左觉义"。对于明初设置僧务管理机构之原因,《明史》上有截然不同的记载:"帝自践阼后,颇好释氏教,诏征东南戒德僧,数建法会于蒋山,应对称旨者辄赐金襕袈裟衣,召入禁中,赐坐与讲论。……时时寄以耳目。由是其徒横甚,谗毁大臣,举朝莫敢言。……诸僧怙宠者,遂请为释氏创立职官。于是以先所置善世院为僧录司,设左右善世、左右阐教、左右讲经觉义等官,皆高其品秩"。参见《明史》卷139,"李仕鲁传"。

④ 《金陵梵刹志》卷2,"钦录集"。

⑤ 《金陵梵刹志》卷2,"钦录集"。

⑥ 《金陵梵刹志》卷2,"钦录集"。

⑦ 《明史》卷74,"志50","职官三"。

——来复、宗泐，检束诸山僧行，不入清规者，以法绳之。并掌天界寺一应钱粮产业及各方布施财物，置立文簿，明白稽考。其各僧官职掌之事，宗泐皆须兼理。

——考试天下僧人能否，公同圆议，具实奏闻。"①

明朝地政僧司体制与当时的行政体制相呼应，分设府、州、县三级僧司机构。即《明史》上所说："僧、道录司掌天下僧道事。在外府州县有僧纲、道纪等司，分掌其事。"②其中，府僧纲司，有都纲一员，从九品；副都纲一员。州僧正司，有僧正一员；县僧会司，有僧会一员。副都纲以下皆无品。③

在僧司管理机构设置完成后，明朝还对各级机构的职掌、官员的待遇以及应遵守的规章等问题作了相应规定：

"——各府、州、县寺观僧道，并从僧录司、道录司取勘置文册，须要开写某僧某道姓名年甲，某布政司、某府、某州、某县籍，某年于某寺观出家，受业某师。先为行童几载，至某年某施主披剃簪戴，某年给受度牒，逐一开报。

——供报各处有额寺观，须要明白开写本寺观始于何朝，何僧何道启建，或何善人施舍。

——僧道录司衙门，全依宋制，官不支俸。吏与皂隶合用人数，并以僧道及佃仆人等为之。

——僧道录司官，体统与钦天监相同，出入许依合用本品伞盖，遇官高者，即敛之。

——各处寺观主持，从本处僧道衙门举保有戒行、老成、谙通经典者，申送本管衙门，转申僧录司道录司，考试中试，具申礼部奏闻。

——各府、州、县未有度牒僧道，许本管僧道衙门具名申解僧纲司道纪司，转申僧录司道录司考试，能通经典者具申礼部奏出给。

——在京在外僧道衙门，专一检束僧道，务要恪守戒律，阐扬教法。如有违犯清规，不守戒律，及自相争讼者，听从究治，有司不许干预。若犯奸盗

① 《金陵梵刹志》卷2，"钦录集"。
② 《明史》卷74，"志50"，"职官三"。
③ 《明史》卷75，"志51"，"职官四"。

非为,但与军民相涉,在京申礼部酌审,情重者送问;在外即听有司断理。"①

对于僧官的待遇,明初一段时期内依照宋制,僧职"设官不给俸"。洪武二十五年(1392)冬十月,政府重定百官品阶秩禄时,改行都纲以上各级僧政人员都依品给俸。其中,僧录司左、右善世按正六品,月禄米一十四石;左、右阐教按从六品,月禄米一十石;左、右讲经按正八品,月禄米七石;左、右觉义按从八品,月禄米六石;地方各府僧纲司之都纲,按从九品,月禄米五石五斗。副都纲及僧正司,因官不入品秩,仍按原制"俱不给禄"。②

从洪武时期陆续出台的有关僧职管理规定可见,明代的佛教管理已有明显的世俗化趋向,而且,"其政策本身的一些特点强化和加速了明代佛教世俗化过程的进度和深度"③。这突出地表现在:

第一,官僚化僧职管理。

首先,这些僧司机构的设置如同世俗衙门,中央有僧录司,地方即按府、州、县三级设有僧纲司、僧正司、僧会司;其次,各级衙门的僧职,不仅有等第的品秩官阶与明确的职责范围,有相应的俸禄,还出如次第及伞盖使用等方面的规定,这在《明史》"舆服"志中有详尽叙述。同时,僧职的增选也有一套固定的程序:"凡各寺、观住持有缺,从僧、道官举有戒行,通经典者,送僧录、道录司考中,具申礼部,奏闻方许。"④

由是观之,明朝的僧司机构与世俗衙门无异,其僧官已完全被纳入帝国的职官系统。虽然,僧官的职责远不如俗官宽泛,也不赋有干预世俗事务的权力,更没"有如同俗官的广置吏隶僚属的便利权"。⑤ 但他们既为职官,也就如世俗官僚系统中的官员一样,须对帝国负责。

值得注意的是,明代僧司机构的地位之所以远不及元之宣政院那样显

① 《金陵梵刹志》卷2,"钦录集"。

② 《明太祖实录》卷222,"洪武二十五年十月戊午"条。但从有明一代的历史看,僧职"设官不给俸"的规定,大多未能真正执行。参见白文固、赵春娥:《中国古代僧尼名籍制度》,青海民族出版社,2002年版,第225页。

③ 周齐:《明代佛教政策的基本模式》,载杨曾文、方广昌编《佛教与历史文化》,宗教文化出版社,2001年版,第324页。当然,这里所说的世俗化与现代意义上的世俗化定义,还是有一定区别的。

④ 《明太祖实录》卷144,"洪武十五年夏四月辛巳"条。

⑤ 白文固、赵春娥:《中国古代僧尼名籍制度》,青海人民出版社,2002年版,第227页。

赫,僧职的品秩官阶也再未达到从一品那样高,其根本原因在于明最高统治者一开始就对以佛教为代表的宗教的定位是以教权绝对服从政权为基本原则的,自然也就不可能给汉地僧司机构及其僧职人员太高的政治地位。

第二,道德化的僧职形象。

借宗教戒律以维护传统的道德准则和现存的社会秩序,是历代统治者惯用的治国之道。特别是自佛教融入中国传统文化之后,佛教戒律的济世之功,被封建士大夫提高到与儒家之礼一样的高度。① 所谓"中国儒家之礼,与天竺佛教之律,连类拟配,视为当然";②"浮屠之术,最善化诱,故人多向之"。③ 历经元末战乱后的明初统治者亦深谙此道,明太祖为收揽人心,抚慰战殁生灵,十分重视借用佛、道之力量。认为"天下无二道,圣人无两心",④强调"三教除仲尼之道,祖述尧舜,率三王,删诗制典,万世永赖,其仙佛之幽灵,暗助王纲,盖世无穷,……斯世之愚人,于斯三教,有不可缺者"。⑤ 在明统治权稳固后,明太祖朱元璋要借助佛、道宗教规范与儒家道德共同教化臣民。诸多拴束僧行的条例则表明,实际是认可也引导了世俗人等对于佛教和僧人基本形象的要求,出家人已被明确要求,要做一定程度的世俗道德标准的承担者和榜样。明太祖希图借佛教中伦理倾向成分较多的特点,让其子民自觉或不自觉接受这些价值取向。因此,明太祖对佛教作了一番颇具深意的解说,并对佛教创始人释迦牟尼予以高度评价,称其创立佛教以解脱众生,"其为兹也大,其为悲也深",是"善无上者"。赞扬佛教可使"世人良者愈多,顽恶者渐少",进而"阴翊王度",⑥"暗理王纲,于国有补无亏"。⑦ 鼓吹佛教、道教与儒家学说殊途同归,说:"释迦之为道也,惟心善

---

① 自佛教融入中国传统文化之后,便成为中国传统文化多元一体中重要组成部分。但作为一种外来文化,它自始至终并未获得与儒家学说等量齐观的地位。历代统治者对它的管理都是以儒家学说为指导的,要求其思想信仰、教义适应儒家的伦理道德准则。
② 柳宗元:《柳河东集》卷7,"南岳大明寺律和尚碑",上海人民出版社,1974年版,第107页。
③ 《河南程氏文集》卷2(下),《二程集》,中华书局,1981年版,第50页。
④ 《金陵梵刹志》卷1,"御制集"。
⑤ 《金陵梵刹志》卷1,"御制集·三教论"。
⑥ 《明太祖文集》卷8,"论僧纯一敕",影印文渊阁《四库全书》,集部162,别集类,台湾商务印书馆本。
⑦ 《明太祖御制文集》卷10,"释道论",影印文渊阁《四库全书》,集部162,别集类。

世。其三皇五帝教治于民,不亦善乎,何又释迦而为之? 盖世乖俗薄,人从实者少,尚华者众,故瞿昙氏之子异其修,异其教"。① 甚至认为,佛教所阐述的就是中国的"三纲五常之性理"。②

太祖之后,明之历代嗣君"因之不替"地礼遇僧刹,注重发挥佛教的道德功能与维持社会人心的作用,即所谓:"我二祖列宗咸多御制序文,隆重佛典。自宫壸、藩封以及学士、大夫,近而村里,远则边塞,罔不借佛力以寓劝化,布经典以坚款贡"。③

由此可见,借宗教的济世之功,以维护其统治是明朝当政者制定宗教政策的出发点。因而,有明之世,政府对汉地佛教政策的基本态度是:承认佛教在中原有较长的发展历史,也有化导人心、辅助统治的一面,但任之过度发展又非王朝福音。所以,自明太祖始即对汉地佛教有明确的限制,如洪武二十四年(1391)令:"清理释、道二教,限僧三年一度给牒。凡各府州县寺观,但存宽大者一所,并居之。凡僧道,府不得过四十人,州三十人,县二十人。男年非四十以上、女年非五十以上者,不得出家。二十八年令天下僧道赴京考试给牒,不通经典者黜之。"④即以利用与管制的双重政策,使佛教为政权服务。

(二)藏区佛教管理制度的创立

与明朝汉区佛教管理体系的迅速建立和健全相较,藏区的僧政机构不仅建立时间较晚,而且它承担的社会责任也明显不同。藏区僧政机构的建立,是随明王朝对藏区统治权的确立,以及对藏区认识、了解的不断深入之后,将汉区的僧纲制度经过改造移植,而推行到这一地区的,其名曰"番僧纲司"。"番僧纲司"自成一个独立的体系,并具有特殊的内容。

实际上,自明朝经略藏区之始即面临着如何妥善管理藏传佛教问题。洪武初年对藏区实行的广泛招抚之策,仅十余年间藏区各部僧俗首领便纷纷来朝,接受朝廷的封号、官秩、印诰等,而明王朝也迅速而顺利地完成了整个藏区的政权建设。学界较为普遍的看法是,明太祖在分封藏区僧俗首领

① 《明太祖御制文集》卷15,"佛教利济说",影印文渊阁《四库全书》,集部162,别集类。
② 《明太祖御制文集》卷15,"心经序",影印文渊阁《四库全书》,集部162,别集类。
③ 刘若愚:《酌中志》卷16,"内府衙门执掌",北京古籍出版社,2001年版。
④ 《明史》卷74,"志50","职官三"。

时,有一明显的缺陷,那就是对藏地政教合一的特殊政治格局之认识欠深入。但是,若对明太祖在选派什么样的人往吐蕃各部进行招谕时,给人的印象又正好相反。如太祖先后遣内地高僧宗泐、克新和智光三人入藏,这本身又显现出朱元璋对藏区佛教盛行有特殊的判断和考虑。①

早在洪武三年(1370)明太祖就命汉僧克新等三人往西域招谕吐蕃,洪武十一年(1378)又派僧人宗泐等使西域,宗泐西行后于洪武十四年(1381)携阿里(俄力思)使者还朝,次年明太祖任命他为右善世,成为僧录司的地位最高的僧官。而且就在此时,僧录司中就有藏族僧人供职。据《明实录》载,洪武十八年(1385)底"建鸡鸣寺于鸡鸣山,以祠梁僧宝公,命僧德瑄住持。瑄卒,道本继之。初,有西番僧星吉监藏为右觉义,居是山,至是,别为院寺西以居之"。② 这是藏族僧人在明朝中央佛教管理机构僧录司中任职的最早记载。

藏区地方僧纲体系的制度化,大体经历了如是过程,初创于洪武末年,永乐时趋于完备,余绪明朝诸帝。

1. 甘青藏区的僧纲司机构

洪武二十二年(1389)八月,明太祖给僧录司的御旨中说:"西(宁)、河(州)、洮州等处,多有不曾开设僧司衙门,凭僧录司差汉僧、番僧去打点。着本处官司就举选通佛法的僧人发来考试,除授他去"。③ 祠部(后改祠祭司)和僧录司按朱元璋的谕令,从陕西布政司遴选汉、番僧计十人,考试后带着礼部颁发的札符和僧录司文牒,前去河湟地区筹建僧司机构。可见,甘青藏区僧纲司机构的创设是经过一番周密考虑和充分准备的,并于洪武二十二年(1389)之后在河湟一带始设番僧纲司。

洪武二十六年(1393),首先在河州卫、西宁卫创立僧纲司。该年二

---

① 有学者认为,此与明太祖的个人身世有关。因朱元璋在投奔郭子兴以前,前后做了8年的和尚。而这八年的僧人生涯,不仅使他积累了较丰富的佛教知识,而且对佛教及其僧人的社会作用也有了十分明确的认识。这些因素为他日后制定治藏政策起了非常关键的作用。参见陈楠:《明代藏传佛教对内地的影响》,载《中国藏学》,1998年第4期。
② 《明太祖实录》卷176,"洪武十八年十二月丁巳"条。
③ 《金陵梵刹志》卷2,"钦录集"。

月,"西宁番僧三剌贡马。先是,三剌为书招降罕东诸部,又创佛刹于碾白南川,以居其众,至是始来朝,因请护持及寺额。上赐名曰瞿昙寺,敕曰:'自有佛以来,见佛者无不瞻仰,虽凶戾愚顽者,亦为之敬信。化恶为善,佛之愿力有如是耶!今番僧三剌生居西土,踵佛之道,广结人缘,缉金帛以创佛刹,比者来朝京师,朕嘉其向善慕义之诚,特赐敕护持"。对于番僧三剌和他创建的瞿昙寺,明太祖诏准赐敕并下令,"诸人不许扰害,听其自在修行,违者罪之"。① 接着在同年三月,"立西宁僧纲司,以僧三剌为都纲。河州卫汉僧纲司,以故元国师魏失剌监藏为都纲;河州卫番僧纲司,以僧(端)月监藏为都纲"。② 对此《明史》上也有记载:"初,西宁番僧三剌为书招降罕东诸部,又建佛刹于碾白南川,以居其众,至是来朝贡马,请敕护持,赐寺额。帝从所请,赐额曰瞿昙寺。立西宁僧纲司,以三剌为都纲(司)。又立河州番汉二僧纲司,并以番僧为之,纪以符契。"③在同一地区分设番汉僧纲司,显示明朝对一些汉传佛教与藏传佛教并传的地方,采取番汉并立的原则。

洮、岷藏区的僧纲司建立,较河湟地区晚。其中,洮州素有"五僧纲二土司"之说,但明代正史均无详载。查诸《明实录》,最早见于宣德二年(1427)有"设陕西都司洮州卫僧纲司,置都纲一员",④之后仅有都纲添员的记录,⑤更具体的情况不得而知。《清史稿》仅存名目,"垂巴寺(辖番人十族)、著洛寺(辖番人二十三族)、麻尔寺(辖番人二十一族)僧纲;圆成寺(辖番人四族)、阎家寺(后无人袭)僧正,各一人"。⑥ 光绪《洮州厅志》记载较详。⑦ 大体情况是:

---

① 《明太祖实录》卷225,"洪武二十六年二月壬寅"条。
② 《明太祖实录》卷226,"洪武二十六年三月丙寅"条。
③ 《明史》卷331,"传219","西域三"。
④ 《明宣宗实录》卷30,"宣德二年八月乙酉"条。
⑤ 如正统五年(1440),"增置陕西洮州卫军民指挥使司僧纲司番僧都纲一员"。参见《明英宗实录》卷63,"正统五年正月丙寅"条。
⑥ 《清史稿》卷117,"番部僧官"。
⑦ 光绪《洮州厅志》卷16,"番族·僧纲",载张羽新主编:《中国西藏及甘青川滇藏区方志汇编》第22册,学苑出版社,2003年版。

（1）垂巴寺僧纲司。治在今临潭县境洮河之阳，西南距县城七十五里。初任僧纲赵班麻多智，其始祖阿旺老布藏原籍卫藏僧人，成化三年（1467）来洮州卫西诵经集僧百余人，并建垂巴寺。后因战乱原寺被毁，其侄阿送恼布于正德四年（1509）重修。阿送侄洛札排销于嘉靖元年（1522），又建录巴、江口二寺，"请咨到部，赏给僧纲之职管理三寺，永为世袭"。万历八年（1581），敕赐垂巴寺名号及管理录巴、江口二寺的敕书。在明代该僧纲司的最后一任僧纲为天启二年（1623）袭职的旦巴牙拜。

（2）著洛寺僧纲司。著洛寺，又称卓洛寺，西去洮州县城西七十里。其创始人杨永鲁，是着藏部落头人，明永乐十六年（1418）因功授昭信校尉、洮州卫指挥使司着藏族百户职，建著洛寺为该部族寺院。其侄锁南藏卜于宣德二年（1427）出家为喇嘛，请到札牒授纲司都纲职，他在任内以贡马中茶勤谨，得明廷欢心，三传至班南尖助，因功于正德十二年（1517）授世袭都纲。在明代该僧纲司的最后一任僧纲为天启年间袭职的班就尖采。

（3）麻尔寺僧纲司。麻尔寺居城西六十里，又名麻奴寺。初任僧纲马昂旺丹，其始祖为力车加绽，原籍乌思藏，洪武六年（1373）以功封世袭千户。其子八点旺秀于永乐三年（1405）袭职后带僧人百余名东来，驻洮州卫阳坡庄，修建寺院，聚纳喇嘛，成为地方势力。明政府遂授给世袭都纲衔，兼领土百户之职，统领番民二十一族约一百二十多户，喇嘛近二百名，奉贡马中茶义务。四传至勺五加绽袭职，于嘉靖二十八年（1549）请赐寺额，敕号麻尔寺，并以勺五加绽为麻尔寺都纲，简称麻都纲，因谐音之误，以后便成了马都纲。在明代该僧纲司的最后一任僧纲为万历四十五年（1617）袭职的札巴多智。

（4）圆成寺侯僧正司。圆成寺距今临潭城南十里许，立寺始祖可追溯到太监侯显。洪武时候显以太监奉差，永乐初又衔命使乌思藏迎请大宝法王，途经洮州，遂立此寺。故圆成寺又名侯家寺。圆成寺建立后请得世袭僧正札符，首以侯显之侄朔纳加产为僧正。在明代该僧正司的最后一任僧正为桑纳达节，其袭职时间不详，清康熙时圆寂。

（5）阎家寺僧正司。阎家寺距城东三十里，史载简略，详情无考。僧正始设于明代,到清康熙时已趋衰落,寺僧流散,宇舍坠颓。①

岷州境内,著名的僧纲司有二:

(1)岷州大崇教寺僧纲司。据《大清会典》载,明之岷州卫有喇嘛寺院二十六所,设番僧纲司一,即大崇教寺僧纲司②。(康熙)《岷州志》载:大崇教寺为宣德元年(1426)敕建,该寺早期封番僧班丹札释为灌顶净觉慈济大国师。英宗正统时,因班丹札释为英宗父虔诚荐福,被封灌顶净觉西天佛子大国师。明成化时,班丹札释之后人贡马,并因"征番有功,封弘济光教大国师",赏世袭都纲之职,这可能是岷州番僧纲司的最早设置。③

(2)红山堡僧纲司。《明会典》有红山堡报恩寺阎都纲向明廷贡方物的记载,但语焉不详。《秦边纪略》有:"红山川堡之番,即阎都纲族,住报恩寺中。"又说:"红山川……,为番僧阎都纲族,报恩寺僧住牧。"④明庄浪卫治在今甘肃永登,时为军事战略要冲。可见,红山堡报恩寺僧纲司,即当时的庄浪卫番僧僧纲司,清乾隆朝以前,都纲之职,一直在阎姓喇嘛中传承世袭,对中央政权有贡马义务。

清代理藩院的统计资料显示,有明一代在河湟洮岷之河州、岷州、洮州、庄浪和西宁诸卫,先后设有番僧纲司十九所,僧正司三所。⑤ 可见,上述罗列的番僧纲司,只是其主要部分。其余的番僧纲司,大多不可详考。其中,有的还可考其名目,如卓尼杨土司部禅定寺僧纲司。杨土司为洮州地方的望族,其始祖在永乐时受封世袭卫指挥佥事,宣德时请得僧纲司札符,都纲一职一直由杨土司兼任。还有岷州法藏寺僧纲司、河州马营寺(在今民和县境)僧纲司、西宁佑宁寺僧纲司,均属此类。⑥ 在这些番僧纲司内,一般皆按制设都

① 白文固:《明清的番僧僧纲司述略》,载《中国藏学》,1992年第1期。
② 《大清会典》卷975。
③ 康熙《岷州志》卷三,"舆地下·番属",载张羽新主编:《中国西藏及甘青川滇藏区方志汇编》第26册,学苑出版社,2003年版。
④ (清)梁份:《秦边纪略》卷一,"庄浪卫",青海人民出版社,1987年版。
⑤ 白文固:《明清的番僧僧纲司述略》,载《中国藏学》,1992年第1期。
⑥ 事实上,当地其他僧职亦可家族传承。如成化十六年(1480),"命西宁圆觉寺弘慈慧应国师锁南坚参侄捨刺坚参、隆化寺通悟妙济国师锁南领占侄孙坚敦尔坚参、觉华寺广化禅师锁南参锁南领真各袭其叔父、叔祖原职,赐之诰命"。参见《明宪宗实录》卷201,"成化十六年三月庚寅"条。

纲和副都纲各一员。如正统五年(1440)三月,"命黎牙等簇剌麻匝利仓南卦尖藏为岷州卫僧纲司都纲,番僧落竹为副都纲……仍各遣敕谕之"。①

2. 川西北藏区的僧纲司机构

川西北藏区僧纲司的设立,始于明成祖永乐年间。永乐八年(1410)八月诏设四川"长河西、鱼通、宁远等处及苦白寺沙恩达寺跋羊地面、如意宝寺赏毡地面五僧纲司"。② 囿于所见资料,这五所番僧纲司的具体情况难以详考,但之后有其入贡请袭的记载。如弘治二年(1489),"长河西番僧领占星吉等各请袭授其师都纲之职。从之"③;弘治十二年(1499),"长河西纳龙等寺番僧族秤伯等六人,各具方物来贡,请袭其师禅师、师都纲等职。从之"。④ 又,嘉靖五年(1526)四月,礼部奏"董卜韩胡宣慰使司加渴瓦寺遣都纲番僧七捎等入贡",违限减赏。⑤

实际上,明朝在今川西及西北藏区所设僧纲司,还远不止五个僧纲司。关于此,《明实录》有记载,兹简要列举如次:

(1)贾穆龙僧纲司。永乐十一年(1413)五月,设"陕西贾穆龙僧纲司,以番僧锁南监藏为都纲"⑥。有学者认为,"贾穆龙"是藏文(rgyalmo-rong)的译音之异写,贾穆龙僧纲司在今四川省阿坝州的金川县内,永乐时曾封该寺僧人首领为演化禅师。⑦ 至万历时,仍有该地都纲朝贡的记载。万历元年(1573),"四川金川寺演化禅师差都纲头目二百七十五人进贡珊瑚等物。宴赏如例"。⑧

(2)松潘卫内的僧纲司。该地僧纲司始设于宣德年间,宣德六年(1431)四月,设"四川松潘等处军民指挥使司僧纲司,置都纲、副都纲各一员"。⑨ 之

---

① 《明英宗实录》卷65,"正统五年三月戊申"条。
② 《明太宗实录》卷107,"永乐八年八月己未"条。
③ 《明孝宗实录》卷28,"弘治二年七月庚辰"条。
④ 《明孝宗实录》卷156,"弘治十二年十一月庚申"条。
⑤ 《明世宗实录》卷63,"嘉靖五年四月癸丑"条。
⑥ 《明太宗实录》卷140,"永乐十一年五月庚辰"条。
⑦ 谢重光、白文固:《中国僧官制度史》,第275页。
⑧ 《明神宗实录》卷10,"万历元年二月壬戌"条。
⑨ 《明宣宗实录》卷78,"宣德六年四月乙巳"条。

后,正统六年(1441)四月,"铸降松潘卫僧纲司印并护持敕给都纲桑儿者先结,令于本处建寺管束番僧"。①

(3)天全六番境内的僧纲司。永乐十五年(1417)七月,设"四川天全六番招讨使司医学及僧纲司"。②

(4)杂谷按抚司境内的僧纲司。明永乐五年(1407)在今理县境设置杂谷安抚使司,管辖藏民及九子十寨以及赤不苏"新番"(雅都)、"旧番"(维城),"后番"(曲谷)的羌民。③ 尔后又设杂谷番僧僧纲司,正德八年(1513),四川杂谷按抚司番僧都纲锁郎藏卜朝贡,"赐宴给赏有差";④又万历时期杂谷都纲前往北京,礼部"给赏如例"。⑤ 有人考证,当时羌族人民不信奉佛教而信仰原始多神,以此推论,杂谷僧纲司主要是管理境内藏族僧人。

(5)威州境内的僧纲司。该地的僧纲司始设何时无可考,但隆庆时有其地都纲朝贡的记载。隆庆二年(1568),"四川威州都纲头目安朋等来朝,贡方物。给赏如例"。⑥

此外,还有成化六年(1470)七月,四川朵甘宣慰使都指挥佥事、镇抚、都纲、番僧人等来朝入贡。⑦

如此等等。从这些记载可知,明朝至少在董卜韩胡、威州、松潘、金川寺等境内设有僧纲司。尽管目前难有更多的资料说明其准确的数量、地域的分布以及具体的设立时间等情况,但明朝在该地区遍设僧纲司是不争的事实。

3. 对乌思藏、朵甘等藏区僧纲司的考辨

查诸明代有关史籍,并未见明朝在乌思藏、朵甘等地于何时在何地设立

---

① 《明英宗实录》卷78,"正统六年四月癸未"条。
② 《明成祖实录》卷191,"永乐十五年七月乙卯"条。
③ 《明太宗实录》卷48,"永乐五年三月己巳"条。
④ 《明武宗实录》卷98,"正德八年三月乙未"条。
⑤ 仅万历七年(1579)十一月,四川杂谷安抚使司境内就有两批冠都纲头衔的宗教使团朝贡。分别是该年十一月甲子,"四川杂谷安抚使司都纲头目更哈监藏等赴京进贡";十一月丁卯,"四川杂谷安抚使司差都纲头目1274名,各备珊瑚等物进贡"。参见《明神宗实录》卷93,"万历七年十一月甲子"条、"丁卯"条。
⑥ 《明穆宗实录》卷25,"隆庆二年十月乙酉"条。
⑦ 《明宪宗实录》卷81,"成化六年七月壬寅"条。

僧纲司的详细记载,但在《明实录》及有关档案中,却有明廷封授该地区僧人为都纲或都纲随贡使进京朝贡的记述。如:

正统七年(1442)八月,"命乌思藏剌麻远丹坚剉、老瓦藏卜等为都纲,赐敕护持"。①

正统十三年(1448)五月,"以灵藏赞善王班丹坚剉所遣南嘉寺剌麻桑儿结巴等朝见……以桑儿结巴为本寺都纲,给敕谕、印信"。②

景泰元年(1450)四月,乌思藏贡堂川阔宁等寺番僧都纲剌麻阿立押革、番僧桑亚的古罗古罗等贡氆氇、铁甲、佛像、舍利子。赐宴,并赐綵币等物"。③

天顺四年(1460)六月,"乌思地方萨加等寺都纲剌麻番僧锁南言千等……贡马及方物。赐綵币等物有差"。④

天顺六年(1462)八月,"乌思藏地方都纲剌麻番僧朵日言千等……贡马及文物。赐綵币等物有差"。⑤

成化十五年(1479),"乌思藏辅教王差使臣都纲沙加星吉等奏;上位金体安然,圣意公平,无间远迩。我乌思藏僧俗人等,时常祝延圣寿万万岁。今赴京进贡,望朝廷可怜见,给予全赏赐。都纲沙加星吉乞与禅师职事,领占扎、远丹罗竹二人乞与都纲职事便益"。⑥

成化二十一年(1486)九月,"以乌思藏法王差来剌麻扎失藏卜领占五人为灌顶大国师、灌顶国师、禅师、都纲"。⑦

弘治十二年(1499)十月,"乌思藏萨剌达哈等寺番僧藏卜坚参等七人、宁佗等寺番僧星吉坚剉等三人,请各袭其师国师、禅师、都纲等职,从之"。⑧

弘治十二年(1499)十二月,乌思藏遣禅师桑儿结吒巴等来贡,并为日

① 《明英宗实录》卷95,"正统七年八月乙未"条。
② 《明英宗实录》卷166,"正统十三年五月丁未"条。
③ 《明代宗实录》卷191,"景泰元年四月戊戌"条。
④ 《明英宗实录》卷316,"天顺四年六月癸亥"条。
⑤ 《明英宗实录》卷343,"天顺六年八月庚寅"条。
⑥ 《西番馆译语》"来文十七",转引自《元以来西藏地方与中央政府关系档案史料汇编》(一),中国藏学出版社,1993年版,第189页。
⑦ 《明宪宗实录》卷270,"成化二十一年九月甲戌"条。
⑧ 《明孝宗实录》卷155,"弘治十二年十月丁未"条。

莫等寺番僧喃哈星吉藏卜等五人请各袭其师禅师、都纲等职。①

嘉靖二十八年(1549)五月,"以乌思藏等处番僧领占坚参等三十八名各袭国师、禅师、都纲、剌麻职事,驳回查勘喃哈坚参等三十一名。礼部因奏:'今岁入贡番僧中,多去年已赏,今次复来。或同一师僧,而袭职异名;或同一职衔,而住坐异地。请以后新袭诰敕,俱开住坐地方及某师某名,不得混冒。又,诸番节年袭职,守候诰敕日久,辄令带原赏诰敕回番,待后入贡之年赴京补给。以故诸番得假借冒顶,夤缘行私。及今不处,则旧诰、旧敕终无销缴之期,非但夷情怠玩,抑且国体未尊。……各处番僧袭职、进贡,本部立文簿一扇,将各僧赍到旧给诰敕所载师僧职名、颁给年月及今袭替僧徒名字、住坐地方,分别已未领有新诰、新敕,逐一登记,备行布政司照式置造。如系应贡年分,即以前册查对。如系年代久远,果有老病,方得起送承袭。如已袭未领诰敕,许起送一二人。其余无得滥放。'报可"。②

由这些文献记载可知,明朝至少在乌思藏、朵甘赞善王辖地的一些寺庙中设置过僧纲,而且都纲与国师、禅师等一样,均被纳入明朝僧官系统中。因而,凡封授都纲等僧职,朝廷例要颁给诰敕,并以之作为按制进贡的凭据。但藏区僧职传承方式各异,名号又复杂,以致出现混冒顶替、新旧诰敕混杂等现象。为了加强管理,只得采取由礼部逐一登记,并将登记的受封僧职人员情况文簿发送各布政使司,以便对入贡的藏族僧人进行查对。

值得注意的是,明朝藏区僧纲司中都纲一职与汉地僧官虽都是朝廷在地方宗教机构中的一级命官,形式上没有太大差别,但封授僧职之级别却有很大的差异。如国师、大国师、西天佛子等名号,则是专门封给藏族地区高僧的僧职,而且其品秩并未照搬帝国职官等级规制,往往授职级别较高。这就使得藏地僧职的品秩中,作为一级地方宗教机构的名义上的负责人的僧纲一职,其品秩却较低,甚至可能还不如禅师高。

(三)汉区与藏区佛教管理上的差异

明朝之所以重视藏区番僧纲司的建设,明太祖有这么一段表述可知其

---

① 《明孝宗实录》卷157,"弘治十二年十二月己丑"条。
② 《明世宗实录》卷348,"嘉靖二十八年五月壬辰"条。

意："自古帝王致治，无间远迩，设官以理庶务。稽诸典礼，复有僧官以掌其教者，非徒为僧荣也，欲其率修善道，阴助王化。非真诚寡欲、淡泊自守者，奚足以任斯职。今设僧纲司，授尔等以官，给尔符契。其体朕之心，广佛功德，化人为善"。① 即是说，凡担僧纲司职者，须备"真诚寡欲、澹泊自守"的品德，其职责是"主其教，以绥来远人"，并检束僧人以"率修善道，阴助王化"。从中可见，明朝设藏地僧纲司，一是要进一步落实"因俗以治"、"以土治番"的政治理念；二是既在政治承认并确立藏传佛教僧侣的地位，但又必须将这些地区的佛教事务置于明中央政府的统一管理之下。这就使藏区番僧纲司与内地僧纲司，名义上虽同为一级地方佛教事务管理机构，而实质上又有较大的差别。

差别之一，按明制，僧录司为负责管理全国佛教事务的中央机构，地方的府、州、县分别设僧纲司、僧正司、僧会司，并"俱选精通经典、戒行端洁者"，具体分掌各地佛教事务。但藏区番僧纲司作为一级地方佛教管理机构，有破定制。如河州卫即设有两个番僧纲司，一个汉僧纲司，此有违卫一级地方只设一个僧纲司的规定，而且僧俗二职重叠。尽管明人有"择番僧为众推服者，大者国师，小者禅师。其诸豪有力者，或指挥千户百户，各授有差"，②即僧俗分设各司其职。而实际上，有的僧司职务是由土百户、土千户等土司头人兼领，造成这些僧职既是一方宗教领袖，又是所辖地区的行政长官。如在今甘、青、川藏区，有时僧纲与土司常由一族之人担任，甚至可由一人兼任，使得土司与僧纲名义虽殊，但其政治作用无二致。因此，这些僧职也就变相地成了"世职"。他们不仅生前终生无替担任都纲、僧纲、僧正等职，而且身后或叔侄相传，或"兄为僧纲，弟为土司"，形成明清以来甘青地区享有特权的僧职土司家族。洮州卫著名的杨土司兼领政、教二职就是典型的例子。据载，洮州藏族百户杨永鲁的侄子锁南藏卜于宣德二年(1427)创建卓洛寺，并授都纲世职。其后承袭者或为子或为侄，集政、教大权于一身。如此都纲一类的僧职便自然成了某些部族头人或家族的世袭官职，形成了与土司并为"某僧纲"之类的世称。

---

① 《明太祖实录》卷226，"洪武二十六年三月丙寅"条。
② (明)陈子龙：《明经世文编》卷404，"收复番族疏"，中华书局影印本，1962年版。

差别之二,番僧僧纲司的职责已远超出了纯宗教的范围。汉区僧纲机构,其职责被明确界定为管理宗教事务,而藏地僧纲司往往僧俗事务兼涉。以致一些文献在谈到这类僧司时,大都说他们在"约僧管民"。这就使藏地僧俗二职,虽在名称、机构与承袭方式上有差异,即所谓"沿边土司历代世职,僧俗出身不同"。① 但"有僧职亦世袭,如鸿化、灵藏等寺,皆有国师、禅师,管理族民,如土司之例"。② 即是说,明廷在藏地所设僧纲司,不仅统领有寺院僧众,还统辖有番部民户,甚至领有"土兵"。换言之,这些僧官的职掌也不惟是"化导群迷",还要为统治者领兵守关隘,又要出征打仗。正是因为藏地僧纲司被赋予了如此之世俗职责,所以其设置也就没有必要照搬汉地成式,设置多少机构、安插多少僧职,一般因地而宜。

由此可见,番僧僧纲司已非一般意义上的宗教管理机构,僧纲司之首的都纲,也就不只是约束教团群众的僧首,而且还可能是领导部族的长官。鉴此,有学者认为移植到藏区的僧伽管理机构,事实上已被"异化"了,与其说它是一个僧司机构,勿宁说它是冠有"僧"字标号的土司衙门。③

当然,分布于藏区各地的僧纲司,虽均可参与僧俗事务,但各自所发挥的作用,在不同地域又是很不一致的。如甘、青、川藏区的番僧纲司,无论是管理僧众,还是参与俗务,皆有明显的效果,一些僧纲司甚至到清代还在发挥重要的作用。而以乌思藏、朵甘等藏区的僧纲司,因其封职较低,也就不得不依附于三大法王及阐化、辅教、阐教诸王等这样的高级宗教领袖。加之,明中叶以后乌思藏地区各地方势力和教派势力的矛盾日益尖锐,使这些地区的僧纲司虽名为明廷的一级宗教管理机构,而实际上已难以发挥明朝政府所期望的管束僧众之作用。④ 这也可能是藏、汉文史籍中不详细记载乌思藏、朵甘等地僧纲司的原因。

---

① （清）《循化志》卷4,"族寨工屯"。载张羽新主编：《中国西藏及甘青川滇藏区方志汇编》第35册,学苑出版社,2003年版。

② （清）《循化志》卷5,"土司"。

③ 白文固：《明清的番僧僧纲司述略》,载《中国藏学》,1992年第1期。有关是时该地区的僧职土司,学界已有不少研究成果问世,其中,高士荣先生着力甚多。参见高士荣：《西北土司制度研究》,民族出版社,1999年版,第五章"明代以来西北地区的僧职土司"。

④ 陈庆英：《明朝对藏传佛教的管理》,载《中国藏学》,2000年第3期。

二 明朝对藏区高僧的封授与控驭

明朝在确立藏区主权和加强对之管理的过程中,为了强化对藏区的统治,也吸取了元朝扶植藏传佛教和尊崇礼遇藏传佛教僧人的经验。所不同者,明朝不像元朝那样独尊萨迦派,而是根据各政教集团各自为政、互不统隶的特点,为了能够与如此众多的佛教僧团建立起最广泛的联系,改变了元朝轻重有别的做法,采取"多封众建"的政策,即不论其宗派门户,也不论其势力大小,凡是诚意归顺明廷的藏族宗教上层,俱加扶持和封建。

明朝对藏区宗教势力的分封始于洪武,盛于永乐,延续至宣德、景泰、成化、正德年间。封授的主要依据是当时各教派的势力和影响力的大小,以及其教派领袖的声望等条件,从而形成上自法王,以下依次为西天佛子、大国师、国师、禅师、僧纲、喇嘛等不同级别的僧官体系。

(一)三大法王

1. 大宝法王

大宝法王乃元朝授予当时掌握乌思藏地方政教大权的萨迦派首领八思巴的封号,明朝册封乌思藏僧官时,仍然沿用这一名称。但是,明朝既没有将这个尊贵的封号授予萨迦派,也没有封给元至正九年(1349)便推翻萨迦派并左右藏区政局的帕竹噶举派领袖,[①]而是赐给对世俗政治较为淡漠,也从未真正参与世俗政权,但在藏区宗教影响甚大的噶玛噶举派。

噶玛噶举(Karma_bka,_brgyud)是藏传佛教的重要派别噶举派的两大支系中的一个支派。该派由佛教高僧塔波拉结及门弟子都松钦巴(1110—1193)创立。都松钦巴在他38岁时(1147)到康区类乌齐,并于噶玛地方兴建噶玛丹萨寺,此教派遂由该寺得名。之后,他还于1187年在前藏堆隆地方修建楚布寺,因而该派又有楚布噶举之称。

---

① 这一点可能也与帕竹噶举派的自身实力有关。虽然帕竹在元末推翻了萨迦派而掌握了乌思藏地方政权,入明后也得到明廷认可,但帕竹噶举派并未强大到真正控制整个乌思藏地方政局的程度。

噶玛噶举派在藏区宗教声威甚高,据说"此派在雪域所有佛教宗派中如胜尊宝幢之顶,稀有无上"。① 藏传佛教中著名的活佛转世制度,就是由噶玛噶举派创立、并最早实行的。它先后建立了好几个活佛转世的系统,其中最著名的是黑帽系和红帽系。

噶玛噶举派在元代一直比较活跃。除萨迦派外,与蒙古王室关系密切的藏传佛教教派首推噶玛噶举派黑帽系。早在蒙古定都北京之前,该派黑帽系二世活佛噶玛拔希曾至漠北朝见蒙哥汗,并得到蒙哥汗的封赏。1252年,忽必烈南征大理经过康区,对一些在萨迦班智达时归附了蒙古后又起异心并试图摆脱蒙古控制的藏区地方势力进行了武力征服。也就在此时,忽必烈就注意到噶玛噶举派在康区的强大势力和影响,遂遣使持诏至楚布寺召请噶玛拔希。但在忽必烈即位后,噶玛拔希一度因有支持阿里不哥与忽必烈争帝位之嫌而被投进监狱。虽然忽必烈没有进一步深究,不久又准其返回藏地,但噶玛噶举派因此失去了忽必烈这一巨大靠山,错过其在世俗方面进一步壮大的良机。更为甚者,元朝在藏区所封13万户中,竟没有噶玛派掌握的万户府,这实际上是噶玛噶举开罪元朝最高当政者所付出的代价,也使其在藏区的世俗力量与其宗教影响力不相称。

噶玛拔希在同萨迦派的争宠中,虽然以失败结局,但是他却因此更加潜心于在康区以及宁夏、甘肃、青海一带的传教活动,致使噶玛派的宗教影响力和号召力在这些地区倍增。同时,在某种度上可以说,正是噶玛派在世俗事务上的失势,使其之后的历任领袖更加专注于该派在宗教上静心谋求发展,才使噶玛派在藏传佛教其他派别人士竞相追逐世俗利益的宗教衰退氛围中,噶玛派可以说是一枝独秀。② 所以,元朝中后期,随着萨迦派宗教上的退化,元英宗、宁宗曾有重用噶玛派的意图。元顺帝时,噶玛派领袖深受

① 功德海:《西藏宗教源流简史》,刘立千译,载《藏事论文选》(宗教上),西藏人民出版社,1985年版,第193页。
② 为此,日本藏学家佐藤长先生甚至说:"元代萨迦派虽然势力很大,但萨迦巴是门阀喇嘛,代代王未必全是优秀人物。而噶玛派坚持代代转世的制度,因此优异的活佛较多,迄今这一制度还在维持着。明成祖召请得银协巴就是这类高僧,在当时是迥出凡俗的第一流人物。"参见佐藤长:《元末明初西藏的形势》,载邓锐龄:《邓锐龄藏族史论文译文集》,中国藏学出版社,2004年版,第977页。

重视。史载,黑帽系三世攘迥多吉曾两次受元朝皇帝的召请到大都传法,元顺帝于元统二年(1334)赐封他"圆通诸法性空佛噶玛巴"的名号,并赐给玉印、金字牌符、诏书等。① 黑帽系四世活佛乳必多吉(1340—1383)也很有名,1356年元顺帝就传旨命他进京。他于1358年从楚布寺出发,1360年到达大都,在元顺帝宫廷中活动了四年,被封为"大元国师"、赐玉印,1363年他离开大都回藏,侍从人员中还有被封为国公、司徒的,都得到赐给的印信封诰。② 他返回西藏楚布寺以后不久,元朝就灭亡了。

但是,噶玛噶举派先辈们在元廷的良好声誉,以及在当时乌思藏颓势的宗教氛围中该派的特殊地位,或许影响到新朝统治者。所以,在明初太祖招谕藏区僧俗首领归附明朝时,楚布寺的噶玛巴活佛自然也成为明廷甚为着力拉拢的对象。

明朝建国伊始,第四世噶玛巴乳必多吉即遣使至南京,向明太祖朱元璋献礼庆贺。洪武六年(1373),故元摄帝师喃加巴藏卜所荐故官六十余人,可能也包括噶玛巴在内。洪武七年(1374)七月,"朵甘、乌斯藏僧答力麻八剌及故元帝师八思巴之后公哥坚赞(巴藏)卜遣使来朝,请师(封)号。诏以答力麻八剌为灌顶国师,赐玉印海兽纽"。③ 有学者考证,这里的答力麻八剌很可能即是噶玛巴乳必多吉。④ 之后,明太祖还在洪武八年(1375)正月赐给楚布寺的诏书中说:"皇帝圣旨,中书省官我跟前题奏,西安行都卫文书里呈来说,乌思藏哈尔麻剌麻卒尔普寺在那里住坐修行。我想修行是好的勾当,教他稳便在那里住坐,诸色人等休教骚扰,说与那地面里官人每知道者"。⑤ 此后,乳必多吉曾多次派人晋京朝贡输诚。洪武十六年(1383)噶玛巴乳必多吉圆寂,故自此之后,查诸《明实录》,再也见不到有关答力麻巴剌的记载。

---

① 《元以来西藏地方与中央政府关系档案史料汇编》(一),中国藏学出版社,1993年版,第57页。
② 《红史》,东嘎·洛桑赤列校注本,民族出版社,1981年版,"噶玛噶举"节。
③ 《明太祖实录》卷91,"洪武七年七月己卯"条。
④ 陈庆英:《论明朝对藏传佛教的管理》,载《中国藏学》,2000年第3期。
⑤ 《西藏地方是中国不可分割的一部分》(史料),西藏人民出版社,1986年版,第124页。

由此可知,明廷与噶玛噶举派首领之间的关系,实际上从洪武初年就开始了。明太祖给噶玛巴乳必多吉的封号也是灌顶国师,而且,明太祖对噶玛巴乳必多吉的重视和尊重,并未因乳必多吉在元亡前夕还在大都活动受封而受到影响。因此,五世噶玛巴得银协巴能在明成祖即位后,就被封为藏地宗教领袖之首的大宝法王。

永乐元年(1403)二月,明成祖"遣司礼监少监侯显赍书、币,往乌思藏,征尚师哈立麻"。① 明成祖的诏书中说:

"朕往日居北方时,即闻尚师令名,亟思一晤。今即大位,中土宇内,悉已绥定。久怀愿念,若涤去翳障,顿得朗悟,俾功德利益,溥及凡庶。昔我释迦牟尼佛以大慈悲心,利益一切有情。卿以修得佛法甚深成就故,与佛心无二,望秉此慈心,来此中土以弘扬世尊教法;朕当轸念邦国利乐,依从往昔心愿,随奉尚师。尚师务必莅临。先帝安邦经国于中土,于世尊教法,先前即怀敬信。皇考太(祖)皇帝及笃信佛法皇妣高皇后薨逝已久,朕思报恩,罔得其方,尚师卿于方便智慧功德等,修得无上之成就,即具佛之本性矣,切望速来为已薨者修成解脱仪轨,故此即遣司礼监少监侯显等赍信来请,愿尚师以慈悯喜乐为怀,尽速前来为要。压函信物:银大锭三,共百五十两;诸色表里缎绢各十匹;楠檀木一段;白香十斤;苏和香一斤;白茶一百五十斤等共六种。永乐二月十八日书于大宫殿。"②

噶玛巴应诏于永乐四年(1406)随同宦官侯显、僧人智光从楚布寺出发,历经半年的长途跋涉,于十二月抵达南京。③ 哈立麻一行抵京后,即受到明廷隆重欢迎。据《历代噶玛巴传》载:万名僧俗的欢迎队伍中,还配有

---

① 《明太宗实录》卷17,"永乐元年二月乙丑"条。哈立麻,即却贝桑希。司礼监少监侯显以"使西番"在明代非常有名。《明史》卷304,"侯显传"上说:"当成祖时,锐意通四夷,奉使多用中贵。西洋则和、景弘,西域则李达、迤北则海童,西番则率使侯显"。而"显有辩才,强力敢任,五使绝域,劳绩与郑和亚"。所谓"五使绝域",即永乐元年(1403)、十一年(1413)、十三年(1415)、十八年(1420)、宣德二年(1427),五次受命出使。且不论是否侯显"劳绩与郑和亚",但从有明一代使西番的次数、规模上讲,侯显可称第一。

② 原载《智者喜宴》,转引自《元以来西藏地方与中央政府关系档案史料汇编》(一),中国藏学出版社,1993年版,第95页。

③ 在此之前,当明成祖听说噶玛巴哈立麻一行进入内地后,特遣驸马都慰沐昕往迎,足见成祖对藏地这一高僧到来的重视。参见《明太宗实录》卷62,"永乐四年十二月戊子"条。

"一头白象、三头挂着金银饰品的大象以及三百头披红挂绿的大象"。① 而且,成祖"车驾躬往视之,无跪拜礼合掌而已",②"入见上于奉天殿",宴请于华盖殿,并颁赐赏物。③ 应该说,这是有明一代给予藏地宗教使团的最高规格礼遇。

永乐五年(1407)二月,"尚师哈立麻奉命率僧于灵谷寺建普度大斋,资福太祖高皇帝、孝慈高皇后。竣事,赐哈立麻金百两、银千两、钞二千锭、綵币表里百二十、马九匹。灌顶圆通善慧大国师哈师巴罗葛罗思等各银二百两、钞二百锭、綵币十、马三匹。余徒众赐赉有差"。④ 噶玛巴除了率领僧众在灵谷寺(今南京市中山陵东面)设十二坛城为明太祖夫妇作超度亡魂十四天外,⑤还在皇宫中设坛为明成祖传授无量灌顶,讲经译经。

同年(1407)三月,明成祖封尚师哈立麻为"万行具足十方最胜圆觉妙智慧善普应佑国演教如来大宝法王西天大善自在佛",命其领天下释教,并赐印、诰及金银等物。⑥ 其中,所谓"领天下释教",就笔者所及,既没有材料证明他在藏地担当过管理佛教的职务,更没有在汉地干预过佛教事务。此说可能是沿袭元朝旧习,也可能是表明朝廷对该派在藏地宗教上巨大声威的认同。为此日本藏学家佐藤长先生就指出:"当然这(领天下释教)只是名义,不能理解为具有实权,但考虑到八思巴曾领天下释教,即便没有伴随

---

① 转引自周润年:《历代噶玛巴活佛与中央政府的关系》,载《中国藏学》,1997年第1期。成祖之所以安排大象队伍迎接噶玛巴的到来,是因大象为藏传佛教所推崇的七宝(另六宝为:金轮、神珠、玉女、藏臣、骏马、将军)之一,它代表着吉祥。旧时,藏地每有重大节庆或高僧所至,皆有大象队伍出行。可知,明廷对如何欢迎噶玛巴一行,还是颇费了一番心思。
② (明)何良俊《四有斋丛说》卷22,"释道二",中华书局,1997年版,第200页。
③ 《明太宗实录》卷62,"永乐四年十二月乙酉"条、"庚戌"条;卷63,"永乐五年正月甲戌"条。
④ 《明太宗实录》卷64,"永乐五年二月庚申"条。
⑤ 噶玛巴哈立麻此次内地之行,不仅在南京为永乐的父母超度亡魂,还奉命到山西五台山"建大斋,资荐大行皇后"。为此深得明成祖厚爱,一再赏物,并敕谕致谢。有关事例,西藏档案馆有实物可证。参见《明太宗实录》卷69,"永乐五年七月癸酉"条;《元以来西藏地方与中央政府关系档案史料汇编》(一),中国藏学出版社,1993年版,第94—107页。
⑥ 《明太宗实录》卷65,"永乐五年三月丁巳"条。

252

着实权,但在僧道里他被认为最具权威,则是无疑的事实。"①

又因在受封为大宝法王的封号中,有"如来"二字,藏语对应词为"得银协巴",从此得银协巴成为噶玛巴黑帽系五世活佛的常用名字,其原名却贝桑布反而不太通用。自从得银协巴受封为大宝法王名号之后,此号遂为噶玛噶举的黑帽系历辈转世活佛所承袭。有明之世,该派领袖均自称大宝法王,按期遣使朝贡不绝。

2. 大乘法王

《明史》说："大乘法王者,乌思藏僧昆泽思巴也,其徒亦称为尚师。"②据载,大乘法王的受封者昆泽思巴就是萨迦派(sa_skya_pa)四个拉章中拉康一支的贡噶扎西,该僧是元朝显赫一时的帝师贡嘎坚赞之孙。萨迦派因宗教和世俗两方面的势力及影响,在元代极受尊宠,元廷因之建立起独具特色的萨迦地方政权模式。虽然在元代中后期,萨迦派在宗教与世俗方面的急剧衰退,甚至一度受到元最高统治者的冷落,其世俗力量也远远落后于后起的帕竹噶举。但是,该派在后藏的经济实力和在藏区的宗教影响力,不可小视。所以"永乐时,成祖既封哈立麻,又闻昆泽思巴有道术,命中官赍玺书银币征之"。③

据说贡噶扎西"念与此大皇帝有先世誓愿之缘,前往彼处对佛法及众生大有利益",不顾年迈体衰,路途遥远,于永乐十年(1412)四月从萨迦寺动身,经过十个月的艰难跋涉,永乐十一年(1413)二月到达南京。在南京,

---

① [日]佐藤长:《元末明初西藏的形势》,载邓锐龄:《邓锐龄藏族史论文译文集》,中国藏学出版社,2004年版,第985页。另,藏文献对于五世噶玛巴得银协巴就被明成祖封为藏区宗教领袖之首的大宝法王一事,有完整的记载,但有些说法是欠妥的。如《法主历辈噶玛巴传略如意宝树》说:"一般说来,除了皇帝以外,其他人无权委派官吏,但是皇帝考虑到汉藏两地相距遥远,所以授权得银协巴可以委派自己的僧俗官员,并说法主恰以支持。"在明代相当长一段时期内,三大法王被视为无辖地之"游僧","不常厥居",其传承朝廷本着"法王卒,其徒自相继承,不由朝命"的态度,并不是"皇帝考虑到汉藏两地相距遥远"之故。噶玛噶举的黑帽系以活佛转世解决其承袭问题,自有相应规章,朝廷一般干预无多。但说皇帝"授权得银协巴可以委派自己的僧俗官员",特别是俗官更是没有根据的。而且随着明朝对藏施政的深入,所谓"其徒自相继承,不由朝命"的办法也有改变,关于此作者在文中已有涉及,于此不赘。参见《中国西藏地方历史资料选辑》,西藏人民出版社,1986年版,第283页。
② 《明史》卷331,"传219","西域三"。
③ 《明史》卷331,"传219","西域三"。

他多次讲论佛法，深受明成祖敬信，被封为"万行圆融妙法最胜真如慧智弘慈广济护国宣教正觉大乘法王西天上善金刚普应大光明佛"，封领天下释教及赐诰、印并袈裟等物。① 礼制仅亚于大宝法王。②

贡噶扎西此次进京的另一重要收获是争取到明成祖发布命令让帕竹政权把萨迦大殿交还给萨迦派，使萨迦几代人为之努力了数十年的大事终于有了结果。贡噶扎西早在前往汉地之前，就同萨迦派的支持者江孜法王贡噶帕等人专门商议了收回萨迦大殿之事。当贡噶扎西入朝向明成祖提出这一要求后得到皇帝的批准，并由明朝的使者前去宣布并执行。

永乐十一年（1413）五月，明成祖派侯显等人从京城出发进藏，向乌思藏诸首领传达旨意，其中即带去了命令帕竹第悉交出萨迦大殿给予原主萨迦派的诏书。十二月，侯显等人到达乌思藏，在颇章孜宣读诏书，封热丹贡桑帕巴（贡噶帕之子）为荣禄（大夫）大司徒，并赐给以一大锭白银制成的银印为主的大量礼品，并封其弟热觉桑波为朗钦，赐印章以及礼品等。热丹贡桑帕巴兄弟在受封为大司徒和朗钦仪式后，收到了大乘法王的来信："封授土官的诏书，还应在萨迦大殿宣读，作为前藏人（指帕竹第悉）把萨迦大殿交还到大乘法王手中的吉祥缘起，因此你们作为贵宾，要尽快前来"。于是法王兄弟匆忙动身前往萨迦，带有随从和供草、供酒及服侍起居的杂强替巴（随从服侍人员）约一千人，并依照以前大司徒帕巴仁钦（热丹贡桑帕巴的堂兄弟）伯侄前去萨迦接受诏书时的例子，大讲排场，排列由掌印的职司官员开道的马队、旗鼓、刀矛、法鼓等全套仪仗。永乐十二年（1414）二月初四日，法王兄弟从江孜出发，经过五日到达萨迦，法王兄弟受到前所未有的隆重欢迎。此后法王兄弟先到了细脱拉章，前往森康（寝殿）中拜见了达钦细脱巴（即萨迦寺的住持）。同月十二日，迎请大乘法王到细脱拉章后，宣读了封法王兄弟等人为大司徒、朗钦、土官等职的诏书。③

贡噶扎西利用朝贡之机，向永乐帝提出帕竹第悉归还霸占长达半个世

---

① 《明太宗实录》卷140，"永乐十一年五月辛巳"条。
② 《明史》卷331，"传219"，"西域三"。
③ 晋美扎巴：《江孜法王热丹贡桑帕巴传》，转引自陈庆英：《论明代对藏传佛教的管理》，载《中国藏学》，2000年第3期。

纪之久的萨迦大殿交回原主的请求,而帕竹政权首领也奉命表示同意,使乌思藏地方势力萨迦派和帕竹派之间长期未能解决的争执问题,最终得以圆满解决。这一事件充分显示明朝中央在藏区各派政治势力中拥有至高无上的地位和巨大的号召力。

洪熙元年(1425),贡噶扎西在萨迦大殿去世。与大法宝法王系由活佛转世承袭不同的是,大乘法王的继承是在萨迦款氏家庭成员内传承。即所谓"法王卒,其徒自相继承,不由朝命"。① 这种自相继承而"不由朝命"的状况,可能只在明初,之后朝廷对大乘法王的继承便采取较严格的措施,如无朝廷批准,不可袭职。如弘治三年(1490),"辅教王遣使奉贡,奏举大乘法王袭职。帝但纳其贡,赐赉遣还,不命袭职"②。但大乘法王一系并因此对朝廷表现出不满,而是十分珍视明朝赐予的封号,坚守对明王朝"修贡唯谨","奉贡不绝",③直到万历年间仍有遣使朝贡的记载④。

3. 大慈法王及其格鲁派达赖活佛系统的形成

大慈法王是明朝在藏地本土封授的最后一位法王,获此封号者乃宗喀巴之弟子释迦也失。永乐年间,释迦也失奉宗喀巴之命入朝,明廷封他为大国师,后于宣德年间再次朝贡被封为大慈法王。⑤

关于释迦也失其人,《明史》有他的简略介绍,一开头就讲:"大慈法王,名释迦也失,亦乌思藏僧称为尚师者也。"⑥此人为宗喀巴的弟子,又是代表宗喀巴应诏朝见,故属格鲁派,已无疑义。⑦

藏传佛教格鲁派(dge_lugs_pa),意译善规派,俗称黄教,由宗喀巴(本

① 《明史》卷331,"传219","西域三"。

② 《明史》卷331,"传219","西域三"。

③ 《明史》卷331,"西域三·大乘法王"。

④ 《明神宗实录》卷169,"万历十三年十二月辛巳"条。

⑤ 有关大慈法王的研究,国内学者陈楠教授着力甚深。参见陈楠:《明代大慈法王研究》,中央民族大学出版社,2005年版。

⑥ 《明史》卷331,"传219","西域三"。

⑦ 第斯桑结嘉措:《黄琉璃》(藏文),第118页,转引自佐滕长:《明代西藏八大教王考》(中),邓锐龄译,载《西藏民族学院学报》,1987年第4期。文中有:"绛钦却吉·释迦也失……乃妙主宗喀巴之亲信的喇嘛,侍奉左右,内地王大明皇帝(成祖)遣使敦请大师仁波且(宗喀巴)时,法王释迦也失以代理大师受(大师)遣(而行)。"

名罗桑扎巴贝)创立于永乐七年(1409)。该派虽然在藏传佛教各派中创建最晚,但是由于该派的主张迎合了藏地僧众的宗教变革愿望,加之其创始人宗喀巴与阐化王的良好交情而使该派深受帕竹政权的支持。因此之故,早在格鲁派正式形成之前该派在乌思藏的影响便迅速扩大。这一事实通过帕第悉、内邬宗本等人的介绍和明朝入藏使者的报告,已引起了明成祖的特别注意。所以,在召见噶玛派黑帽系首领却贝桑波的第二年(1404),明成祖也曾遣使赍御制佛像及众多礼物召请宗喀巴进京。此时,宗喀巴正忙于筹备拉萨大祈愿法会(汉地称"传大召")而无法分身,因而宗喀巴给明成祖写了一封回信,请明朝使者带回。

在这封回信里,宗喀巴对收到皇帝赐予的大量礼品表示衷心感谢,但是对皇帝的邀请则予以婉拒。信中说:"余已知使臣及王大人于近中兼程前来,乃颁布皇帝敕谕,命(余)一度前往。陛下爱护佛法之至意,(余)非不了解。于陛下敕谕,亦非不尊敬悦服。惟余每与众人相遇,辄疾病大作,故不能从命。陛下思虑之深,拟诸大海;(度量)之弘,犹如太空,若不因此而不悦,则感激靡既矣。"①永乐十一年(1413),明成祖再一次遣专使侯显赍诏召请,诏书说:"鉴于你证道的功德极为高深,清净宏大,依止慈悲之心,利益一切有情众生,引导彼等入于大乘之道。因此之故,朕思念你的清净功德,为时已久。今派遣以太监侯显为首的使者,以政教二规前来迎请于你,望你为佛教弘传着想,前来中原,以完成朕之心愿。"当时,侯显等人前往惹喀扎求见宗喀巴。"起初大师不同意见面,后来由于阐化王扎巴坚赞和内邬宗本南喀桑布等人说情,大师才到色拉却顶与侯显等人相见,接受了诏书和礼品。大师对众使者详细说明他如前去汉地障碍大而功德小的缘由,并给皇帝写了封说明情形的回信,准备了回赠的礼品,请使者们带回。"②"大师实在不能前去……则请派一殊胜弟子。于是派遣了大慈法王释迦也失前去,法王仁波且(释迦也失)遂遵命前去汉地,做了广大的符合汉地大明皇帝意

---

① 《元以来西藏地方与中央政府关系档案史料汇编》,中国藏学出版社,1993年版,第114页。

② 周加巷:《至尊宗喀巴大师传》,青海民族出版社1981年版,第296页。

愿的讲修功业,然后返回西藏。"①当时正值格鲁派的初创时期,宗喀巴自己不便抽身,又考虑到需要争取中央王朝的支持,以扩大本教派的影响,于是复书明成祖,一再表示亲率僧众在藏地"以至诚之念,为陛下祈祷,愿陛下圣寿绵长,皇图永固"。②

释迦也失奉宗喀巴之命,于永乐十一年(1413)底率随行人员,从西藏山南出发,经巴塘、里塘,首先抵达成都。成祖特派人专程前来迎接,降圣谕:"喇嘛释迦也失,尔知识渊博,智慧超人,愿力无比,具有如来之悟心;尔教化众僧,广行善业,故特派以太监胡潆为首的专使赍金册,前往迎接。今尔从遥远之乌思藏,不畏风吹日晒,不远万里,来到此地,朕无比喜悦,特遣人赍礼物,以表朕之心意。赐衣服一套、帽子一顶、棉鞋一双及大红金丝缎做成的法衣三套、坐垫四块、大红氅一件、长坎肩一件、内裤一件、高筒靴一双"。③ 释迦也失是格鲁派喇嘛受明朝召请到内地的第一人。对于释迦也失应诏来京,明成祖认为这是明朝"吉祥盛世"的象征,所以,明廷不惜动用大量的人力和物力,为释迦也失的到来做了周密的准备工作。明成祖下令在南京城门口架设彩桥、建筑巡礼过道,并特地为释迦也失修建专门驻息地。释迦也失于永乐十二年(1414)十二月到达南京,④受到明廷的盛大欢迎。他刚到住地不久,又接到上谕:"喇嘛释迦也失,朕闻尔知识渊博,特遣人与乌思藏召请之,今尔翻山越岭,不畏狂风暴雨,不远万里至京,朕甚喜。尔遥远而来一定疲劳,故见面后对御容无庸跪拜。"⑤释迦也失到皇宫大行殿朝觐,成祖赐坐、赐茶、赐宴,待以殊礼。此后,二人进行了亲密的交谈。明成祖向释迦也失详细地介绍了汉、蒙等地的风俗习惯,并明确告诉释迦也失:"召请尔到此地即为宏扬佛法,便利国泰民安;适时降雨,五谷丰登;无

---

① 周加巷:《至尊宗喀巴大师传》,青海民族出版社,1981年版,第301页。

② 《元以来西藏地方与中央政府关系档案史料汇编》,中国藏学出版社,1993年版,第114页。

③ 《大慈法王传》藏文版,第3页,转引自周润年:《大慈王释迦也失生平简述》,载《西藏民族学院学报》,1986年第2期。文中,"太监胡潆"应为"礼部尚书胡潆"。

④ 《明太宗实录》卷94,"永乐十二年十二月癸巳"条。

⑤ 《大慈法王传》藏文版,第3页,转引自周润年:《大慈王释迦也失生平简述》,载《西藏民族学院学报》,1986年第2期。

病无亡,人畜两旺;吉祥如意"。①

永乐十三年(1415)四月,明成祖"命尚师释迦也失为妙觉圆通慧慈普应辅国显教灌顶弘善西天佛子大国师,赐之诰命"。②西天佛子名号前有十六个字,地位较一般的灌顶国师、大国师高,但比前二法王要低。所以,《明史》上就说:"大慈法王者,名释迦也失,亦乌思藏僧称为尚师者也。永乐中,既封二法王,其徒争欲见天子邀恩宠,于是来者趾相接。释迦也失亦以十二年入朝,礼亚大乘法王。"③其中,"礼亚于大乘法王",可能是因为释迦也失是宗喀巴的弟子而非格鲁派最高领袖之故。至于是否也属"争欲见子邀恩宠",从文献记载看,是不符合事实的。之所以《明史》上有此说法,大概是封建史家为尊者讳。④据说释迦也失在京期间,还用医药和传授灌顶的办法为明成祖治好了重病,二者感情为之加深。

此外,明朝还在五台山建了六座寺院,并要求这些寺院按照藏传佛教格鲁派的修行次第修习佛法。可见,释迦也失同得银协巴、贡噶扎西一样,在汉地停留期间也奉命去过五台山,并为明朝皇室在五台山举行法事。

宣德九年(1434)六月,释迦也失再次入朝,宣宗特遣成国公朱勇,礼部尚书胡濙持节,册封其为"万行妙明真如上胜清净般若弘照普应辅国显教至善大慈法王西天正觉如来自在大圆通佛"。⑤不唯如此,"帝留之京

---

① 《大慈法王传》藏文版,第40页,转引自周润年:《大慈王释迦也失生平简述》,载《西藏民族学院学报》,1986年第2期。

② 《明太宗实录》卷163,"永乐十三年四月庚午"条。

③ 《明史》卷331,"传219","西域三"。

④ 关于此,著名藏学家于道泉先生有如是评述:"明政府,知利用宗教乃怀柔蒙番各族之有效方案。洪武永乐间对于稍有声望之喇嘛,无不多方招致,而明代史籍,于地位最高、声望最大之宗喀巴反无只字记载。大慈法王于永乐、宣德两朝,备受尊崇,而史书不言其为宗喀巴弟子。此事非偶然。余尝根据汉藏两方面的记载推求其故。盖洪武永乐间,虽以怀柔荒服之故,对番僧推崇备至。唯此种政策,颇为一部分臣民所不喜,而当时皇帝对番僧降心相从之事,亦不愿尽为国人所知。今对宗喀巴数次征召,均被拒绝,犹复遣使求其弟子,如为一般臣民所知,殊非保持皇帝尊严之道。史臣为尊者讳,故略而不书。果不如此,则明代史籍不载宗喀巴事,非无因也。"应该说,于先生此说颇有见地。参见于道泉:《译注成祖遣使召宗喀巴纪事及宗喀巴复成祖书》,载《庆祝蔡元培先生六十五岁论文集》,1935年版。转引自王尧:《平凡而伟大的学者——于道泉》,河北教育出版社,2001年版。

⑤ 《明宣宗实录》卷111,"宣德九年六月庚申"条。

师"，①足见格鲁派在这时即受到朝廷的格外恩宠。英宗继位后，清遣驻京番僧，"命大慈法王及西天佛子如故，余遣还"。② 次年，大慈法王辞归，圆寂于途中之河州，朝廷敕建溜金铜塔，藏其佛骨，并在其址敕建鸿(弘)化寺。

大慈法王圆寂后，朝廷并没有将该号封给格鲁派其他首领，大慈法王封号遂绝。但由大慈法王释迦也失创建的格鲁派与明中央政府之间良好关系，则一直延续下来。而且正是因为格鲁派得到明中央的支持，该派寺院集团势力因此在十五世纪得以迅速壮大。

当然，格鲁派实力的崛起，事必打破乌思藏原有政教格局，这也引起其他一些教派势力的恐慌与不安。随着格鲁派的保护人、支持者帕竹政权的衰败与仁蚌、辛厦巴政权的相继兴起，格鲁派遭到乌思藏其他教派势力与地方实力集团的联合围攻。在这些争斗中，格鲁派屡受重创。③ 格鲁派寺院集团势力的发展因此受阻，以致无力遣使到京，与明中央政府之间的联系几乎中断。这一状况，到明万历初年才有改观。

在重续格鲁派与明中央政府良好关系的过程中，三世达赖索南嘉错功不可没。万历六年(1578)二月，索南嘉错受邀与明顺义王、土默特蒙古部首领俺答汗在青海进行了具有重要历史意义的会见。关于这次会见，《明实录》有明确记载：

"乌思藏阐化王男札释藏卜差番僧来西海，见其师僧活佛在西海与顺义王子孙等说法，劝化众达子为善，因托顺义王俺答代贡方物，请敕封。……上谓：番僧向化抚虏，恭顺可嘉。因各授大觉禅师及都纲等职，赐僧帽、袈裟及表里、食茶、綵段有差。"④

索南嘉错与俺答的会晤，对格鲁派来讲，其意义非同寻常：一是通过顺义王搭桥，使格鲁派与明中央政府之间重续旧好，建立起政治隶属关系。二是格鲁派与蒙古之间，不仅建立起宗教上的供施关系，而且得到土默特蒙古

---

① 《明史》卷331，"传219"，"西域三"，"大慈法王"。
② 《明史》卷331，"传219"，"西域三"，"大慈法王"。
③ 噶玛噶举派先后联合仁蚌、辛厦巴，对格鲁派百般压制。如禁止拉萨三大寺僧人参加一年一度的祈愿法会，迫使格鲁派的一些寺院改宗等。
④ 《明神宗实录》卷72，"万历六年二月甲辰"条。"活佛"即三世达赖索南嘉错。

部政治上和物质上的倾力相助。这二者使格鲁派的尔后发展少有阻力，从此步入历史的快车道。①

其间，顺义王俺答汗认为索南嘉错传播黄教有功，遂赠百两黄金制作的八思巴文印章一颗，印文为"多吉强达赖喇嘛之印"（rdorjevchangtva lavi bla mavi tham ka rgyal），亦即"金刚持达赖喇嘛之印"。② 从此，索南嘉错这一活佛转世系统开始有了"达赖喇嘛"的称号。

然而，"多吉强达赖喇嘛"之称号及印章，在当时尚属蒙、藏僧俗领袖人物私人间的互赠品，这与索南嘉错赠给俺答汗"咱克喇瓦尔第彻辰汗"（意即睿智贤明的转轮王）的性质一样。而"达赖喇嘛"称号具有政治意义的内涵，则是明中央政府对三世达赖索南嘉错的册封。明廷公文中正式称索南嘉错为"答赖"，始见于万历十五年（1587）的封文。是年十月神宗下诏："以扯酋嗣封效顺，命效劳夷人也卒大儿倘不浪等三十一名，准量授百户；番僧答赖准升朵儿只唱名号，仍给敕命图书；僧徒把汉忽同兔等三名各量授都纲，仍各给敕命一道"。③ 次年（1588）正月，明廷派员封授参加俺答汗葬礼的索南嘉错为"朵儿只唱"，并赐敕命、印章。该印为象牙封印，印文右上："钦赐朵儿只唱图记"；左上："大明万历戊子年制"。戊子年即万历十六年（1588）。④ 该印及款识与《明实录》所载之"朵儿只唱"名号完全一致。

也就在敕封索南嘉错为"朵儿只唱"的同时，神宗谕令索南嘉错进京朝见，不幸的是索南嘉错病故于进京途中。⑤ 之后，万历四十四年（1616）朝廷

---

① 《明史》上有："时有僧索南嘉错者，能知已往未来事，称活佛，顺义王俺答汗亦崇信之……此僧有异术能服人，诸番莫不从其教，即大宝法王及阐化诸王，亦皆俯首称弟子。自是西方止知奉此僧，诸番王徒拥虚位，不复能施其号令矣"。此说显系夸大之辞，但三世达赖索南嘉错在是时藏、蒙二地社会中拥有很高的声望和影响力，格鲁派的发展也因此少有阻力，确是事实。参见《明史》卷331，"西域三"。

② 第斯桑结嘉措：《黄琉璃》（藏文），第124页，转引自伍昆明：《西藏近三百年政治史》，鹭江出版社，2006年版，第4页。

③ 《明神宗实录》卷191，"万历十五年十月丁卯"条。"扯酋"即俺答汗之孙扯力克，袭封顺义王。

④ 欧朝贵、其美：《西藏历代藏印》，西藏人民出版社，1991年版，第48页。"朵儿只唱"即"金刚持"、"瓦齐尔达赖"的藏语音译。

⑤ 万历三十六年（1588）索南嘉错圆寂后，格鲁派寺院集团追认宗喀巴的弟子根敦珠巴为一世达赖，根敦珠巴的弟子哲蚌寺住持根敦嘉错为二世达赖，索南嘉错为三世达赖。

又赐封四世达赖云丹嘉错为普持金刚佛并赐印。[1] 明廷封授索南嘉错"朵儿只唱"与认可"答赖"名号，以及对四世达赖的封授，不仅对格鲁派"达赖喇嘛"活佛转世系统的形成，而且对该活佛转世系统例由中央政府认可起到了十分重要的传递作用。

（二）"五大教王"及明廷所封的其他较高职别宗教首领

除三大法王外，明朝在藏区还根据教派实力之强弱和宗教首领在各教派中的地位与影响力，分别封建了五位教王，即阐化王、阐教王、辅教王、护教王和赞善王，以及其他不同级别的僧职。

1. 五大教王

与明廷所封三大法王不同的是，五大教王各有其封地、属民，实为一方诸侯。按明制，这五王的宗教地位低于法王，但高于国师。

（1）阐化王。此乃明廷在乌思藏地区最早封授的教王。这个教王属帕竹噶举（phag_grubka,_brgyud）派，已成定论。在元代后期乌思藏各地方势力的较量中，帕木竹巴朗氏家族脱颖而出，并事实上建立起掌控前后藏辖区最大的地方政权，而且作为政教代表的高僧领袖也出自于该家族，所以《明史》上称乌思藏乃帕木竹巴之地，[2]足见该派在乌思藏之实力与影响力。

洪武五年（1372），明太祖即封帕竹领袖释迦坚赞为灌顶国师，[3]八年（1375）又设帕木竹巴万户府。其后继者亦被续封为灌顶国师，授印信并厚赐。

而该派被明廷封为阐化王者，则是永乐年间的帕竹第五任第悉扎巴坚赞。扎巴坚赞在汉文献中被称为吉刺思巴监藏巴藏卜。他是帕竹政权建立者绛曲坚赞的侄孙，洪武十八年（1385）执掌地方政权，二十一年（1388）被封为灌顶国师。成祖嗣位后，特遣能仁寺僧智光赍赐往使藏地各处招谕。[4]帕竹及其首领在藏地的影响力为智光熟知并传达到朝廷，故有永乐四年

---

[1] 《元以来西藏地方与中央政府关系档案史料汇编》，中国藏学出版社，1993 年版，第 120 页。云丹嘉错为俺答汗之后，也是历代达赖中唯一非藏族出身者。

[2] 《明史》卷 331，"列传 219"，"西域三"，"阐化王"。

[3] 释迦坚赞又称章阳沙加，帕竹第二位第悉。

[4] 史称智光精通释典，又负辩才，永乐初即不辞辛苦传谕藏地各势力属地，宣扬皇帝的德意，颇有成效，被封为"西天佛子"。

(1406),帕竹的灌顶国师称号被进而加封为灌顶国师阐化王,并赐螭纽玉印,白金五百两,绮衣三袭,锦帛五十匹,巴茶二百斤。①

帕竹派首领被封阐化王,不仅使帕竹实力如虎添翼,而且在乌思藏引起很大震动。为此藏文献说:"其后在建文之子大明永乐皇帝在位时,颁赐扎巴绛称金印,后又颁赐水晶钤印及授权职封诏书。从此,藏王扎巴绛称的美名,响透天界……当时坐镇藏中诸大城市的各长官,也都获得世袭职封并水晶钤印。所有藏中人士,莫不有口皆碑,都称藏王扎巴绛称是大法王。"②

此后,阐化王这一职号为历辈帕竹所看重,并一直奉贡唯谨。至万历七年(1579),明神宗在敕许又一代阐化王嗣职时,采纳阁臣沈一贯之言,再加称之为"乌斯藏怕木竹巴灌顶国师阐化王"。③ 可见,明廷并未因帕竹政权的衰败而否认该派在乌思藏的实力,而且一直非常重视这一派势力在藏地为人所"信服"的作用。

(2)阐教王。《明史》称,"阐教王者,必力工瓦僧也。"④可见,它属噶举派支系之一的止贡噶举,必力工瓦就是止贡在当时的读音。止贡,即今墨竹工卡,在元代就是一个较大的万户府,一度受萨迦派的严重打击,后又曾受到帕竹势力的兼并,⑤其势力受挫。

至明初,止贡噶举的力量又有所恢复。所以《明史》又说:"成祖初,僧智光赍敕入番,其国师端竹监藏遣使入贡。永乐元年至京,帝喜,宴赍遣还"。永乐四年(1407)又贡,帝又优赐,并赐其国师大板的达、律师锁南藏卜衣币。永乐十一年(1413)加号"灌顶国师慈慧净戒大国师",又封其领袖领真巴儿吉监藏为"阐教王",并赐印诰、綵币。后比年一贡。其后杨三保、

---

① 《明史》卷331,"传219","西域三","阐化王"。其封号中,"王"为世俗爵号,而"国师"乃宗教人士的封号。以这二号并封五大地方势力之宗教领袖,足见明廷对藏地政教合一,以及宗教领袖的社会作用的充分知晓与认可。参见伊伟先:《明代藏族史研究》,民族出版社,2000年版,第39页。

② 五世达赖:《西藏王臣记》,郭和卿译,民族出版社,1983年版,第136页。此文中"建文之子大明永乐皇帝"说法是错误的,永乐乃建文之叔父。

③ 《明史》卷331,"传219","西域三","阐化王"。

④ 《明史》卷331,"传219","西域三","阐教王"。

⑤ 参见王森:《西藏佛教发展史略》,中国社会科学出版社,1997年版,第146页。

戴兴、侯显使藏,皆赍金币、佛像、法器赐之。① 其子孙一直承袭其职。此派僧人被封阐教王,并且还有一些僧人被封大国师等,这可能隐含明廷如此用意,即希望在前藏地区树立一些能与帕竹势力相挟制的力量。

自明成祖封止贡噶举派首领为阐教王后,阐教王这一封号一直在该派内部传承,并对明廷忠修职贡,即所谓"迄嘉靖世,阐教王修贡不辍"。②

(3)辅教王。《明史》记载"辅教王"条,开宗明义:"辅教王者,思达藏僧也。"思达藏即达仓(今吉隆一带),历来是萨迦派势力控制区,因地处后藏地区,故有"其地视乌思藏尤远"之说。③

明成祖即位后,抚藏僧人使臣智光受命"持诏招谕"思达藏僧,并赐以银币。永乐十一年(1413)封其僧南渴烈思巴为"辅教王",赐印诰、綵币。南渴烈思巴乃元初所封"白兰王"之后人,④即出自萨迦派四个拉章中都却系,其地位甚为显赫。可见,萨迦派中被封辅教王的这一支,在某种程度上是因萨迦昆氏家族所代表实力而授封的。辅教王所居之地虽然偏远,但经常组织庞大的入贡团,奉贡不绝。当辅教王子孙承袭职位时,朝廷依然遣使往封赐诰,以示厚意。

(4)护教王。《明史》上记载最为简略,说:"护教王者,名宗巴斡即南哥巴藏卜,馆觉僧也。"⑤其地在今昌都地区贡觉县。馆觉曾是元朝所设三个宣慰司都元帅府所在地之一,其他两处是萨迦和灵藏。永乐初年,智光招谕藏地时亦使其地。永乐四年(1406)其僧遣使朝贡,诏授灌顶国师,赐诰书。五年(1407)遣使入谢,被加封为"护教王",并赐金印、诰命、国师如故。

《明史》有"洪熙、宣德中并入贡。已而卒,无嗣,其爵遂绝"。⑥ 但又据《明实录》载,万历二十二年(1594)四月,"乌思藏护教王并董卜韩胡宣慰使司等各进贡,给赏有差";⑦天启六年(1626)八月,"四川乌思藏护教王及董

---

① 《明史》卷331,"传219","西域三","阐教王"。
② 《明史》卷331,"传219","西域三","阐教王"。
③ 《明史》卷331,"传219","西域三","辅教王"。
④ 《元史》卷202,"传89","释老"。
⑤ 《明史》卷331,"传219","西域三","护教王"。
⑥ 《明史》卷331,"传219","西域三","护教王"。
⑦ 《明神宗实录》卷272,"万历二十二年四月辛未"条。

卜韩胡宣慰使司等进贡方物"。① 看来护教王爵未绝,但关于其袭封一事史无记载,不可进一步查证。

护教王属何教派,尚存争议。据佐滕长先生考证,护教王应属萨迦派。②

(5)赞善王。《明史》说:"赞善王者,灵藏僧也。其地在四川徼外,视乌思藏为近。成祖践阼,命僧智光往使。永乐四年(1406),其僧著思巴儿监藏遣使入贡,命为灌顶国师。明年封赞善王,国师如故,赐金印、诰命。"③从这段材料记载看,赞善王的封职时间十分清楚。问题是其辖地比较含糊,"灵藏"到底是在今四川甘孜州境内,还是在安多区内?历来争议较大,论争的焦点主要集中在对"灵藏"的理解上。④

主张赞善王辖地在安多区内者,论据有三:一是张雨《边政考》卷九载,河州卫所辖有灵藏族,而且"灵藏"一词亦数见于书中。该书又说,灵藏族与乩藏老鸦诸族,同属腹里乩藏。而乩藏在今循化境内,二者同族,必定相距不远。⑤ 二是明人方孔炤《全边略记》卷四"陕西延绥略"载:天顺元年(1457),礼部奏灌顶国师赞善王班丹坚赞等言:"守护地方,贼盗宁息,累遣使臣入贡。求食茶座船廪给,未蒙见赐,近日达贼累寄书相诱为恶,……请移秦、蜀吏整饬边备,防其奸宄"。从该文献看,赞善王辖地与秦、蜀二布政司距离不远,与蒙古鞑靼部活动范围较近,而是时蒙古部势力尚未到达康区。三是《明实录》载,宪宗成化时"陕西洮州灵藏赞善王遣番僧展洋札巴等……来朝",贡马及铜佛像等物。⑥

---

① 《明熹宗实录》卷75,"天启六年八月丙辰"条。
② [日]佐滕长:《明代西藏八大教王考》(下),邓锐龄译,载《西藏民院学报》(社科版),1988年第4期。
③ 《明史》卷331,"列传219","西域三","赞善王"。
④ 有关赞善王研究的近作,可参见伊伟先:《明代藏族史研究》,民族出版社,2000年版,第178页;沈卫荣:《元明两代朵甘灵藏王族历史考证》,载《中国藏学》,2006年第2期。特别是后文,沈先生利用详实的汉藏文史料,不仅解决了藏文资料无以回答的疑问,而且依据汉藏史料对勘的办法,提出自己独到的见解。此外,美国学者E. Sperling, "Ming Chveng-Tsu and the monk official of Gling-Tshang and Gon-Gyo"(Lawrence Epstein ed., *Reflections on Tibetan Culture*,Lewiston,1989,pp.75-90),一文亦有参考价值。
⑤ 张雨:《边政考》卷9,中华文史丛书第三辑,台湾华文书局印行。
⑥ 《明宪宗实录》卷263,"成化二十一年三月甲午"条。

认为赞善王辖地在今四川甘孜州境内者,其代表人物有老一辈学者任乃强、王森等。其中,王森的看法影响最大,他的论据有两方面:一是《明史》"西域传"载赞善王为灵藏僧,地在四川徼外,距乌思藏不远;二是"灵藏"一词,藏文原文为 gling_tshang,康人习惯读之为丛林,即今林丛地。①

事实上,关于赞善王辖地的争议,至今未有定论。之所以如此,在吾师李绍明先生看来,是今人总以清以来地方行政区划的眼光来论事。实际上,早在明代无论是现在所说的甘孜州,还是安多藏区,当时二者并没有明确的地域界线。而且,赞善王一职并非灵藏家族的某一支独占,而是同时存在几位不同支系的赞善王;又,赞善王辖地内藏族分属不同的游牧部落,游牧民族逐水草而居,是不争的事实。问题也就出在这里,如果我们严格按后来的行政区域划分和忽视游牧民族的特性,那么关于赞善王辖地的论争,便会永远持续。反之,就会得到如此结论,赞善王辖地即在今甘孜州北部与安多藏区汇合的草原地带,即是说大家争议的是一回事,都是当时赞善王属地内的不同区域。② 关于此,我们还可以从《明实录》中对灵藏赞善王的称呼上得到印证,"乌斯藏灵藏赞善王"、"陕西洮州灵藏赞善王"、"陕西外夷灵藏赞善王"、"西番赞善王"等,不一而足。

至于赞善王属何教派? 学术界大多认为属萨迦派。

又据《明史》"西域传"记载,起初赞善王贡无定期,间岁或一岁即贡,甚有一岁再贡。至成化时,朝廷重申三年一贡之制,但赞善王部似乎不大遵守定制,一再派规模庞大的朝贡团,而致内地有司疲于供应,也使得朝廷又一再申明三年一贡之制,并令边臣严格把关。嘉靖后,其袭封者入贡如制。③

---

① 参见王森:《西藏佛教发展史略》,中国社会科学出版社,1997 年版,第 260 页。
② 这一看法是笔者就赞善王辖地争议的问题当面请教李先生时,他发表的意见。另外,赞善王所属的灵藏家族在明代之势力非清以后所能及。因明廷治藏,以"国家抚有西番,因其习俗分其族属,官其渠魁……又选土官才能者,授以重职,以镇抚之"(《明宪宗实录》卷29,"成化二年四月戊辰"条)。因灵藏家族中,强盛的一支被明廷"官其渠魁"而为赞善王,而所谓"土官才能者"被封朵甘行都司职。这种多封众建之策,使灵藏家族势力愈后愈遭分解而渐失其力,最终成为无足轻重的小土司。这也可能使后人在论及赞善王时,不免以势力已被严重分解并散处各地的灵藏家族支系在论事,以探究它在明代的辖地到底属四川甘孜州境内,还是在安多区内。当然,这仅是笔者的一种推测,是否如此,有待进一步研究。
③ 《明史》卷331,"传219","西域三","赞善王"。

2. 其他较高级别的宗教领袖的分封

在教王之下，明朝在藏族地区还封有大国师、国师、禅师等名号，地位依次递减。

明廷对藏地宗教势力以不同级别的封授，始于明太祖洪武年间。洪武六年（1373）故元摄帝师喃加巴藏卜入朝，被封为炽盛佛宝国师，并赐玉印。这一事件表明，明太祖对藏区宗教势力的基本态度是：一方面，决定废除元朝时的帝师制；另一方面，又沿袭元制中分封藏传佛教领袖为国师并加封号的做法。与此同时，明太祖还下诏帕竹政权的首领释迦坚赞，仍保留其灌顶国师的封号，并赐玉印。自此，帕竹政权的历任首领不仅冠有第悉之名，且有灌顶国师这样的宗教称号。

事实上，洪武年间封授的国师并不仅上述两位，还有：洪武七年（1374），授朵甘乌思藏僧答力麻八剌（四世噶玛巴乳必多吉）为灌顶国师，故元帝师八思巴之后公哥坚藏巴藏卜为圆智妙觉弘教大国师。

另外，帕竹政权的第二任第悉释迦坚赞洪武六年（1373）被明太祖封为灌顶国师后，随即在当年九月去世，由其侄丹萨替寺京俄扎巴绛曲兼任帕竹第悉。洪武十四年（1381）扎巴绛曲扶植其异母弟索南扎巴任帕竹第悉。洪武十八年（1385）帕竹政权内部出现纷争，索南扎巴辞去第悉职务，由其堂兄弟扎巴坚赞继任。《明实录》载，洪武二十一年（1388）正月，"帕木竹巴灌顶国师锁南札思巴意监藏卜上表称病，举弟吉剌思巴监藏巴藏卜代职，许之"。[1] 帕竹政权的第悉易人而请求明朝批准，实际是请求准许继承灌顶国师的名号和职位。这表明，即在洪武年间帕竹政权就十分看重明朝封给的灌顶国师名号。

但明朝对藏区宗教势力的大规模封授，则是始于明成祖承袭大位之后。有一种说法是明成祖即位之前长驻北京，他在与侄子建文帝争位战争中又多借助蒙古兀良哈三卫之力，所以对蒙古、吐蕃事尤为注意，并影响他的对藏宗教政策。是否如此，有待讨论。但永乐大封藏区僧职，确是不争的事实。明成祖不但封藏传佛教噶玛噶举派黑帽系、萨迦派领袖分别为大宝法

---

① 《明太祖实录》卷188，"洪武二十一年正月己亥"条。

王、大乘法王,而且对他们的弟子及其他教派的首领也封给大国师、国师等名号。

据《太宗实录》的记载,永乐年间封授的大国师、国师主要有:

永乐四年(1406)十二月,朝廷"命乌思藏僧哈思巴啰葛罗思为灌顶圆通善慧大国师,赐之诰、印"。① 此人是大宝法王的哈立麻的弟子,是随哈立麻入朝的噶玛噶举派僧人。②

永乐五年(1407)三月,永乐帝在封哈立麻为大宝法王时,"命其徒孛隆逋瓦桑儿加领真为灌顶圆修净慧大国师,高日瓦领禅伯为灌顶通悟弘济大国师,果栾罗葛罗监藏巴里藏卜为灌顶弘智净戒大国师",皆赐印、诰。③

永乐八年(1410)九月,朝廷"命番僧绰思吉领禅巴藏卜为灌顶弘慈妙济国师,掌巴监藏为净慈妙智国师,掌巴哈罗思巴为普济慧应国师",皆赐诰、印、图书,仍给护敕。④

同年十月,朝廷"命番僧班丹藏卜为净觉弘济国师,高日斡为广慧普应国师,失剌查为慈善弘智国师,把奔等六人为禅师",各赐印诰。⑤ 其中,班丹藏卜是西宁卫瞿昙寺僧人、海喇嘛的侄子。自班丹藏卜受封为国师后,国师一职在其家族中世代传袭,直到清代。

永乐十年(1412)正月,"命国师班丹藏卜为灌顶净觉弘济大国师,禅师把奔为慧慈弘应国师,湛查为净慈佑善国师,包剌麻为净觉弘慈国师"。⑥

永乐十一年(1413)二月,朝廷"命哈立麻寺绰思吉监藏为灌顶圆通妙济国师,簇尔卜掌寺端竹斡薛儿巴里藏卜为灌顶净慈通慧国师",俱赐诰、印及綵币表里。⑦

同年五月,朝廷"命哲尊巴为灌顶圆通慈济大国师,必力工瓦(止贡巴)端竹监藏为灌顶慧慈净戒大国师,日托巴罗葛罗监粲为西天佛子灌顶净慈

---

① 《明太宗实录》卷62,"永乐四年十二月辛卯"条。
② 《明太宗实录》卷64,"永乐五年二月庚申"条。
③ 《明太宗实录》卷65,"永乐五年三月丁巳"条。
④ 《明太宗实录》卷108,"永乐八年九月庚辰"条。
⑤ 《明太宗实录》卷109,"永乐八年十月甲午"条。
⑥ 《明太宗实录》卷124,"永乐十年正月庚戌"条。
⑦ 《明太宗实录》卷137,"永乐十一年二月己未"条。

弘智广慧大国师,赐以诰、印"。①

永乐十二年(1414)正月,朝廷"命妥巴阿摩葛为灌顶圆通慈济大国师,赐之诰命"。妥巴阿摩葛者,为故国师哲尊巴父。②

永乐十三年(1415)二月,朝廷"命禅师缘旦监剉为灌顶慈慧妙智大国师,领占端竹为灌顶慧应弘济大国师,皆赐诰、印"。③

永乐十六年(1418)正月,朝廷"命西宁等处来朝禅师端岳藏卜为弘智净觉国师,马儿藏为广济妙净国师,思我失星吉为普济净慈国师,仑奔宛卜查失儿监藏为弘慈广智国师,皆赐诰、印"。④ 这里的仑奔宛卜查失儿监藏受封为弘慈广智国师,即是后来成为青海塔尔寺六族之一的隆奔族的国师的由来。该族的国师一职一直传承到清代,其驻地被称为"国师营",沿用至今。

上述仅罗列明永乐年间所封大国师、国师的一些事例。但实际情况远不止这些,因此之故《明史》"西域传"便有:"初,太祖招徕番僧,本借以化愚俗,弭边患,授国师、大国师者不过四五人。至成祖兼崇其教,自阐化等五王及二法王外,授西天佛子者二,灌顶大国师者九,灌顶国师者十有八,其他禅师、僧官不可悉数。"⑤

总体来看,明廷对藏区俗官的分封,大致主要集中在洪武年间,永乐时做了些补充。但对宗教势力的封授延续了较长的时间。如明成祖之后,其继任者如景泰帝、成化帝等均秉承先祖遗志,尊崇优渥藏传佛教,并先后封授许多藏族僧人为大国师、国师等,并赐给封诰和印章。这说明:一方面,藏区宗教势力本身在消长变化,那些后来居上的宗教领袖人物,若没有朝廷相应的封号,无以显示他们在所在地区的宗教地位;另一方面,也证实明统治者对藏区政教合一,这样的有别于汉地政教关系的特殊政治格局的认识,事实上存在一个逐步加深的过程。查诸《明实录》,明廷对藏区宗教势力的封授在宣德、正统年间持续不断地进行,在成化、弘治、正德年间达到高峰。⑥

---

① 《明太宗实录》卷 140,"永乐十一年五月丙戌"条。

② 《明太宗实录》卷 147,"永乐十二年正月丙申"条。

③ 《明太宗实录》卷 161,"永乐十三年二月庚午"条。

④ 《明太宗实录》卷 196,"永乐十六年正月甲戌"条。

⑤ 《明史》卷 331,"传 219","西域三","大慈法王"。

⑥ 详见陈庆英:《论明朝对藏传佛教的管理》,载《中国藏学》,2000 年第 3 期。

（三）从"多封众建"看明朝对藏区高僧的控驭

所谓"多封众建"，就是对藏传佛教各派僧人不分教派，也不管势力大小，亦不问处何地，只要顺奉朝命，皆赐予不同级别的封号。逐级为法王、王、西天佛子、灌顶大国师、灌顶国师、禅师等。这样使各教派的头面人物，几乎都得到了名实相当的荣封。凡被赐予封号的宗教人士，"通天"朝贡既是他们享有的权利，更是其必尽的义务。当然，除贡时、使团规模有定制外，贡多贡少及贡何物并无硬行规定。

按明之惯例，这些受封宗教人士入贡，虽毫无例外要带些土特产品以敬献皇帝，但朝廷对之回赐，则价值数倍于贡品。正是由于有了明代这样特定的历史背景和历史大环境，使众多的藏传佛教僧人得以有机会走出闭塞的寺院禅林，登上广阔的社会政治舞台。尊贵的封号，丰厚的回赐，更有那宫廷内胜于王侯般隆重的礼遇。诸如此类极具诱惑力的政治、经济利益，使藏地各宗教人士思之求之，乐此不疲，代代相效，奉行不替。故有明近三百年间，从藏地至京城，由喇嘛僧侣组成的大大小小的宗教使团踵迹于途，络绎不绝。

明朝对藏传佛教实行"尊僧崇教"、"多封众建"的策略，固然有迫于藏区诸豪相雄的客观现实，也有对元朝治藏经验的继承。但更重要的是，为便于强化对藏区的政治统治，利用藏地宗教势力更多的是出于策略上的考虑而使用的一种操纵手段。

第一，从封授三大法王看明朝对藏传佛教控驭。

明朝对三大法王的封授，与其说是因三大法王各自的宗教威望，以及分别所代表的宗教派别在乌思藏所凸显的影响力和号召力，不如说是由于明朝当局熟知这些情况，出于政治上的需要而采取的一种笼络和利用之策。

在三大法王中，最值得注意的是大宝法王的封授问题。因为这一封号不仅是沿袭元朝旧称，也是深得朝廷重视的萨迦派的独有荣称。而且，"大宝法王"封号经过有元近百年的推崇，在藏区已显现出非同寻常的象征意义，即谁能获得朝廷的这一封号，标志谁的势力最大，谁最能得到朝廷的赏识。

但是，明之封大宝法王，并不符合这一定向思维。永乐五年（1407），明廷将这顶至尊无上的法王帽子戴给了噶玛噶举派黑帽系第五世活佛哈立麻的头上。虽然，朝廷并没有否认"大宝法王"称号所具有的崇高地位，但将

之封予谁,表现出与元朝当局迥然不同的着眼点与用意。表现在:

之一,在选择封授对象时,既未将世俗力量强大的帕竹纳入视野,也未考虑过政治、军事实力虽下降,但余威尚存的萨迦,而是直接封给噶玛噶举派黑帽系。就当时的实际情况看,噶玛噶举派黑帽系无异于藏地宗教威望最高,但该派系从一开始就没有形成地方军政势力,只有强大的寺院经济。这就昭示明朝当局思虑将"大宝法王"赐予谁时,并未顾及这一对象在乌思藏世俗实力之强弱,而是将其宗教影响力之大小放在第一位来考量。

之二,同封"大宝法王",元明二朝之用意各异。这从元世祖忽必烈赐给八思巴与明成祖赐给噶玛巴的封号可知,前者为"皇天之下一人之上宣文辅治大圣至德普觉真智佑国如意大宝法王西天佛子大元帝师",后者为"万行具足十方最胜圆觉妙智慧善普应佑国演教如来大宝法王西天大善自在佛"。二名号中"大宝法王"是最为相同的内容,其他则体现出明显的差异。如明朝封号中的"西天大善自在佛",比元朝之封号中的"西天佛子"是大为提高了一步,但是"大元帝师"及"皇天之下一人之上宣文辅治"等表示八思巴为皇帝之师及参政的内容则被剔除。这就清楚地说明,明成祖在沿袭元制上有所取舍,封噶玛巴为"大宝法王",主要是强调噶玛巴的宗教领袖地位。因此,噶玛巴虽然有与元朝帝师相同的"大宝法王"的名号,但并不具有元代帝师的掌管宣政院和藏族地区行政事务的权力。

所以,在某种程度上讲,明统治者之所以把藏区僧俗民众心目中极为神圣的"大宝法王"头衔封给宗教与世俗力量极不相称的噶玛派,而非其他宗教势力,是基于对历史的教训和藏区僧俗势力相对势均力敌现实的审慎之作。①同时,这也隐含明朝统治者不仅不会在乌思藏再造一个"萨迦",相反,要有意识地将乌思藏僧俗两大实力派隔开,分而治之,避免某派势力的坐大,难于控制。

第二个法王是大乘法王,永乐十一年(1413),明廷封给萨迦派故元帝师之孙昆泽思巴。元代,萨迦派曾控制乌思藏地方政权,地位高于其他各派。元末明初,萨迦势力虽远不如昔,但在后藏仍拥有强大的地方势力,宗

---

① 本书第一部分已论,元朝人为地抬举萨迦,导致卫藏动荡;入明藏地帕竹世俗力量强大,但宗教影响甚微。这就是明朝当局面对的卫藏历史与现实。

教影响力也不弱。明廷给予大乘法王的封号，既可视为是对萨迦派在乌思藏实力的认可，也可看做是对该派既有传统的承认。但是，必须清醒地看到，明廷之所以给予萨迦派领袖"大乘法王"这一显赫封号，主要关注的是该派的宗教影响力和号召力。其中，所谓赐领僧众、护持释教，明显没有要恢复其世俗力量的意图。封释迦也失为大慈法王，其原因也是明统治者已经观察到格鲁派虽为乌思藏一新兴教派，但其宗教影响力逐日看涨。①

应特别注意的是，三大法王虽无明确的封地，但就此认为他们是毫无政治影响力、"住居无常"的"游僧"，也是欠妥的。实际上，佛教传入藏区并发展成为具有独自特色的地域性宗教——藏传佛教后，时至明代，藏传佛教早已成为藏族全民信仰的宗教。佛教在这里的影响之大，是其他地方难以比拟的。

首先，以寺院为宗教基地的各教派，不仅属寺众多，寺院经济实力强大，而且各寺院皆拥有为数不少之属民，以及数目较大的俗家亲眷。致使藏区形成这样的局面：众多教派拥有众多寺院，众多寺院有各自的影响范围，在各寺院控制地域内事实上已形成为特殊的小社会。

其次，各教派首领或者是地方势力的首领，或者与地方势力有密切的联系，这样的宗教在藏区已越出意识形态领域。特别是在藏区极具威望的教派及其领袖，不论他们主观上是否愿意参与世俗政治或者有无实际的世俗政权后盾，但他们在藏区现实社会中的影响力及号召力，无疑是十分巨大。因而，他们均成了治藏时必须引以重视的政治问题。大宝法王所属的噶玛噶举派，在今昌都地区、云南西北部和前藏的部分地区有很大势力和深厚的群众基础。大乘法王所属的萨迦派在后藏有一定势力。大慈法王所属的格鲁派，在帕竹政权支持下，影响日益扩大，主要在前藏和后藏某些地区。但是，若就此认为三大法王，可在其势力影响范围内"奉朝廷的敕命，行使地方职权，忠修职贡，管束人民"，②也是不恰当的。

———————

① 前文已述，在有明藏区三大法王之中，只有大慈法王不是在永乐时封授的，到宣德时才被朝廷授予法王，且所谓"礼亚于二法王"。其中缘由最大可能是释迦也失乃宗喀巴弟子并非该派最高领袖，虽然如此礼遇，但终究为法王，显示出明廷不得不承认他及所代表的教派在藏地的实力和影响力。

② 王辅仁、索文清：《藏族史要》，四川民族出版社，1981年版，第83页。

概言之，这三大法王虽没有明确封地，但都有固定的活动区域和势力范围。而在这些区域和势力范围内，世俗政治要有所作为，离开了三大教派的支持和配合，是难以实现的。同时，明朝对藏区宗教势力最强大的三大教派的平行封授，既是对元朝独宠萨迦派之弊的修正，又从制度上排除了某一宗教派别因外在力量畸形壮大的可能。

第二，明朝之封授五大教王，具有分解和平衡藏区地方实力派的用意。

《明史》称法王为"游方僧"，如从其主要以游历藏区、传经说法为务，一般不直接参与俗务的角度去理解，是有一定道理的。朝廷对之的厚重，也主要是因他们代表了藏地最有宗教号召力的教派。而五大教王则有所不同，五教王本身就是藏区几大地方豪势之代表，他们各有份地和辖区。在元末明初乌思藏地区豪酋的力量消长变化中，他们又分别代表了一方的胜利者，实力强大，并各抚一方。特别是在绛曲坚赞去世后，他们互不统属，但都臣服投效于明廷。因而，明廷对这五王的重视在某些方面甚至超过对三大法王的重视程度。如对他们的封职，在明代相当长一段时间内，例由朝廷遣使往封。①

由此可见，明廷对这五王的封职实则是中央政府对藏区既有政治力量格局的承认和确认，继续使之既为地方实力派，又为某一教派之领袖。而朝廷对之采取世俗和宗教上的双重封授，既是对这些地方实力派的一种安抚，同时又使其相互并存，又不可能过度膨胀。明廷正是通过这种有意识的分封，使之势均力敌，而便于对它们的控制。

---

① 关于此，从明廷对帕竹地方政权的封授事例可知。史载，帕竹第五任第悉扎巴坚赞于宣德七年(1432)去世后，其侄扎巴迥乃与其父且萨桑结坚赞之间因继任第悉问题而父子相争，明廷到正统五年(1440)才派人入藏封扎巴迥乃为阐化王。《明史》说："正统五年，王卒。遣禅师二人为正副使，封其从子吉剌思巴永耐监藏巴卜为阐化王"。又《明实录》有：正统四年"乌思藏指挥端岳竹巴等陛辞。命赍救及綵币等物归赐其灌顶国师吉剌思巴永耐坚藏巴卜，并赐乌思藏三崖结吉寺住持班丹割等，宣慰司经历、指挥、寨官、管事人、千户、戒师等织金文绮、綵绢有差"。这就说明扎巴迥乃继任帕竹第悉后明朝并没有立即封他为"灌顶国师阐化王"，而是先封他为灌顶国师，然后又派遣在朝廷供职的僧人为正副使，专门前往西藏，加封阐化王的爵位。而《明史》有："故事，法王卒，其徒自相继承，不由朝命。(弘治)三年，辅教王遣使奉贡，奏举大乘法王袭职。帝但纳其贡，赐赍遣还，不命(大乘法王)袭职。"又说："(正德)十年，僧完卜锁南坚参巴尔藏卜遣使来贡，乞袭大乘法王。礼官失于稽考，竟许之"。由是观之，依明制大宝法王、大乘法王和大慈法王的承继，朝廷并不遣使前去封授，而五王的继任不仅需要报朝廷批准，且要由朝廷派使者前去封授，明廷对二者的重视孰轻孰重，不言自明。参见《明英宗实录》卷62，"正统四年十二月丙申"条；《明史》卷331，传219，"西域三"。

第三,大量分封各宗教派别之头面人物为大国师、国师及禅师,实践"多封众建"之策。

藏区土地广袤,教派林立,单纯依靠行政机构管理是不够的,同时,如果对这些众多的教派势力的封授仅停留在部分实力强大者层面上,亦是欠妥的。三大法王和五大教王的分封,大致涵盖了藏区宗教势力强势者。但是,要实现藏区的全面稳定,还必须充分考虑对其他较大影响力的宗教派别之高僧及其所代表的地区政治力量的抚慰。明廷正是基于这种考虑,封授了大量的国师、禅师,从而形成多层次分等第的僧职体系。

总之,对藏传佛教势力以"多封众建"的方式来加强管理,使明朝天下之藏区凡有影响的各教派领袖人物均得到相应的荣封,从而形成上至法王下至禅师这样的等第。需要明确的是,藏传佛教教派首领间的等级之别,与明帝国俗官系统又有明显的差异,那就是各教派首领之间虽有等级上的差别,但并没有上下级隶属关系。如法王在各级僧官中,虽然无论品秩还是威望,其他僧职皆不可企及,但他并不享有任免下级僧官的权力。这样致使藏传佛教的各级僧职均按朝廷命令行事,自然也成了朝廷的命官。他们之所以有不同的品秩,惟因其所在教派及其个人,其影响力在藏地有大有小,明廷据此给予相应的认定与认可。另外,明朝又绝对不给任何一个教派以特权。可见,"多封众建"实质上就是要使其同等层次宗教势力多头化,"凡在幅员之内,咸推一视同仁",有使它们互相牵制的含义。这样既使藏区各教派势力及其影响得到充分利用,促使其竭力效命中央王朝,又避免出现有如元朝那样形成一个凌驾于其他教派之上的萨迦派。显著的事例是,明朝对帕竹地方政权的掌权人给以支持,封之为"阐化王",但也仅止于此。[①] 藏传佛教名义上的最高领袖"大宝法王",明朝却封给并不掌握地方政权的噶玛

---

① 有学者认为:"明朝建立时,西藏最大的政教势力是帕木竹巴政权,前后藏的宗溪大半为该政权所有,但明王朝并未正视这一现实,仅封该政权领袖为阐化王,位在三大法王之下。"其中,所谓"明王朝并未正视这一现实"的看法是不恰当的。事实上,明廷正是看到帕竹坐大的现实,而这局面有违明当政者"分势杀力"的边疆政策构想,所以在利用帕竹政教领袖在乌斯藏的影响力的同时,又设法牵制乃至削弱其势力。"仅封该政权领袖为阐化王",就是这种思路的具体表现。参见房建昌:《明代西藏行政区划考》,载《西藏民族学院学报》,2001年第4期。

噶举派领袖人物,而又并没有给予它政治上的特权,这就使元代气势烜赫的帝师制度被彻底废除。

三　扶持藏区寺院与充分发挥藏传佛教的化导功用

与有明一朝严予限制汉地佛教发展规模不同的是,对藏传佛教的发展采取极力鼓励之策。其中,着意从政治、经济等方面扶持与朝廷有紧密依附关系,且具广泛代表性的藏传佛教寺院,即这种鼓励之策的突出表现。对此时人郑洛就观察到:"祖宗略地西陲,缘俗立教,加意诸羌,故大建梵宇,特赐专敕。……原颁金玉印章在焉"。①

由此可见,明朝之所以在藏区"缘俗立教",目的是"加意诸羌"。原因在于这些藏传佛教寺院"远在边圉,其僧素能抚化番夷,……钦赐护敕并给军匠者,无非所以绥怀柔服之意"。② 即是说,明朝此举的根本用意是为了更充分地发挥藏传佛教"抚化番夷"的功用,达到"绥怀柔服"的政治目的。

(一)扶持藏区寺院

据文献记载,明朝在藏区资助扶持的第一座藏传佛教寺院是有功于朝廷的噶举派僧人三剌修建的瞿昙寺。其因是洪武二十六年(1393)二月,西宁番僧三剌为书招降罕东诸部,又建佛刹于碾白南川,以居其众,至是来朝贡马,请敕护特,赐寺额。故明太祖从所请,赐额曰瞿昙寺,立西宁僧纲司于此,任命三剌为都纲。应该说,瞿昙寺的敕建是具有象征意义的,它表明朝廷的藏传佛教政策并不是一种书面文章,而是有实实在在的举措。③ 明廷不仅给予三剌很高的宗教地位,让其住寺修行,又赐敕并令:"诸人不许扰害,听其自在修行,违者罪之。"④同时,这些措置不仅使藏地僧众备受鼓舞,"自是,其徒争建寺,帝辄赐以嘉名,且敕护持。番僧来者日众。"⑤而且,也使明廷坚信既定的藏传佛教政策的正确性,"番僧来者日众"就是最好也是

---

① 郑洛:《明经世文编》卷404,"郑经略奏疏一","收复番族疏·收复西宁番族"。
② 欧阳铎:"陕西番僧乞拨军匠护持院疏",《明经世文编》卷212,"欧阳南野文集"。
③ 杜常顺:《明清时期河湟洮岷地区家族性藏传佛教寺院》,载《青海社会科学》,2001年第1期。
④ 《明太祖实录》卷225,"洪武二十六年二月壬寅"条。
⑤ 《明史》卷330,"传218","西域二"。

最有说服力的例证。

在此情势之下，明廷甚至大有将动用人财物力直接敕建，或赐封土地，或赐护持藏地寺院，作为一项基本的对藏宗教政策之势。为说明之，兹以《明实录》等文献所载，辑录如下：

1. 宣德二年（1427）正月初六，宣宗赐瞿昙寺"皇帝敕谕匾"一道，其文说："西宁地面大小官员诸色人等，朕惟佛氏之兴，其来已远，西土之人，久事崇信。其教以空寂为宗，以普度为心，化导善类，觉悟群迷，功德之著，无间幽显。有能尊崇其教，以导引一方之人，去其昏迷；向慕善道，强不致凌弱，大不至虐小，息争斗之风，无侵夺之患，上下各安其分，长幼各遂其生，同归于泰和之世；上足以阴翊皇度，下足以劝善化俗，功德所及，岂不远哉！今西宁瞿昙寺，迺我太祖高皇帝、太宗文皇帝及朕相继创建，壮观一方，东至虎狼沟，西至补端观音堂，南至大雪山，北至总处大河，各立牌楼为界，随诸善信，办纳香钱，以充供养。特命灌顶净觉弘济大国师三丹藏布住持，率领众僧于内焚修祝赞，以为多人造福，所在官员军民诸色人等，务要各起信心，尊崇其教，听从本寺僧人自在修行，并不许侮慢欺凌。其常住一应田地、山场、园林、财产、孳畜之类，诸人不许侵占骚扰，庶俾佛教兴隆，法门弘振，而一方之人，亦得安生乐业，进修善道。若有不遵朕命，不敬三宝，故意生事，侮慢欺凌，以阻其教者，论之以法。故谕"。①

2. 正统七年（1442），敕谕河州、西宁等处官员军民人等曰："朕惟佛氏之道以空寂为宗，以普度为用，西土之人久事崇信。今以黑城子厂房地赐大慈法王释迦也失盖造佛寺，赐名弘化，颁敕护持。本寺田地、山场、园林、财产、孳畜之类，所在官军人等不许侵占骚扰侮慢。若非本寺原有田地、山场等项，亦不许因而侵占扰害。军民敢有不遵命者，必论之以法"。②

---

① 宣德二年（1427）赐给瞿昙寺的"皇帝敕谕匾"，为汉藏文对照，谕匾已毁。其文谢才华《耕余琐记》有转录。参见王尧：《明初与藏事有关的诏文及河西碑刻考议》，载蒙藏委员会编《西藏与中原关系国际学术讨论会论文集》，1993年版。

② 《明英宗实录》卷95，"正统七年八月辛亥"条。弘化寺为宗喀巴大弟子释迦也失于永乐十二年（1414）和宣德九年（1434），两度进京朝贡路过此地修建。该寺建成后，为使其不遭"扰害"，明廷特派"官军五十名守之"，并"钦赐鸾驾"。参见嘉靖《河州志》卷2，"典礼志"。

3. 景泰七年（1456），命陕西三司，以本处明年该班人匠及起军夫四千人，赴西宁营建佛寺，给以口粮。①

4. 天顺四年（1460），敕河州、西宁镇守内外官员人等曰："朕惟佛氏之兴，其来已远，西土之人率多崇信……河州弘化寺颁赐金字华严经六部并仪从等物及大慈法王等写完金字经二藏、朱墨字语录经一藏，安置于内。今特赐敕护持。尔河州、西宁镇守内外官员并诸色人等，各宜尊崇虔敬，不许私借观玩，轻慢亵渎，致有损坏遗失。敢有不遵朕命，治之以法。尔等其慎之，毋忽"。②

5. 成化八年（1472），"岷州卫城守士卒仅三百五十人，而卫有大崇教寺，旧仍分卒五十人守之……"。③

6. 成化九年（1473），崇化大应法王札实巴奏："陕西弘化寺乃至善大慈法王塔院，岁久损坏，乞敕镇守等官修筑城堡，如瞿昙寺制"。又言："天顺间寺僧五十五人，月给廪米人六斗，军民夫六十人守护，今乞申严如例"。复允之。④

不惟如此，明朝廷还多次赐给藏区佛寺额名和御制碑文。如西宁卫之瞿昙寺，继洪武二十六年（1393）赐名后，永乐、洪熙、宣德三朝分别赐御制碑文。⑤ 其中，洪熙、宣德的两块赐碑，现在还完好地立于瞿昙寺前院左右碑亭内。⑥ 又如岷州大崇教寺，原本只是一座小规模的寺院，永乐年间该寺

---

① 《明代宗实录》卷269，"景泰七年八月戊申"条。
② 《明英宗实录》卷315，"天顺四年五月辛丑"条。
③ 《明宪宗实录》卷103，"成化八年四月癸酉"条。
④ 《明宪宗实录》卷118，"成化九年七月癸巳"条。所谓"弘化寺乃至善大慈法王塔院"，即大慈法王灵塔就建在该寺内。据康熙《河州志》卷2载："永乐十二年（1414），差太监侯显诣乌斯藏，请大慈法王，路由河州，其从张星吉藏卜跟随入京。正统四年（1439），法王圆寂，敕建溜金铜塔，藏其佛骨。七年（1443），奉敕河州建寺，赐名鸿（弘）化"。
⑤ （清）苏铣：《西宁志》卷2，"建置志"，青海人民出版社，1993年版，第154—157页。有学者统计，明朝十三帝中有七人为瞿昙寺赐敕谕七道、诰命二道、立御制碑五通。所谓"立御制碑五通"，即永乐六年（1408）的"皇帝敕谕碑"，永乐十六年（1418）的"皇帝敕谕碑"、"御制瞿昙寺金佛像碑"，洪熙元年（1425）的"御制瞿昙寺碑"，宣德二年（1427）的"御制瞿昙寺后殿碑"。这五次御制碑皆保存完好，其碑文为汉藏文对照。参见苏发祥：《简述明朝对甘青藏族地区的治理》，载《中央民族学院学报》，1990年第二期；王尧：《明初与藏事有关的诏文及河西碑刻考议》，载蒙藏委员会编《西藏与中原关系国际学术讨论会论文集》，1993年版。
⑥ 这两块赐碑身各高5.07米，螭首、须弥座。除文字内容、立碑年号不同外，两块明碑的高低、宽窄、厚薄均如出一辙，皆由当地石料制成。此外，谢佐著《瞿昙寺》一书，对瞿昙寺有详细的介绍。参见谢佐：《青海乐都瞿昙寺考略》，载《青海民族学院学报》，1979年第3—4期；《瞿昙寺》，青海人民出版社，1982年版。

僧人札释班丹曾"奉使乌斯藏"，因之甚受朝廷器重。宣德二年(1427)"奉钦命差太监王锦、罗玉、杜马林等起调都布二司军民人夫，敕建寺院一所，给予护敕二道，赐额大崇教寺。奉兵、工二部勘合，本卫拨发军匠刘友等五十名，专一在寺看守"，①并颁御制《修大崇教寺碑文》。②

正是由于对藏区寺院的修建不仅不像汉地那样予以限制，而且从政治、经济等方面给予大力扶持，并树立起如西宁卫瞿昙寺、河州卫弘化寺、岷州卫大崇教寺这样的"样板"。于是藏区土司或宗教上层人士对明廷的藏传佛教政策心领神会，争相建寺，以获取名号地位，致使丛林棋布、梵音四起，藏传佛教寺院数量急剧增长，佛教僧团势力得到了前所未有的扩展。兹以《西宁志》所载西宁卫敕建、赐名寺院为例，③列表如下：

表一 明朝敕建西宁卫寺院表

寺庙	建置时间	赐名时间	备注
弘觉寺	洪武二十三年	永乐十年赐名"弘觉"	城东南，旧名"妙华庵"。
华藏寺	永乐八年	永乐十四年赐额名"华藏"	南禅山，应番僧捨刺藏卜奏请。
高台寺	洪武二十年		城南。
永兴寺	洪武年间	永乐十四年赐额名"永兴"	北禅山，洪武时千户张铭建，永乐十四年应高僧桑尔加奏请赐额名。
弘通寺	洪武年间	永乐十年赐额名"弘通"	城东，旧名"观音堂"，永乐十年应僧人奏请敕赐额名。
卧佛寺	永乐元年		城西南四百里，李南哥建。
宁番寺	洪武二十三年重建	洪武二十七年赐额名"宁番"	城西北，旧名"大佛寺"，创建无考，洪武二十三年李南哥重建，二十七年奏请敕赐额名。
铁佛寺			城西北一百二十里。

---

① 欧阳铎："陕西番僧乞拨军匠护持院疏"，《明经世文编》卷212，"欧阳南野文集"。
② (清)《岷州志》卷17，"艺文"上，载张羽新主编：《中国西藏及甘青川滇藏区方志汇编》第26册，学苑出版社，2003年版。
③ (清)苏铣：《西宁志》卷2，"建置志"，青海人民出版社，1993年版，第153—158页。

寺庙	建置时间	赐名时间	备注
藏经寺	永乐十年		城西南,内官杨福寿建。
瞿昙寺	洪武二十四年	洪武二十六年	碾伯城南四十里,洪武二十六年三剌请敕护持、赐寺额。明太祖从所请,赐额名"瞿昙寺",并设西宁僧纲司于寺中。
觉化寺	永乐十三年	洪武十六年敕赐额名"觉化"	城东八十里。
大乘寺	永乐九年	永乐十年敕赐额名"大乘"	城西一百里。
崇法寺	永乐十二年	永乐十四年敕赐额名"崇法"	城北四十里。
普仁寺	天顺元年		城东,指挥王清建。
弘化寺①	正统六年	正统七年	

事实上,在藏区由明廷直接或间接资助与敕建的寺院,西宁卫仅是一个缩影。又如在岷州卫辖区,其寺院因受明廷扶持增加到六十余座。② 对此,正德时礼部尚书刘春就说:"西番俗信佛教,故我祖宗以来,承前代之旧,设立乌斯藏诸司,阐化、阐教诸王,以至陕西洮、岷,四川松潘诸寺"。③ 查诸有关史志,比比皆是。

但是也须注意到,之所以出现明朝对甘、青、川藏区与以乌思藏为代表的腹地藏区之寺院,采取不同的方式加以扶持,主要是由于甘、青、川藏区虽很早就有佛教传入并深受其影响,但是所建寺院却寥若晨星,这与明朝既定崇佛政策很不相称。为此朝廷不惜直接动用人财物敕建寺院,以便尽快改变现存状况。

表面上,明朝在以乌思藏为代表的藏区,的确只对各教派的各级宗教领袖封授职别而没有直接动用人财物敕建寺院。但是,如此事实必须注意:

---

① 陈光国:《青海藏族史》,青海民族出版社,1997年版,第256页。
② 桑杰:《简述明朝对岷州藏区的治理》,载《甘肃民族研究》,1992年第2—3期。
③ 《明武宗实录》卷125,"正德十年五月戊戌"条。

一是这些地区的宗教领袖无论属于何派，也无论僧职高低，他们皆隶属于各教派的属寺；二是终明之世这些地区的贡使，主要就是以诸王为首的各级宗教领袖及其下属僧侣集团。而明朝对于这一地区的朝贡使团，往往从政治以及边疆战略的角度出发，奉行对乌思藏地区贡使回赐独厚政策，使中原地区的大量财物源源不断地流入该地区。毫无疑问，有相当数量的回赐物涌入各寺院中，这不仅成为寺院非常重要的经济来源，而且极大地促进了寺院经济及各寺院集团势力的发展，甚至有不少重要的新建寺庙的修建耗用来源就主要是靠明廷的赏赐。如格鲁派的著名三大寺之一的色拉寺，即主要是当年释迦也失用明廷的回赐兴建的。[①] 这对处于初创阶段的格鲁派，明朝的厚予赏赐之策无疑为其发展与壮大提供了可靠的物质保障。之后，格鲁派的一些现存大寺要么新建要么扩建，均与朝廷经济支持有关。或者还可以说，如果不是格鲁派与明中央政府关系的良性发展，[②] 以及明政府给予的经济扶助，格鲁派寺院集团势力的发展不可能那么迅猛，十七世纪西藏政教合一制要最终确立还不可能有那么雄厚的经济和广泛的社会基础。

由此可见，明朝对内地和藏区之寺院的发展，其基本态度迥然不同。强行命令内地："凡各府州县寺观，但存宽大者一所，并居之"。相反，对藏区寺院，不仅未作如此限制性规定，而且不惜重金资助或敕建藏区寺院，并对一些寺院赐封土地、赐额名和御制碑文，以及派兵护持。之所以如此，固然有西土之人对佛教"久事崇信"之故，为求其治，须缘俗立教，行"因俗以治"。但同时，还须注意到，在明统治者的主观意愿中对藏地寺院有这样的认识，并寄予如是的期望：

---

① 据藏文献《宗喀巴大传》第 299 页载：色拉寺是以"汉皇为施主修建的，寺内有皇帝颁赐的京版印的《大藏经》，各种幢幡等百种，以及护法神殿的彩箭等，以法王的锦缎制成的大帐幕，更加为宗喀巴的银舍利塔增添了光彩"。转引自周润年：《大慈王释迦也失生平简述》，载《西藏民族学院学报》，1986 年第 2 期。

② 从永乐到正统年间，在前后藏先后建成的四大格鲁派寺庙纷纷派使入京朝贡，哲蚌寺（麦思奔）于正统十四年（1449），色拉寺（些蜡）于景泰二年（1451），甘丹寺（葛丹）于成化六年（1470），札什伦布寺（札什伦卜）于成化十六年（1480）先后朝贡。这些修建时间，参见王尧：《喇嘛教对藏族文化的影响》，载《青海民族学院学报》，1979 年第 3—4 期。其朝贡事实，分别见《明英宗实录》卷177，"正统十四年四月己未"条；《明代宗实录》卷 205，"景泰二年六月辛未"条；《明宪宗实录》卷205，"成化六年十一月辛丑"条，卷 203，"成化十六年五月丙申"条。

一是鼓励藏区多建寺庙,以收"鼓其善心"之效。"时乌斯藏僧有称活佛者,诸部多奉其教。丙兔乃以焚修为名,请建寺青海及嘉峪关外,为久居计。廷臣多言不可许,礼官言:彼已采木兴工,而令改建于他所,势所不能,莫若因而许之,以鼓其善心……帝许之……既而寺成,赐额曰仰华。"①

二是寺院的"劝善化俗"能量,其"功不在斩获之下"。如隆庆六年(1572)总督尚书王崇古所说:"查祖宗朝敕建弘化阐教寺于洮河,写给金字藏经,封以法王、佛子,差法阐教等王分制西域,无非因俗立教,用夏变夷之典……易暴为良,功不在斩获之下。"②

(二)明朝对藏传佛教化导功能的利用

正是由于明廷对藏传佛教奉行政治、经济等方面的大力扶持之策,使得藏区寺院数量大增,寺院集团势力空前壮大。明朝为了加强对如此众多的藏传佛教寺院与僧职人员的管理,凡此寺院朝廷皆"设立国师、禅师、剌麻、执事"等僧职,并赐予"敕书、金银、印信、象牙、图书"等物。③

这些僧职一经封授,即分别赐予印、诰和相应的品秩,成为朝廷命官。④如宣德元年(1426)三月令:"升乌思藏大宝、大乘、阐化、阐教、赞善五王及大国师释迦也失差来使臣阿木葛为灌顶净修弘智国师,锁南星吉为灌顶国师,俱赐二品镀金银印。领占端竹、桑结巴高竹斡升国师,赐五品银印及诰命。领占班竹儿、端竹乩藏袭国师,赐诰命。坚敦监藏、锁南失赖、领着领占、扎思巴、锁巴列升禅师,赐敕命,皆赐六品银印"。⑤ 由是可知,三大法王和五位教王的地位特别,赐二品镀金银印。其他僧职为大国师秩四品,国师秩五品、禅师秩六品。

更重要的是,这些不同等级的僧职,不仅仅是标示他们在当地宗教影响

① 《明史》卷330,"西域二"。

② 《明穆宗实录》卷6,"隆庆六年十月庚申"条。

③ (清)苏铣:《西宁志》卷2,"建置志",青海人民出版社,1993年版,第158页。

④ 明代所封法王、教王、西天佛子、国师等名号,虽"悉给以印诰,许之世袭,且令岁一朝贡",但这些封号一般只是给予诸卫番僧或土官的尊号,还没有正式列入帝国的职管制中。为此,有学者认为,这些被封赐宗教名号者,严格说他们并非朝廷命官。然而,他们却享有朝廷命官无法企及的地位和权力。参见沈卫荣《元明两代朵甘思灵藏王族历史考证》,载《中国藏学》,2006年第2期。

⑤ 《明宣宗实录》卷15,"宣德元年三月庚子"条。

力的一个名号,而且要与都司卫所"为官者,务遵朝廷之法,抚安一方"一样,亦要承担起"为僧者,务敦化导之诚,率民为善,以共乐太平"的政治责任。这突出地表现在:明廷以有无"化导番人之功",作为藏地宗教势力封授、考核及品秩升迁替换之依据。兹以《明史》、《明实录》所载,择要辑录于次:

宣德元年(1426),以协讨安定、曲先功,加国师吒思巴领占等五人为大国师,给敕命、银印,秩正四品;加剌麻着星等六人为禅师,给敕命、银印,秩正六品"。①

宣德七年(1432)二月,赐圆净禅师阮丹汪束银钞、綵币表里等物。初会宁伯李英往讨安定、曲先,阮丹汪束从行尝有功。英言于上,遂升禅师。②

正统五年(1440)七月,命番僧桑儿者先结为都纲,其徒长和尚为剌麻。以先结等化导番人,密报边情,曾效劳也。③

正统五年(1440)八月,铸降芒儿者寨及阿角寨二安抚司、潘干寨长官司印,命番僧林占王为善化禅师,离叭剌麻为崇善禅师,给银印,赐敕并衣帽。以其能劝导三寨番民悉心向化也。④

正统五年(1440)八月,命四川杂谷抚司进贡番僧完卜乞罗思巴藏卜为净范禅师,给银印、衣帽。以右金都御史王翱言其能劝化番人,众皆服从,宜加量封号谴回,从以系番众之心也。⑤

正统六年(1441)四月,铸降松藩卫僧纲司印并护持敕给都纲桑儿者先结,令于本处建寺管束番僧。时总兵官都督同知李安奏,本僧劝化僧人,曾

---

① 《明史》卷330,"西域二"。这五大国师是:宛卜格剌思巴监藏号为净慈普应大国师,仑奔宛卜查失儿监藏为弘慈广智大国师,吒思巴领占为普觉净修大国师,失迦思端宛卜为慈善真修大国师,达巴儿监参为妙慈通慧大国师。六禅师是:剌麻着星为普善禅师,雁儿吉为普济禅师,江东巴为善悟禅师,楚儿加为玄悟禅师,锁南札为善智禅师,朵只里监为清净禅师。明廷此次对西宁一带的藏族僧人大规模加封,其主要是因陕西行都司土官都指挥李英等率西宁诸卫及隆奔国师贾失儿监藏、散丹星吉等十二番族之兵讨安定、曲先卫反对明朝的蒙古首领,大获全胜。参见《明宣宗实录》卷14,"宣德元年二月戊寅"条。
② 《明宣宗实录》卷87,"宣德七年二月甲寅"条。
③ 《明英宗实录》卷69,"正统五年七月丁未"条。
④ 《明英宗实录》卷70,"正统五年八月壬辰"条。
⑤ 《明英宗实录》卷70,"正统五年八月庚辰"条。

为向导及通报军情有功,请量加慰劳,故有是命。①

正统十年(1443)三月,命番僧端竹为禅师,答儿麻失里为都纲,竺儿监赞为剌麻,俱赐诰命、图书。以其左边有招抚番人向化之功也。②

正统十年(1445)四月,命番僧温卜监参与容为都纲,给印。以其尝为向导入若巴、赊归诸寨招谕生番也。③

正统十四年(1449)十一月,礼部言:"弘教翊善国师簇克林巴卒,请以其弟持禅师札思巴藏卜袭国师。"(帝)不许,仍命今后番僧效劳边境显立功效者,方许其袭。④

景泰七年(1456)十一月,升禅师智中为国师,都纲远丹藏卜为禅师。以松藩镇守官罗绮等言其有化导番俗功也。⑤

成化八年(1472)正月,朝廷下令奖赏"随军抚化"征剿松潘长沟等寨番人叛乱的剌麻国师、禅师二人;九年(1473)三月,松潘再次发生番人叛乱,当局"仍遣抚化国师子常等抚谕"。⑥

从上述事例可知,在甘、青、川藏区,明廷所封的大国师、国师、禅师、都纲等职,不仅有化导一方率民为善之义务,而且有"招谕生番",其至"随军抚化"一方叛乱的责任。并以之作为其职级升迁的条件。

实际上,明朝重视发挥藏地宗教人士的"化导"作用,还表现在:

第一,"多封众建",有使藏传佛教各教派及其在各地之势力与首领充分发挥各自的影响力,"俾相化导",即通力承担朝廷赋予的政治责任。

学界对明朝于藏地宗教势力行"多封众建"治策的评价,强调得多的是:一是迫于藏地诸豪相雄的客观现实和对元朝治藏传统的继承,并兼顾各教派利益;二是使其同等层次宗教势力多头化,"凡在幅员之内,咸推一视同仁",使它们互相牵制,以便控制。

① 《明英宗实录》卷78,"正统六年四月癸未"条。
② 《明英宗实录》卷107,"正统十年三月己卯"条。
③ 《明英宗实录》卷128,"正统十年四月壬子"条。
④ 《明英宗实录》卷185,"正统十四年十一月戊子"条。
⑤ 《明代宗实录》卷272,"景泰七年十一月壬辰"条。
⑥ 《明宪宗实录》卷100,"成化八年正月丁巳"条;《明宪宗实录》卷120,"成化九年三月乙未"条。

因此，对于明朝"多封众建"政策的解读，若仅仅停留在上述层面上，是远远不够的。须留意明廷之所以如此，还有其更深层次的企图，那就是使这些分属不同教派与不同地域的宗教领袖"俾相化导"，并促成他们在各自的一方天地内，"广布佛教，化导群迷，俾尔一方之人咸起为善之心，永享太平之福，庶克振尔宗风，亦不负朝廷宠命"。①

第二，对驻京番僧以有无"化导番人之功"，作为是否给予封号以及优厚待遇的标准。如前文所述，明中叶后朝野对于给予驻京番僧封以显号、优以待遇的做法，微词不断。特别是自英宗即位后，"诏节冗费。濙因奏减上供物，及裁汰法王以下番僧四五百人，浮费大省"。② 而且，进一步明确规定："国师方外重职，必其人戒行纯洁，焚修勤苦，而又有功于朝廷，斯以宠异之"。所以对如大慈恩寺禅师也失哩监到这样的驻京番僧乞升国师，朝廷便以无"功德可称"而"不允"。③ 又，成化年间重申番僧的授职条件，凡"不系本土管事者，不与印信"。④ 这些凡被裁汰或不与印信者，皆是因驻京番僧，其理由是因他们"无化导番人之功"，因而不配享有"名位尊隆"，与"奉养过于亲王"的待遇。

由是观之，明朝的藏区佛教政策中，无论是尊僧重教，还是多封众建，其根本目的在于"欲其率修善道，阴助王化"。

四 结 语

透过明朝藏区宗教政策孕育、形成的基本线索和主要内容可知，大力扶持和尊崇藏传佛教是明朝与元朝一脉相承的政策，但在具体实践中又有较大的调整并注入了新的内容。

借用宗教以"御边"，在某种程度上讲，无非是中国历史上祖辈相传的御民术。但不同历史时期的不同工朝，所采用的措施和手段各异，因而其效果也很不一样。借助藏传佛教与蒙古宗教文化的亲和关系，大力扶持和尊

① 《明宪宗实录》卷130，"成化十年六月庚申"条。
② 《明史》卷169，"传57"，"胡濙"。
③ 《明英宗实录》卷136，"正统十三年十一月壬午"条。
④ 《明宪宗实录》卷172，"成化十年十二月辛酉"条。

崇藏传佛教是元朝治藏的基本策略,元朝对藏区的统治也因此而更为便利和深入。这一成功的历史经验,必然成为代元而起的明朝统治者治藏时珍视和承袭的财富。

但也必须注意到,以汉族为主体的明王朝统治者对藏传佛教本身的精神需求不是那么强烈,而且自元末明初以来藏地政教格局已发生了较大变化。这两方面的因素致使明朝对元朝藏传佛教政策又需作必要的调整和修正。事实表明,明朝统治者对藏地政教关系的特别政治格局,以及藏传佛教在藏地社会中的特殊作用,还是有清醒的认识,并抱有较为现实的态度。因而对独具地域和民族特色的藏传佛教的统治与管理,既未像元朝统治者那样极度尊崇,也没有偏向某一派,而是采取了富有针对性的独特办法。

首先,从明朝对藏区政权建构来看,采取僧俗两大系统的行政交叉设制与分封的措施,这虽是对藏地历史传统和现实的承认与尊崇,但自明洪武初就果断地废弃了元朝的帝师制,改帝师为国师,从而使僧权退出明中枢权力机关。这一举措昭示了明统治集团对政治与宗教基本关系的认识:那就是皇权唯尊,一切宗教均需为强化中央集权的政治服务。

作为中国封建社会成熟时期的明王朝,对于如何认识和摆置构成中国思想文化基本结构的儒、释、道三者的关系,统治者已经形成既定的取向和原则。透过其佛教政策的具体内容,实际上已经可以清晰地看到明朝当权者在对待佛教方面认识的成熟和措施的娴熟,其基本态度就是既利用又限制,特别是如何使佛教等宗教为其统治服务上,则显得尤为老到。一个显著的事实是,僧官的设置基本上是衙门化的,有品秩乃至出如次第及伞盖使用、僧职的铨选与考核等明文规定,并有明确的职责范围。但同时明廷又规定僧官必须受制于儒,如太祖令:僧录司官员"曰:左右善世、左右阐教、左右觉义、左右纪录;乃至僧纲、僧会。非洞明道学德性可推者,莫堪此职。奈何至柔之教,受制于儒者之门"。① 可见,明廷制定佛教政策的目的十分明

---

① 按太祖设僧官时,中央最高的左右善世,不过正六品,隶属于礼部。参见《金陵梵刹志》卷2。

确,那就是要更有效地发挥佛教的世俗功用,以宗教为政治服务,即所谓
"阴翊王度"。所以,其政策的实施原则是,使其充分发挥其社会功用和严
格控制其过度膨胀之间摆动。关于此,从明朝对汉传佛教和藏传佛教宗教
的官僚化、世俗化管理,以及使佛教等宗教牢固地受控于政权等方面,可以
得到证实。

同时,随着明王朝专制主义中央集权统治的不断强化,宗教作为政治工
具的作用,在内地已经被最大限度弱化,二者界限十分清楚,宗教对政治有
强烈的依附性。明显的事实是,赋予汉地与藏区佛教所承担的社会责任是
大不相同的。如果说明朝对汉传佛教利用主要是借其所具有的道德化功
用,显然,藏传佛教的职责远远超出了这一既定范围,明令他们"协助头目,
抚治人民"。[1] 而且,伴随着明统治者对藏情认识的逐步深入,更加注重藏
传佛教的世俗功用。这从明朝对藏区僧职管理规范的具体内容中可得到证
实。这些内容绝非仅仅是一种单纯的宗教管理方面的制度,而是充斥着济
世内涵。即要利用佛教在藏地的特殊影响和作用,维护世俗的统治,以利于
加强中央政权对藏区的统辖,以之作为行政管理制度的有力辅助手段。这
也是我们在对比研究明王朝佛教政策时所看到的,对汉传佛教和藏传佛教
原本寄托的世俗期望,因而对藏区宗教势力的职官化管理比对汉地佛教更
为深入。

其次,明王朝以采取笼络和控制藏地宗教势力为手段,以达到御边目的
为内容的宗教政策,无论是从历史的角度看,还是从明朝藏地的现实来讲,
无疑又有它特定的时代意义和作用。因为时至明代,藏传佛教不仅在藏区
有相当的势力,更重要的是它已渗透到藏区社会的方方面面,以致"夷狄之
族敬佛如敬天,畏僧甚于畏法"。[2] 更为甚者,"自有佛以来,见佛者无不瞻
仰,虽凶戾愚顽者,亦为之敬信"。[3] 因而,充分利用藏传佛教的致用功能,
使"为僧者,务敦化导之诚,率民为善",配合"为官者"抚安一方,这不仅有

---

① 《明英宗实录》卷128,"正统十年夏四月庚申"条。
② 《明熹宗实录》卷73,"天启六年闰六月乙丑"条。
③ 《明太祖实录》卷225,"洪武二十六年二月壬寅"条。

利于藏地稳定，而且，借藏传佛教之功，"开导虏众（蒙古），易暴为良"，并可收到"功不在斩获之下"的效果。①

虽然，明朝诸帝中不乏佞教，于内于外都曾造成一定程度的骚扰，但其主流并非如元朝统治者那样是出自宗教上对藏传佛教的崇信和皈依，而更主要是基于一种策略上的考虑。关于此，正如明武宗时大学士梁储所说：于"西番之教"，"我祖宗之意，以天下初定，特借之以开导愚迷，镇服夷狄，非真信其教而崇奉之"。② 即便是国外的研究者，如日本著名学者佐滕长先生也敏锐地看到："明成祖完全不认为宗教在个人生活上有需要。他所以优待哈立麻，绝非出于纯粹的宗教信仰，无疑是由一种政策的立场出发的"。③ 实际上这不仅是明成祖，而是代表了整个明朝统治者对藏传佛教的基本态度。或者更明确地说，有明一代当局对藏传佛教及其势力所采取的各种措置，从本质上讲并不是政治目的，仅仅是一种策略或手段。

由是观之，明朝为谋求藏区之治而实施的以尊僧重教为主要内容的藏传佛教政策，是基于"因其习尚，用僧俗化导"的治藏构想，而采取的一种策略或手段。因为所谓"因其习尚"，必须服务于"用僧俗化导"这样的政治目的。

正是因为明朝一以贯之地实施其既定藏传佛教政策，其效果如清人所说："迨成祖，益封法王及大国师、西天佛子等，俾转相化导，以共尊中国，以故西陲宴然"。④ 即是说，有明之世藏汉关系亲善和睦与"西陲宴然"的这种政治局面的形成，藏传佛教僧团于其中无疑起了重要的化导和维系的作用。之所以如是，其重要缘由即在于，藏传佛教是构成藏民族文化和民族心

---

① 《明穆宗实录》卷6，"隆庆六年十月庚申"条。
② 《明武宗实录》卷131，"正德十年十一月壬子"条。
③ ［日］佐藤长：《元末明初西藏的形势》，载《明代满蒙史研究》，京都，1963年版。国内学者陈楠教授据《明史》卷331，"西域"传载"至成祖兼崇其教"，"其徒（藏传佛教）脚错于道，外扰邮传，内耗大官，公私骚然，帝不恤也"等语，而认为成祖即信奉藏传佛教，甚至影响于其对藏宗教政策。这种看法有一定道理。但至成祖时，其治藏策略之所以有较大幅度的调整，其主要原因是在于明廷对藏区历史与现实情况的判断，而本质上并非皇帝的个人信仰与否。参见陈楠：《明代藏传佛教对内地的影响》，载《中国藏学》，1998年第4期。
④ 《明史》卷331，"传219"，"西域三"。

理的重要基础,也是其政教关系密切的主要因素,此种政治文化的形成经历了历史选择和长久积淀的逐步确认过程,而民族文化和心理又是政治文化中相对稳定和不易变异的部分。明朝统治者以尊崇高僧为号召,以崇尚佛教为维系,也就基本顺应和保持了藏区政治、经济、文化的正常状态和发展趋势,从而达到了明廷一以贯之的"安抚一方"的基本统治目标。

第二节 "用夏变夷"——明朝对藏区的儒学教化

明朝"因俗以治",对藏区实施特殊的宗教政策,既是对传统治边政策的因循,也是有鉴于藏区独特的历史文化和政治格局,充分发掘藏传佛教化导潜能,使之劝善化俗以"阴翊皇度"而采取的重要举措。即如隆庆时总督尚书王崇古所说:"查祖宗朝敕建弘化阐教寺于洮河,写给金字藏经,封以法王、佛子,差法阐教等王分制西域,无非因俗立教,用夏变夷之典。"[1]也就是说,明廷利用藏传佛教"劝善"的社会功能,使藏区民众首先作"善民",以"息争斗之风",不致对边疆生事过多。[2]

但是,在明统治者看来,仅仅停留在对藏族聚居或杂居区之臣民"劝善"是远远不够的。因为被明统治者视为"蛮夷"的少数民族,即或已是善民,若未经过以儒家思想为精髓的夏文化熏陶,仍属"化外"之民。唯有通过对"蛮夷"的中原文化改造,使之能"遵声教"、习礼仪,方可成为王朝所认同"化内"臣民。[3] 为此,明朝在汉藏文化交汇的甘、青、川、滇汉藏等民族杂居地区,不断推行"用夏变夷"的儒学化政策,以期将这些地区的"蛮夷"之属转变为"化内"之民,达到造就"一统天下"的理想政治格局。

---

① 《明穆宗实录》卷6,"隆庆六年十月庚申"条。

② 宣德二年(1427)明廷赐给瞿昙寺的"皇帝敕谕匾",转引自王尧:《明初与藏事有关的诏文及河西碑刻考议》,载蒙藏委员会编《西藏与中原关系国际学术讨论会论文集》,1993年版。

③ 关于此,从明太祖否定中书省臣奏折可知,洪武二年中书省臣认为欲使广西无边患,最佳方案是迁诸峒土民到内地。太祖认为:"溪洞蛮僚杂处,其人不知礼义,顺之则服,逆之则变,未可轻动。唯以兵分守要害……俾日渐教化,数年后可为良民,何必迁也"。参见《明史》卷317,"广西土司一。"

一 明朝对藏区传播汉文化的措施

甘、青、川、滇藏族聚居或汉藏等民族杂居区。由于特殊的地理位置,历史上这里是南北文化的交汇区,也是民族文化的交流地,素有民族文化"走廊"之称。特别是汉、藏两大强势文化于此交汇,并有相互争夺"地盘"之势。因而,汉藏民族间的大量友好往来及纠葛、冲突,在此均有显现。明朝建立后,虽然对于如何统御具有特殊历史意义和战略地位的广大藏区,有其统筹部署。但在具体的策略上,于腹地藏区与缘边藏区,其统治方式原本有别。其中,在甘、青、川、滇藏区广置儒学,力兴教化,以期"用夏变夷",就是其差别治策的具体表现。

(一)遍设儒学

以儒家学说教化人民并选贤举能,是自汉以来的历代统治者遵循不二的基本治国思路。关于此,从明朝遍设儒学及选才之制中亦可得到诠释。

明制,选举之法有四:"曰学校、曰科目、曰荐举、曰铨选。……科举必由学校,而学校起家可不由科举。学校有二:曰国学、曰府、州、县学。府、州、县学诸生入国学者,乃可得官,不入者不能得也。"其中,"学校,则储才以应科目"。① 明朝官学体系之完备为以往历代之最,"学校之盛,唐宋以来所不及"。宋代官学体系只延伸至地方府、州级,而明朝则扩展到县。中央有国子监,地方有府、州、县学,基层有社学、书院,宗室有宗学,卫所有卫学,此外还有武学。② 学校遍及社会,官学无所不在。

一般而言,明朝读书人如果想通过科举取得做官资格,首先必须要进入官办的府、州、县学中学习,因为只有在低级学校中达到一定程度以后,才有资格参加乡试,而只有参加乡试,取得举人资格后,才能继续参加会试去求

---

① 《明史》卷69,"志45","选举一"。
② 需要指出的是,明代学校不仅有级别上的差异,还有性质上的不同。一是官学。如国学、府州县学等,由政府出资兴办,派人管理。二是私学。如社学、乡学、里塾、书院等,由政府提倡、民间集资兴办,或全民间筹办。另外,长期以来,史学界对卫所制度流行着一种看法,认为卫所是军事性质的机构,并类推卫学即是武学。实际上,明代的边疆卫所,不仅是一种军事单位,而且大多数情况下还是一种地理单位。这些卫所的作用如同明朝的府州县地方机构。因此,卫学同府州县学一样,属官办地方儒学。

得官职。但是，如果能够进入国子监读书，即使不通过科举考试，也有可能得官。这主要是就官学以选贤之基本职能而言的。实际上，明朝举办官学还有另外一个重要目的，那就是借以实现"教化行而风俗美"。① 如果说国子监主要是培养国家的各级官员，那么，府、州、县的儒学，更多是为"行教化"，其次才是育才。这从明朝开办地方儒学的意图及其有关规定可知。明初儒学建立之先，曾设有儒学提举司，洪武二年(1369)始诏立儒学。同年十月，明太祖下诏："古昔帝王育人材，正风俗，莫先于学校。自胡元入主中国，夷狄腥膻，污染华夏，学校废弛，人纪荡然。加以兵乱以来，人习斗争，鲜知礼义。今朕一统天下，复我中国先王之治，宜大振华风，以兴治教。今虽内设国子监，恐不足以尽延天下之俊秀，其令天下郡县，并建学校，以作养士类"。② 因而，下令："凡天下府、州、县、卫所，皆建儒学"。③

但是，洪武初年所建地方儒学，仅见于十三布政司和两直隶辖区，而于卫所系统辖区建儒学，则相对滞后。史载："行都司儒学，洪武二十三年置，北平始。卫儒学，洪武十七年置，岷州卫。以教武臣子弟，俱设教授一人，训导二人。……其后宣慰、安抚等土官，俱设儒学"。④

为规范地方儒学，明朝对地方儒学的级别、教员配制、学生规模、办学宗旨、开设课程及相关待遇等问题，均有明确规定："府学，设教授一员，秩从九品，训导四员，生员四十人；州学设学正一员，训导三员，生员三十人；县学设教谕一员，训导二员，生员二十人。师生月廪食米人六斗，有司给以鱼肉，学官月俸有差。学者专治一经，以礼、乐、射、御、书、数设科分教，务求实才，顽不率者黜之。"⑤特别是教材范围和学习内容，界定尤详。"所习自《四

---

① 《明太祖实录》卷96，"洪武八年正月丁亥"条。何谓"教化"，《说文解字》中有：教乃"上所施，下所效也"；化即"教行也"。可知，"教化"包含了双重意义：一是授民智，即普及文化；二是教民化俗，即普及统治者所认同的伦理道德。明太祖所要达到的"教化行而风俗美"，就是要通过对子民的教化以敦民化俗。

② 《明太祖实录》卷46，"洪武二年十月辛卯"条。

③ 《明史》卷69，"志45"，"选举一"。

④ 《明史》卷75，"志51"，"职官四"。

⑤ 《明太祖实录》卷46，"洪武二年十月辛卯"条。

子》本经外,兼及刘向《说苑》及律令、书、数、《御制大诰》。"①与此相应,科考一依"四子书及《易》、《书》、《诗》、《春秋》、《礼记》五经命题试士"。② 其中,《孟子节文》为太祖时所删定,其余如《四书大全》、《五经大全》,都是永乐朝刊定的。这里面既有儒家思想教化的书籍,也有为生员日后步入仕途而必须掌握的知识。

至于明朝在藏地何时兴建儒学,虽有洪武十七年(1384)置岷州卫儒学的记载,但这主要是应教武臣子弟之需。而以教化藏地土司子弟之儒学,囿于文献记载,无可详考。目前只有两条材料可大致推断,一是洪武十五年(1382),西南平定不久,四川普定军民府知府者额进京朝拜,明太祖特谕之曰:"令尔既还,当谕诸酋长,凡有子弟皆令入国学受业,使知君臣父子之道、礼乐教化之事,他日学成而归,可以变其土俗同于中国,岂不美哉"!③以此事实可知,明最高决策者已将边疆土司子弟的儒学教化纳入其议事日程;二是洪武二十八年(1395)六月,太祖申谕礼部:"其云南、四川边夷土官,皆设儒学,选其子孙弟侄之俊秀者以教之。"④明朝在西南、西北藏区的统治权的稳固建立,是在洪武中期之后,对于各级土官子弟的教化,到此时才有可能列入正式的管理程序。因而,明朝在藏区兴办儒学的开始时间,最早与西南其他接近藏区的民族地区同步,大致是可以成立的。

明朝在缘边藏区设有多少儒学,明代正史中记述相当简略,难以详述。据已故学者谭英华先生考证,大致情况如下表:⑤

表二　明朝甘、青、川、滇藏区儒学建置表

学　名	建置时间	学　额	备　注
狄道州学	洪武五年		崇祯四年重建
超然学院	嘉靖三十一年		杨继盛谪狄道时建

① 《明史》卷69,"志45","选举一"。
② 《明史》卷70,"志46","选举二"。
③ 《明太祖实录》卷150,"洪武十五年十一月甲戌"条。
④ 《明太祖实录》卷239,"洪武二十八年六月壬申"条。
⑤ 谭英华:《明代对藏关系考》(初稿),第三册,四川民族调查组复制,手抄稿,第35—36页。

续表

学　名	建置时间	学　额	备　注
伏羌县学	天启七年	十五名	
西和县学	洪武中	八名	
文县学	弘治三年		
河州卫学	洪武七年		
岷州卫学①	洪武十一年	八名	洪武十一年指挥马烨建学于西营；弘治十三年，副使张泰移建城中卫北。
肃州卫学	成化三年	十二名	
高台县学	嘉靖二十三年	十五名	旧所学
甘州府学	洪武二十八年		
山丹县学	正统五年	十二名	
凉州府学	正统中	十二名	
永昌县学	宣德中	十二名	
西宁府学	宣德三年	十二名	
茂州学	宣德八年	八名	旧卫学
汶川县学	嘉靖二年	八名	
松潘卫学	景泰三年		
杂谷所学	洪武中		旧保县
龙安府学②	隆庆中重建		宋时初建
平武县学	万历中		
雅州府学	洪武中		
名山县学	洪武中		
荥经县学	洪武中		

表中可见，地域上明朝在藏区所设儒学还基本上局限于归附中原王朝

---

① 据《明宣宗实录》卷7，"宣德十年七月甲戌"条载：岷州卫经历许矗丁父忧，"番民罗仲海等146人，生员刘牧等103人，各保矗莅事公勤，修举学校，民甚怀之，乞仍留任事"。可见，岷州卫学在宣德时已建，但其他史书中无详载。

② 宣德六年（1431）有四川龙州府儒学训导田琼向朝廷建言驭松潘"蛮"议。由是可知，龙州儒学在明初已建立。

较早、受汉文化影响较深的汉藏等民族杂居地域。从建置时间上看,各地之先后极不划一,几与明王朝相始终。

明朝在藏区所设儒学,在教学管理与教学内容方面,基本上与内地府、州、县学一致。如宣德三年(1428),都督史昭在西宁城东北隅创设西宁卫学,设儒学教授一员、训导一员。① 在岷州置文庙、师儒、教授、训导等机构,加强对学校的管理。同时,还给岷州儒学颁发《五经大全》、《五伦书》、《礼书大全》、《四书大全》等书籍,副使王云凤专门建崇阁,收藏这些教科书。② 并规定,教学以"四书"、"五经"为主,③ 兼习刘向《说苑》、律令、书、数、御制大诰等,学生须专习一经,并按礼、射、书、数四科分教,每月一次月考,由教官主持,作为教学检查。

此外,与元、清二朝一样,明朝的地方最基层学校并不是县、卫儒学,而是社学。洪武八年(1375),诏"有司立社学,延师儒以教民间子弟,庶可导民善俗"。④ 民间子弟凡十五岁以下者,均可入学就读,习冠、婚、丧、祭之礼及经史历算,并兼习"御制大诰"和本朝律令。明朝在沿边藏区设府、州、县、卫儒学的同时,也遍立社学。如西宁卫就建两所社学,"一在城内,一在碾伯川。旧为察院,成化十四年都御史徐廷璋该建"。⑤

(二)注重藏区土官子弟的儒学教育

元明交替后,明朝对藏区的统治主要还是依靠当地僧俗地方势力首领来完成的,如所置土司、卫所的官员多是前元故旧或新兴地方力量,即所谓:"洪武初,西南夷来归者,即用原官授之",又"因其疆域,参唐制,分析种落"。明朝虽要求这些土官尽其政治责任,并按完成情况和对中央政府的

---

① (清)苏铣:《西宁志》卷2,"建置志·学校",青海人民出版社,1993年版;《明史》卷174,传62,"史昭传"上说:"仁宗立,进都督佥事。上言西宁风俗鄙悍,请设学校如中土,报可"。

② 桑杰:《简述明朝对岷州藏区的治理》,载《甘肃民族研究》,1992年第2—3期。

③ 如在河州卫,朝廷颁赐的教科书有:"《为善阴骘》五册,《性理大全》三十册,《周易大全》十二册,《书经大全》一十册,《诗经大全》十二册,《春秋大全》十八册,《礼记大全》十八册,《五伦书》五十八册,《资治通鉴》十七册,《诸司职掌》二册,《彰善瘅恶》二册"。参见嘉靖《河州志》卷2,"典礼志"。

④ 《明会典》卷78,"社学"。

⑤ 苏铣:《西宁志》卷2,"建置志",青海人民出版社,1993年版,第150页。

忠诚程度评定奖惩升降,但是这些仅是一种外在的带有强制性的措施。如何才能使世官及子孙们自觉地接受中原之政治制度及礼教文化,以汉文化之"礼义"教化其属从,实现由单纯的政治统治的一体化向政治、经济、文化等多方面一体化转变,乃是包括明王朝在内的受汉族文化影响甚深的中原封建统治者极为关注的问题。在建立"大一统"天下思想指导下,积极推进世官子女为对象的儒学教育,即是实现边疆与内地"一统"的基本步骤和重要手段。

以中原文化熏陶少数民族世官子弟,唐朝统治者即曾采用。唐玄宗开元三年(715)十二月,"蕃客入朝,并引向国子监令观礼教"。① 即让来朝的边疆少数民族世官使团进入国子监参观,使之接受中原文化的洗礼和感化,并向羁縻府州赠送儒学经典等。② 但是,唐朝期待的是少数民族的自发或自动归化。明王朝建立之后,为使各级土司子弟树立儒家思想,懂得为臣尽忠,为子尽孝,老幼有序,兄友弟恭,内睦亲族,外合乡里的封建道德,并造就一批忠诚于中央朝廷的后备之才,因而对土司子弟的儒化教育带有一定的强制性。

为了实施并强化对包括藏区在内的边疆地区土官子弟的儒化教育,自明太祖开始就把弘扬儒学作为巩固边疆长治久安之策,提出"治国以教化为先,教化以学校为本"的方针,规定土官子弟必须入国学受业,使"知君臣父子之道,礼乐教化之事",使"土俗同于中国",并相继采取一系列措施。

1. 土司子弟可享受入国子监的优待。明制,入学有特恩、岁贡、选贡三途。明初为了笼络归附土司,给予派遣子弟入国学的特殊照顾。洪武十五年(1382),太祖命谕四川普定军民府知府者额及其部众,"有子弟皆令入国学"。③ 又十七年(1384),为鼓励"四夷酋长遣子弟入国学",④增扩国子监规模。永乐二年(1404)天全六番招讨使高敬让来朝,"遣其子虎入国子学,

---

① (宋)宋敏求:《唐大诏令集》卷128,"令蕃客国子监观礼教诏",商务印书馆,1959年版。
② (宋)王溥:《唐会要》卷36,上海古籍出版社,1991年版。
③ 《明太祖实录》卷150,"洪武十五年十一月甲戌"条。
④ 《明太祖实录》卷161,"洪武十七年四月庚寅"条。

赐虎衣衾等物"。① 成化四年(1468),令"土官学,照州学例,三年贡二人"。② 弘治十三年(1500),明廷又重申此例。此外,这些赴京入学的土司子弟除应完成国子监的规定学业外,还兼负"观光上国"的使命。③

2. 在土司辖区设立儒学,让土官子弟就近接受儒化教育。国子学容纳生员有限,明廷遂仿"府州县学"例,在土司辖地广建儒学。洪武二十八年(1395),谕令四川、云南边夷土官、设儒学,"其后宣慰、安抚等土官,俱设儒学"。④

3. 强制土司子弟入学。为了使土司能逐渐符合封建政治规范,忠心为明廷效力,明廷作出了土司子弟袭职前必须入学接受儒学教育的规定。弘治十六年(1503)下令:"以后土官应袭子弟,悉令入学,渐染风化,以格顽冥。如不入学者,不准承袭。"⑤

4. 奖励土官子弟入学,并准许其参加科举考试。⑥ 明廷为"广贤路以资任使",从中央到地方对土官子弟入学采取奖励政策。如准山丹、凉州、庄浪、西宁等地儒学生员,如府州县学例,"定拟廪膳生员月给廪米五斗,科举外挨次岁贡出身"。⑦

二 古代中国的华夷观与明统治者"用夏变夷"的民族文化政策

借儒家文化熏染边疆少数民族,是自汉以来的历代统治者惯用的治边策略。其缘由在于,古代中国划分"华夏"与"蛮夷"的标准,很大程度上是基于文明形态的不同。为此,有研究者特别指出,古代中国"多民族统一国家的形式之所以能够超越时间和空间不断发展,就是因为它在处理民族问题上,表现出一种文化主义的倾向。"⑧而这种"文化主义"的倾

① 《明史》卷311,"传199","四川土司一"。
② 《明会典》卷77,"礼部35","贡举·岁贡"。
③ 毛奇龄:《蛮司合志》卷2,"贵州一",西河合集本。
④ 《明史》卷75,"志51","儒学"。
⑤ 《明史》卷310,"传198","湖广土司"。
⑥ 参见吴永章:《中国土司制度渊源与发展史》,四川人民出版社,1998年版,第198—203页。
⑦ 《明宪宗实录》卷29,"成化二年四月戊辰"条。
⑧ 王柯:《民族与国家,中国多民族统一国家思想的系谱》,中国社会科学出版社,2001年版,第272页。

向,①突出地体现在"华夏"与"夷狄"之别,是以人们的生产、生活方式以及以此为基础形成的行动方式、价值观为代表的文明方式作为区分标准。相比之下,人种的区别、地域的差异则显得无足轻重。以文明方式动态地区别民族共同体的意义在于,民族的属性是可变的,而决定其变化方向的关键因素又在于受何种文化的熏陶。质言之,如果"蛮、夷、戎、狄"接受了"华夏"的文明方式,"夷狄也进至于爵",反之,则"中国也新夷狄"。② 即随着文化认同的变化,个体或共同体均可从夷变为夏,亦可从夏变为夷。

中原民族与周边少数民族间政治、经济与文化交流,民族间的融合,无疑是促进"华夏"与"四夷"相互转换的主要力量。在中国历史上主宰中原政权的民族,特别是汉族王朝的统治者,通过政治制度的中华王朝化,文化制度的儒学化,经济形式上的农业化和社会组织上的地缘化,使许多非汉民族集团自觉或不自觉随之汉化。对此,尽管我们可以用现代人的思想观念批评中原王朝统治者在文化包容气量上不够大度,但也需看到此种驭边手段的确对维护国家的统一,驱动边疆地方实力集团靠近中央政府起到了十分重要的作用。因而,以儒家文化"染化"、"改造"周边少数民族,是历代以汉族为统治民族古代中原王朝实现"大一统"的一种重要手段。事实上,正是运用此种手段,他们大多成功地将许多少数民族集团置于自己的势力范围之内,而对于没有接受中原文明的少数民族地方实力集团则实行间接的统治。当对方接受了中原文明,也就是人民成为"汉"人之时,即对之实行直接统治。实际上,明朝之所以在缘边藏区强力推行儒学化教育,亦正是基于这种考虑。

(一)"用夏变夷"的根本手段:汉文化的渗透

用中原文明"改造"边疆的驭边传统,应该说被明朝统治者完整地承袭

---

① 这种"文化主义的倾向"就是所谓的"用夏变夷",即以儒家文化改造"夷狄"的思想。这在《孟子·滕文公上》已有所表现,而在东汉何休所著的《春秋公羊传解诂》中则显示出该理论的成熟。该理论之义主要包含有两方面:一是用先进的华夏文化去感化和影响中原以外的文化相对落后的民族;二是"华夏"与"夷狄"之别,不在族类和地域的不同,而在于是否接受华夏先进的"礼治"。

② 何休:《春秋公羊传解诂》昭公十三年、二十三年。

下来,并做了充分的发挥。关于此,我们可以从有明之初统治者对主流文化的选择、治国治边的基本思路清晰可见。

首先,"宗朱子之学",彰显儒家学说的教化功能。以汉族为统治集团主体的明王朝取代了蒙元主政中原后,尤为重视儒家文化对国民的道德教化功用。在意识形态上,一个非常重要的举措就是大力崇扬程朱理学,使以程朱理学为代表的儒家之学,更加凸显其作为教化力量的正统性。即在明朝肇建之初,太祖就宣布明教化以行先圣之道,并令国子祭酒许存仁"一宗朱子之学",①以之奠定程朱理学作为统治哲学的地位。

与此同时,极力渲染蒙古人主政中原导致礼法不立,以及重振"纲常"的迫切性。开国之初,朱元璋发布檄文说:"自古帝王临御天下,中国居内,以制夷狄;夷狄居外,以奉中国,未闻以夷狄居中国治天下者也"。而且进一步抨击蒙元统治时代"废坏纲常"的种种罪状,如先王衣冠礼义之教混为夷狄,"父子君臣夫妇长幼之伦渎乱"。② 特别是对于当时蒙古族地区流行的娱尸、火葬习俗,认为严重违背儒家伦理道德。于洪武元年(1368)十二月,"诏中书省令礼官定官民丧服之制",而且,于洪武三年(1370)六月谕礼部令民间修义塚,严厉禁止本不源于蒙古族而严重违背儒家伦理的火葬。③有鉴于此,明太祖朱元璋强调建国之初,当务之急是要"当先立纪纲",以便重整国民的"教化"。他说"礼法,国之纪纲。礼法立,则人志定,上下安。建国之初,此为先务"。并认为元朝天下大乱和群雄覆灭的原因就是纪纲不立,"元氏昏乱,纪纲不立,主荒臣专,威福下移,由是法度不行,人心涣散,遂致天下骚乱"。又说:"吾昔起兵濠梁,见当时主将皆无礼法,恣情任私,纵为暴乱,不知驭下之道,是以卒至于亡"。④ 为此,明太祖认为建国之始礼典和律令的修纂应为工作的重心。史载,"明太祖初定天下,他务未遑,首开礼、乐二局,广征耆儒,分曹究讨",⑤又命中书省定律令。因为礼与

① 宋濂:《洪武圣政记》,"定民志第六"。
② 《明太祖实录》卷26,"吴元年冬十月丙寅"条。
③ 许振兴:《简论朱元璋建国后对蒙古民族的政策》,载《民族研究》,1988 年第 4 期。
④ 《明太祖实录》卷14,"甲辰春正月戊辰"条。
⑤ 《明史》卷47,"礼一"。

法作为"国之纪纲",其本质和作用是相同的,均是一个"防"字。[①] 只不过二者在"防"的层面上有所不同,刑罚可使臣民革面("免而无耻"),而儒学的道德教化,则可以使臣民革心("有耻且格")。

其次,如何才能保证对国民的"教化"呢? 明太祖认为,"治国以教化为先,教化以学校为本",因而自明初即在全国范围内恢复和遍建学校,于京城设国子监,在地方设府州县学及社学、书院,同时推行申明亭、祭城隍、祭厉、乡饮酒礼等有关教化的举措。[②] 其中,广设官学,力倡儒学教育,可谓最具代表性。朱元璋在总结汉、唐等盛世成功统治的经验时,非常明确地指出"昔帝王育人才,正风俗,莫先于学校"[③],强调"治国之要,教化为先;教化之道,学校为本。……宜令郡县皆立学,礼延师儒,教授生徒以讲论圣道,使人日渐风化,以复先王之旧,革污染之习,此最急务,当速行之"。[④] 为此,特地颁布《农桑学校诏》,以促使朝野对之重视。"农桑,衣食之本;学校,道理之源"。而且,下令有司将是否着力办学纳入地方官政绩考核之中,特别申令各地方官"敢有无农桑、学校者,论拟违制,杖降罚,历三年后,注以吏事出身"。[⑤] 从而将"农桑"与"学校",即发展农业生产与文化教育放到第一要务的地位,视为"治国之要"。后继者成祖也屡次申明:"学校,育材之地,必加意劝勉。"[⑥]明宣宗也亲自御批:"夫一郡一邑,其地环千里百里,其民以千万计,而付之过令者,欲其教养之而已。教养之道,农桑、学校而已。农桑之业修,则民足于衣食而遂其生;学校之政举,则民习于礼义而全其性,如是足以为善治矣"![⑦]

在有明历代统治者的重视下,明代学校可谓盛况空前,不仅"国初,两京及中都,俱设国子监,天下府州县,俱设儒学,而都司卫所亦有设学者"。[⑧]

① 罗冬阳:《明太祖礼法之治研究》,高等教育出版社,1998 年版,第 6 页。
② 有关明朝推行申明亭、祭城隍、祭厉、乡饮酒礼等措施的原因、具体办法,可参见罗冬阳著《明太祖礼法之治研究》的相关章节。
③ 《明太祖实录》卷 46,"洪武二年冬十月辛卯"条。
④ 黄佐:《南雍志》卷 1。
⑤ 《明太祖文集》卷 1,影印文渊阁《四库全书》集部 162、别集类,台湾商务印书馆本。
⑥ 《明太宗实录》卷 194,"永乐十五年十一月癸酉"条。
⑦ 徐继登:《典故纪闻》卷 9,中华书局,2006 年版。
⑧ 《明会典》卷 78,"礼部 36","学校"。

之后"天下府、州、县、卫所,皆设儒学",而且,"无人不纳之教,庠声序音,重规叠矩,无间于下邑荒徼"。为此,清人修《明史》时赞称:明之学校"唐、宋以来所不及"。①

最后,对于国内少数民族,又如何进行"教化"呢? 在明统治者看来,首先必须解决认识上的问题,即摒弃"夷狄同夫禽兽","不可以仁义教之"的传统陈腐观念,认为"夷狄"若"能遵声教",是可以"从化"的。② 为此明太祖从两方面予以论证,一是"蛮夷之人,性习虽殊,然其好生恶死之心,未尝不同,若抚之以安静,待之以诚意,谕之以道理,彼岂有不从化者哉?"③二是人之区别在于是否受儒家伦理道德的"教化"。他举例说:"越与鲁相去甚远,使越人而居鲁久,则必鲁矣;鲁人而居越久,则必越矣。非人性有鲁越之异,风俗所移然也。"④而且,他进一步强调一国一地是否达到致治,关键在是否有善俗。即所谓"致治在于善俗,善俗本于教化",若"教化行,虽闾阎可使为君子";反之,"即中材或坠于小人"。⑤ "夷狄"之人之所以叛服无常,主要原因就是教化不行,"其人不知礼义",只要"日渐教化,则不为非"。⑥ 因此,明太祖朱元璋在称帝当年就这样描绘他理想中的天下:"朕惟武功以定天下,文教以化远人,此古先哲王威德并施,遐迩咸服者也。"⑦

明朝以"武功"或以武力为后盾平定边疆民族地区后,随着统治的深入,为实施"文教"治边,一方面,命令国子监官员切实负责好边夷"土官各遣子弟来朝求入太学"事宜;⑧另一方面,各边夷地区,皆设儒学。洪武二十八年(1395)下诏:"边夷土官皆世袭其职,鲜知礼义,治之则激,纵之则玩,

① 《明史》卷69,"选举一"。
② 《明太祖实录》卷188,"洪武二十一年二月庚申"条。
③ 《明太祖实录》卷36,"洪武元年十一月丙午"条。
④ 《明实录》附录《明太祖宝训》卷2,"洪武十七年十一月庚午"条。
⑤ 《明太祖实录》卷98,"洪武八年三月戊辰"条。
⑥ 《明太祖实录》卷43,"洪武二年六月丁未"条。
⑦ 《明太祖实录》卷34,"洪武元年八月戊寅"条。
⑧ 《明实录》附录《明太祖宝训》卷2,"洪武二十三年五月己酉"条。是时因贵州宣慰使司并所属宣抚司官各遣其子弟来朝并请入太学事,太祖特令国子监官员说:"移风善俗,礼为之本;敷训导民,教为之先。故礼教明于朝廷,而后风化达于四海。今西南夷土官各遣子弟来朝求入太学,因其慕义特允其请耳,尔等善为训教,俾有成就,庶不负远人慕学之心。"

不预教之，何由能化？其云南、四川边夷土官，皆设儒学，选其子孙、弟侄之俊秀者以教之，使之知君臣父子之义，而无悖礼争斗之事，亦安边之道也。"①明朝如此重视边夷土官子孙弟侄的"礼义"，可见明朝统治者已远不满足于一般性的文化输出。明太祖的"夷狄"儒化蓝图，不仅为后继者所遵循，而且逐步将教化政策制度化。孝宗时规定："以后土官应袭子弟，悉令入学，渐染风化，以格顽冥。如不入学者，不准承袭。"②嘉靖年间重申："土官应袭，三十以下者得入学习礼，不由儒学者不得起送承袭。"③

而对于那些尚不具备开办儒学条件的"生番"区，明廷则通过赠送儒家典籍的形式促成当地土官学习汉文化。在此之下以致出现如董卜韩胡宣慰司土酋主动求取儒学典籍的局面。史载，董卜韩胡宣慰司向四川巡抚李匡献礼时求《御制大诰》、《周易》、《尚书》、《毛诗》、《小学》、《方舆胜览》、《成都记》诸书。"匡闻之于朝，因言：唐时吐蕃求《毛诗》、《春秋》。于休烈谓，予之以书，使知权谋，愈生变诈，非中国之利。裴光廷谓，吐蕃久叛新服，因其有请，赐以《诗》、《书》，俾渐陶声教，化流无外。休烈徒知书有权略变诈，不知忠信礼义皆从书出。明皇从之。今兹所求，臣以为予之便。不然彼因贡市之书肆，甚不为难。惟《方舆胜览》、《成都记》，行胜关塞所具，不可概予。帝如其言。"④

明朝在民族地区普及儒学教育，其意图时人说得十分明白。明西宁卫兵备副使李经在《西宁卫学重修记》中有："天下国家之事，皆有关于士也。故古之明主，自王宫国都以及闾巷，莫不有学，其所学者，亦自有道。是以风俗大同，礼乐具举。人材彬彬以出，自足以供一代之用。"⑤又，成化二年(1466)四月，巡抚甘肃右佥都御史徐廷章奏"边方事宜"，其中有："设学校以训边氓。肃州卫所俗杂，羌夷人性悍梗，往往动触宪纲，盖由未设学校以教之故也。请如山丹等卫例，开设儒学，除授教官就于军中选其俊秀余丁以

① 《明太祖实录》卷239，"洪武二十八年六月壬申"条。
② 《明史》卷310，"传198"，"湖广土司"。
③ 《明世宗实录》卷20，"嘉靖元年十一月己未"条。
④ 《明史》卷331，"传219"，"西域三"。
⑤ (清)苏铣：《西宁志》卷7，"艺文考"，青海人民出版社，1993年版，第260页。

充生员及各官弟男子侄俱令送学读书。果有成效,许令科贡出身。其余纵不能一一成才,然亦足以变其性习。不数年间礼让兴行,风俗淳美矣"。①

从这些表述可见,明朝之所以如此重视藏地儒学建设,其最终目的无外乎两方面:

一是所谓的"善俗"。洪武十五年(1383),明太祖劝诫朝贡土司:"今尔既还,当谕诸酋长,凡有子弟,皆令入国学受业,使知君臣父子之道,礼乐教化之事。他日学成而归,可以变其土俗同于中国。"②以期通过土司子弟入太学,达到移风善俗,风化达于四海之目的。但是,这种"善俗"面太窄,所以需在边疆少数民族地区的府州县和卫所等基层地方建立儒学,尽可能让更多的普通民众子弟有机会接受儒学教育,扩大受教育面,以更大范围内变"夷"习性,淳风俗。

二是培养忠诚于朝廷的人才,"以供一代之用"。鼓励和强制世官子弟接受儒学教育,其效应正如日本学者菊地秀明论述中国古代中央王朝对少数民族地区推行儒化教育及开科取士时指出:在参加科举考试的异族人士中,既有试图捕捉汉族社会的特征,用儒教来规范和调整中华王朝授予的政治权威之人;也有为了强化其不安定的政治基盘之人;还有为了获得对汉族的政治权威之人;有以科举制度所赋予的政治权威为武器,学习对地域社会加强影响力的汉族移民的战略,最大限度地获取个人利益者之人;以儒教素养为资本,将汉化后的世系合并作为主导者有之。尽管各自的动机各不一致,但他们都是以科举为基础,在开始走向官场的同时自主地走向汉化的。③

边疆少数民族土官通过对儒家经典的学习,随着文化知识水平的提高,可能如唐代朝吏所言使这些未来的少数民族领袖人物"知权谋,愈生变诈",更难对付。但他们熟悉封建礼教后,便知君臣之礼,上下之仪,即所谓"忠信礼义皆从书出",并使他们辖地内的臣民在意识形态、道德观念乃至

---

① 《明宪宗实录》卷29,"成化二年四月戊辰"条。
② 《明太祖实录》卷150,"洪武十五年十一月甲戌"条。
③ 王柯:《民族与国家—中国多民族统一国家的思想系谱》,中国社会科学出版社,2001 年版,第 149 页。

民风民俗上渐与内地趋于一致,树立忠于封建王朝的一统观念,也就更有利于国家的统一。

从明朝在缘边藏区所推行儒化教育的具体措施看,也正是依照上述目标,按此步骤,有条不紊地展开的。

(三)"用夏变夷"的辅助措施:汉夷相杂

历史上各民族地区之间的人口互动,是中国多民族之间文化传播的重要渠道之一。这种民族间不同价值观念与多元文化的碰撞与磨合,不仅加速了各民族间的融合,而且,也有利于生产力和社会经济的发展。在民族间人口互动的各种形式中,政治移民无疑占有较大的比重。统治者之所以非常用心政治移民,其意图虽有政治统治、军事防御、经济开发等多方面考虑,但是,通过移民边疆,汉夷杂居,潜移默化影响少数民族,达到汉文化的移植,进而实现少数民族的汉化,中华文化之一统,这也是各朝统治者意欲实现的重要目标。

明初政府将投降的蒙古人分散到各地,与其他民族杂居。把纳哈出所属蒙古军队,"分隶云南、两广、福建各司处",①使大批蒙古人迁入塞内。这一举措虽有分散蒙古力量之意,但是也有使这些蒙古人"与吾中国之民,里甲相杂,以染化之"的目的。② 即使他们同众多的汉人一起从事生产劳动,互相通婚,接受儒家文化教育,"以染化之"。而对于藏族,明廷一开始就定下以"抚"为主的统治策略,因而没有迁藏族于内地的历史记载。但在缘边藏区,明朝迁移了大量汉族入居,在那里"安插新旧家丁",同当地藏族"以成犬牙相制之势,置族长以施教化,立保甲以便稽查战守"。③

明朝迁内地汉人至缘边藏区的主要方式有:

1. 军屯移民。明朝建立后便对元之兵制作了较大的改革,在管理体制上中央领于五军都督府,地方隶于都司卫所,以分驻全国各地,担当镇守地方和保卫边疆之责。《明史·兵志》说:"明以武功定天下,革元旧制,自京

---

① 方孔炤:《全边略记》卷10,国立北平图书馆藏本。
② 《明经世文编》卷48,"彭刘二公奏疏"。
③ 《明神宗实录》卷204,"万历十六年十月戊子"条。

师达于郡县,皆立卫所。外统之都司,内统于五军都督府"。①《明史·兵志》载:"天下既定,度要害地,系一郡者设所,连郡者设卫。大率五千六百人为卫,千一百二十人为千户所,百十有二人为百户所。所设总旗二,小旗十,大小联比成军。"②而明之卫所兵制又有这样一些特点:"军皆世籍",父子相承,不得随意变动;驻地固定,非朝廷有令,不能换防;且屯且守,家眷随军落户,不许逃亡,如户绝,到原籍勾补。如此之军制,使得进驻边疆卫所的军队,变相成为以军屯形式的移民。

以军屯形式移民甘、青、川藏区,明初最为集中。明朝在抚定甘、青、川藏区后遍设军事卫所,并在这些卫所辖区实行军政合一,既管兵又治民,卫所实际上已担当起地方基本行政单位的职责。同时,这些军事卫所又不同于羁縻卫所,管理体制上行"土流参治"之法,即以流为主土为之佐,并"置戍屯兵"。③ 因而,卫所中的军丁和军户主要是汉族。

甘、青、川藏区的汉族军户,一如明朝兵制。其来源有三:

一是从征留戍。这部分为汉族移民主体。所谓"从征者,诸将所部兵,既定其地,因以留戍"。④ 当时按制每卫兵额定制5600人,即有5600军户。如明初邓愈、沐英、冯胜、耿炳文、丁玉等将领率部戡定所向后,跟随到此的军士及家眷便留戍驻扎。洪武二年(1369),元将李思齐降明,明朝在洮岷的统治权确立。洪武十二年(1479)洮州十八族反叛,征西将军沐英率奉国将军金朝兴等部平乱,事平,筑城东笼山,设卫戍守。金朝兴封宣德侯,其弟鼎兴、建兴俱授卫指挥使,金氏部从家眷俱迁该地。⑤ 永乐元年(1403),李达部镇守洮州,抚安军民,招番纳贡。修城池,建卫学,"奠洮岷边民乐业之基"。金、李二家,均成后世洮州望族。⑥

二是"谪罪戍边者"。如洪武二十九年(1396)"诏发安东、沈阳各卫恩

---

① 《明史》卷89,"志65","兵一"。
② 《明史》卷90,"志66","兵二·卫所"。
③ 《明神宗实录》卷167,"万历十三年十月甲申"条。
④ 《春明梦余录》卷43,上海古籍出版社,1993年版。
⑤ 《明史》卷131,"传19","金朝兴传"。
⑥ 光绪《洮州志》卷10,"职官·名宦"。

军三千六百余人往戍甘肃,人赐钞五锭"。① 所谓恩军,即"以罪谪充军者"。据载,被谪发到甘青的军户有来自山西、河南、山东、陕西、直隶、安东等府州县者,②也有来自南京、江淮等地者。③

三是垛集。今黄河南贵德等地,永乐四年(1406),河州卫指挥使刘钊奏调中左千户一所约1100人到贵德屯田,共开十屯。④ 即今贵德的王、刘、周三屯,今尖扎的康、杨、李三屯,今同仁的季、吴、脱、李四屯。十屯兵士,皆由内地调入。⑤ 至今吴屯人之习俗、服饰、语言等仍可见历史的流风余韵。⑥

2. 民屯移民。明朝从内地政治移民于藏区,除军屯外,别有民屯。即《明史·食货志一》载："屯田之制,曰军屯、曰民屯。其制,移民就宽乡,或召募或罪徒者为民屯,皆领之有司。而军屯领之卫所"。即由政府从内地或人口稠密地区移民、招募、征丁或流放者到藏地开垦屯种。这些民屯户往往与军屯户相伴随,参错而居。史载洪武十一年(1378),曹国公李文忠奉诏建岷州卫,迁陕西岐山县民居之,名之曰"样民"。他又招民垦荒,及成熟开科,听其报官登册。⑦

至于明代移内地汉族入藏区垦发的规模有多大,史无详尽记载。就兵屯人数而言,以西宁卫为例,洪武时军户人口六万多人,至嘉靖、万历时达十五万余人。⑧ 这些军户驻息繁衍,后世诸大姓,多为明初都督金事、千户、百户等将士之后。如赵氏,原籍安徽凤阳,永乐元年(1403)平叛有功,次年奉旨以"掌印正千户留洮"。包氏,原籍福建上杭县,"明初以武功授指挥千户世职,封武德将军,管理屯军,隶洮州卫"。⑨ 又如西宁日月山下之哈城,东

---

① 《明太祖实录》卷244,"洪武二十九年二月乙巳"条。

② 《明会典》卷19,"户口"。

③ 秦永章：《甘宁青地区多民族史格局形成史研究》,民族出版社,2005年版,第149页。

④ (清)《循化志》卷4,"族寨工屯",载张羽新主编：《中国西藏及甘青川滇藏区方志汇编》第35册,学苑出版社,2003年版。

⑤ (清)《循化志》卷4,"族寨工屯",载张羽新主编：《中国西藏及甘青川滇藏区方志汇编》第35册,学苑出版社,2003年版。

⑥ 秦永章：《甘宁青地区多民族格局形成史研究》,民族出版社,2005年版,第149—150页。

⑦ 李安宅：《川甘数县边民分布》,载《新西北》卷5,第456期。

⑧ 芈一之：《青海汉族的来源、变化和发展》,载《青海民族研究》,1996年第3期。

⑨ 王树民：《陇岷日记》,载《责善半月刊》卷1,第1期。

南山阜有古营盘,明刘都统屯兵数千。刘部驻守后,遂成村落,与当地民族通婚,其遗民尚众。可见通过兵屯移民入藏区的人数规模不小。民屯移民入藏区之规模与移民分布情况,就著者所及,尚无明确文献记载。民国时期学者的实地考察证明,河湟、岷洮地区的汉族大多原籍南京。如洮州汉族,均称其祖籍在应天府,民谣有"你从那里来,我从南京来"之句。据当时研究者调查,当地服饰仍有明代遗风,祀常玉春为龙神(名曰常爷)。[1] 其居室无天井、东房。称之为南京式。[2] 西宁汉族,亦有称其籍贯在南京者。[3]

明朝通过政府移民到藏区这样的边疆地区。从表面看,朝廷向边疆移民着眼于军事上立卫所屯戍,附带分流中原人口,缓解人地矛盾。大量汉族人口留居边疆,给这些地区注入了新的活力并使其经济社会发生很大的变化。那些汉族"属于上层者,有汉人土官。其先大都作邦作邑,遗泽在人。或拓土启疆,自相雄长,亦世相传,遂为土民大姓。受封于前代者,有龙州、阳地隘……黑水、松坪、沙坝、寒水等土官。兴于明代者,有沈边周土司、西宁陈土司等,不克逐举。诸土官族裔久居边地,多与边民互通婚媾,种姓遂以混合。此种混血种汉人挟其高度文化与乎政治经济上之优势扩张发展,自易为力。其在文化上之领导地位与影响,必非浅微"。[4] 谭先生之评说用语,是否恰当,有商榷之处,但其对明廷移民之影响,大致是讲清楚了。同时,藏地儒学之迅速兴起,亦与这些移民有较大关系。

三 结语——兼评明朝藏区的"用夏变夷"策略

古今中外,民族的征服者出于统治的需要,向被征服地区传输自己的文明、价值观念,其例甚多。元明更迭后,明朝中央政府出于强化藏区统治权

---

① 王树民:《陇岷日记》,又述临潭民歌"正月里来是新年,我的老家在江南,自从来在洮州地,别有天地非人间"。参见《新西北》卷4,第6期。

② 陆后光:《洮州东北乡》,《新西北》卷4,第4期。

③ 顾颉刚:《浪口村随笔·明初西北移民》,载《责善半月刊》卷2。

④ 谭英华:《明代对藏关系考》(初稿),第三册,四川民族调查组复制(手抄稿),第25页。需要指出的是黑水、松坪、沙坝、寒水等土官,并非汉族,谭先生所述有误。

的需要,于明初即向藏区传输汉文化。其传输方式,概括起来有强制性和非强制性两种。前者如规定,"应袭土司子弟,不入学者,不得承袭";后者如广置儒学,鼓励藏族子弟入学,迁移内地汉族,使之与当地"番民"相杂,以染教化。但无论采取哪种形式传输汉文化,其目的都是为了实施"用夏变夷",使藏族人民接受儒家文化,由对文化的内在化,①进至对明王朝统治权的认同,最终实现藏区政治制度、文明形态、价值观的儒化。

明王朝对藏区采取"因俗以治",显示出封建统治对少数民族传统文化及习俗的"尊重"。但是,这种所谓的"尊重"必须建立在"有能知礼义愿为臣民者"前提基础上。② 显然,为了稳定明王朝在民族地区的统治,承认"边夷"民族的文化习俗,仅是一种统治策略上的考虑,而"变其土俗同于中国",才是其理想的"天下"模式。从此角度上讲,明王朝在藏地的儒化举措,其真正用意即在于此。

但是,明王朝在藏地的儒化措施,其客观效果又有诸多积极意义。

第一,传播了文化知识,对开启藏地风气有值得肯定的作用。过去,缘边藏区的教育多由寺庙来承担,其局限性不言而喻。藏地儒学的建立,内地许多饱学之士,投身于边疆民族教育。西北有史昭、徐廷章、王玺、杨继盛,松茂有刘坚、王翱、何卿等,③皆对藏地儒学教育之兴盛,学习汉文化之风气起了较大推动作用。如西北的杨继盛,嘉靖二十六年(1527)登进士,后"贬狄道典史。其地杂番,俗罕知诗书。继盛简子弟秀者百余人,聘三经师教之。鬻所乘马,出妇服装,市田资诸生"。"番民信爱之,呼曰'杨父'。"④万历七年(1579)西宁兵备副使董汉汝,"于各堡创立社学,择其秀出者训之";

---

① 群体或者"一个人的内在化是把他或她听到的,看到的或有意识无意识地考虑到对他们适用的东西都变成自身的一部分"。参见[美]罗纳罗·约翰斯通:《社会中的宗教》,四川人民出版社,1991年版,第75页。

② 关于此,明初朱元璋为了消除降明和被俘的七八十万蒙古军民之异心,提出:"蒙古色目,虽非华夏族类,然同生天地间,有能知礼义愿为臣民者,与中夏之人抚养无异。"参见《全边纪略》卷1。

③ 俱见《明史》各传。

④ 《明史》卷209,"传97","杨继盛传"。

龙膺在任期间,也"殚心社学,修卫志"。致使西宁地区儒学教育呈现普及之势。① 又如松茂之崔哲"以进士调官来威,重建文庙,兴学校,州人相与遣允弟子,员岁增二十余人,番亦闻风归化,大小二姓亦遣子弟入学,与诸生相率唯谨,揖逊从事俎豆、彬彬然、亦有齐鲁之风"。②

又如一些"边地杰出之士,兴学劝善,化导夷邦,以身施教。又圣贤谪戍,流寓远方,其于中土精神文化之传播,自非农商众庶所能及"。③ 土著如茂州沈连,永乐中请设州学,延聘耆儒教导。王风为人刚正孝友,居家端整,教人以躬行为本,告老归乡,士负籍从之。④ 王元正贬官茂州,兴学教化二十余年,多有成就。⑤ 严安,宋濂之侄,随成茂州。其人"博学能文,郡中碑刻多出其手"。⑥ 河州王佐精儒学,与解缙交往甚密,居家遵文公家礼,乡人"风化"。⑦

正是由于明王朝在藏地强力推行"儒化"措施,汉文化在这些地区得到广泛传播,并得到藏族人民的认同,"夷风为之丕变",儒雅成风。⑧ 主动要求学习汉族文化者有之。如董卜韩胡于景泰三年(1452),"求御制大诰、周易、尚书、毛诗、小学、方舆胜览、成都记等书"。⑨ 甘青藏区的一些世官大姓,更是人文蔚起,"朱门相望",其"人材之成就,虽邹鲁无愧"。⑩ 如西宁卫李土司第四代李巩,"喜读书,不事华饰",成化十六年(1480)中举人,次年中进士,"历官尚宝司丞";李巩侄李完,"杜户读书,无间寒暑,闭影公门,人高其节。工古文词……",中嘉靖戊子科乡试,任直隶衡水县知县;⑪七世

---

① (清)《西宁府新志》卷25,"官师表",青海人民出版社,1988年版。
② 同治《理番厅志》卷5,"艺文",刘丙威"正学记"。
③ 谭英华:《明代对藏关系考》(初稿),第三册,四川民族调查组复制(手抄搞),第37页。
④ 嘉庆《四川通志》卷204。
⑤ 《清一统志》卷415,"茂州志·流寓"。
⑥ 《清一统志》卷415,"茂州志·流寓"。
⑦ 乾隆《甘肃通志》卷34。
⑧ (清)《西宁府新志》卷25,"官师表",青海人民出版社,1988年版。
⑨ 《明英宗实录》卷228,"景泰三年七月庚子"条。
⑩ (清)苏铣:《西宁志》卷2,"建置志·学校",青海人民出版社,1993年版,第150页。
⑪ (清)《西宁府新志》卷27,"征献·人物",青海人民出版社,1988年版。

李光先,万历十一年(1583)中武进士,官至锦衣卫大堂。① 而且,这里的一些土司,仿效汉区传统,大修谱谍。② 在此影响之下,"土民举止、言语与内民无大相远,修且文者,亦时有之"。③

值得一提的是,儒学的兴盛也带动了藏地"阴阳"学、医学的兴起。如宣德十年(1435)五月,"设四川都司松潘等处军民指挥司医学,……置医学正科一员",④又正统十三年(1448),"开设陕西岷州卫阴阳、医二学,置正术、正科各一员"。⑤ 在藏地设置天文历算、医学,对藏地普及科技知识、提高人们的医药水平,作用不可小觑,因而,深受藏族人民的欢迎和拥护。四川天全六番招讨高敬让主动向明廷申办医学,即是明证。⑥

第二,汉族移民对藏区汉文化的推广,影响甚大。明朝在缘边藏区建立军事卫所的同时,大规模的"军屯"和移民垦发,其首要目的当然是为了解决军队的粮草供给。但这种"军屯"事实上也是一种有计划、有组织的军事移民。⑦ 这些移民与当地民族"里甲相杂",文化相染,对汉文化的传播、教育的推广和普及产生了极其重要的作用。有学者对明代云南各府举人、进士人数做过统计,得出结论说:"哪个地区的移民数量多,哪个地区文化教育水平就高。"⑧这种情况,实际上也符合藏区汉族移民与教育发展水平之状况。西宁卫建立,汉族人口增多,卫学因之而兴,因之而盛,"轮奂孔饰,规度聿新,宫墙岩岩,廊庑翼翼,而边陲耳目焕然改观",⑨致使该地"军民,

---

① 顺治《李氏世袭宗谱》,转引自王继光:《安多藏区土司家族谱辑录研究》,民族出版社,2000 年版,第 24 页。

② 详见王继光:《安多藏区土司家族谱辑录研究》,民族出版社,2000 年版。

③ 甘肃省岷县志编纂委员会编:《岷州志校注》,1988 年点校本,第 291 页。

④ 《明宣宗实录》卷 5,"宣德十年五月乙亥"条。

⑤ 《明英宗实录》卷 162,"正统十三年春正月癸丑"条。

⑥ 史载,永乐四年(1406)"设四川天全六番招讨司医学。时招讨高敬让言,其地瘴疠,疾病者多,乞开设医学,降印授官。又言土人锺铭谙通医学,乞命为医学官。从之,以铭为典科"。参见《明太宗实录》卷 50,"永乐四年正月甲辰"条。

⑦ 张捷夫:《清代土司制度》,载《清史论丛》第三辑,1982 年版,第 200 页。

⑧ 《明代西南教育的发展及其特点》,载《民大史学》第二辑,第 124 页。

⑨ (清)《西宁府新志》卷 35,"艺文·记",青海人民出版社,1988 年版。据载自西宁卫学兴建后,年久失修,致"日阽于危,风雨罔蔽"。嘉靖癸巳年,李经出任兵备副使奉命饬戎于西宁,重修西宁卫学,"工兴于七月,讫于十月之终",致有该卫学校舍的辉煌。

小大咸喜。土思学,俗思厚,彬彬郁郁,老稚诵于衢巷,农谣于野,商歌于涂"。① 又如四川松茂一带,番民"颇知文书,由于与中国错居故也"。②

移民的到来,不仅带来了内地较为先进的农业生产方式和生产技术,以及丰富的农作物品种,而且改善原有的劳动力素质,在相当程度上改变了当地原有农业经济的落后状况。在此影响之下,使原来以畜牧业为主的甘青川藏区,很快成为一个农业、牧业、商业、手工业等多种经济形式并存的地区。不少当地土著也改变传统的只牧不垦的生产方式,且牧且农,甚至甘青川河谷地带的藏民,到清初已放弃了游牧生活。而且,随着移民的脚步的深入,其文化传统、社会习俗也载入沿边藏区,不同文化在磨合中最终得到融合。民族隔阂在不断淡化,民族融合也达到前所未有的深度和广度。这充分体现在:

(1)民族间互为婚姻的现象增多。如西宁卫一带的少数民族,"所分田土,多鬻民间,与民杂而居,联姻结社,并有不习土语者"。③ 其中,李土司六世孙李崇文不仅自身,且子孙均与汉族为婚。④ 又如"打箭炉……江南、江西、湖广等茶商利彝货,多往焉。其俗女子不嫁,辄招中国商人与之通,谓之:打沙鸪。凡商人与番蛮交易,则此辈主之。商人流客其地多不思归,生女更为沙鸪"。⑤

而且,因受儒家文化的影响,这些地区传统的婚姻观念在不断改变,如兄终妻嫂、弟亡妻娣的事例,明文献中少见,甚至在各方志还有诸多节妇、烈女的记载。

(2)道教在缘边藏区的广泛传播与庙观的遍立。道教是中国历史上最为久远的一种本土宗教,它根植于中国传统文化土壤,并对中华文化的各个层面产生了深远的影响。虽然,道教自东汉形成以来,随着历代中央政权对

---

① (明)康海:"重修西宁卫儒学记",载(清)《西宁府新志》卷35,"艺文",青海人民出版社,1988年版。

② 《明经世文编》卷149,"靖番·蜀番"。

③ (清)《西宁府新志》卷27,"征献·人物",青海人民出版社,1988年版。

④ 顺治《李氏世袭宗谱》,转引自王继光:《安多藏区土司家族谱辑录研究》,民族出版社,2000年版,第34页。

⑤ (清)王世桢:《陇余闻纪》。

这些地区的施政,以及内地汉族的移入,道教已在缘边藏区特别是陇右一带传播。但是,明以前该地区的道教信众还限于汉族。[①] 到明代因大量内地汉族的迁入,他们所信仰的道教不仅在此广泛传播,而且已深深地根植于该地区的宗教文化土壤之中。

表现之一,大量庙观的修建。据已故学者谭英华先生考证,缘边藏区道教庙观不仅分布地域广,且数量大。[②] 兹录于次:

凉州:元真观,洪武二十四年(1391)建;真武庙,正统三年(1438)建。

甘州:东岳庙,永乐七年(1409)建;显应观,正统十年(1445)建。

西宁:广福观,宣德元年(1426)李英建,十年(1435)设道纪司于此,正统、嘉靖时重修。[③]

贵德:元帝观,洪武七年(1376)建。

松潘:东岳庙,万历年间建;玉虚观、赤松观,洪武年间建。

茂州:灵佑宫,嘉靖年间建;无极殿、灵官殿、小东岳庙、三圣庙,修建时间不详。

雅安:宝田观,明初建;元帝观,嘉靖时修。

这些庙观的修建大多得到明廷的支持,其中有庙观在修建竣工后还获得明朝皇帝的赐名。如宣德初,李英在西宁建真武庙,宣宗赐名"广福观"。广福观建立以后,其所在地"雨旸时顺,岁谷累登,边人安居,寇盗屏迹"。[④]

表现之二,佛、道二教和谐相处,甚至呈现出佛、道分治各簇的局面。如松潘地区,史载"松潘等处祁命等簇寨番人杂处,有大、小二姓之分,僧教、道教之别。如国师商巴罗只儿监藏等此道教为小姓,禅师倬领等此僧教为大姓。各有管摄,不相干预"。[⑤] 以致一些藏传佛教寺庙中,也出现道教诸神与佛教诸神共处一堂,共享人间香火的场景。

此外,汉地民间信仰的其他诸神,如土地庙、城隍庙、忠节祠等,也随移

---

① 秦永章:《甘宁青地区多民族格局形成史研究》,民族出版社,2005 年版,第 309 页。
② 谭英华:《明代对藏关系考》(手抄稿),第 3 册,四川民族调查组复制,第 20—21 页。
③ (清)苏铣:《西宁志》卷 2,"建置志",第 158 页。
④ (清)《西宁府新志》卷 35,"艺文","建广福观碑记",青海人民出版社,1988 年版。
⑤ 《明英宗实录》卷 80,"正统六年六月丁丑"条。

民的到来,在甘青川藏区传播与扎根。①

　　总之,随着移民源源不断地到来,正如马克思主义经典作家在论述世界上"过去那种地方的和民族的自给自足和闭关自守状态,被各民族的各方面的互相往来和各方面的互相依赖所代替了。物质的生产是如此,精神的生产也是如此。各民族的精神产品成了公共的财产"。②"各民族的原始封闭状态,……消灭得越是彻底,历史也就越是成为世界历史。"③从这个意义上说,移民与藏区各民族相生相息,对于改变藏区落后的生产、生活方式,且尽力"仿效汉俗",不断扩大华夏民族业已形成的共同文化心理,各民族间的认同感日趋强化,并且这种认同的范围在不断地扩大,对于形成汉藏等民族"四海之内,若一家也"的民族大团结局面,是大有裨益的。儒家思想及其受其影响之行为规范移入藏区,无疑具有进步意义的。

---

① (清)苏铣:《西宁志》卷2,"建置志",第152页。
② 《共产党宣言》,载《马克思恩格斯选集》第1卷,人民出版社,1995年版,第276页。
③ 《德意志意识形态》,载《马克思恩格斯选集》第1卷,人民出版社,1995年版,第88页。

第五章 承前启后:明朝治藏的 历史地位述论

　　对于中国古代第一个把整个藏族地区纳入其治下的以汉族为统治民族主体的君主专制王朝——明朝来讲,如何才能更好地维护藏区主权并强化对之的政治统治,此乃摆在明朝统治者面前的一个既老又新的问题。言其旧,是因藏区经过元朝近百年的统治,藏区自元以来所形成的对中原政权的依赖和臣服的传统,或者说对中央政府"值得向往的持久感情",①不会因元明政权交接而断裂和淡化。换言之,明朝代替元朝主政中原,就理所当然地继承故元对藏区地方的统治权。② 同时,元朝治藏,以及历史上与藏区发生密切联系的汉、唐、宋诸汉族中原王朝之举措的成败得失,无疑成为明朝当权者的历史借鉴。所谓新,是因元明更替之内涵,不仅是中原中央王朝的又一次改名易姓,还在于中央统治民族主体的换位,国内既有民族关系格局的被打破。就藏区政教形势而言,因自元中后期以来,各僧俗地方势力经历了其实力的消长与重组,呈现出与元代不同的态势。诸此"新"、"旧"关系,均是新兴的明朝统治者在谋求藏区治策时,所必然面对而又必须充分考虑的问题。

　　明朝治藏采取了有别于元、清的施政策略,即如著名藏学家任乃强先生所说:"明代制驭番夷,兼采宋元之长。限制边茶以制之,崇重喇嘛以化之,

---

① 　[意]伯戴克:《元代西藏史研究》,张云译,云南人民出版社,2002 年版,第 150 页。
② 　邓前程:《元明政权交替与中原统治民族换位形势下的治藏政策调塑空间》,载《四川师范大学学报》,2004 年第 3 期。

建立土司以羁之,厚予赏赐以诱之。"①表面上,明朝的这种治藏方式,其声势不如元之显赫,其制度亦不如清之严密,但实质上,明朝的这种看似松弛又颇具弹性的治藏政策,却最适宜明朝自身实力与边疆形势,也比较适应藏区现实政教格局,致有"终明世无番寇之患"和西陲宴然的积极效果。而且就其在汉藏关系发展历程中的地位看,明代无疑起到了承前元启后清的历史作用。这就使我们不能不对下述问题做一些思考。

第一节 从元、明、清三朝民族格局差异 看明朝治藏政策的现实性

在治藏区问题上,明朝之所以有别于元、清二朝采取了相对缓和且颇具弹性的施政策略。个中缘由中,明朝所面临的北部边疆民族关系格局和统治民族主体差异,无疑是一个非常重要的原因。

一 元、明、清三朝藏区施政的环境差异

从中国历史的发展来看,其边疆问题存在的根源若排除外来因素的干扰,本质上是民族问题。而民族问题是基于民族的存在而存在,民族的长期不亡,②民族问题势必永远缠绕国家最高当权者以及研究者、关心者的脑际。尽管不同国度即或同一国家内部在不同的历史时期,所面临的民族问题千差万别,解决之方式、方法乃至具体手段皆多样化。但是,对于一个民族成分复杂的多民族国家来讲,统治者为处理各种民族关系、解决民族问题而制定民族政策时,有两个至关重要的方面必须得到关注:一是某一民族自身的历史传统与现实状况,或者说该民族的特殊个性;二是该民族与毗邻民族之间的传统关系,即是说不能就一个民族论一个民族,必须将各单个民族

---

① 任乃强:《康藏史地大纲》,西藏古籍出版社,2000年版,第76页。
② 恩格斯指出:"随着阶级的消失,国家也不可避免地要消失",之后才有可能民族消亡。实际上,国家的消亡还未见端倪,而民族的消亡更是遥遥无期。恩格斯:《家庭、私有制和国家的起源》,《马克思恩格斯选集》第4卷,人民出版社,1995年版,第174页。

问题的解决方案置入整个边疆民族政策体系之中。这是因为民族政策是解决民族问题的主要手段,二者之间是一种互动关系,也是一种互为因果的关系。

以之作为参照探究明朝治藏政策及相关举措之所以有别于元、清二朝,并显现出其独特性,在较大程度上讲,是因其所面临的边疆民族格局和施政对象的政教形势等方面之差异使然。

(一)元、明、清北部边疆民族关系格局的差异

元、明、清三朝立国后,各自所面临的北部边疆民族关系格局有显著差别,即所谓:"元之戚垣,自为风气;明之蕃卫,虚有名字";①而清在此"不设边防,以蒙古部落为之屏藩。"②这种巨大的差异,在各朝的藏区施政治策上皆有程度不同的反应。

1. 明朝北疆民族关系因蒙古民族问题的存在而异常紧张

元明政权更替,蒙古族虽丧失了中原统治权,但是,以游牧文明为特色的蒙古民族仍然完整地保留下来,特别是元室后裔仍据大漠南北,史称"北元"。洪武元年(1368)明军占领元大都北京后,在很长一段时期内,北元政权及其人马保存完好。洪武三年(1370)元顺帝病逝,其子爱猷识里达腊即位,因遭明军追击,弃应昌北逃。但北元政权一直与明廷对抗,直到崇祯七年(1634)林丹汗客死青海。因此,在明朝统治的近三百年中,有二百多年在与北元间展开你打我退,你退我扰的拉锯战。其中,明朝前期,凭借较强的国力,太祖、成祖行积极出击和主动防御之策,蒙古势力虽不时扰边,但尚不致动摇明政权。但至明中衰后,蒙古问题对明王朝北部边疆的稳定,乃至明政权存亡的影响便凸显出来。③ 尤其是,英宗正统十四年(1449)的"土木堡之变",英宗被俘;嘉靖二十九年(1550)的"庚戌之变",俺答率部攻入北京,停留八日之久。这二者,无不使明之朝野震骇。故对于明朝的边疆形

---

① 《清史稿》卷518,"藩部一"。
② 俞正燮:《癸巳存稿》卷6,辽宁人民出版社,2003年版。
③ 这即《明史》所说:"鞑靼地,东至兀良哈,西至瓦剌。当洪、永、宣世,国家全盛,颇受戎索,然畔服亦靡常。正统后,边备废弛,声灵不振。诸部长多以雄杰之姿,恃其暴强,迭出与中夏抗。边疆之祸,遂与明终始云。"参见《明史》卷327,"鞑靼"。

势,史家有"国家外夷之患,北虏为急,两粤次之,滇、蜀又次之,倭夷又次之,西羌又次之"之说。①

正是因为明朝北疆民族问题在"俺答封贡"前无解决之良策,致使有明朝诸帝均将北疆的军力布置、边防建设视为头等大事,如陈兵九边、修长城等。诸此势必使明朝耗费大量的人、财和物力。而且,明蒙关系的紧张,事实上使明朝统治者对整个北部边疆民族关系的处理,以及相关民族政策的制定受到影响。这其中,藏族地区因其特殊的战略地位,以及藏、蒙民族传统的政治、经济与文化联系,使得明朝在确立治藏政策时,不可能照搬对南方民族地区的统治办法,必须寻求既适宜藏区又利于防止蒙藏联合以内侵的治策。

2. 满、蒙民族联合与清朝北疆民族关系的融洽

在满、蒙民族的早期关系史上,除宗教文化的相近,生产、生活方式的相似外,满民族共同体的形成过程中,还与蒙古族有一定的亲缘关系。史载:"叶赫国始祖蒙古人,姓土默特,所居地名曰璋,灭呼伦(扈伦)国内纳喇姓部,遂居其地,因姓纳喇。后移居叶赫河,故名叶赫"。② 即海西女真叶赫部的始祖,原系蒙古土默特部。更为重要的是,后金政权的壮大与清朝的建立过程中,以努尔哈赤、皇太极为首的满族统治者出于巩固后金地方政权,并与明王朝争夺中原的政治、军事需要,基于"草昧之初,以一城一旅敌中原,必先树羽翼于同部,故得朝鲜人十,不若得蒙古人一"这样的主观认识,③在实践中通过"申以盟誓,重以婚姻"的策略,着力拉拢各部蒙古王公,希望借助满、蒙联盟的力量以问鼎中原。

首先,优遇蒙古诸部头领,凡归顺者悉予重金厚爵。如明天启四年(1624)正月二十一日,努尔哈赤在八角殿设宴款待来归的蒙古贵族官员,并给予厚赏。既有金银器皿、布匹、缎衣、貂皮衣帽、鞍具、立柜、盆碗等财

---

① 吴晗:《明经世文编》,"序",中华书局,1997年版。与此相应,明朝定"首功四等:迤北为大,辽东次之,西番、苗蛮次之,内地反寇又次之"。参见《明史》卷72,"志48","职官一·兵部"。
② 《满洲实录》卷一,"诸部世系",中华书局,1986年版。
③ (清)魏源:《圣武记》卷1,中华书局,1984年版。

物,又赐给田庄与相应数量的仆役。① 至皇太极主政时期,不仅对来归的蒙古王公厚予财物,还赐封高爵。崇德元年(1636),为"叙外藩蒙古诸贝勒功",封科尔沁部的巴达礼为和硕土谢图亲王、乌克善为和硕卓哩克图亲王、察哈尔部的孔果尔额哲为和硕亲王、科尔沁的布达齐为多罗扎萨克图郡王、满珠习礼为多罗巴图鲁郡王、奈曼的衮楚克为多罗达尔汉郡王、翁牛特的逊杜稜为多罗杜稜郡王、敖汉的班第为多罗郡王、科尔沁洪果尔为冰图郡王。②

其次,着力满、蒙上层的联姻,以之深化二者间的盟友关系。在清代历史上,满、蒙联姻,即满族统治集团与蒙古王公之间长期持续的大规模的通婚活动,是一个非常引人注目的现象。这种远远超出单纯的家族间通婚含义并被有清统治者奉为国策的联姻活动,开始于天命建元前的明万历四十年(1612)。该年春正月,努尔哈赤"闻蒙古科尔沁贝勒明安之女甚贤,遣使往聘,明安许焉。送女至,上具车服以迎,筵宴如礼"。③ 此次联姻开启了满、蒙婚姻的先河。自此之后,后金及其清朝统治者为进一步推动与蒙古上层的联姻,强化满、蒙两族关系:一方面,迎娶蒙古诸部女为妻妾;另一方面,把嫁女的重点放在八旗组织内的蒙古成员上。④ 频繁的满、蒙联姻,不仅使两民族间在原有的亲缘关系的基础上"亲上加亲"、"满蒙一体",而且巩固并强化了满、蒙之间的联盟关系。即所谓:"满洲蒙古,语言虽异,而衣食起居无不相同,兄弟之国也。"⑤

正是满族统治者的这些联蒙策略,使满、蒙民族关系得到空前强化,并为清朝夺取、巩固中原政权与稳定边疆带来诸多好处。比如:

一是在与明朝逐鹿中原的道路上,深得蒙古各部的支持。在清入关以前的十六世纪末到十七世纪初的中国政治舞台上,大体呈现出明朝、蒙古、后金三足鼎立的政治格局。在明朝与后金的征战过程中,蒙古因其东接后金,南

① 关捷、李燕光:《满族通史》,辽宁民族出版社,1991年版,第219页。

② (清)祁韵士:《皇朝藩部要略》卷一,"内蒙古要略一",筠渌山房刻本。

③ 《清太祖实录》卷四,"壬子春正月丙申"条,中华书局,1986年版。

④ 有关论述可参见杜家骥:《清朝满蒙联姻研究》,人民出版社,2003年版;马大正:《中国边疆经略史》,中州古籍出版社,2000年版,第475—486页。

⑤ 马大正:《中国边疆经略史》,中州古籍出版社,2000年版,第476页。

邻明朝,事实上已成为明朝与后金间的一支十分重要的中间力量。就其时局来看,谁能得到蒙古这支中间力量的支持,谁就能掌握战争的主动权。由于满族统治者对蒙古上层行"申以盟誓,重以婚姻"之策,不仅使其早在入关之前的皇太极统治时期,就已获得了统率蒙古各部的至高权,并确立了对内蒙古的直接统治和对外蒙古比较松弛的臣属关系,而且在与明角逐中,"攻城转战,蒙古部多有功"。① 特别是与后金最早联姻的蒙古科尔沁部,"以列朝外戚,荷国厚恩,列内札萨克二十四部首,有大征伐必以兵从"。②

二是在清朝定鼎中原后,蒙古民族上层已大量加入到清中央政权之中,并成为清政权在政治、军事上的重要辅助力量。即所谓:"有清蒙部,实所勋戚。天聪开国,康雍御准,咸同之间,荡定粤捻,均手其勋。"③因此,清朝由于蒙古各部倾心归附,不仅使蒙古诸部成了统一的大清王朝的地方政权,蒙古各"部落输诚久,屏藩效力多",④拱卫北边较之"秦兴土石之工,修筑长城"更为坚固,⑤从而强化了清朝对北部边疆民族地区的统治与管理,使北部边疆民族关系形势呈现出有史以来最为缓和之态势。康熙为此得意地说:"边外诸处各蒙古等在明代时屡侵边境,即于伊各蒙古内亦互相战斗,不得宁谧。太宗文皇帝统驭以来,各蒙古皆安静矣。如朕所见,三十年来,各蒙古俱获安生,极其恬息"。⑥ 同时,蒙古各部相安无事,又皆用命清廷。北部边疆形势的这种变化,不仅有利于清朝大一统局面的巩固与发展,而且使清朝统治者在治藏问题上有较之明朝更为放手操纵的空间。

此外,就元、明、清三朝所面临的乌思藏等藏区的现实政教格局而言,其差异较大。元初有宗教与世俗力量强大的萨迦派,清初有宗教威望甚高且有蒙古世俗力量强势支撑的格鲁派。如果说元、清两朝至少在建立初,还可依赖卫藏的地方实力派稳定藏区政局,显然明朝并不具有这种优势。

---

① (清)祁韵士:《皇朝藩部要略》卷一,"内蒙古要略一"。

② (清)祁韵士:《皇朝藩部要略》卷二,"内蒙古要略二"。

③ 《清史稿》卷209,"藩部世表一"。

④ 张穆:《蒙古游牧记》卷三,同治六年刻本。

⑤ 《清圣祖实录》卷151,"康熙三十年辛未夏四月壬辰"条,中华书局,1986年版。

⑥ 《清圣祖实录》卷143,"康熙二十八年己巳十二月癸亥朔"条。

（二）元、明、清三朝统治民族主体的变化

就民族属性和成分而言,元朝是以蒙古族、明朝是以汉族、清朝是以满族并联合蒙汉为统治民族主体的王朝。这种统治民族主体的差异,在一定程度上影响着藏区施政治策。

1. 蒙古对藏区的军事征服与藏族文明对蒙古的征服

早在成吉思汗灭西夏及西征中亚的战争过程中,蒙、藏民族上层就开始了初步的接触。其间,或许是因西夏与藏区在政治、经济与文化等方面的传统联系,使蒙古统治者对西藏地方及其民族与文化有朦胧的认识,并在一定程度上激发蒙古王室主动接触藏传佛教的兴趣。

蒙古势力在全面介入藏区之初,与征服其他地区一样,首先想到的还是寄望于自身强大的军事实力,1239 年阔端派部属多达那波帅师武力入藏,即是有力证据。虽说,此时藏地"东到贡波,西至尼泊尔,南达闷域",皆是由各个地方势力所割据,彼此又不相统属,且各教派势力亦彼此交错。迫使蒙古统治者感到对于一个全民信教并由众多教派控制的地区,仅靠武力征服是难以维持对该地区的统治的,最为现实而有效的办法是利用宗教来收服人心,即借当地威望最高的宗教领袖来协助蒙古进行统治。但是,若细致地研读一下,在这一过程中阔端分别致其下属多达拉波和萨迦派领袖萨班的信函内容,不难发现:蒙古王室对藏传佛教这一似曾相识的宗教本身抱有较为浓厚的兴趣。如前者,其信中说:"今世间的力量和威望没有能超过成吉思汗的,对来世有益的教法,这最为要紧,因此应迎请萨迦班智达";1244 年阔端给班的信函中说:"我为报答父母及天地之恩,需要一位能指示道路取舍之上师,在选择时选中了你。"①

之后,蒙古诸王子与藏传佛教各派结成供施关系,以及元朝统治集团对藏传佛教的皈依和信仰。之所以如此,其中一个非常重要的原因是,蒙古民族传统信仰的萨满教尚属一种原始宗教,它较之当时流行汉区的道教、佛教,以及藏区的藏传佛教,不仅在宗教实践方面原始与落后,而且在宗教理论与思想上尤显贫乏。这种局面已使得凭借铁蹄征服天下的蒙古统治者深

————————

① 《西藏地方是中国不可分割的一部分》,西藏人民出版社,1986 年版,第40 页。

感寻求新的精神支柱的必要。问题是在这一过程中,蒙古统治者选中的是藏传佛教,而不是道教或汉传佛教。多种缘由中,蒙、藏民族间传统的生产、生活方式相似,特别是宗教文化的相近,不能不说是一个非常重要的方面。

当然,蒙、藏民族上层的联合与元朝统治集团对藏传佛教的皈依和信仰,本质上是出于各自的政治需要。但是,也必须看到,与蒙古统治者武力征服其他地区不同的是,对藏区的征服过程事实上还存在着一个藏族核心文化对蒙古文明的反征服问题。这明显地表现在,几乎在元朝统治者对藏传佛教各派进行政治利用的同时,藏传佛教势力同样对元朝统治者展开了强有力的宗教渗透和影响,它最终导致元朝统治集团对藏传佛教的皈依和信仰。而这种文明的反征服,不仅没有对元朝在藏区的统治权构成威胁,相反,使元朝统治集团与藏区地方势力间变相成为一种宗教联系,而这种宗教联系不仅使元朝对藏区行使统治与管理更为方便,而且使二者间统治与被统治的关系更为牢固。即有学者所说:"西藏教派势力与元朝统治集团所建立的特殊宗教关系,其结果是使他们更加依附于元朝统治集团"。①

2. 满、蒙、藏民族的传统关系与清初"以蒙治藏"的实施

从元、明、清三朝初期西藏归顺中原中央王朝治下的方式看,明显的事实是:元、明之初,中央王朝对西藏等藏区地方统治权的确立或交接,都是由其地方的政教领袖人物或被迫或自主地投靠蒙元和朱明统治者而实现的。与之不同的是,在向清中央政权传递藏区地方统治权的过程中,实力雄厚且与满、藏均有密切关系的漠西蒙古和硕特部在其中起了非常重要的作用。之所以如此,明朝中期"隔羌胡"之策的失败特别是清初疲于应付国内变局,无疑是十分重要的原因。但是,也须注意到传统的蒙、藏关系与满、蒙关系,使由蒙古来联接满、藏关系有了可能性;而满清政权入关前后,满、蒙、藏民族上层的相互呼应与清朝初年的国内变局,又使由蒙古和硕特首领代清行使西藏地方统治权有了客观现实性。②

---

① 石硕:《西藏文明东向发展史》,载《中国社会科学》,1994 年第 6 期,第 211 页。
② 邓前程、高振华:《论和硕特蒙古扮演西藏归清纽带角色的历史必然性》,载《西南民族大学学报》,2007 年第 10 期。

　　首先,经过元朝近百年治藏,蒙、藏民族之间已建立了较为密切的政治、经济和文化关系。自明后期以来,藏传佛教已广泛扎根于蒙古社会,并成为蒙、藏民族共同的信仰。这种基于宗教文化意识趋同而形成的蒙、藏民族关系,是两族民族关系发展史上,任何时期难以比拟的。而满、蒙民族之间,也因其早期宗教文化的相近,生产、生活方式的相似,以及自努尔哈赤、皇太极等清朝奠基者对两族关系的强化,使两族民族关系得到空前发展。而且,满、蒙、藏民族上层因相似的政治利益,使他们相互声援、紧密靠拢。满族统治者,如努尔哈赤、皇太极等出于巩固后金地方政权,并与明王朝争夺中原的政治、军事需要,通过"申以盟誓,重以婚姻"的策略,使其统驭蒙古的夙愿得以实现;又为安抚众蒙古的需要,使满清当局不得不重视同藏传佛教发源地的宗教首领加强联系。巧合的是,藏传佛教格鲁派为求生存和发展的愿望,与和硕特部首领固始汗为摆脱漠西卫拉特蒙古各部的生存危机并同其他蒙古部落争夺青藏高原的野心不谋而合,从而使蒙、藏民族的上层结盟成为现实,进而在明清中央王朝换代之际,二者基于各自的政治考虑,皆积极主动地寻求与行市看涨的清政权的联系,以寻求其支持来巩固既得利益。

　　其次,清朝定鼎北京之初,甚至于相当长一段时期内,清统治者又必须将主要精力投放在如何平息来自南明、农民军战争等各种反叛,以稳固其统治的工作重心上,根本无力更多顾及边疆地区的事务,特别是被和硕特蒙古所控制的青藏高原,这也事实上成全了固始汗以青海为聚点并统治西藏的愿望。因而,从这个角度上看,清初统治者默认由固始汗来控制西藏的事实,是为现实所迫。但是,固始汗及西藏僧俗首领,较长时间以来对后金、清政权及其统治者的忠顺态度,又使清初统治者利用和硕特蒙古代行西藏治权,不仅是一种现实的选择,而且也是一种明智之举。

　　正是这种统治民族主体的差异,事实上使元、明、清三朝在治藏问题上,以汉族为统治民族主体的明朝与以蒙古族、满族为中央统治民族主体的元朝、清朝,因民族文化是否相近而产生了亲和力大小的问题,元、清两朝为此得到的便利显然较明朝多。

二　明朝治藏策略的现实性分析

上述可知,明朝对藏施政的内外部环境均有异于元、清二朝,而且这些差异,又大多是不利因素。因此,明朝统治者在确定以何种策略治藏时,必须充分考虑这些因素以作出现实的应对之策。

1. 以安抚而不以武功来谋求藏区地方主权的传承

元明王朝更替之际,明朝统治者为实现藏区地方主权的交接首先采用的是招抚,其次才是武力征服。此举对双方均有好处:对明朝中央政府来说,可收"不劳师旅之征"之功。在政权交替过程中,明军既没有大规模入藏作战,藏区地方势力也没有进行真正的抵抗。卫藏在从元改宗明朝时,几乎无任何阻力;只在接近中原的汉藏地区,由于少数忠于元室的蒙藏官员,意存观望,拒绝归顺,明廷动用有限的兵力,进行规模不大的战争。而对藏区地方来说,可使各部免于战争与动乱,其社会生产及生活秩序免受改朝换代大震动之苦。因此,明初特别是洪武时期对藏政策的成功之处在于,它建立在对传统的蒙藏民族关系的认知基础上,因其武力打击残元有生力量与广泛招抚藏区地方势力紧密结合,对于明初政权的稳固和藏区地方政权的平稳过渡,皆有事半功倍之效。永乐之后,明廷治藏政策做了一些调整,即广泛调动藏地僧俗上层之力量管理地方事务,这种看似超脱的治藏策略,实际上是基于对自元朝以来藏区特殊政教格局的充分了解,并充分借助经济手段处理中央与藏区地方的政治关系,以双方经济结构的互补关系促进政治关系的健康发展,这无疑是颇有见地的。因此,在对明朝治藏所采取的既不驻军队、派官,也不清查户口的这种看似松散控驭之策评判时,应注意到终明无西陲之患的历史事实,而且这种成效的取得较之元、清二朝所采取手段更直接、制度更完备的治藏策略所付成本还低,[1]如此之经验教训值得后世总结。

2. 行都司设置与诸王分封相结合,二者之间互为协调

---

[1] 与明朝"不劳师旅之征"而治藏相比,元朝虽派官并驻军藏区,但为平息敢于挑战萨迦地方政权权威的叛乱而四度武力入藏;清朝也多次武力征藏,特别是乾隆时的大小金川之战,清朝为之大伤元气。

设行都司旨在行政管理上与整个帝国的行政管理体制相一致,即以明帝国边疆民族地区的行政机构设置原则来和平改造藏区的地方政权,以体现大一统的地方政权建设构想;而行诸王分封之制,意在"因俗以治"以适应藏区政教势力分散割据、互不统隶的客观现实,保证民族上层享有世袭特权和对民族内部事务拥有一定的自理权,从而夯实藏区僧俗首领归附明朝的政治基础。这种原则性与灵活性相结合的统治策略,既是对历史的继承,又不乏创新。因为自秦汉以来,以君主专制为特色的皇权政治一直贯穿中国封建社会始终,在这一体制之下,郡县制既是地方行政机构的设置依据,也是职官分配的主体制度模式。这一制度模式虽然对削弱地方集权中央,且保障君主专制起了至关重要的作用,但是,它并不能适宜"大一统天下"所涵盖的任何地区。各地区各民族间发展的不平衡,以及归附中原王朝早晚的不一致,因而,划一的组织形式和管理模式不可能推行到所有地区。这就是中国历史上自秦汉至明清,地方始终存在着"二元结构"的原因。① 这种体制的存在,固然是中原中央王朝基于边疆民族地区的现实,而与这些地区政治势力间达成的一种妥协。但是,这种妥协"在一定的历史阶段内,在一定程度上,可以找到皇权中央与少数民族地方利益互动的结合点。一方面,宏观上,少数民族地方维护、服从、认同皇权中央至高无上的政治统治和行政管理,从而满足了皇权中央君临天下的一统愿望;另一方面,微观上,皇权中央又允许少数民族地方沿袭其传统的经济、政治、文化运行模式,保留原有的社会组织形式、管理方式和职官模式,从而满足了少数民族贵族官僚阶级的政治与经济需要"。②

应该说,明朝对边疆民族地区的政权建设,仍然秉承了"镇边疆者,当率旧部;服夷狄者,当用世族"的传统方式和手段。③ 如对先后内附的湖广、

---

① 这里所说的"二元结构",即地方政权建立采取郡县及相应的职官设置与属国、羁縻府和土司及相应的职官设置并行之法。

② 张晓松:《论元明清时期的西南少数民族土司土官制度与改土归流》,载《中国边疆史地研究》,2005年第6期。

③ (明)陈子龙等:《明经世文编》卷69,王越"处置夷情复国土以继封爵疏",中华书局影印本,1962年版。

四川、贵州、云南、广西等诸省的少数民族,即在元朝所封土司、土官的基础上,设置了大批文武职土司、土官。即《明史》所说:"西南诸蛮,有虞氏之苗,商之鬼方,西汉之夜郎,靡莫、邛、筰、僰、爨之属皆是也。自巴、蒆以东及湖、湘、岭峤,盘踞数千里,种类殊别。历代以来,自相君长。原其为王朝役使……沿及汉武,置都慰县属,仍令自保,此即土官、土吏之所始欤。迨有明踵元故事,大为恢拓,分别司郡州县,额以赋,听我驱调,而法始备矣,然其道在于羁縻。"①可见,明朝对于其版图内的少数民族地区的基本统治思路是,凡归顺新朝的首领皆假以爵禄,宠之以名号,使之仍按旧俗管理其原辖区,并通过土著首领代行中央王朝对民族地区的管理权。这也是历代汉族统治者所甚为赞赏的治边经验:"以夷治夷",或利用各族各部之间的矛盾,分别对待,使其互相制约的"以夷制夷"政策,省事省力,又能达到统治或控制的目的。②

而对于广大藏族地区,明朝虽沿用元朝"郡县吐蕃之地"的方略,但在具体做法上又有很大的不同。首先,在中央并未专设类似元朝宣政院的机构,朝廷政令例由中央的吏、兵、礼部分别下达。其次,在地方行政管理中采取两项重要措施:一则仿内地军卫制,设立都指挥使司、卫所,并以之作为一级地方行政机构,实行民兵合一管理。之下,还按少数民族地区原有习惯设长官司、指挥司、宣慰司、抚慰司、招讨司等机构,以替代如内地基层行政单位里甲的职能。二则在确立行都司管理体制的同时,也充分考虑到藏地这一特殊区域内的地方政治格局,并以此为基础确立了封王制度,在维持这些政教领袖既有权益不变的情况下,让其分别管理所属区域内的事务。如此,既体现明朝对藏区的主权,也保证了藏区各政教首领的原有地位和既有的利益,避免了那种因政权更替而地方政制设计变动幅度过大而引起的震荡。

3. 借鉴元制对藏区行划地分区管理之法

元朝以乌思藏纳里速古鲁孙等三路宣慰司辖卫、藏、阿里;吐蕃等处宣慰司辖今青海东南部、甘肃和四川阿坝藏区;吐蕃等路宣慰使司辖今西藏昌都和四川甘孜州一带。明朝在藏区的地方行政机构设置上,大体借鉴元朝

① 《明史》卷310,"列传198","土司"。
② 马大正:《中国边疆经略史》,中州古籍出版社,2000年版,第221页。

创设三大行政区域进行统治的经验,设立乌思藏指挥使司管辖卫、藏、阿里地区和朵甘都指挥使司管辖今昌都、玉树、果洛、甘孜及阿坝部分藏区,而今青海东南部、甘肃和四川阿坝部分藏区则分别隶属于陕西行都司、陕西都司和四川都司。从形式上看,对藏族地区元、明二朝都采取了分区设治的办法,没有太大的差异。但从实际内容看,明朝更有其独到之处。

特别是与元、清二朝相比,明朝对乌思藏、朵甘等藏区,不管是在地方行政建设上,还是在具体地方政教事务的管理过程中,皆以粗线条的宏观调控为重心。各地方势力,无论僧俗只要为官者能遵朝廷之法,抚安一方;为僧者敦化导之诚,率民为善,并依时朝贡,明廷甚至可以不拘泥于是僧还是俗在维持地方政权运转,行使地方的行政管理职能。与之不同的是,在汉藏等民族杂居的今甘青川地区,明朝为了对之实施更直接的统治与管理,在地方军政机构的设置上,较之乌思藏和朵甘地区更为复杂,前后变动也较频繁。这固然是因这些地区归附中原王朝较早,汉文化影响较深,初步具备了土流参治、以流为主的客观条件。还因这些地区是“三十六番朝贡出入之路”,[①]而历史上这里“族种最多,自陕西历四川、云南西徼外皆是。其散处河、湟、洮、岷间者,为中国患尤剧”,[②]战略地位十分重要。因而,明朝要强化对甘青川藏族地区的施政力度。为此,明朝一改历代中央王朝在这些地区的传统建制,以军卫代替郡县,并重兵驻守。其目的无非是要使此地成为“北拒蒙古,南捍诸番”的前沿重地,以期隔绝蒙藏交通,防止蒙藏联合并力内侵。

对于明朝的这种制驭之道,有西方学者在承认明朝“从来不认为他们(即帕竹政权首领)是西藏的国王”的同时,又说:“明朝对之直接有兴起的唯一藏族地区是朵甘,即西藏最东部,正扼中国的门户,考虑到近边和保证安宁,明人不得不注意这个地区。”[③]粗略看来还有一定的道理,但实际上,这是不了解明朝统治者在其边疆战略构想中,已将如何治藏置于整个边疆民族政策体系中的重要一环来考虑的。因此可以说,明朝将藏族分布区划

---

① 《明史》卷311,“列传199”,“四川土司”。
② 《明史》卷330,“列传218”,“西番诸卫”。
③ [意]杜齐:《西藏中世纪史》,李有义、邓锐龄译,中国社会科学院民族研究所民族史室民族学室编,1980年油印本,第44—45页。

区而治之策略,既是对历史的传承,又是基于现实而采取的一种灵活处置。

三 结 语

由此可见,明朝治藏政策较之元、清二朝,更为谨慎与细致。它既要借鉴元之传统,又不能不正视藏区内部割据力量强大的现实,而且,还得既要顾及藏区因其独特的历史文化传统与现实的政教格局,又得关注藏民族与毗邻民族,特别是与蒙古族之间的传统关系。所以,从明朝建立后当局对藏族地区民族问题的解决方案与西北边疆民族关系的处置中,一方面,力求以和缓的方式来确立对藏区主权,并以明帝国边疆民族地区的行政机构设置原则和平改造藏区的地方政权,以体现大一统的地方政权建设构想。而另一方面,在处理西北民族关系时,采取"联番制房"与"隔绝蒙番"策略,着力阻隔蒙藏民族的传统联系。这实质上反映出,明朝统治者希冀通过对藏族等为代表的西北、西南民族的控驭,使整个藏族地区成为明朝在西边的稳定的安静后方,以便将主要兵力和注意力都集中在如何消除或最大限度地削弱来自北方蒙古的威胁等问题上。

第二节 元、明、清三朝治藏与对藏传
佛教济世功能的利用

自藏传佛教"后弘期"以来,藏区社会逐步迈进"政教合一"或"政教联盟"的轨道。其中,藏区社会的发展与变革,乃至治乱,无一不烙有藏传佛教势力之痕迹。藏区民族问题经常以宗教问题的形式表现出来,甚至一些民族问题就是一种变相的宗教问题。正是基于如此事实,元、明、清三朝为求藏区致治,均"因俗"地实施了推崇和扶持藏传佛教的宗教政策,即借助藏传佛教的济世功能,实现对藏区政治统治的目的。元朝独尊萨迦派,清朝格外优待格鲁派,而明朝则以与藏传佛教各派等距离交往为策略。可以说,弱势的明朝之所以能有终明之世藏汉关系亲善和睦与"西陲宴然"的这种政治局面,其务实的藏传佛教政策无疑起了重要的作用。

一 藏传佛教与藏区民族问题

(一)民族与宗教的关系

民族和宗教原本是两个不同的社会历史范畴。其中,民族是在一定的历史发展阶段形成的稳定的人们共同体,它由氏族演化而来,并有其独特的文化传统。换言之,民族这一人们的"稳定共同体"一旦成型,就具备了共同的"历史渊源、生产方式、语言、文化、风俗习惯以及心理认同"等方面的特征。就其形成时间而言,民族这一社会共同体并非人类一经产生就存在,而是社会发展到一定历史阶段经由氏族部落瓦解才形成的,这是一个漫长而复杂的历史过程。而"宗教是还没有获得自身或已经再度丧失自身的人的自然意识和自我感觉",[①]它"是在最原始的时代从人们关于自身的自然和周围的外部自然的错误的、最原始的观念中产生的"。[②] 因而,"一切宗教都不过是支配着人们日常生活的外部力量在人们头脑中的幻想的反映,在这种反映中,人间的力量采取了超人间的力量的形式"。[③] 由此可见,宗教与民族都不是与世俱来的,而是人类社会发展到一定阶段的产物。但是,也不能就此混淆宗教与民族的根本区别,那就是民族属于社会实体范畴,而宗教是一种意识形态。

当然,尽管民族和宗教二者有质的差别,甚至宗教还不能算做民族的一个特征。但是,在历史上的确存在这样的事实,有些民族在其形成和发展过程中宗教确实起到了重要的作用,[④]特别是在其民族共同文化心理素质的形成过程中,宗教扮演了非常重要的角色。在这些民族地区,民族问题之所以存在,其重要根源就在于宗教问题的存在。不可否认,就两者之稳定性而言,宗教信仰较之民族自身更易变。这也就是,之所以在历史上一些民族在

---

① 马克思:《黑格尔法哲学批判》导言,《马克思恩格斯选集》第 1 卷,人民出版社,1995 年版,第 1 页。
② 《马克思恩格斯文集》第 4 卷,人民出版社,2009 年版,第 309 页。
③ 恩格斯:《反杜林论》,《马克思恩格斯选集》第 3 卷,人民出版社,1995 年版,第 666—667 页。
④ 吴仕民:《中国民族理论新编》,中央民族大学出版社,2006 年版,第 30 页。

不同时期信仰不同的宗教，有些民族在同一时期信仰两种或两种以上的宗教的原因。因此，在讨论诸多民族性内涵时，民族的宗教信仰无疑是一个不容忽视的因素。

所以，在认识和处理民族与宗教二者之关系，以及解决相关问题时，一方面要明确民族不可等同于宗教。但一方面，也必须承认二者关系密切、甚至相互包含。一切民族都具有不同程度的宗教性，一切宗教都具有一定的民族性。① 特别是一些边疆地区，民族问题在很大程度上即是一种变相的宗教问题。因而，统治者对一个民族的宗教信仰采取什么态度、执行什么政策，往往被视为对这个民族采取什么态度和政策。这就是我们在翻阅历史文献时常看到的，历代统治者中的一些有远见的政治家，总是在其治边言论中关注有关宗教问题的原因所在。

（二）藏传佛教"后弘期"之后的藏区民族问题

就藏民族地区而言，自吐蕃政权建立后，特别是藏传佛教"后弘期"以来，藏传佛教与藏区社会之间已建立起千丝万缕的联系，并使藏区社会发生了深刻的变化。

1. 地方政教格局的变化

这其中最明显也是对藏族社会影响最为深远的是政治与宗教的紧密结合。虽然各地方割据势力的形成与藏传佛教各教派的产生，二者有不同的背景。但是，藏传佛教作为一种地域性的宗教，它的形成和发展始终离不开一定的政治环境，这就使得它们之间事实上存在着千丝万缕的联系。这种内在联系逐步演变成一种谁也离不开谁的相互依存关系。明显的例证是，在这一变局过程中，各地方割据势力为求生存和发展，有的先抓政权，扩充势力范围，壮大经济实力，通过政治手段或军事行动实现上述目的，然后再抓佛教，以教派势力维护和扩充世俗势力；有的先抓佛教、建寺开派、自立门户、联络世俗势力，壮大教派实力，成为地方宗教领袖，他们拥有相当可观的经济基础，同时拥有神权及世俗权力。与此同时，藏传佛教各教派也乐于同各世俗势力结合，以壮大教派实力。如自13世纪以来，萨迦政权之于萨迦

---

① 牟钟鉴：《宗教在民族问题中的地位和作用》，载《中央民族大学学报》，1998 年第 3 期。

派,帕竹政权之于帕竹噶举派,藏巴汗政权之于噶玛噶举派,1642 年所新生的西藏地方政权之于格鲁派。这充分显示了藏区社会中世俗的力量已不可能超然于宗教之外而独存,甚至世俗政体反从属于宗教,以致僧侣和寺庙不仅成为神权的象征,而且事实上已成为左右藏区政局的不容忽视的力量。由此,使藏区社会逐步迈进"政教合一"或"政教联盟"的轨道。

2. 藏传佛教已成为藏区占主导地位的意识形态

藏传佛教不仅在藏民族的共同文化心理素质和民族意识的形成过程中起了非常重要的作用,甚至已成为其民族文化的核心内容和民族的共同信仰,并渗透到藏族社会的方方面面。这一事实,不仅在"后弘期"之后所产生的诸如文学、史学及艺术作品等方面有深深的烙印,而且还充分体现在藏族社会的现实生活中。表现之一:藏民族对藏传佛教的笃信与膜拜。在日常生产、生活中,"唯僧言是听","凡决疑宁计,必咨喇嘛而后行"。僧人社会地位之高,以致"番人、土人有二子,必命一子为僧。且有宁绝嗣而愿令出家者。""番、土人死,则以产业布施于寺,求其诵经,子孙不能有。……其各番族,各有归附,寺院俨同部落。"[1]表现之二:藏传佛教各派领袖人物在藏族民众中有超乎寻常的影响力和号召力,他们的价值观乃至政治态度往往左右着广大民众的价值判断与政治倾向。这种情况,不仅在藏族历史文献诸如《贤者喜宴》、《青史》中有许多记载,[2]而且汉文文献中也不乏其例。如明洪武年间,西宁番僧三刺一纸书信可使罕东诸部安定下来并归附明廷。[3] 又如成化年间,"西番大小二姓为恶,杀之不惧,醢之不惧,惟国师、刺麻在中劝化,则革心信服崇善"。[4] 如此之例甚多。大量事例表明,要解决藏区民族问题,务必妥善处理其宗教问题。

二　元、清二朝与明朝借助藏传佛教辅政之策略比较

从元朝第一次将藏族分布区完全纳入中原中央王朝治下之时起,元、

---

[1]　(清)《西宁新府志》卷15,"番寺",青海人民出版社,1989 年版。
[2]　邓锐龄:《邓锐龄藏族史论文译文集》,中国藏学出版社,2004 年版,第998—999 页。
[3]　《明太祖实录》卷225,"洪武二十六年二月壬寅"条。
[4]　《明宪宗实录》卷35,"成化二年十月丁未"条。

明、清三朝的统治者无论以何种方式或手段治藏,均无一不十分重视藏区的宗教问题。无论是从元、明、清三朝治藏政策及其措施的内容,还是从具体的施政过程上看,各朝统治者对于如何处理该地区宗教问题,以及怎样才能更好地利用藏传佛教来为其政治统治服务等方面均十分重视。但是,在方式、方法上,又显示出较大的差异。

(一)以重点扶持藏传佛教某一派别为特色的元、清二朝

由于蒙、藏民族在传统文化等方面相近,使蒙古统治者在介入藏区之始,即对藏传佛教这一具有浓厚藏民族特色的地域性宗教有似曾相识之感,以致后来元朝统治集团对藏传佛教的皈依和信仰。但是,元朝统治者并未因此忽视利用藏传佛教以加强对藏区的政治统治,执行"郡县土番"与"僧俗并用"的政策,即将宗教事务与世俗政治纳入统一的行政和职官体系之中。对此《元史》有:"元起朔方,固已崇尚释教。及得西域,世祖以其地广而险远,民犷而好斗,思有以因其俗而柔其人,乃郡县吐番之地,设官分职而领之于帝师。乃立宣政院,其为使位居第二者,必以僧为之,出帝师所辟举,而总其政于内外者,帅臣以下,亦必僧俗并用,而军民通摄。于是帝师之命,与诏敕并行于西土。百年之间,朝廷所以敬礼而尊信之者,无所不用其至。"①除此之外,元朝统治者还对藏传佛教在经济和财力上给予大力扶持。② 有元之世,统治者为了实现对藏区的政治征服和统治,不仅帝师备受尊崇,而且帝师所属萨迦派之弟子,"号司空、司徒、国公,佩金玉印章者前后相望"。③

元朝对藏传佛教,特别是对帝师及所属萨迦派由"敬礼而尊信之"到"无所不用其至"的程度。在此状况下,所呈现的弊端昭昭可见:有的帝师及随从"怙势恣睢,气焰薰灼,为害四方,不可胜言。甚至强市民物,捽捶留守,与王妃争道,拉殴随车者,皆释不问,并有民殴西僧者截手,詈之者断舌

---

① 《元史》卷202,"列传89","释老"。该书认为"元起朔方,固已崇尚释教",是欠妥的。实际上,元朝入主西藏之前,蒙古社会信仰的是具有典型原始宗教特征的萨满教。

② 元朝对萨迦派寺庙或高僧经常性地厚赐金银财宝,扶持萨迦派的发展,史书多有记载。典型事例,可参见《元史》卷11,"世祖八";卷27,"英宗一"。

③ 《元史》卷202,"列传89","释老"。

之律"。这种对藏传佛教势力放任自流的做法,不仅使藏传佛教僧人不受教规的约束,而且使其走上追名逐利、纵恣跋扈的道路。萨迦派"寺院的戒律慢慢松弛了,大部分喇嘛都结了婚,过着懒散的生活,清贫和禁欲成为空洞的字眼。……寺院落入王族手中,因而宗教的神圣职务不是传给最有资格的人而是传给叔侄,成了一种世袭的权利"。① 终致萨迦派在世俗与宗教两方面迅速衰微。更为严重的是出现宗教干预朝政,甚至妨碍政事之弊。②

而清朝对于藏传佛教,虽说"满族人早在入关前通过与蒙古人的接触,对藏传佛教就有所了解。游牧的满族人对与他们传统的萨满教相近的藏传佛教也抱有好感"。但由此肯定"满族人在统一中原、建立清朝后,继续鼓励藏传佛教的政策也就顺理成章了",③还是不妥的。因利用藏传佛教来强化蒙、藏地区的政治统治,是清朝的一项重要的传统政策,也是清朝在夺取全国政权、加强多民族国家统一的历史过程中,逐步形成的一项重要的治藏政策。自 17 世纪以来,藏传佛教的格鲁派(俗称黄教)不仅在藏区得到长足发展,而且其势力拓展到漠南、漠北和漠西蒙古,影响之大,以致蒙古民族已皈依藏传佛教。即所谓:"外藩蒙古惟喇嘛之言是听"。④ 可见,与元朝不同的是,满清治者对待藏传佛教采取什么态度、执行什么政策,不仅直接关系到对藏族,而且直接涉及对蒙古族采取什么态度和政策。

所以,自皇太极始,即面临如何稳定蒙藏这片崇信黄教的地区,进而实现全国统一的问题。顺治即位后,多次诏谕达赖等格鲁派首领来京。顺治九年(1652)五世达赖等到京后,清廷不仅以隆重的礼仪相迎,且获顺治帝赐宴及大量金银财宝。翌年返藏时,顺治帝又派亲王及贝子等带兵护送,并赐金册、金印,封为"西天大善自在佛所领天下释教普通瓦赤喇怛喇达赖喇嘛"。甚至,乾隆于五十七年(1792)还专门御撰"喇嘛说",以阐明清王朝的

---

① [意]杜齐:《西藏中世纪史》,李有义、邓锐龄译,中国社会科学院民族研究所民族史室民族学室编,1980 年油印本,第 75 页。

② 乾隆:《喇嘛说》,张羽新:《清朝治藏典章研究》(中),中国藏学出版社,2002 年版,第 607 页。

③ [瑞士]施仑德尔:《清代内地藏传佛教金铜佛像创作》,《国外藏学研究译文集》(15),西藏人民出版社,2001 年版,第 257 页。

④ 《清世祖实录》卷 68,"顺治九年壬辰九月壬申"条,中华书局,1986 年版。

藏传佛教政策。①

乾隆在其著名的"喇嘛说"中,开宗明义:"兴黄教,即所以安众蒙古。所系非小,故不可不保护之",以为怀柔之道。但是,清朝不会因此如元朝那样"曲庇谄敬番僧"。所以乾隆又特别指出:"朕于黄教素虽爱护,但必于奉教守法之喇嘛等方加以恩遇。若为教中败类,罪在不赦者,即当明正典刑,断不稍为袒护。设如元季之供养喇嘛,一意崇奉,漫无区别,致有詈骂者割舌、殴打者截手之事,令喇嘛等无所忌惮,尚复成何政体。此次办理占卜惑众之罗卜藏丹巴一事,即于卫护黄教之中,示以彰明宪典之意"。② 即是说,清王朝对诚心归向又遵纪守法的藏传佛教势力秉承不惜重资褒奖的惯例,而对有害国政者,则要绳之以法,严惩不贷。

但是,清朝初年以来,因政府力行优僧崇教之策,随着格鲁派等藏传佛教力量无所节制的膨胀,上层僧侣与王公显贵们互相勾结,形成一股强大的僧侣势力。特别是诸如达赖、班禅的转世,采用所谓"拉穆吹忠"降神启示形式,这就造成达赖、班禅转世事实上是"皆以兄弟叔侄姻娅递相传袭","几与封爵世职无异。……转生之呼必勒罕出于一族,是乃为私"。③ 此种局面,既不利于清朝对蒙藏地区的管理,也易于造成少数大贵族集政教权势于一身的弊端,从而影响蒙藏地区的安定。鉴于此,乾隆五十七年(1792)乾隆帝乘福康安率清军反击廓尔喀侵藏战争胜利,并整顿藏务之机,改革了活佛指认制。乾隆特颁赐金瓶二:一置于拉萨大昭寺,一置于北京雍和宫。④ 凡所举转世灵童名单置瓶中,由达赖、驻藏大臣掌印札萨克达喇嘛、理藩院大臣验定。清廷规定今后遇有达赖、班禅等大活佛转世时,应将转世灵童的名字及出生年月,用满、汉、藏三种文字写于签牌上,贮于瓶内,竭诚祈祷之后,由驻藏大臣会同达赖(或班禅)共同于金瓶中掣签认定。对于金瓶掣签之制,魏源甚为赞赏:"盖至金本巴瓶之颁,而大圣人神道设教变通

---

① 乾隆:《喇嘛说》,张羽新:《清朝治藏典章研究》(中),中国藏学出版社,2002 年版,第606—609 页。

② 《清高宗实录》卷 1393,"乾隆五十六年辛亥十二月乙丑"条,中华书局,1986 年版。

③ 乾隆:《喇嘛说》,转引自张羽新《清朝治藏典章研究》(中),中国藏学出版社,2002 年版,第607 页。

④ 需要说明的是,置于北京雍和宫的金瓶,主要是用于蒙古地方活佛转世掣签。

宜民者,如山如海,高深莫测矣。"①通过这种看似"高深莫测"的金瓶掣签以确认达赖、班禅等大活佛之继承者,既避免僧贵勾结以在达赖、班禅等大活佛转世问题上弄虚作假,体现活佛转世的神圣,又使清朝通过掌控活佛转世,进而实现对格鲁派的驾驭和控制。

由此可见,以蒙古族为统治民族主体的元朝和以满族并联合蒙汉为统治民族主体的清朝,虽然二者与藏族之间有宗教文化等方面的相似或相近之处,但是,它们的藏传佛教政策都是以便于维护各自的政治统治为出发点的。如,元朝"尊尚其教而敬礼之,日盛月益,大抵为社稷生灵计也。"②清朝"盖边方好杀,而佛戒杀,且神异能降服其心,此非尧、舜、周、孔之教所能驯也。高宗神圣,百族禀命,诏达赖、班禅两汗僧当世世永生西土,维持教化。故卫藏安,而西北边境安;黄教服,而准蒙之番民皆服"。③ 即是说,不管是元朝独尊萨迦派,还是清朝器重格鲁派,其政治目的一致。不同的是,元朝统治集团在对藏传佛教进行政治利用的同时,其自身也自觉地皈依和信仰了藏传佛教,以致对藏传佛教因尊崇而放纵,相比之下,清朝统治集团十分注意政治与宗教的关系,秉持朝政不受宗教干扰的原则。清朝利用和扶植格鲁派的治藏安蒙基本政策,经过较长时间的实践,已发展到尊崇与限制兼行的完备程度。

(二)明朝以与藏传佛教各派等距离交往为策略

历经元朝以"僧俗并用"与"军民通摄"的管理体制,对藏区近一个世纪的统治,特别是忽必烈之后的几代帝王又多笃信藏传佛教,并给予藏地僧人诸多特权,使元末明初藏区的政教关系格局较之元初发生了很大的变化。这种变化中最引人注目的是,政教结合更加紧密,宗教势力进一步扩大,与之相伴的是世俗政治权力加速弱化,以致在整个藏区地方权力结构中,世俗势力必须借助宗教力量才得以生存、壮大。在元中期以来的藏地局势变动中,逐步取得乌思藏话语权的朗氏家族及其帕竹政权,自降曲坚赞始即明文规定:凡出任帕竹第悉者均为僧人,必须先入泽当寺学经,任座主,然后才有

① (清)魏源：《圣武记》卷5,"国朝抚绥西藏记下",中华书局,1984年版。
② 《元文类》卷41,"皇朝经世大典序",影印文渊阁四库全书,台湾商务印书馆,1983年版。
③ (清)魏源：《圣武记》卷5,"国朝抚绥西藏记下",中华书局,1984年版。

资格任邬栋第悉,继承明朝所封阐化王,即是有力的例证。

虽然,在元以来藏区政教格局这种变化过程中,因各自为政的诸地方势力均难以独自壮大,为求生存、发展与既得利益之维护,各教派间权力之平衡,皆自觉地竞相依附中原王朝,并形成一种心向中原的内驱力。但是,在执政过程中如何处理好藏区宗教势力与世俗政治间的关系,这对于饱受儒家思想熏陶的明朝统治者来说,既是一笔丰厚的政治遗产,也是一个相对陌生却难以超越的特殊问题。

从这个角度上讲,由于蒙、满、藏民族在传统的宗教文化背景等方面相近,使得明朝统治者缺乏有如蒙元、满清二朝统治者与藏传佛教之间的先天联系,而使明朝统治者在谋求藏区施政治策,特别是在探索以何种方式或手段才能更为有效地通过宗教在藏区社会中特殊作用来加强其政治统治的过程中,可能会有更多的曲折。客观历史事实证明,明初确实存在这样的问题。如洪武年间,明太祖一方面就是否在藏族地区设立僧司机构时,强调"以西番俗尚浮屠,故立之以来远人也"。① 但另一方面,又对藏区僧俗首领的分封,无论从封授的数量还是等级上,均偏重俗职。之所以如此,固然有明太祖鉴元宠萨迦、过分优渥宗教势力之弊,而有意削弱宗教力量的主观原因。但是,也不能就此否认明太祖对藏地政教关系不熟谙的客观事实。不然就难以解释为什么经过明初三十多年的藏区施政后,明成祖才决意改变这种施政方式,给予藏传佛教势力以更能符合藏区政教现实的重视。对此《明史》概述说:"初,太祖招徕番僧,本藉以化愚俗,弭边患,授国师、大国师者不过四、五人。至成祖兼崇其教,自阐化等五王及二法王外,授西天佛子者二,灌顶大国师者九,灌顶国师者十有八,其他禅师、僧官不可悉数。其徒交错于道,……帝不恤也。"②而且,成祖的这种优僧崇教的治藏政策,为之后大多数嗣君所继承。

由此可见,虽然同为优僧崇教以治藏,明朝与元、清二朝相比,其差异是明显的。

---

① 《明太祖实录》卷250,"洪武三十年二月壬子"条。
② 《明史》卷331,"列传219","西域三","大慈法王"。

1. 朝廷与藏传佛教各派别交往层面的多寡不同

元朝宠爱萨迦派，不仅帝师备受尊崇，而且帝师所属萨迦派弟子也封公晋爵；清朝因安抚蒙、藏的政治需要，而对格鲁派格外优待。与此不同的是，明朝统治者虽自始即注意到藏传佛教及其势力在藏区社会的特殊作用，而"惟因其俗，尚用僧徒，化导为善"，但为避免元朝偏爱萨迦、放纵僧徒之弊，对藏传佛教各教派首领采取等距离交往的策略，即实施"因俗以治"与"多封众建"相结合的政策。

这其中，表现得最为明显的就是自明初就废除了元朝中央管理藏区地方的宣政院和帝师制度。一方面，参照汉地管理宗教事务的办法，设置相应的地方僧司机构，规定凡司其职者，应具备"真诚寡欲、淡泊自守"的品德，以担当起"主其教，以绥来远人"，与检束僧人以"率修善道，阴助王化"的职责。另一方面，又不拘泥于汉地宗教管理模式，凡"戒行精勤"藏传佛教僧人，只要忠诚于朝廷，俱加扶持和封赏。即对藏区地方的各宗教首领，按其所代表的教派势力之大小、本人声望之高低与影响力的强弱，分别给予上自法王、教王，下至禅师等不同等次的名号，悉给以印诰，许之世袭，令之朝贡，以"通号于天子"。这些做法的好处是多方面的。

首先，它顺应了藏传佛教派系诸多而又互不统隶的客观现实。广赐名号并同等优崇的多封众建政策，既使明朝较之元、清二朝与藏传佛教派别之间的联系更为广泛，又使藏区不同教派的各宗教势力均可得到明中央王朝的政治与经济上的支持，获得大致同等的发展机会。而且，这种策略还从制度层面上避免了有如元朝那样的弊端，即藏区因某一政教势力得到朝廷的特别优宠而打破各教派的正常发展之生态，导致彼此争斗而为害藏区社会的和谐与稳定。有明之世藏区虽局部纷争迭起，但始终未有大的动荡，这与明之治藏政策不无关系。

其次，满足了明朝统治者"分势杀力"以"使不为边患"的愿望。元朝试图通过依托萨迦以实现对乌思藏的控制，但并没有能维持该地区持久的统一与稳定。明朝则自始即放弃了在乌思藏建立统一地方政权的打算，对整个藏族分布区的各政教势力，均以"多封众建"的方式来设治封官，使之互不统隶而皆属中央。这种不偏重某一方的策略，既避免了元朝因厚此薄彼而产生纷争之弊,又使其互相掣肘。这既满足了藏地各僧俗势力普遍倾向于中原政府,换取各自政治、经济和宗教利益的愿望,又使明朝在藏区的主权得以牢固,从而维护和促进藏区的稳定与发展。所以,终明之世,不仅"西番之势益分,其力益弱,西陲之患益寡",而且"诸僧及诸卫土官辐辏京师"。①

2. 藏传佛教各派僧人参政谋政的政治平台的大小和制度基础的牢固程度不同

在元朝近百年的治藏过程中,由于元统治集团普遍皈依和信仰藏传佛教,使元朝统治者与教派间建立起一种特殊的宗教关系,而这种关系又使元朝统治者与教派的结合更加紧密。在此之下,藏传佛教僧人事实上是以组成一个以帝师为首的集团来加入到元朝政权中的。因此,帝师制度无疑是元朝藏传佛教僧人大规模参政谋政的政治平台和制度基础。而这其中帝师所属萨迦派僧人在元廷中的地位,又是其他教派难与匹敌的。清朝选择重点扶持格鲁派,其原因固然是明末清初以来在藏传佛教诸派中格鲁派一枝独大与安抚蒙藏的政治需要。但在这一政策引导下,格鲁派所属的达赖和班禅二系在之后的藏区社会中,最具左右政教格局的力量,甚至在很大程度上讲,有清一代西藏地方政权的"政教合一",实际上是西藏地方世俗政治与格鲁派的紧密结合。

与元、清二朝不同的是,明朝并没有特别厚待某一教派,而是对所有有名望藏传佛教首领皆赐予各种等次的名号,颁给印诰,并按照行都司设置与诸王分封相结合的原则,令其"协助头目,抚治人民"。② 即所谓:"各番皆使部落有数,中马有额,安插有地,保护有方,又因其俗信佛,择番僧中为番所敬信者,创立寺宇,封以国师、禅师之职。其番中之豪而有力者,授以指挥、千百户,以统率诸番族焉"。③

可见,明朝的藏传佛教僧职制度,既是一种宗教管理制度,也是一种"尚用僧徒"的官僧制。这些僧职一经封授,即作为朝廷的一级命官,与所

---

① 《明史》卷330,"列传218","西域二"。

② 《明英宗实录》卷128,"正统十年四月庚申"条。

③ (清)梁份:《秦边纪略》卷1,"西宁卫",赵盛世等校注,青海人民出版社,1987年版,第55页。

设行政机构中的的官员,如指挥使、指挥副使、指挥同知、指挥佥事、招讨、千户、镇抚等职一样,不仅要依时朝贡,而且,负责"绥镇一方,安辑众庶"。因而,明廷对藏传佛教首领的"多封众建",其内涵是双重的:对明中央王朝来说,只不过是众赐官职名号,而得边地相安;对藏区各教派首领来讲,虽因得到中央王朝认可而增加号召力,但也必须承担朝廷赋予的相应义务。这种彼此互相利用之策,也带来了双重好处。

一是明廷通过对这些宗教领袖的控制,进而实现对藏区的控制。在明朝"多封众建"的政策下,虽然各教派首领因此都被封授崇高的名号,官爵世袭,给予贡市利益,以示朝廷对之的尊崇和既有地位的承认。但应充分意识到,所封诸僧王不仅是一系教派势力的代表,也是一方地方势力的代表,对他们的安抚,实际上也就变相地安抚了所在地域的广大民众,从而使明朝的藏传佛教管理制度真正成为行政管理制度的补充。

二是最大限度地满足了各派宗教首领参与政治的愿望。明朝对藏传佛教各派采取等距离交往的策略,这就使明朝较之元、清二朝,不仅与藏传佛教派别的联系更为广泛,而且提供给藏传佛教僧人参政谋政的政治平台更广阔,参与人数的规模也更大,便于达到"用僧徒化导"的政治目的。正如有学者所说,在任何时代"每个人在社会上都有其特定的位置,社会秩序便是由个体完成其社会角色所规定的义务来保证的"。"和谐并不仅仅要求适应与服从,而且更重要的是参与"。① 各教派首领因得到明朝的封授而成为朝廷的命官,这就使他们在明对藏施政过程中,不仅仅是要求他们对明廷的"适应与服从",而是拥有相应的参与施政的权利和义务,从而调动起藏传佛教僧人的积极性,发挥他们的主观能动性,以他们在藏区的特殊影响,分理宗教与世俗政务,创造性地完成各自承担的职责。这一政策一方面使明朝省"兵甲刍粮之费"。即所谓:"胡僧有名法王若国师者,朝廷优礼供给甚盛。言官每及之。盖西番之俗,一有叛乱仇杀,一时未能遥制,彼以其法戒谕之,则磨金铦剑,顶经说誓,守信惟谨。盖驭夷之机在此,故供给虽云过

---

① [德]汉斯·昆:《世界宗教寻踪》,李雪涛等译,生活·读书·新知三联书店,2007 年版,第124、125 页。

侈,然不烦兵甲刍粮之费,而阴屈群丑,所得多矣。新进多不知此,而朝廷又不欲明言其事,故言辙不报。"①另一方面,又形成了一种各教派与地方势力为了本身的生存和发展,为了其既得利益之维护与各派间权力之平衡,都自动和自发地竟以依附中央为荣的局面。

三 结 语

从本质上讲,元、明、清王朝之所以如此重视藏传佛教,是因藏传佛教在藏区经过长期的发展,不仅具有广泛的社会基础和传统的、巨大的政治和社会势力,而且能起到"柔顺"、"化导"僧俗民众、稳定政局的作用。即如明宣宗所说:"有能尊崇其教,以导引一方之人,去其昏迷;向慕善道,强不致凌弱,大不至虐小,息争斗之风,无侵夺之患,上下各安其分,长幼各遂其生,同归于泰和之世;上足以阴翊皇度,下足以劝善化俗,功德所及,岂不远哉!"②为此,元朝优僧崇教是"因其俗而柔其人",以期顺利而有效地统治藏区;明朝是要"藉以化导愚顽,镇抚荒服";清朝因其可使信仰该教的藏、蒙诸族"诚心归附,以障藩篱,正王制"而阐扬黄教,以便巩固清王朝在蒙藏地区的统治。可见,元、明、清统治者推崇和扶持藏传佛教,一是作为控制(蒙)藏民族的一种手段,二是使(蒙)藏民族保持其"旧俗"而实施"因俗以治"的一种措施。

从元、明、清朝治藏之成败得失来看,其治藏政策可行性之大小,在一定程度上取决于对宗教势力的处置妥当与否。如果善于处理,利用宗教进行安抚,加强管理,就有利于巩固其统治;反之,如处理失当,就会影响社会稳定,甚至危及统治巩固。比较而言,明朝虽弱,但其治藏还算成功,原因在于明朝对藏传佛教采取"多封众建"与"惟因其俗,化导为善"的宗教政策,在当时历史背景下无疑是一种适宜之策。

这就使我们有必要进一步思考,能否教条式地理解马克思的那句"宗

---

① (明)陆容:《菽园杂记》卷四,中华书局,1997年版。
② 宣德二年(1427)赐给瞿昙寺的"皇帝敕谕圖",转引自王尧:《明初与藏事有关的诏文及河西碑刻考议》,载蒙藏委员会编《西藏与中原关系国际学术讨论会论文集》,1993年版。

教是人民的鸦片"名言的问题。① 马克思主义经典作家关于宗教的有关论述,无疑对于我们认识宗教的起源、本质和社会功能等问题有指导意义。在认识宗教之实质时,理所当然地首先将宗教归为一种意识形态,同时认识到这种意识形态的形成还是建立在人们信仰超自然、超人间力量的基础上的,是一种幻想反映。但是,在处理现实民族问题与宗教问题时,也必须清醒地看到,对于一些全民信教的民族来讲,宗教还是一种以一定组织为基础的社会力量。在那些地区,作为社会文化形态的宗教不仅广泛而深刻地持久影响着广大人民的精神生活,甚至将一些宗教价值观内化民族文化价值,事实上已成为构成该民族的民族文化、民族心理特性的重要内容。如宗教的内容、形式,已渗透并融化于民族的风俗习惯中,他们的饮食禁忌、节日活动、婚丧仪式、衣服服饰等,有些就源于宗教的教义、教规。为此,有研究者认为:在部分民族社会中,宗教几成一个民族的生命线。② 这也是为什么马克思在阐释宗教的社会功能后,又明确地指出:"影响群众的首要的精神手段依然是宗教。"③因此,在现实生活中,我们不能武断地将宗教仅仅视为"人民的鸦片",应看到它是一种非常复杂的,甚至有时尚显巨大生命力的现象。④

第三节　藏区僧俗首领朝贡与明朝之藏区主权问题辨析

与元、清二朝相比,明朝治藏有明显的非强制性特点。它充分体现在,

① [德]马克思:《黑格尔法哲学批判》导言,《马克思恩格斯选集》第1卷,人民出版社,1995年版,第2页。这句名言由于后来被列宁将马克思誉为"马克思主义在宗教问题上全部世界观的基石",因而,人们常常以此作为关于宗教本质的经典论断。其实这句名言是基于宗教的内容而表述的宗教的社会功能,即对人民的麻醉而言的。
② 廖杨:《民族关系与宗教问题的多维透视——以广西民族考察为中心》,民族出版社,2009年版,第82页。
③ 《马克思恩格斯选集》第3卷,人民出版社,1995年版,第716页。
④ [德]汉斯·昆:《世界宗教寻踪》,李雪涛等译,生活·读书·新知三联书店,2007年版,第178页。

有明一代除在接邻内地的藏族分布地区进行了较为直接的统治外,对所谓的"三十六番"区政治统治的维持和维护,主要是通过该地区僧俗首领定期与不定期入京朝贡来体现的,有学人将之概括为:"分封"、"朝贡"和"优予贡利"这样的"三级连环式"体系。① 对于明朝的这种治藏之道,国内外学人有不同的解读,本属正常之事,但是一些国内外分裂势力与敌对势力为此否认明朝拥有藏区主权的事实,问题的严重性不言而喻。基于此,本书试图对相关问题作系统的梳理并加以辨析,以正视听。

一 藏区僧俗首领谨修朝贡

《明史》上说:在明初完成藏区的建制封官后,"诸番朝贡惟谨"。② 查诸明代史籍,有关明中央王朝与藏族地方关系的记载中,藏区僧俗首领朝贡的内容占有较大的比重。为证明之,兹以明代藏区僧俗首领的朝贡事实罗列于下:

(一)三大法王与五大教王首领的朝贡事实

关于藏区"八大教王"的朝贡,《明会典》有:"西番,古吐蕃地。元时为郡县,洪武初,因其旧职。于是乌思藏番僧有阐教王、阐化王、辅教王、赞善王统化番民,又有护教王、大乘法王、大宝法王凡七王,俱赐银印,令比岁或间岁朝贡。成化十七年(1481)题准:每三年一贡,各番王差人填写原降勘合。阐化、阐教、辅教三王差来人从四川布政司比号,赞善王差来人从陕西布政司比号,并赍有印信番本咨文,方许入贡。每贡各一百人,多不过一百五十人。大乘、大宝二法王原系游僧、不定所、不管束番民,不给勘合,亦无进贡年例,止听其欲来,许差僧徒十人,赍印信番本,随四王贡使赴京。护教王弘治以后来贡,例与辅教王同。其后入贡人数益多。隆庆三年(1569)奏定:阐教、阐化、辅教三王,大乘、大宝二法王,俱三年一贡。每贡各一千人,内五百人全赏,五百人减赏"。③

---

① 石硕:《西藏文明东向发展史》,四川人民出版社,1994年版,第266页。
② 《明史》卷331,"西域三·朵甘"。
③ 《明会典》卷108,"礼部66","朝贡四"。

其中,永乐五年(1407)三月和十一年(1413)二月,分别赐封的大宝、大乘法王、隆庆三年(1569)以前朝廷以"游僧、不定所、不管束番民"而不给勘合,贡期也不在三年之列,但他们"终明世,奉贡不绝"。① 宣德九年(1434)六月,宣宗封格鲁派创始人宗喀巴的弟子释迦也失为大慈法王后,虽释迦也失不幸圆寂于归途中的河州,其封爵遂绝。但由大慈法王创建的格鲁派与明中央政府之间良好关系,则一直延续下来。

1. 帕竹噶举被封为阐化王者,乃第五任第悉吉刺思巴监藏巴藏卜。此人洪武十八年(1385)执掌地方政权,二十一年(1388)被封为灌顶国师,永乐四年(1406)加封为灌顶国师阐化王,并赐螭纽玉印。此后,该派首领修贡惟谨并大多秉持三年一贡之制。阐化王的最后一次朝贡是在万历四十六年(1618),该年五月:"乌思藏阐化王差番僧三旦朵儿只等一十五名,进献珊瑚、犀角、氆氇等物。"②此后再未见阐化王的情况,可能是藏巴汗政权建立后,前后藏都被藏巴汗占领,阐化王自顾不暇,或失去向明中央朝贡的自由。

2. 止贡噶举首领领真巴儿吉监藏于永乐十一年(1413)被封为"阐教王"后,初遵行"比年一贡",成化四年(1468)改行"三岁一贡之制"。《明史》载:"迄嘉靖世,阐教王修贡不辍。"③又据《明实录》载,直到天启元年(1621)五月仍阐教王朝贡的记录。④

3. 萨迦派的一支僧首南渴烈思巴,于永乐十一年(1413)被封为"辅教王",遵行三年一贡之制,史载:该王"历正德、嘉靖世,奉贡不绝"。⑤

4. 萨迦派的另一支僧首著思巴儿监藏,永乐五年(1407)被封赞善王,起初此王入贡无定期,间岁或一岁即贡,甚有一岁再贡。至成化元年(1465),朝廷始定其守三年一贡之例,但赞善王部似乎不大遵守定制,一再

---

① 《明史》卷331,"西域三·大乘法王"。如大乘法王朝贡始于洪武五年(1372)故元摄帝师喃加巴藏卜遣使进京朝觐,终于崇祯三年(1630)。

② 《明神宗实录》卷570,"万历四十六年五月戊申"条。

③ 《明史》卷331,"西域三·阐教王"。

④ 《明熹宗实录》卷10,"天启元年五月癸卯"条。

⑤ 《明史》卷331,"西域三·辅教王"。

派规模庞大的朝贡团,而致内地有司疲于供应,也使得朝廷为此一再申明三年一贡之制,"嘉靖后犹入贡如制"。①

5. 馆觉僧首宗巴斡即南哥巴藏卜,永乐五年(1407)被加封为"护教王",关于此王朝贡《明史》有:"洪熙、宣德中并入贡。已而卒,无嗣,其爵遂绝"。② 但在《明实录》中又有其朝贡的记载,如万历二十二年(1594)四月,"乌思藏护教王并董卜韩胡宣慰使司等各进贡,给赏有差"。③ 又如天启六年(1627)八月,"四川乌思藏护教王及董卜韩胡宣慰使司等进贡方物"。④

(二)其他政教首领的朝贡事实

1. 朵甘思诸宣慰、招讨司。明制有:"洪武七年,升朵甘卫为西安行都指挥使司,给银印。十八年,改朵甘思宣慰使司及万户府招讨司、东道万户府塔尔千户所,每年一贡,给予勘合,与四川比号,雅州入境。每贡止许五六十人,多不过一百人。后三年一贡,每贡一百人,多不过一百五十人。""直管招讨司本朵甘思宣慰司部落,初附本司进贡袭职。成化以后乃分为二,贡期人数与本司等。后因人数渐多,隆庆三年,定俱三年一贡,每贡各一千人。内五百人全赏,五百人减赏。"⑤

成化六年(1470)以前各部争相朝贡,以致不守三年一贡的定制,明廷疲于供亿。为此成化六年(1470)重申:"诸番三岁一贡之例,国师以下不许贡,于是贡使渐希"。但终明之世,朵甘各部"恋贡市之利,且欲保世官,不敢为变"。⑥

2. 长河西鱼通宁远宣慰司。其贡制几经变易,史有"洪武十六年,置长河西等处军民安抚司,每年一贡,给予勘合,于四川比号,雅州入境。每贡止许五六十人,多不过一百人。……弘治以来,人数渐多。嘉靖二年,题用弘治以前例,不许过一千人。隆庆三年,定三年一贡,每贡一千人,内五百人全

---

① 《明史》卷331,"西域三·赞善王"。
② 《明史》卷331,"西域三·护教王"。
③ 《明神宗实录》卷272,"万历二十二年四月辛未"条。
④ 《明熹宗实录》卷75,"天启六年八月丙辰"条。
⑤ 《明会典》卷108,"礼部66","朝贡四"。
⑥ 《明史》卷331,"西域三·朵甘"。

赏,五百人减赏"。①

其中,永乐十三年(1415),贡使言:"西番无它土产,惟以马易茶。近年禁约,生理实艰,乞仍许开中。"被朝廷允许。"成化四年申诸番三岁一贡之令,惟长河西仍比岁一贡。六年颁定二年或三年一贡之例,贡使不得过百人。"但该宣慰司首领常常突破贡制,如弘治十二年(1499),礼官言:"长河西……诸番,一时并贡,使者至二千八百余人。乞谕守臣无滥送。"然其后来者愈多,卒不能却。"嘉靖三年定令不得过一千人。隆庆三年定令五百人全赏、遣八人赴京之制,如阐教诸王。"②

3. 董卜韩胡宣慰司,永乐十三年(1415)六月设。其贡制为"旧每年一贡,后三年一贡,于四川比对勘合,人数照朵甘思例。嘉靖二年,题用弘治以前例,不许过一千人。其部落别思寨安抚司、加渴瓦寺,弘治以后另贡"。该宣慰司之宣慰使,虽在英宗时两度"乞封王,赐金印",朝廷均以不符合明制而遭拒绝,但仍忠心明廷,"世守西番,职贡不缺","迄万历后,朝贡不替"。③

4. 天全六番招讨司,洪武六年(1373)十二月,天全土司高英遣子敬严朝贡,明廷合天全、六番设一招讨司,隶四川都司,并定秩从五品,许其每三年一贡。有明一代,该招讨司一直遵守三年一贡之制。④

此外,甘、青诸卫番僧有大国师、西天佛子、灌顶国师、禅师之号者,遵"岁一朝贡","大者数千人、少者数百人",辐辏京师。⑤ 另有金川寺番僧、杂谷安抚司、洮岷等处番僧与番族,也是争相朝贡,"人数渐多"。⑥ 甚至有"不得贡为辱"。如万历三十七年(1609)四月,朝廷议复乌思藏等八番入贡事宜,"先是,四川巡按御史以番人混冒,方物滥恶,所奉敕书洗补可疑",一度"尽革乌思藏大乘、大宝、长河西、护教、董卜等八番"的朝贡资格,致有

---

① 《明会典》卷108,"礼部66","朝贡四"。
② 《明会典》卷108,"礼部66","朝贡四"。
③ 《明史》卷331,"西域三·董卜韩胡宣慰司"。
④ 《明史》卷311,"四川土司一·天全"。
⑤ 《明史》卷331,"传219","西域三"。
⑥ 《明会典》卷108,"礼部66","朝贡四"。

"各藏王皆以不得贡为辱,呶呶苦辩,实兹疑畏"。①

二 藏区僧俗首领朝贡的内涵

是什么原因使藏区僧俗首领有如此大的朝贡动力和热情呢?《明史》上有这么一段概述:"初,太祖以西番地广,人犷悍,欲分其势而杀其力,使不为边患,故来者辄授官。又以其地皆食肉,倚中国茶为命,故设茶课司于天全六番,令以马市,而入贡者又优以茶布。诸番恋贡市之利,且欲保世官,不敢为变"。② 即是说,藏区僧俗首领之所以谨修朝贡,一是"恋贡市之利",二是"欲保世官"。

（一）所谓"恋贡市之利"而朝贡

恋贡市之利,毫无疑问是促使藏区僧俗首领依制甚至违例多贡的重要原因之一。从历史上看,以丰厚的物质利益刺激四夷或属国朝贡,是中国古代中原王朝统治者惯用的手法。其中缘由固然有所谓"天朝大国"地大物博、无所不有的炫耀心理在作祟,也有以之满足"天下共主",并追求一统天下的中国式政治理想。但也应看到,这一手法事实上已成为历代中原王朝统治者所常用的一种驭边或治边手段。明朝以优予市贡之利,来换取"四夷"朝贡,无疑是对传统的承袭。如洪武年间礼部对四川打箭炉、长河西土酋的劝谕:"尔其思君臣大义以时来朝,则福汝生汝,获利为无穷",③即所谓:"厚往薄来之中,默寓招夷来远之道"。

与明朝其他民族地区治策不同的是,对藏施政除了顾及因俗以求治外,还得在具体方式方法上有所选择。原因是明朝立国后,在藏区施政问题上与元清二朝相比,事实上存在着一些不利条件。如既没有蒙古国和元初蒙古人所具有的那种摧枯拉朽的军事力量,也缺乏像元朝统治者那样与藏区各政教势力间紧密的宗教联系,更没有如清朝与蒙古间"申以盟誓,重以婚姻"的牢固结盟。因而,明朝统治者对如何施政藏区寄予了双重期望,即既使之持久地臣属明中央王朝,又使之成为"御房"的后方。这就是我们看到

---

① 《明神宗实录》卷457,"万历三十七年四月丙寅"条。
② 《明史》卷331,"列传219","西域三"。
③ 《明太祖实录》卷251,"洪武三十年二月癸亥"条。

明朝为什么要以怀柔和安抚的手段来推行其藏区政策的重要原因之一。关于这一点，在其所推行的朝贡制度上得到最为明显的反应。与来自其他各民族地区土官朝贡使团相比，明廷对藏区僧俗贡使不仅"锡之以金帛，劳之以宴礼"，①而且，回赐偏厚，即所谓："各夷年例进贡，惟西番人数甚众，其赏赐甚厚。"②

明朝的这种不惜以巨大财力和物力来吸引和刺激藏区僧俗首领朝贡的做法，国外有学者以《明史》中"太祖惩唐世吐蕃之乱，思制御之"一语，③而认为"当太祖开始执政并把注意力转移到西藏时，他是以唐朝与吐蕃之间的经验为中心来考虑的"，原因是"北方在经历了四个世纪之久的非汉人统治之后，汉人再次于明朝恢复了对南方和北方的统治。在当时的中国，这是一件十分重大的事件。明朝的朝廷因此就会自然地重提昔日唐朝汉人辉煌时代的历史模式，而不可能重提令人憎恨的元朝之事"。④ 甚至，还有人将明朝重赐藏区僧俗贡使的做法同唐朝实行的宫廷贿赂政策类比，认为："明朝喇嘛朝贡政策的结果似乎与唐朝实行的宫廷贿赂政策的结果并无二致。"⑤因而，以著名汉学家费正清的"不能把对明朝的朝贡看成是中国对任何一个国家拥有宗主权的证据"的看法，导出不能因藏区僧俗对明朝的朝贡定论，"西藏自忽必烈汗以来就是中国的一个诸侯国，并且这一地位贯穿元明两朝始终"。⑥ 费氏之言何如，且不置评。但是，以上述这些言论来简单类比甚至评判明朝的治藏政策，无疑是一种的误解。

在长期的历史互动过程中，分布在不同地域的民族间，形成了紧密的经济交往以及各民族间较为固定的相互依赖关系。明朝通过和藏区僧俗首领

① 《明太祖实录》卷251，"洪武三十年二月癸亥"条。
② 《明神宗实录》卷81，"万历六年十一月癸丑"条。
③ 《明史》卷331，"列传219"，"西域三"。
④ ［美］艾略特·史伯岭：《五世噶玛巴和西藏与初明之间的关系》，熊文彬译，陈庆英等主编《国外学者西藏历史论文集选译》（上），内部资料，中国藏学研究中心历史所，2006年11月，第659—660页。
⑤ 图雷尔·怀利：《明代喇嘛的朝贡》，熊文彬译，陈庆英等主编《国外学者西藏历史论文集选译》（上），内部资料，中国藏学研究中心历史所，2006年11月，第657—658页。
⑥ 图雷尔·怀利：《明代喇嘛的朝贡》，熊文彬译，陈庆英等主编《国外学者西藏历史论文集选译》（上），内部资料，中国藏学研究中心历史所，2006年11月，第650、651页。

的贡赐关系,以及控制汉藏茶马贸易,就是对汉藏间经济上相互依赖关系的利用。这种使藏区贡使得到政治宠荣与经济实惠的做法,极大地提高了藏区僧俗的朝贡积极性,有明一代来自藏区的朝贡使团人数不断增加,各路贡使或从四川或经陕西进京者络绎不绝,即是明证。其中,这些来自藏区的僧俗使团中,不乏有人以朝贡作为谋利手段,所谓:"嗜茶贪贡市"而朝贡。但还不可就此淡化甚至否认这种朝贡所包含的政治意义。

(二)"欲保世官"而谨修朝贡

中国历史文献中的"朝贡",是以体现朝贡者与受贡者之间政治上的不平等或从属关系为基本要义的,即所谓:"古者中国诸侯于天子,比年一小聘,三年一大聘"。应该说,对于此任何人都不会有异议。问题是不同的乃至同一历史时期不同对象的"朝贡",其内涵是否有差异,差异在什么地方,这才是我们首先要弄清楚的问题。

1. 如何看待吐蕃王朝对唐王朝的朝贡

唐代,唐蕃间的朝贡是客观存在的事实。如何看待这种"朝贡",关键是如何认识和定位唐蕃政治关系。在唐蕃关系史上,人们常常乐道的是彼此之间有达八次之多的"和盟"或"会盟",以及盟文中屡次重申唐朝皇帝与吐蕃赞普"代代为婚姻,固结邻好,安危同体,甥舅之国"。① 但是,就终唐之唐蕃间政治关系的实际而言,往往伴随着彼此力量的起伏而变化,即所谓的"甥舅关系期"、"平等对待期"和"唐朝优势地位期"。②

在唐蕃政治关系起伏的三个不同阶段中,双方对朝贡的认知和理解存在着较大的差异。

在"甥舅关系期"和"唐朝优势地位期",吐蕃乐于朝贡唐朝并求其册封,而唐朝也安于受贡。如"甥舅关系期"间,③以松赞干布为代表的吐蕃赞普,视唐朝为舅,"执子婿之礼甚恭"。唐蕃双方都把彼此之间定位舅甥关系,在唐蕃双方往来中,唐朝皇帝对吐蕃赞普使用的是"赏赐"和"封授",而

---

① 《旧唐书》卷196,列传146,"吐蕃",中华书局标点本,1975年版。
② 张云:《西藏历史问题研究》,中国藏学出版社,2006年版,第78—79页。
③ 大致从唐太宗贞观十五年(641)到德宗建中二年(781)。

赞普对唐朝皇帝则是"贡献"。又如"唐朝优势地位期",①唐朝政治上处于对吐蕃具有优势地位,因而即便是在长庆初年(821—822)唐蕃间长安和拉萨会盟之"盟文"中,双方都明确彼此之政治关系为"社稷叶同如一"。② 但是,无论是所谓的"舅甥"关系,还是标榜的"社稷如一",都不能否认唐蕃政治关系之实质仍然是一种不平等关系。

之所以唐蕃双方均认可并乐于维持这种不平等的政治关系,毫无疑问是基于唐蕃彼此当时各自之心态与现实需要。于唐朝来讲,吐蕃之臣属,接受唐朝的册封并朝贡唐朝皇帝,正是其对传统"天下观"中"天朝"与"四夷"关系之理解和现实追求;而于吐蕃来说更是一种现实的需要,无论是其王朝新立还是衰败之时,迫切需要的是有强大的唐王朝的政治认可与经济文化上的支持,因而乐于接受唐朝的册封并向唐朝皇帝上贡。③

但是,在唐德宗建中二年(781)到唐武宗会昌二年(842)这一时期,即所谓的"平等对待期",伴随着吐蕃王朝的强盛与对外强势扩展,以及"安史之乱"后唐王朝的衰微,吐蕃已不再满足于唐蕃舅甥关系之现实并向唐朝皇帝朝贡,而是迫切要求重新定位唐蕃政治关系。其标志是在唐德宗建中二年(781)建中会盟前的使臣来往会商中,吐蕃执意要求唐朝修改以上国语气所写的敕书,否则拒绝会盟。是年十二月,唐使常鲁随吐蕃使臣到蕃。当初,常鲁与崔汉衡至列馆,赞普下令禁止,并命先取信敕。之所以有此刁难,其原因是"来敕云:'所贡献物,并领讫;今赐外甥少信物,至领取'。我大蕃与唐舅甥国耳,何得以臣礼见处?……乃邀汉衡遣使奏定。鲁使还奏焉,为改敕书,以'贡献'为'进',以'赐'为'寄',以'领取'为'领之'。且谓曰:'前相杨炎不循故事,致此误尔'"。④ 如果说宰相杨炎"不循故事",那是天大的冤枉。之所以如此,实则是因吐蕃这个"甥"强大了,对唐朝"舅"不再愿"执子婿之礼",相反,不断求敌国之礼,要求在政治上与唐朝平

①　即从唐武宗会昌二年(842)到哀帝天祐四年(907)。

②　王尧:《吐蕃金石录》,文物出版社,1982年版,第3页。

③　关于此,唐前期册封吐蕃赞普为"驸马都尉"(官职)、"西海郡王"和"賓王"(封爵),与德宗会昌时吐蕃请求唐朝为其赞普册封加号,即是明证。参见《旧唐书》卷196,列传146,"吐蕃";《资治通鉴》卷248。

④　《旧唐书》卷196,"列传146","吐蕃",中华书局标点本,1975年版。

起平坐。而唐廷对之又无可奈何,只好拿杨炎"不循故事"来搪塞。

实际上,就唐蕃交往的整个过程来看,吐蕃所争取者"就是与李唐居于对等地位,甚至有凌驾李唐之上的欲望"。① 即便是在所谓的"甥舅关系期",墀松德赞(742—797)就曾以上国自居,并以唐未遵守约定而出兵占领长安,更换唐主。② 为此,欧阳修在修唐史便说:"唐兴,四夷有弗率者,皆利兵移之,蹶其牙,犁其廷而后已。惟吐蕃、回鹘号强雄,为中国患最久。赞普遂尽盗河湟,薄王畿为东境,犯京师,掠近辅,残戕华人。谋夫猇帅,圜视共计,卒不得要领。晚节二姓自亡,而唐亦衰焉。"③欧阳氏所形容者,为唐廷对吐蕃之入侵,几至无计可施的窘境。

由此可见,在唐蕃关系发展史上,尽管二者间有过以婚姻而结成的舅甥关系、吐蕃赞普也接受过唐朝的分封,但这种臣属关系并不稳固,即便是在彼此友好状态下所立盟约中也包含了划疆立界的内容。④ 为此有学者指出:在中国历史分治时期的唐代,把吐蕃王朝看成一个古代概念的"国家"是可以的。⑤ 因而,唐朝对于如吐蕃这样的没有行使过行政管辖权的地方,仍在其文献中一概使用体现政治上尊卑的字眼如"吐蕃使者朝贡"描述吐蕃使臣的到来,有拟或"合法理由",也有的是因"天朝至尊思想在作祟"之故。⑥

2. 如何认识周边国家对明朝的朝贡

在历史上,中国中原王朝通过对周边国家册封的方式确定彼此"君臣

---

① 林冠群:《唐代吐蕃史论集》,中国藏学出版社,2006年版,第222页。
② "安史之乱"后,吐蕃趁唐内乱无暇西顾之危,大肆东犯,侵占唐朝大片国土。唐肃宗为挽转局势,借兵回纥,与吐蕃签约纳贡。代宗即位后,拒绝履约纳贡。墀松德赞为之出兵犯唐,并于代宗广德元年(763)占领长安十五天,烧杀抢掠,立金城公主侄为帝,方才撤兵。参见林冠群:《吐蕃赞普墀松德赞研究》,台湾商务印书馆,1989年版,第254—258页。
③ 《新唐书》卷216,"列传141","吐蕃下",中华书局标点本,1975年版。
④ 对此,现存拉萨的"唐蕃会盟碑"碑文中有清楚的记载:"舅甥二主,商议社稷如一,结立在和盟约","今蕃汉二国所守见管州镇为界,已东皆属大唐封疆,已西尽是大蕃境土,彼此不为寇敌,不举兵革"。又长庆二年(821)唐蕃会盟的誓词也称:"中夏见管,维唐是君;西裔一方,大蕃为主"。
⑤ 张云:《西藏历史问题研究》,中国藏学出版社,2006年版,第215页。
⑥ 张云:《舅甥关系、贡赐关系、宗藩关系及"供施"关系——历代中原王朝与西藏地方关系的形态与实质》,载《中国边疆史地研究》,2007年第3期。

之位"，从而形成与这些国家之间的附属关系。① 周边国家定期或不定期对中国的朝贡，便成为体现二者间君臣关系的重要标志。因而，中国历代封建统治者都十分重视这种性质的朝贡，并逐渐演变成中国传统社会政治制度中的一个重要组成部分。

明朝统治者充分继承了历史传统，着力开拓附属国，并希冀这些国家尽职朝贡。早在明太祖朱元璋灭元建明之初，为向海内外宣告已承正统，一方面在国内"颁即位诏于天下"，另一方面"恐四夷未知"其已"主中国"，故"遣使以报诸国"。② 同时带去"大统历"一本，使诸国王知"正朔所在"，并要求他们奉表来朝。洪武二年(1369)朝鲜国王王颙就应诏遣使表贺，贡方物，并请求册封。明太祖顺其所请，遣使封王颙为"高丽国王"。③ 又洪武二年(1369)安南王陈日煃遣使朝贡，被封为安南国王，并令其"守境南陲，称藩中国，克恭臣职"。④ 同年占城国阿答阿者奉表来朝，以金印封占城国王。⑤ 面对"四夷诸国"克职朝贡，明太祖于洪武四年(1371)九月，告谕省府台臣说："海外蛮夷之国，有为患于中国者，不可不讨；不为中国患者，不可辄自兴兵……朕以诸蛮夷小国，阻山越海，僻在一隅，彼不为中国患者，朕决不伐之。"⑥并把朝鲜、日本、流球、安南、真腊、暹罗、占城、苏门达剌、西洋、爪哇、彭亨、百花、三佛齐、渤泥等15国"不征诸夷"⑦。并载诸"祖训"，以免"后世子孙，倚中国富强，贪一时战功，无故兴兵，致伤人命"。⑧

明成祖时，亦广泛派出使者遍赐海外诸国，招徕朝贡，还打破了太祖时与日本的僵持局面，建立起友好关系。并有郑和下西洋的空前壮举，致有

---

①　对于这种附属关系的形成，中外学者有不同的理解。著者在此不讨论这些附属国家是迫于当时中国的政治、经济实力，还是仰慕中华儒家文明；是主动认可，还是被迫接受这种不平等的政治关系。但近代以前的相当长历史时期中，中国历代封建统治者是以"君臣"定位来处理与周边国家之关系的，而且也得到这些附属国家的认同。

②　《明太祖实录》卷38，"洪武二年正月乙卯"条。

③　《明史》卷320，"外国一"，"朝鲜"。又洪武二十五年(1392)，高丽国王遣使请更国号，获赐"古号朝鲜"。

④　《明史》卷321，"外国二"，"安南"。

⑤　《明史》卷324，"外国五"，"占城"。

⑥　《明太祖实录》卷68，"洪武四年九月辛未"条。

⑦　《明会典》卷105，"礼部66"，"朝贡一"，"东南夷上"。

⑧　明太祖：《皇明祖训》，"祖训首章"，齐鲁书社，1997年影印本。

"四方宾服,受朝命而入贡者殆三十国,幅员之广,远迈汉唐"。①

历史上有关"四夷"朝贡中国的事例,明代无疑是一个高峰时期。明统治者也十分重视朝贡事务,恩赐厚重,有关制度也越发规范。② 长时期内,明朝与周边附属国之间的朝贡关系得以维持,可以肯定的是,它绝不只是明朝一方的意图,还有周边国家的意图。不可否认,明朝在当时不仅是政治、军事和经济强国,同时也是文明先进国家。周边各"蛮夷小国"大多寄厚望于朝贡明朝,以期通过朝贡换得国家的安保、内治外交的自主,以及经济上的实惠。如朝鲜之朝贡中国,其意图是:对外要利用中华权威以牵制日本;对内要借"天子"的权威获得政权的正统性,一旦发生乱臣犯上,明朝则扮演正义的评判者和非正义的审判者。李成桂父子弑杀高丽国王王颛,对于李氏弑君恶行,明朝予以谴责并拒绝对之册封。又如占城之朝贡中国,是要以之求得保护,免遭安南威胁。由此可见,如朝鲜、占城诸国朝贡中国,并不是因明朝的强制而被迫参与到朝贡体系,而是为了各自国家利益的最大化,主动而积极地运用了朝贡关系。而明朝之津津玩味周边属国朝贡,也并没有直接支配这些附属国的意图,仅是通过册封君主施加影响,并希望通过朝贡所体现的服从,来确认并满足中华的威信和自尊心。为此,有研究者指出:这种附属关系形成的基础,一是中国自称为"天下中心"的自负心理以及周边民族视为"夷狄"的中华思想,二是周边国家出自"威邻"与"谋利"现实考虑而形成的"事大"观念。③ 虽然,建立在这种基础之上的"臣属关系",以今人之眼光审视无疑是一种极不正常的"以小事大","以大控小"的封建邦交中的不平等关系,但那时却被视之为家人中的"若父若子"恩情,彼此都觉得不无合理。④

---

① 《明史》卷7,"成祖本纪·赞"。

② 有关内容,可参见《明史》卷56,"礼志十";卷72,"职官志一";卷74,"职官志三"。

③ [韩]郑容和:《从周边视角来看朝贡关系——朝鲜王朝对朝贡体系的认识和利用》,载《国际政治研究》,2006年第1期。

④ 如朝鲜王朝世宗时(1387—1450),朝明关系稳定,世宗献给明朝国书说:"小国的百姓都是中国朝廷的赤子",与中国使臣:"相互间像家人聚在一起一样,非常亲切"。《世宗实录》20年6月7日,23年1月8日,转引自[韩]郑容和:《从周边视角来看朝贡关系——朝鲜王朝对朝贡体系的认识和利用》,载《国际政治研究》,2006年第1期。

因此,对于被明统治者列入"不征之国"的附属国,尽管各属国之国王嗣立时还需明朝皇帝册封认可,并皆与明朝保持着一种朝贡关系。但必须清醒认识到这种性质的朝贡,更多的是被当做一种政治外交模式来使用的,[①]惟能说明者乃这类国家与明朝保持着友好的外交关系,或者说它们是明朝的属国。是因明朝除对这些属国有册封之权外,几乎不干预各属国的独立行政权和外交权。表现之一,这些国家的王位承替,虽有明朝皇帝册封这一道程序,但大多有其独立的世系、国号和年号。为此,明朝对来自这些国家的朝贡使团进行赐封时,还得冠以这类国家的国名。即所谓:"外夷封王,如朝鲜、安南、占城三海岛诸国来朝贡者,各以其国名封。"[②]表现之二,这些国家的国王有权独立施政,并根据各自国家的传统任命各级官员。因此,这些国家是否对明朝恪守臣责而朝贡,还与其政权更替、实力变化和明朝国力强弱等因素有相当大的关系。[③]

3. 藏区僧俗首领朝贡明朝之实质

比较可知,上述两种朝贡与藏区僧俗首领朝贡明朝,虽同样名为"朝贡",但各自之内涵存在着质的差别。这主要是因藏区僧俗势力与明王朝之间的朝贡关系,是以建立行政区划为基础,以分封政教首领为依托,以驿站和茶马(贸易)为纽带而确立的新型的政治统治关系。

明初,明太祖在致力于确立藏区地方统治权的过程中,朝贡即被视为藏区僧俗首领是否归附新朝的重要标志和是否封职的依据。所以,早在西北战事尚未平息之时,太祖即派使入藏招谕,鼓励故元官吏、土官、部落头人和宗教首领到京朝贡。一旦这些僧俗首领或亲自或遣使朝贡,明廷随之即给

---

① 付百臣:《略论日本在东亚朝贡体系中的角色与作用》,载《新华文摘》,2008 年第 3 期,第 61 页。

② (明)郑晓:《今言》卷 1,中华书局,1997 年版,第 31 页。

③ 如被清人视为明朝与属国友爱关系典范的朝鲜,"在明虽称属国,而无异域内"。但一方面,朝鲜对明朝的态度也往往伴随着变化的形势及出于对自身利益的维护而波动。明初,高丽即在明朝与北元之间阴持两端,特别是王颛被杀,篡位者在较长时期内得不到明廷的认可和册封,因而或杀明使或停用洪武年号,之后又因铁岭归属问题不时扰边,以致明朝皇帝为此警告朝鲜国王:"各正疆境,毋侵越……俾安分,毋生衅端。"(参见《明史》卷 320,外国一,"朝鲜")又如安南,在明代名义上遵"三年一贡"或"六年二贡",但在有明 270 余年间,真正落实者仅为 100 年时间。参见王桃:《20 世纪以来中国学者关于清代以前中越关系的研究》,载《东南亚研究》,2006 年第 3 期。

予他们封官授职。可见,藏区僧俗首领进京朝贡并被授予新职,已成为元明政权交替之际,藏区臣服新王朝的一种具有标志性的方式。

表面上,元明政权交替后,藏区僧俗首领对明朝的朝贡与明朝之属国朝贡没有多少区别。但实质上,这些来自藏区的僧俗首领之朝贡明朝,首先是以明帝国之边疆官员的身份在履行朝廷赋予的政治义务,同时也是明王朝对藏区地方行使统治权的一种方式。与明朝周边属国不同的是,藏区的地方政权建设是按照明帝国的疆土管理系统设置原则进行的。在明朝的疆土管理系统中,地方政权设置基本上是以两个平行的系统来完成的:即由承宣布政使司(直隶府、州)——府(直隶布政司的州)——县(府属州)构成的行政系统;由都指挥司(行都指挥司、直隶都督府的卫)——卫(直隶都指挥使司的守御千户所)——千户所构成的军事系统。其中,后者表面上仅是一种军事机构,而实则是边疆地方的一级行政单位,与前者不同的是它既统军又治民。自洪武六年(1373),"西番朵甘、乌思藏各族部属,闻我声教,委身纳款"后,明朝即依边疆行政设置原则在这些地方建立行政机构。诏置"乌思藏、朵甘卫指挥使司,宣慰司二、元帅府一、招讨司四、万户府十三、千户所四"。① 洪武七年(1374),又以"地广民稠,不立重镇治之,何以宣布恩威"为由,升乌思藏、朵甘二卫为行都司。② 之后,如洪武十八年(1385)将俺不罗卫升格为行都指挥使司;永乐十一年(1413),在帕木竹巴的政治中心——山南的内邬宗设置了乌斯藏卫牛儿宗寨行都指挥使司;永乐十四年(1416),又在帕竹政权属下仁蚌宗设置领思奔寨行都指挥使司。可见,朵甘、乌思藏等地军政机构无论是初创还是调整,完全符合明朝统治者所号称的"凡幅员之内,咸推一视之仁"的原则。

明朝对应招来朝的所有僧俗首领,进行分别封职。俗职有指挥使(同知、佥事)、宣慰使同知、副使、元帅、招讨、万户等;僧官有法王、教王、西天佛子、大国师、国师等职,并将他们均安插在相应机构中任职,且无论僧俗都"许之世袭"。但是,他们既不同于接受唐王朝赐封的吐蕃赞普,也更异于

---

① 《明太祖实录》卷79,"洪武六年二月癸酉"条。
② 《明太祖实录》卷91,"洪武七年七月己卯"条。

明朝册封的周边属国国王。

首先,藏区僧俗首领所拥有的自主权,无法与唐之吐蕃赞普和明朝册封的周边属国国王比拟。这充分体现在,无论是世俗势力强大地方首领,还是宗教威望甚高影响力很大的领袖,明朝无一例外地分区设治、分别授职,即便是在乌思藏有举足轻重之话语权的帕竹首脑,明朝也"从来不认为他们是西藏的国王"。① 既然如此,即或在各自之势力范围内,他们皆难以离开明朝中央政府独立施政。比如,在藏区僧俗官员的任命问题上,即如《法主历辈噶玛巴传略如意宝树》上说:"一般说来,除了皇帝以外,其他人无权委派官吏"。② 即或有意荐举何人为官,亦须得到明中央政府的认可,方具有合法地位。因此,凡被明朝封授的藏区僧俗官员,无论采取何种形式袭替,其承袭人都必须赴朝请封。即所谓:"袭替必奉朝命,虽在万里外,皆赴阙受职"。③ 这就是他们与吐蕃赞普和明朝之周边属国国王的本质区别所在。④

其次,凡被明朝封职的藏区僧俗首领,都必须担负起朝廷赋予的职责并履行相应的义务。即"为官者务遵朝廷之法,抚安一方;为僧者务敦化导之诚,率民为善,以共乐太平",并"体朕心,益遵纪律。⑤ 可见,藏区僧俗首领一经明廷封官授职,即成为帝国边疆职官系统中的一分子。因而,在藏区无论是明朝对谁的分封,还是有关行政的诏令,均具权威性而得到藏区大小僧俗首领普遍承认,并得到贯彻落实。

帕竹政权珍视并按制袭替阐化王封号的有关事实,尤能证明之。帕竹政权自第五任第悉扎巴坚赞,永乐元年(1403)遣使入贡,四年(1406)被封为灌顶国师阐化王后,据载:其"美名,响彻天界,……所有藏中人士,莫不

---

① [意]杜齐:《西藏中世纪史》,李有义、邓锐龄译,中国社会科学院民族研究所民族史室民族学室编,1980年油印本,第44—45页。这里的"他们"即帕竹政权首领。
② 《中国西藏地方历史资料选辑》,西藏人民出版社,1986年版,第283页。
③ 《明史》卷310,"列传198","土司"。
④ 虽然,明朝在对来自乌思藏的一些高级僧俗首领封职过程中,有时会加上"乌思藏"前缀。但这是一种以地域来区别身份的称谓习惯,它有似于我们今天说某人来自四川某地。
⑤ 《明太祖实录》卷91,"洪武七年七月己卯"条。

有口皆碑"。① 之后,各任阐化王均忠于职守,谨修朝贡,以保世官。其间,虽然出现正统年间第七任第悉桑结坚赞"借袭"和嘉靖时期第十任第悉阿汪札失巴坚赞巴班藏卜"急于袭职"阐化王这样的有违明朝袭替原则的现象,但透视这一现象,在相当程度上说是因帕竹政权上下太看重明朝赐封的阐化王封号。

明末清初,朗氏家族后裔积极争取清廷再封阐化王以及由之引起五世达赖不悦的事实,也可证实藏区僧俗首领对朝廷授职封官是何等的重视。《清实录》载,顺治五年(1648),阐化王来朝,顺治敕谕:"尔等遣使进表,具见真诚来服之意,朕甚嘉悦。方今天下一家,虽远方异域,亦不殊视。念尔西域从来尊崇佛教,臣事中国已有成例。其故明所与敕诰印信,若来进送,朕即改授,一如旧例不易"(即明制)。② 所以,当五世达赖喇嘛1652年到1653年进京朝见并受清朝封为"西天大善自在佛所领天下释教普通瓦赤喇怛喇达赖喇嘛"之后,阐化王于顺治十三年(1656)十一月、十三年(1656)十二月分别遣使朝贡,并得到清廷"如旧例"赐封为阐化王。朗氏后裔的这一举动,也引起是时藏传佛教各派中一支独大的格鲁派的强烈不满,这在五世达赖晚年撰写的自传中表露无遗。自传中写到:"乃东人向朝廷奏请说:'在吐蕃的四个王当中,受封为灌顶国师阐化王的是乃东贡玛,有向朝廷进贡的惯例,后来一度中断。此后遍知一切索南嘉措和夏仲阿旺扎巴结为福田与施主,心投意合。索南嘉措前往脱思麻时,又重新建立了以价值三千两白银的物品朝贡的例规,由洛桑羊官巴和札底的贡使轮流前往朝贡。后来因对主巴人说起似乎不能按朝贡文书规定的数量进贡,故议定主巴派人前来一起去朝廷进贡,此事一直为双方所重视。汉地的朝廷改换以后,未得到新的朝贡文书,故未能进贡'。因此皇帝准备下诏将乃东列为进贡之家,并派喜饶喇嘛前往颁诏。喜饶喇嘛说:'雅隆之王被藏巴汗击破之后,如今已如甘丹颇章的差民一般,请按察哈尔汗王的后裔的例子对待'。所以皇帝改变心意,派使者们前去察看真伪。因此,在却典喇嘛前去后藏的期间,我

---

① 五世达赖:《西藏王臣记》,郭和卿译,民族出版社,1983年版,第136页。

② 《清世祖实录》卷39,"顺治五年七月庚寅"条。

派色钦温布和仲尼仲巴二人随衮布格隆前去乃东孜观察情形。由于使臣们对当地情形做了奏报,所以(乃东人)不仅没有得到新的朝廷颁赐的进贡文书,而且连其原有的大明皇帝赐给的在吐蕃称为珍宝的水晶印也在送往朝廷验看后在羊官囊素带回乃东时在路上被盗匪砸毁,弄得连一点依据也没有了。"①五世达赖之所以对朗氏家族后裔重新获得阐化王名号表现出不快,是因在帕竹政权已经灭亡数十年之后,其后人之所以力图通过向清朝进贡来获取清廷赐封阐化王,其目的当然是要以此在西藏争得一席政治地位。而五世达赖又深知中央王朝的封授名号对巩固和提升藏区地方政教首领的政治地位有着至为重要的作用,认为"在只缺皇帝赐封的那颗印信的时候,那你始终不算在喇嘛的领导行数中"。② 因此,在他自己受清朝封授以后,绝不愿看到乃东再被清朝封为阐化王来分享自己的地位。所以,他对乃东人的计划的失败,不是抱有同情的态度,而是加以嘲讽,自然也就是不难理解的事。

上述事实表明,藏区僧俗首领之所以对明朝谨修朝贡且"不敢为变",所谓"恋贡市之利"只是次要动因,而根本原因在于通过朝贡这种方式来恪守臣职,"欲保世官"。

三 朝贡是明朝行使藏区主权的一种表现形式

明朝以朝贡作为行使藏区主权的一种方式,它既是对中国历代中央王朝治边或驭边传统的承袭,也是明帝国对所属边疆民族地区首领的普遍要求和边疆治策的一个重要组成部分。因为这里的朝贡是以贯彻落实"因俗以治"和"以夷治夷"的传统治边或驭边策略为前提的,而且它事实上成为中央王朝与边疆民族地区之间维持和维护政治上统治与被统治的重要纽带。

与唐朝之于吐蕃,明朝之于周边属国不同的是,藏区乃明帝国版图的一

---

① 转引自邓锐龄:《元以来西藏地方与中央政府关系研究》,中国藏学出版社,2005年版,第271—272页。
② 五世达赖:《西藏王臣记》,郭和卿译,民族出版社,1983年版,第140页。

部分,因而明朝对藏区地方的政治制度设计依照其边疆政权建设原则,制宜行事。即从制度上以基本保留藏区传统为核心,以僧俗双重封授为内容,从而保障藏地民族上层均享有世袭特权和对民族内部事务拥有一定自理权,并以此来搭建藏区地方行政机构和构建治藏政策,从而夯实藏区僧俗首领归附明朝的政治基础。但是,在施政力度和具体的方式方法上,又有明显的分区施政色彩。① 如同样是实施"多封众建",但在授职级别上,就对乌思藏和朵甘藏区突破常例,甚有因人而设制的现象,以致有人认为:"汉族对西藏的主权只限于从法律上批准和承认那些事实上已存在的特权和权力。……一般来说取得明朝的封号并不特别困难。"②但是,明朝对藏区僧俗势力如此慷慨的封官与赏赐,并不是出于乐善好施的本性,而是有其政治目的,即希望这些获得封赏者能守边护方。受封者除了要"敬修臣职,抚化番夷"外,亦须为朝廷提供服务,如"复置驿站,以通西域之使",并为往来使团"给道里费,且遣人防护"等。因此,明朝对藏区僧俗势力无论是因俗封授还是"分而治之",完全是基于使藏区保持长久稳定和实现对之统治有效而采取的一种施政策略。

正是由于明朝藏区地方僧俗首领的朝贡,是以明朝在藏区地方建立行政区划和行政管理体制为基础的,因而,这些僧俗首领虽仍为"部族之长",但同时也是朝廷命官,是被赋予相应政治职责而"许岁时朝贡"。③ 显然,他们对明朝的朝贡已具有双重含义,即既是一种权利,又是作为明王朝臣民应尽的一种义务。所以,明朝完全掌控着这种朝贡的主动权。规定朝贡次数、人数、年限乃至朝贡路线,并评判朝贡是否合法。给予依时入贡者以褒扬、厚赏;而对于那些旷贡违期或"贡物不及数"者,要予以惩处,大张挞伐。可见,如果没有明朝对藏区的政治统治,这种朝贡就不能成立。至于说,明廷常以给予按制朝贡的僧俗贡使价值高出贡品数倍的厚赐,这完全是出于笼络

---

① 即对今西藏自治区所辖藏族地区和靠近内地省份的藏族地区,其统治措施有所区别。致之之由是多方面的。其中,既与西藏地方政教分裂的局面有关,也与明朝对西南和西北藏区的经营有关,还与明朝相对萎缩的控制范围和政治、军事影响力有关。

② [意]杜齐:《西藏中世纪史》,李有义,邓锐龄译,内刊,1980 年印,第43—44 页。

③ 《明史》卷330,"列传218","西域二","西番诸卫"。

和控制其僧俗上层,使他们更好地为朱明王朝的统治效力的政治目的。因此,从这个层面上说,同样是向明帝国朝贡,但来自藏区的僧俗首领的朝贡所标识的实质含义,不仅与明帝国周边属国的朝贡迥然不同,也与历史上如唐朝时期这些地区首领对唐王朝的"朝贡"有质的差异。对此,有学者明确指出:朝贡关系同样出现在唐朝,也出现在明朝,意义并不一致,"唐朝只是一种调节办法,尽管也有政治上尊卑高低的内容,但更多是天朝至尊思想的反映,而明朝则上升为一种治策"。[①] 正是因为明朝将以朝贡作为一种对藏治策,这也是诸番要以谨修朝贡的方式来保世官的实质所在。

所以,受明朝封赐的藏区僧俗首领,为感谢明王朝的优遇之恩,纷纷遣使进表贡方物。这充分反映出明朝与藏区僧俗首领之间政治上的君臣关系,绝非如国外某些人所说的"供施"关系,也不是"集体的或个人的事务,和西藏统治者完全无关,而且他们也不是官方的代表"。[②]

当然,由于元、明、清三朝各自的国力、边疆民族关系格局以及藏区政教形势的差异,对藏区的控制力度和施政方式呈现出较大的相异。如明朝在藏区建立行政区划、任命官员、恢复驿站等措施,但毕竟未如元、清二朝那样派驻军队,进行全面直接管辖。因此,无论是实施"多封众建",还是推行"贡市羁縻",皆是明朝为维护国家统一与加强藏区管理而采取的重要手段。这就是为什么元代文献中对藏区僧俗首领的到来通常以"至京"或"还京"字眼表述,而不是以"朝贡"来表达。但是,应看到这仅是中原中央王朝行使统治权的方式上的不同,绝不可因此判定"对于西藏本身的政治或军事,明朝皇帝实际上只有一点或没有任何影响"。[③] 是因"控御之宽严,本为最高权力当局斟酌时宜所采取之政策,主权归属与政策之宽严,是性质不同的两回事"。[④]

---

① 张云:《舅甥关系、贡赐关系、宗藩关系及"供施"关系——历代中原王朝与西藏地方关系的形态与实质》,《中国边疆史地研究》,2007 年第 3 期。

② H. E. , Richardson, *A short History of Tibet*(《西藏简史》), New York, 1962, p. 31.

③ 图雷尔·怀利:《明代喇嘛的朝贡》,熊文彬译,陈庆英等主编《国外学者西藏历史论文集选译》(上),内部资料,中国藏学研究中心历史所,2006 年版,第 657 页。

④ 王森:《西藏佛教发展史略》,中国社会科学出版社,1997 年版,第 256 页。

第四节　结语——兼论明朝治藏的局限性

　　相较而言,元、明、清三朝治藏有甚为明显之差异。元朝在一定程度上凭借武力后盾,并借助蒙藏民族之间宗教文化上的亲和关系,对藏施政模式具有刚性特征;清朝治藏制度体系的最终确立,虽然经历了不断调整终致健全的曲折历程,但无可否认,其制度之完备,不仅使自元以来藏区地方与中央的关系达到最高阶段,并使这种关系在政治制度上最终趋于定型和强化,且个别措施具有超时代的意义。而明朝治藏则采取了相对缓和且颇具弹性的施政策略,表面上看,这种策略的力度明显不具有元之刚性,其制度也不如清之严密。

　　之所以如此,是因元明和明清交替不仅标志着古代中央政权的改朝换代,而更深层内涵是中原统治民族主体的换位与国内既有民族关系格局的打破。以汉族为统治民族主体的明朝,与蒙古族、满族为中原统治民族主体的元、清两朝,在治藏问题上面临着一个民族文化亲和力的差异,继蒙古族与藏族关系非常密切的元朝之后而诞生的明朝,在此问题上显然要被动一些。此外,就元、明、清三朝各自之边疆民族格局和国力之强弱而言,其差异也非常明显。明建立之初,即处于北方蒙古族势力的直接威胁之下,而中叶以后,沿海倭患炽烈,到后期又是东北女真崛起,且最终被推翻。凡此种种持续的严重政治、军事压力,使明朝对藏施政将受到多方面的制约。而正是有这些制约因素,使明朝治藏不能不采取与元、清有别的、更加权宜的措施。

　　实践证明,明朝的这种看似缓和且颇具弹性的治藏政策,却得到了"西陲宴然,终明世无番寇之患"的实际效果。甚至可以说,正是因为有明朝对藏区近三百年的统治与管理,促进了藏区心向中央的内驱力的进一步加强,才使清朝能够顺利地承接对藏区的主权。因此,在古代中央王朝治藏史上,明朝起到了承前(元)启后(清)的中介作用,这是必须充分认识并理应给予高度评价的。

当然，明朝作为中国封建社会晚期的一个王朝，它的藏区施政有其时代烙印而显现出较大的局限性。

第一，强制性地隔断蒙藏民族的传统联系，以期实现西北边疆的稳定，断难有持久之效果。

元明换代之后，元室后裔仍据大漠南北并与明为敌。在此形势之下，明朝为了防止蒙藏联合并力内侵，便效"汉武创河西四郡隔绝羌胡"之法，于甘青设驻兵军置卫，屯田戍守，以期隔绝蒙藏交通。又陈兵九边，以防蒙古各部内犯。而对于藏区，则着意安抚。其目的无非是要借助对以藏族等为代表的西北、西南民族的控驭，使整个藏族地区成为明朝在西边的稳定的安静后方，以便将主要兵力和注意力都集中在如何消除或最大限度地削弱来自北方蒙古的威胁。从战略上看，明朝的这种御边策略，在一定历史时期内还有其合理性。但是，作为中央王朝的明朝统治者一味秉持"抚藏御虏"，强制性地推行隔断蒙藏民族联系，而不是寻求有效之治策以从根本上解决北部边疆面临的问题，就不能不说这种策略只能算是一种治标不治本的权宜之计，自然也就难有长久之效应。

实际上，当"洪、永、宣世，国家全盛"之时，明朝所设的西北诸军卫确实起到了"附境保关，屏蔽内地"的作用。[1] 境内诸番也在明朝的有效控制之下，对朝廷忠心耿耿，有"捍卫之劳，无背叛之事"，[2]为明反元保塞立下汗马功劳。所谓："诸番恃我为庇护，我恃诸番为藩篱。虏有抢番声息，我即传谕收敛；我有沿边警报，番亦侦探架梁。是以番有先事之备，我无剥肤之虞"。[3] 在蒙古势力涌入青海以前，这些藏族地区还能够持续保持稳定，即或"小有蠢动，边将以偏师制之，靡不应时底定"。[4] 但正统后，明朝之"边备废弛，声灵不振。诸部长多以雄杰之姿，恃其暴强，迭与中夏抗"。[5] 特别是正德五年(1510)以后，明朝"备边久弛，制御乖方"，"亦卜剌窜西海，阿尔

---

① 《明经世文编》卷404，"郑经略奏疏一·类报四镇虏情疏"。
② 《清史稿》卷570，"土司"。
③ 《明经世文编》卷404，"郑经略奏疏一·收复番族疏"。
④ 《明史》卷330，"西域二"。
⑤ 《明史》卷327，"鞑靼"。

秃厮与合，逼胁洮西属番，屡入寇。……八年夏，拥众来川，遣使诣翼所，乞边地驻牧修贡。翼啗以金帛，令远徙，亦卜剌遂西掠乌斯藏，据之。自是，洮、岷、松潘无宁岁"。① 当三世达赖进入青海向蒙古传教时，明朝当局虽已注意到这一动向，但此时国力已衰，面对蒙藏联合这一违背祖制之事实，已深感鞭长莫及，只好予以承认，仅以计使俺答汗受抚，封其为顺义王。而对于乌思藏、朵甘等地的施政，如果说明前期还有较大作为的话，那么到明朝中后期，因内部矛盾频仍而自顾不暇，对这一地区也就只好听之自便了。

而且，正是明朝北部边政之失误，当女真崛起东北之际，努尔哈赤就敏锐地观察到明朝消极对待蒙古各部的事实，首先就对蒙古各部采取"申以盟誓，重以婚姻"之策略，视蒙古为推翻明朝统治的重要辅助力量。势已至此，明朝之灭亡也只是一个时间早晚的问题了。

第二，强求以经济手段来达到政治上的目的，难免顾此失彼。

明朝奉行"以茶驭番，以番制蒙"的治藏策略，虽然它被当朝统治者津津乐道，并认为是体现"我体既尊，彼欲亦遂"之良策，②以及"制之之机在我"的"羁縻之术"。③ 但是，汉藏茶马关系的发生与发展历程表明，经济关系乃民族间的基本关系和必然联系，茶马贸易本质上应该是汉藏民族之间互通有无的经济活动，过度地注入政治内容，其效果必然适得其反。茶马贸易原本被汉藏官民视为趋利之"金路"，但经明朝强力干预之后，不仅使"茶商苦于严禁，几致绝迹"。④ 而且明朝之官营茶马体制亦难以为继，"商人绝迹，五司茶空"，⑤虽几经变革以图挽转颓势，然收效甚微，最终难逃衰败之命运。

意在招徕而采取的厚予赏赐之法，无疑大大刺激了藏区僧俗首领的朝贡热情，对扩大汉藏经济联系和强化政治凝聚都有重要作用。但是，亦应看到过分的物质刺激，必然驱动违法、违例朝贡，一旦国家政令松弛，势必造成

---

① 《明史》卷327，"鞑靼"。
② 杨一清：《杨一清集》（上），卷3，中华书局，2001年版，第74页。
③ 《明经世文编》卷106，"梁端肃公奏议五"。
④ 《明神宗实录》卷356，"万历二十九年二月庚酉"条。
⑤ 《明神宗实录》卷356，"万历二十九年二月壬申"条。

严重的社会问题。"回赐"物值愈厚量愈大,明朝政府因此而承受的财政负担愈重。无序失控的"冒贡""滥贡",不仅使沿途省份"疲于供亿",并扰乱地方秩序,而且事实上已成为加重明中后期中央政府财政危机的一个非常重要的原因。同时,过多地关注厚赏朝贡来换取西陲的内附,其时效性正如时人所说:"国家仅以赏贡羁縻之,岂足为制驭之长策哉!"①

第三,过分依赖或放大宗教的社会功能,其负面影响值得总结。

明朝"因俗以治"地推崇和扶持藏传佛教,总体来看,无疑是一种明智之策。以尊崇高僧为号召,以崇尚佛教为维系,基本顺应和保持了藏区政治、经济、文化的正常状态和发展趋势。而重视藏传佛教高僧在藏区社会中之作用,以政治上的宠荣和经济上的实惠,充分调动他们在施政过程中的积极性、主动性和能动性,从而达到了明朝一以贯之的"安抚一方"的基本统治目标。

但是过分依赖或放大宗教对现实社会的功能,也给藏区社会之发展带来负面影响。如扶持寺院,致有"番、土人死,则以产业布施于寺,求其诵经,子孙不能有。故番、土益穷,而僧寺益富。其各番族,各有归附,寺院俨同部落";优遇"番僧",造成"番人、土人有二子,必命一子为僧。且有宁绝嗣而愿令出家者"。②为此,有学者说:"宗教界生气勃勃富于活力,而俗人世界方面则经常弥漫着停滞的气氛,……一度震撼中亚细亚的藏族,从中世纪以后,闭关自守,禁锢在停滞不前的社会中。"③佐藤长先生此番述说妥当与否,暂且不论,然而他为人们提出一个犹待思考的问题。

如此等等。若以后人之眼光来审视明朝藏区施政之失,其不足之处可能还远不止这些。但是,正如列宁所说:"判断历史的功绩,不是根据历史活动家有没有提供现代所要求的东西,而是根据他们比他们的前辈提供了多少新的东西。"④在评判明王朝治藏时,理应作如是观。历经明初洪武、永

①　张瀚:《松窗梦语》卷3,"西番纪",中华书局,1997年版,第62页。
②　《西宁新府志》卷15,"祠祀·番寺",青海人民出版社,1989年版。
③　[日]佐藤长:《帕木竹巴王朝的衰颓过程》,载邓锐龄:《藏族史论文译文集》,中国藏学出版社,2004年版,第1080页。
④　列宁:《评经济浪漫主义》,《列宁全集》第2卷,人民出版社,1995年版,第150页。

乐二帝所确立的藏区施政治策，不仅成功地承袭了藏区主权，并有效地维护了藏区地方的相对稳定，藏区为官者遵朝廷之法，抚安一方；为僧者敦化导之诚，率民为善，致有终明之世"无番寇之患"和西陲宴然的积极效果。而且就其在汉藏关系发展历程中的地位而言，明代无疑起到了承前元启后清的历史作用。如果说明王治藏为后人"提供了"什么东西，其成败得失之经验教训，就是它能"提供"的。

参 考 文 献

一 史 料

1. (后晋)刘昫等:《旧唐书》,中华书局,1975 年。

2. (宋)欧阳修、宋祁:《新唐书》,中华书局,1975 年。

3. (元)脱脱等:《宋史》,中华书局,1977 年。

4. (明)宋濂等:《元史》,中华书局,1976 年。

5. (清)张廷玉等:《明史》,中华书局,1974 年。

6. (清)谷应泰:《明史纪事本来》,中华书局,1977 年。

7. (明)谈迁:《国榷》,中华书局,1988 年。

8. (清)夏燮:《明通鉴》,中华书局,1959 年。

9. (明)李东阳等撰、申时行等重修:《明会典》,新文丰出版公司,1976 年。

10. (明)陈子龙等选辑:《明经世文编》,中华书局影印本,1962 年。

11. 《明实录》,(台)中央研究院历史语言研究所校印本。

12. 《明实录藏族史料》(二册),西藏人民出版社,1982 年。

13. (明)王圻:《续文献通考》,明万历刊本,元明史料丛编一,文海出版社印行。

14. (明)谭希思:《明大政纂要》,元明史料丛编三,文海出版社印行。

15. (明)严从简:《殊域周咨录》,中华书局,1993 年。

16. (明)王世贞:《弇山堂别集》,中华书局,1985 年。

17. (明)张雨:《边政考》,北平图书馆刊本。

18. (明)方孔炤:《全边略纪》,北平图书馆刊本。

19. (明)沈德符:《万历野获编》,中华书局,1997 年。

20. (明)谢肇制:《五杂俎》,中华书局,1985 年。

21. 赵尔巽等:《清史稿》,中华书局,1974 年。

22.《清实录》,中华书局,1986 年。

23.《藏族史料集》(1—2),四川民族出版社,1982 年

24.(清)顾祖禹:《读史方舆纪要》,万有文库本。

25.(清)梁份:《秦边纪略》,赵盛世等校注,青海人民出版社,1987 年。

26.(清)顾炎武:《天下郡国利病书》,四部丛刊三编史部,上海书店印行,1985 年。

27.(清)魏源:《圣武记》,中华书局,1984 年。

28.(清)《西宁府新志》,青海人民出版社,1988 年版。

29.《元以来西藏地方与中央政府关系档案史料汇编》,中国藏学出版社,1993 年。

30.《西藏地方是中国不可分割的一部分》(史料选),西藏人民出版社,1982 年。

31. 张羽新主编:《中国西藏及甘青川滇藏区方志汇编》,学苑出版社,2003 年。

32. 五世达赖:《西藏王臣记》,郭和卿译,民族出版社,1983 年。

33. 班钦·索南查巴:《新红史》,黄颢译,西藏人民出版社,1984 年。

34. 达仓宗巴·班觉桑布:《汉藏史集》,陈庆英译,四川民族出版社,1985 年。

35. 廓诺·熏奴贝:《青史》,郭和卿译,西藏人民出版社,1985 年。

36. 达仓·班觉桑布:《汉藏史集》,陈庆英等译,四川民族出版社,1986 年版。

37. 降曲坚赞:《郎氏家族史》,阿旺、余万治译,西藏人民出版社,1989 年。

38. 阿旺贡噶索南:《萨迦世系史》,陈庆英等译,西藏人民出版社,1989 年。

39. 智观巴·贡却乎丹绕吉:《安多政教史》,吴均等译,甘肃民族出版社,1989 年。

40. 达仓宗巴·班觉桑布:《汉藏史集》,陈庆英译,西藏人民出版社,1999 年。

二 著 作

1. 白文固、赵春娥:《中国古代僧尼名籍制度》,青海民族出版社,2002 年。

2. [意]伯戴克:《元代西藏史研究》,张云译,云南人民出版社,2002 年。

3. 陈庆英、高淑芬主编:《西藏通史》,中州古籍出版社,2003 年。

4. 陈庆英:《陈庆英藏学论文集》,中国藏学出版社,2006 年。

5. 陈光国:《青海藏族史》,青海民族出版社,1997 年。

6. 陈楠:《明代大慈法王研究》,中央民族大学出版社,2005 年。

7. 东嘎·洛桑赤列:《论政合一制度》,陈庆英译,民族出版社,1985 年。

8. 邓锐龄:《元明两代中央与西藏地方的关系》,中国藏学出版社,1989 年。

9. 邓锐龄:《邓锐龄藏族史论文译文集》,中国藏学出版社,2004 年。

10. 邓锐龄等：《元以来西藏地方与中央政府关系研究》，中国藏学出版社，2005 年。

11. ［意］杜齐：《西藏中世纪史》，李有义、邓锐龄译，中国社会科学院民族研究所民族史室、民族学室编，1980 年油印本。

12. 欧泽高、冉光荣主编：《四川藏区的开发之路》，四川人民出版社，2000 年。

13. 费孝通：《中华民族多元一体格局》，中央民族学院出版社，1989 年。

14. 冯蒸：《国外西藏研究概况》，中国社会科学出版社，1979 年。

15. 顾祖成：《明清治藏史要》，西藏人民出版社等，1999 年。

16. 龚荫：《中国土司制度》，云南民族出版社，1992 年。

17. 龚荫：《中国民族政策史》，四川人民出版社，2006 年。

18. 格勒：《论藏族文化的起源形成与周围民族的关系》，中山大学出版社，1988 年。

19. 高士荣：《西北土司制度研究》，民族出版社，1999 年。

20. 葛剑雄：《统一与分裂：中国历史的启示》，2008 年。

21. 尕藏加：《雪域宗教》，宗教文化出版社，2003 年。

22. 黄奋生编著：《藏族史略》，民族出版社，1985 年。

23. 黄玉生等：《西藏地方与中央政府关系史》，西藏人民出版社，1995 年。

24. 黄明信：《黄明信藏学论文集》，中国藏学出版社，2007 年。

25. 何孝荣：《明代南京寺院研究》，中国社会科学出版社，2000 年。

26. 江灿腾：《明清民国佛教思想史论》，中国社会科学出版社，1996 年。

27. 林耀华主编：《民族学通论》，中央民族学院出版社，1990 年。

28. 李绍明：《民族学》，四川民族出版社，1986 年。

29. 李绍明：《李绍明民族文选》，成都出版社，1995 年。

30. 卢勋等：《中华民族凝聚力的形成与发展》，民族出版社，2000 年。

31. 刘祥学：《明朝民族政策演变史》，民族出版社，2006 年。

32. 黎宗华、李延恺：《安多藏族史略》，青海民族出版社，1992 年。

33. ［英］黎吉生：《西藏简史》，李有义译，油印本。

34. 《马克思恩格斯选集》(1—4 卷)，人民出版社，1972 年。

35. 马克思、恩格斯、列宁、斯大林：《论历史科学》，人民出版社，1980 年。

36. 马大正主编：《中国边疆经略史》，中州古籍出版社，2000 年。

37. 秦永章：《甘宁青地区多民族史格局形成史研究》，民族出版社，2005 年。

38. 恰白·次旦平措等：《西藏通史》，陈庆英等译，西藏古籍出版社等，1996 年。

39. 任乃强：《康藏史地大纲》，西藏古籍出版社，2000 年。

40. 冉光荣：《中国藏经佛教封院》，中国藏学出版社，1994年。

41. 石硕：《西藏文明东向发展史》，四川人民出版社，1994年。

42. ［日］矢崎正见：《西藏佛教史考》，石硕、张建世译，西藏人民出版社，1990年。

43. 谭英华：《明代对藏关系考》，（三册，手抄稿），四川民族调查组复制。

44. 王森：《西藏佛教发展史略》，中国社会科学出版社，1997年。

45. 王辅仁、索文清等：《藏族史要》，四川民族出版社，1981年。

46. 王辅仁：《西藏佛教史略》，青海人民出版社，1982年。

47. 王辅仁、陈庆英：《蒙藏民族关系史略》，中国社会科学出版社，1985年。

48. 王钟翰主编：《中国民族史》，中国社会科学出版社，1994年。

49. 王继光：《安多藏区土司家族谱辑录研究》，民族出版社，2000年。

50. 王献军：《西藏政教合一制度研究》，兰州大学出版社，2004年。

51. 王柯：《民族与国家——中国多民族统一国家思想的系谱》，中国社会科学出版社，2001年。

52. 吴永章：《中国土司制度渊源与发展史》，四川人民出版社，1998年。

53. 吴仕民主编：《中国民族理论新编》，中央民族大学出版社，2006年。

54. 吴均：《吴均藏学论文集》，中国藏学出版社，2007年。

55. 吴均：《藏传佛教面面观》，中国藏学出版社，2010年。

56. 翁独健主编：《中国民族关系史纲要》，中国社会科学出版社，2001年。

57. 喜饶尼马、唐家卫：《西藏历史地位辨》，民族出版社，1995年。

58. 夏格巴：《西藏政治史》，李有义译，油印本。

59. 谢重光、白文固：《中国僧官制度史》，青海人民出版社，1990年。

60. 杨堃：《民族与民族学》，四川人民出版社，1983年。

61. 杨建新主编：《西北民族关系史》，民族出版社，1990年。

62. 杨绍猷、莫俊卿：《明代民族史》，四川民族出版社，1996年。

63. 尹伟先：《明代藏族史研究》，民族出版社，2000年。

64. 严耀中：《佛教戒律与中国社会》，上海古籍出版社，2007年。

65. 张云：《元带吐蕃地方行政体制研究》，中国社会科学出版社，1998年。

66. 张云：《元朝中央政府治藏制度研究》，黑龙江教育出版社，2003年。

三　论　文

1. 白文固：《明清的番僧纲司述略》，载《中国藏学》，1992年第1期。

2. 陈梧桐:《明朝民族事务管理机构述略》,载《西南民族学院学校》(哲社版),1995 年第 4 期。

3. 陈梧桐:《论明王朝的民族观与民族政策》,载《明史研究》,第 4 辑,黄山书社,1994 年。

4. 陈一石:《明代茶马互市政策研究》,载《中国藏学》,1988 年第 3 期。

5. 陈庆英:《元代藏传佛教与政治》,载《藏学论丛》(五),西藏人民出版社,1993 年。

6. 陈庆英:《明代甘青川藏族地区的政治述略》,载《西藏研究》,1999 年第 2 期。

7. 陈庆英:《明朝对藏传佛教的管理》,载《中国藏学》,2000 年第 3 期。

8. 陈庆英:《噶玛巴·攘迥多吉两次进京事略》,载《中国藏学》,1988 年第 3 期。

9. 陈汛舟、刘俊才:《明代川陕与藏族地区的茶马贸易》,载《西南民族学报》,1981 年第 3 期。

10. 陈楠:《明代藏传佛教对内地的影响》,载《中国藏学》,1998 年第 4 期。

11. 陈楠:《明洪武朝治藏政策述论》,载《民大史学》(第二辑),民族出版社,2001 年。

12. 蔡志纯:《明朝前期对蒙古的民族政策》,载《西北史地》,1985 年第 3 期。

13. 杜常顺:《略论明朝对西藏的施政》,载《青海社会科学》,1992 年第 5 期。

14. 杜常顺:《明清时期河湟洮岷地区家族性藏传佛教寺院》,载《青海社会科学》,2001 年第 1 期。

15. 邓前程:《论明初中央政府治藏政策的调适与定型》,载《思想战线》,2002 年第 6 期。

16. 邓前程:《传承与现实之间——对明王朝治藏政策出炉之由的诠释》,载《社会科学战线》,2003 年第 2 期。

17. 邓前程:《元明政权交替与中原统治民族换位形势下的治藏政策调塑空间》,载《四川师范大学学报》(哲学社会科学版),2004 年第 3 期。

18. 邓前程:《从自由互市到政府控驭:唐宋明时期汉藏茶马贸易的功能变异》,载《思想战线》,2005 年第 3 期。

19. 邓前程、邹建达:《"缘俗立教,加意诸羌"——明朝一项重要治藏治策研究》,载《云南师范大学学报》(哲学社会科学版),2007 年第 3 期。

20. 邓前程:《论明代"以茶驭番"的立法与实践》,载《社会科学战线》,2008 年第 1 期。

21. 房建昌:《明代西藏行政区划考》,载人大复印资料《明清史》,2002 年第 2 期。

22. 顾诚:《明帝国的疆土管理体制》,载《历史研究》,1989 年第 3 期。

23. 韩儒林:《元朝中央政府是怎样管理西藏地区的》,载《历史研究》,1959 年第 5 期。

24. 贾大全:《汉藏茶马贸易》,载《中国藏学》,1988 年第 4 期。

25. 贾大全:《川藏道的兴起与川藏关系的发展》,载《四川藏学研究》第 4 辑,四川民族出版社,1997 年。

26. 李绍明:《论藏族的多元一体格局》,载《民族论丛》第 8 辑,1990 年。

27. 李绍明:《历代中央王朝在四川藏区的建置》,载《四川藏学研究》第 2 辑,中国藏学出版社,1994 年。

28. 刘忠:《论明朝西藏归属与领主制的演变》,载《历史研究》,1994 年第 5 期。

29. 刘艳红、陈名杰:《明代西南教育的发展及其特点》,载《民大史学》第 2 辑,民族出版社,2001 年。

30. 吕秋文:《西藏地方与中央政治隶属关系促成之因》,载《中国藏学》,1988 年第 1 期。

31. 孟庆芬:《试论明代乌思藏的僧官制度》,载《中国民族史研究》,中央民大出版社,1987 年。

32. 宋伯胤:《明朝中央政权致西藏地方诰敕》,载中央民族学院藏研所编《藏学研究文集》,民族出版社,1985 年。

33. 石硕:《西藏教派势力与元朝统治集团的宗教关系》,载《藏学论丛》(五),西藏人民出版社,1993 年。

34. 石硕:《试论康区藏族的形成及其特点》,载《西南民族学报》(社会科学版),1993 年第 2 期。

35. 石硕:《西藏文明的东向发展》,载《中国社会科学》,1994 年第 6 期。

36. 宋秀芳:《明朝塞外四卫若干问题浅析》,载《西藏民院学报》(社会科学版),1992 年第 3 期。

37. 沈卫荣:《元代乌思藏十三万户行政体制研究》(一),载《西藏研究》,1988 年第 1 期。

38. 沈卫荣:《元朝中央政府对西藏的统治》,载《历史研究》,1988 年第 3 期。

39. 沈卫荣:《元明两代朵甘灵藏王族历史考证》,载《中国藏学》,2006 年第 2 期。

40. 沈卫荣:《元朝统治西藏对后世的影响》,载蒙藏委员会编《西藏与中原关系国际学术讨论会论文集》,1993 年。

41. [美]史伯岭:《五世噶玛巴以及西藏和明初的关系要略》,才让译,载《国外藏学研究译文集》第 2 辑。

42. 谭英华:《西南边疆之茶马市场》,载《边政公论》第 2 卷,第 11、12 期合刊本。

43. 王忠:《评理查逊〈西藏简史〉关于明代西藏地方历史的谬论》,载《历史研究》,1963 年第 5 期。

44. 王辅仁:《论西藏地方政权的历史演变》,载《藏族学术讨论会论文集》,西藏人民出版社,1984 年。

45. 王尧:《明初与藏事有关的诏文及河西碑刻考议》,载蒙藏委员会编《西藏与中原关系国际学术讨论会论文集》,1993 年。

46. 王继光:《明代中央政府赴藏地使者事辑》(上、中、下),载《西藏研究》,1986 年第 2 期。

47. 王继光:《18 世纪中国第一部安多藏区史——〈明史·西番诸卫传〉的现代诠释》,载《中国藏学》,2006 年第 4 期。

48. 王献军:《帕木竹巴政权的前身—帕竹万户》,载《西藏研究》,1990 年第 2 期。

49. 王献军:《帕木竹巴政权对乌思藏的统治——帕木竹巴政权研究之二》,载《西藏研究》,1991 年第 1 期。

50. 王启龙:《藏传佛教在元代政治中的作用与影响》,载《西藏研究》,2001 年第 4 期。

51. 王晓燕:《明代官营茶马贸易体制的衰落及原因》,载《民族研究》,2001 年第 5 期。

52. 吴均:《明代在玉树地区建置初考》,载《中国藏学》,1989 年第 4 期。

53. 吴均:《从"西番馆来文"看明朝对藏区的管理》,载《藏族学术讨论会论文集》,西藏人民出版社,1984 年。

54. 牙含章:《明代中央和西藏地方帕竹政权的关系》,载《中国藏学》,1989 年第 1 期。

55. 牙含章:《明朝对西藏的治理与对帕竹政权的再认识》,载《班禅额尔德尼传》,西藏人民出版社,1987 年。

56. 伊伟先:《试论明朝对甘青藏族地区的管理政策》,载《西藏研究》,1999 年第 2 期。

57. 祝启源:《明代藏区行政建置史迹钩沉》,载《藏学论丛》(五),西藏人民出版社,1993年。

58. 张云:《舅甥关系、贡赐关系、宗藩关系及"供施"关系——历代中原王朝与西藏地方关系的形态与实质》,载《中国边疆史地研究》,2007年第3期。

59. 张维光:《明代河煌地区"土流参治"浅述》,载《青海师大学报》(社会科学版),1988年第3期。

60. 张晓松:《论元明清时期的西南少数民族土司土官制度与改土归流》,载《中国边疆史地研究》,2005年第6期。

61. 赵毅:《明代汉藏茶马互市》,载《中国藏学》,1989年第3期。

62. 赵毅:《明代四川茶马贸易的一种特殊形式》,载《西南师大学报》(哲学社会科学版),1988年第4期。

63. 周润年:《历代噶玛巴活佛与中央政府的关系》,载《中国藏学》,1997年第1期。

64. 周润年:《大慈法王释迦也失生平简述》,载《西藏民族学院学报》,1986年第2期。

65. 周齐:《明代佛教政策的基本模式》,载《佛教与历史文化》,宗教文化出版社,2001年。

66. 周平:《我国的边疆与边疆治理》,载《政治学研究》,2008年第2期。

67. [日]佐藤长:《明代西藏八大教王考》(上、中、下)邓锐龄译,载《西藏民族学院学报》,1987年第3、4期,1988年第4期。

68. [日]佐藤长:《元末明初的西藏形势》,载邓锐龄著《邓锐龄藏族史论文译文集》,中国藏学出版社,2004年。

后　记

　　本书是中国社会科学基金资助项目《一统与制宜：明朝藏区施政研究》（批准号：06FZS003）的最终成果。匿名评审专家对我的成果提出了很好的修改意见。然因杂务缠身一时难以集中时间修改，又总是觉得文稿羞于见人，所以打算用两年时间遵照专家的意见仔细打磨原稿并交付出版。没想到全国社科规划办已将书稿交付出版社并催促出版，再加上人民出版社杨美艳编审的支持，本书才得以这么快面世。

　　本研究源于著者作为四川大学历史系"少数民族历史与民族区域发展"研究方向的博士研究生所作的博士学位毕业论文。记得是在2002年上半年，我当时苦于不知如何定选题，幸得导师冉光荣先生点拨，他说：你有明清史的学术背景，结合现在的研究方向，何不在明清王朝治藏史领域做文章呢。就此我与藏族历史研究结缘。做论文期间，我作为一名民族学基础甚为薄弱，又不懂藏文的初学者，常怀畏难情绪。非常庆幸的是，一路走来遇上引我入门、扶我上坎的冉光荣教授、周伟洲教授、李绍明教授。是他们学术上的悉心指导和精心栽培，使我对学术研究有了更深的领悟，尤其是先生们严谨的学术态度和执著的学术追求，时时打动着我、感染着我，更激励和鞭策着我。如果说这些年来本人之学业还稍有进步，首先归功于三位老师。师恩浩荡，没齿难忘。

　　这里，我也要衷心感谢四川师范大学历史文化与旅游学院的老领导杨天宏教授、姚全珍副教授、侯德础教授、董杰副教授，科研处长庾光蓉教授，陕西师范大学历史学博士后流动站的赵世超教授、萧正红教授、贾二强教授、王欣教授，以及研究生部主任杨祖培教授，正是有了他（她）们的关怀、

— 369 —

帮助与排忧解难，才使我有了安心从事研究的环境和条件。

书稿之能草成，也必须感谢那些或朋或友们。他们是：西南民族大学的赵心愚教授、刘勇教授、徐学初教授，中国藏学中心的张云教授，四川大学的石硕教授、李涛教授，西藏民族学院的陈立明教授，北方民族大学的杨蕤教授以及云南师范大学的邹建达教授，是因与他们交流切磋，开阔了视野，拓展了写作思路。四川师范大学外国语学院院长张叉教授，感谢他对本书英文摘要的斧正。

书稿虽含有我近几年辛勤耕耘的苦劳，但它更多的是凝结了我的亲人们的拳拳关爱之心。特别是妻子万春，是她的淡泊与知足，让我少了些浮躁多了点宁静。健康、聪明的小儿"猫大"，竟然也能直面小视我这位博士教授老子，时时提醒我学术之路漫漫其修远兮，还得上下而求索。

邓 前 程
2011 年初夏于成都东郊狮子山

责任编辑:杨美艳
封面设计:徐　晖
版式设计:陈　岩

图书在版编目(CIP)数据

一统与制宜:明朝藏区施政研究/邓前程 著. -北京:人民出版社,2011.12
ISBN 978－7－01－010234－4

Ⅰ.①一… Ⅱ.①邓… Ⅲ.①行政管理-研究-西藏-明代
　Ⅳ.①D691.2②K297.5

中国版本图书馆 CIP 数据核字(2011)第 186486 号

一统与制宜:明朝藏区施政研究
YITONG YU ZHIYI MINGCHAO ZANGQU SHIZHENG YANJIU

邓前程　著

人民出版社 出版发行
(100706　北京朝阳门内大街 166 号)

北京集惠印刷有限责任公司印刷　新华书店经销

2011 年 12 月第 1 版　2011 年 12 月北京第 1 次印刷
开本:710 毫米×1000 毫米 1/16　印张:24.25
字数:400 千字　印数:0,001—3,000 册

ISBN 978－7－01－010234－4　定价:55.00 元

邮购地址 100706　北京朝阳门内大街 166 号
人民东方图书销售中心　电话 (010)65250042　65289539